De Hegel a Nietzsche

FUNDAÇÃO EDITORA DA UNESP

Presidente do Conselho Curador
Mário Sérgio Vasconcelos

Diretor-Presidente
Jézio Hernani Bomfim Gutierre

Superintendente Administrativo e Financeiro
William de Souza Agostinho

Conselho Editorial Acadêmico
Danilo Rothberg
Luis Fernando Ayerbe
Marcelo Takeshi Yamashita
Maria Cristina Pereira Lima
Milton Terumitsu Sogabe
Newton La Scala Júnior
Pedro Angelo Pagni
Renata Junqueira de Souza
Sandra Aparecida Ferreira
Valéria dos Santos Guimarães

Editores-Adjuntos
Anderson Nobara
Leandro Rodrigues

Karl Löwith

De Hegel a Nietzsche

A ruptura revolucionária
no pensamento do século XIX
Marx e Kierkegaard

Tradução
Flamarion Caldeira Ramos
Luiz Fernando Barrére Martin

editora
unesp

© 1981 Felix Meiner Verlag, Hamburg 1981
© 2013 Editora Unesp

Título original: *Von Hegel zu Nietzsche: Der revolutionäre Bruch im Denken des 19. Jahrhunderts*

Fundação Editora da Unesp (FEU)
Praça da Sé, 108
01001-900 – São Paulo – SP
Tel.: (0xx11) 3242-7171
Fax: (0xx11) 3242-7172
www.editoraunesp.com.br
www.livrariaunesp.com.br
atendimento.editora@unesp.br

CIP – Brasil. Catalogação na publicação
Sindicato Nacional dos Editores de Livros, RJ

L954h

Löwith, Karl, 1897-1973
    De Hegel a Nietzsche: a ruptura revolucionária no pensamento do século XIX: Marx e Kierkegaard / Karl Löwith; tradução Flamarion Caldeira Ramos, Luiz Fernando Barrére Martin. – 1. ed. – São Paulo: Editora da Unesp, 2014.

    Tradução de: Von Hegel zu Nietzsche
    ISBN 978-85-393-0569-8

    1. Hegel, Georg Wilhelm Friedrich, 1770-1831. 2. Nietzsche, Friedrich Wilhelm, 1844-1900. 3. Filosofia moderna. 4. Pensamento. I. Título.

14-14558   CDD: 190
                                                                        CDU: 1

Editora afiliada:

Edmundo Husserl
em memória

Sumário

Prefácio à primeira edição   XI

Prefácio à segunda edição   XV

Primeira Parte – Estudos sobre a história do espírito alemão no século XIX

Introdução – Goethe e Hegel   3

1. A visão de Goethe dos fenômenos originários e a concepção do absoluto de Hegel   7
   a) A comunidade de princípio   7
   b) A diferença na interpretação   10
2. Rosa e cruz   17
   a) A recusa de Goethe do vínculo de Hegel entre a razão e a cruz   17
   b) O vínculo de Goethe da humanidade com a cruz   21
   c) O sentido luterano de rosa e cruz   23
   d) O protestantismo de Hegel e de Goethe   24
   e) O paganismo cristão de Goethe e o cristianismo filosófico de Hegel   25
   f) O fim do mundo consumado por Goethe e Hegel   32

A origem do acontecimento espiritual do tempo a partir da filosofia hegeliana da história do espírito

I. O sentido histórico-final da consumação hegeliana da história do mundo e do espírito   37
    1. A construção histórico-final da história do mundo   37
    2. A construção histórico-final das formas absolutas do espírito   42
       a) arte e religião   42
       b) filosofia   46
    3. A reconciliação hegeliana da filosofia com o Estado e com a religião cristã   54

II. Velhos hegelianos, jovens hegelianos, novos hegelianos   61
    1. A conservação da filosofia hegeliana pelos velhos hegelianos   61
    2. A revolução da filosofia hegeliana pelos jovens hegelianos   77
       a) Feuerbach (1804-1872)   84
       b) A. Ruge (1802-1880)   99
       c) K. Marx (1818-1883)   110
       d) M. Stirner (1806-1856)   124
       e) B. Bauer (1809-1882)   128
       f) S. Kierkegaard (1813-1855)   134
       g) O vínculo de Schelling com os jovens hegelianos   140
    3. A renovação da filosofia hegeliana pelos novos hegelianos   148

III. A dissolução das mediações de Hegel pelas decisões de Marx e de Kierkegaard   169
    1. A crítica geral ao conceito hegeliano de efetividade   169
    2. As distinções críticas de Marx e Kierkegaard   179
       a) Marx   179
       b) Kierkegaard   182
    3. A crítica do mundo capitalista e da cristandade secularizada   188
       a) Marx   188
       b) Kierkegaard   195
    4. A origem da reconciliação de Hegel a partir da cisão   201

A transformação da filosofia do tempo histórico no anseio pela eternidade

IV. Nietzsche como filósofo de nosso tempo e da eternidade   217
    1. O juízo de Nietzsche acerca de Goethe e Hegel   219
    2. A relação de Nietzsche com o hegelianismo da década de 1840   225
    3. A tentativa nietzschiana de uma superação do niilismo   234

Segunda Parte – Estudos sobre a história do mundo cristão burguês

I O problema da sociedade burguesa 253
  1. Rousseau: *bourgeois* e *citoyen* 254
  2. Hegel: sociedade burguesa e Estado absoluto 259
  3. Marx: *bourgeoisie* e proletariado 265
  4. Stirner: o eu único como ponto de indiferença entre o homem burguês e o proletário 268
  5. Kierkegaard: o si mesmo cristão e burguês 269
  6. Donoso Cortés e Proudhon: a ditadura cristã de cima e a nova ordem ateia da sociedade de baixo 272
  7. A. de Tocqueville: o desenvolvimento da democracia burguesa em despotismo democrático 275
  8. G. Sorel: a democracia antiburguesa do operariado 279
  9. Nietzsche: o homem de rebanho e o animal condutor 282

II O problema do trabalho 287
  1. Hegel: o trabalho como exteriorização de si mesmo na formação do mundo 290
  2. C. Rößler e A. Ruge: o trabalho como apropriação do mundo e libertação do homem 297
  3. Marx: o trabalho como autoalienação do homem em um mundo que não lhe pertence 301
    a) A crítica do conceito abstrato de trabalho da economia política clássica 301
    b) A crítica do conceito abstrato de trabalho da filosofia hegeliana 305
  4. Kierkegaard: o significado do trabalho para o devir de si mesmo 312
  5. Nietzsche: o trabalho como dissolução do recolhimento e da contemplação 316

III O problema da cultura 321
  1. O humanismo político de Hegel 322
  2. Os jovens hegelianos 327
    a) A politização da cultura estética em Ruge 327
    b) A redução de Stirner da cultura humanista e realista para a autorrevelação do indivíduo 330
    c) A crítica de Bruno Bauer à participação em uma fraseologia do universal 332

3. J. Burckhardt e o século da cultura e G. Flaubert sobre as contradições do saber   334
   4. A crítica de Nietzsche da cultura do passado e do presente   337

IV O problema da humanidade   343
   1. Hegel: o espírito absoluto como a essência universal do homem   343
   2. Feuerbach: o homem corpóreo como a essência suprema do homem   347
   3. Marx: o proletariado como a possibilidade do homem genérico   350
   4. Stirner: o eu único como proprietário do homem   355
   5. Kierkegaard: o si mesmo singular como a humanidade absoluta   356
   6. Nietzsche: o além do homem como a superação do homem   360

V O problema da cristandade   365
   1. A superação hegeliana da religião pela filosofia   366
   2. Strauß e a recondução do cristianismo ao mito   372
   3. Feuerbach e a redução da religião cristã à essência natural do homem   374
   4. Ruge e a substituição do cristianismo pela humanidade   383
   5. Bauer e a destruição da teologia e do cristianismo   384
   6. Marx e a explicação do cristianismo como um mundo invertido   393
   7. A destruição sistemática do divino e do humano em Stirner   398
   8. O paradoxal conceito de fé em Kierkegaard e seu ataque à cristandade existente   403
   9. A crítica de Nietzsche da moral e da cultura cristãs   415
   10. A crítica política do cristianismo eclesiástico em Lagarde   421
   11. A análise histórica de Overbeck do cristianismo primitivo e do cristianismo decadente   427

Indicações bibliográficas   443
   Edições completas   444
   Edições de obras em particular   444
   Obras gerais sobre a história do século XIX   445
   Escritos especiais sobre a história do espírito alemão no século XIX   445
   Obras citadas   445

Cronologia   457

Prefácio à primeira edição

Hegel e Nietzsche são os dois extremos entre os quais, com efeito, se movimentam os acontecimentos da história do espírito alemão no século XIX. Mas porque se viu em geral a brilhante conclusão dos sistemas do idealismo na obra de Hegel, e porque houve uma apropriação de trechos selecionados dos escritos de Nietzsche para um uso condizente com o gosto atual, o pensamento de ambos precisa ser considerado com cuidado. Hegel parece estar muito distante de nós e Nietzsche muito próximo, quando se pensa somente na influência deste último e apenas na obra daquele. Na realidade, porém, a obra de Hegel teve, através de seus discípulos, um efeito sobre a vida espiritual e política que é difícil superestimar, enquanto as inumeráveis influências, que desde 1890 partiram de Nietzsche, somente na nossa época se cristalizaram em uma ideologia alemã. Aos hegelianos dos anos 1840 correspondem os nietzschianos de ontem.

Em oposição ao apego acadêmico obstinado no que se refere ao sistema de Hegel, e à deformação popular dos escritos de Nietzsche, efetuados, respectivamente, pelos conhecedores do primeiro e pelos adoradores do segundo, os estudos que seguem procuram apresentar verdadeiramente a época de Hegel a Nietzsche e, assim, "reescrever" a história filosófica do século XIX no horizonte do presente. Reescrever a história, porém, não significa falsear para sempre o poder irrevogável dos acontecimentos, à custa da verdade e em prol da utilidade da vida, mas antes fazer justiça aos fatos histórico-vitais, de modo que se reconheça a árvore pelos seus frutos e no filho se reconheça o pai. Somente o século XX tornou os acontecimentos do século XIX nítidos e explicáveis. E a lógica implacável do desenvolvimento filosófico desde Hegel facilita a persecução dos passos sucessivos cujo resultado é extravagante.

Estes estudos acerca da história do pensamento não são, entretanto, uma contribuição à história do espírito no sentido usual da palavra. Pois os fundamentos da história do espírito, que procedem da metafísica do espírito de Hegel, desde então se diluíram até perderem sua essência. O espírito como sujeito e substância da história não é mais um fundamento, mas, antes, no melhor dos casos, um problema. O relativismo histórico de Hegel tem por começo e fim o "saber absoluto", em relação ao qual cada passo no desenvolvimento do espírito é um progresso na consciência da liberdade; o saber das ciências históricas do "espírito" não é relativo, pois lhe falta o critério para um julgamento dos acontecimentos temporais. O que resta do espírito é somente o "espírito do tempo". E, no entanto, para conceber somente em geral o tempo como tempo, se carece de um ponto de vista que ultrapasse o mero acontecimento temporal. Mas como a identificação da filosofia com o "espírito do tempo" adquiriu sua força revolucionária através dos discípulos de Hegel, um estudo acerca do tempo de Hegel até Nietzsche terá de levantar a questão: o ser e o "sentido" da história se determinam a partir de si próprios? E, se não, a partir de onde procedem?

Os seguintes estudos sobre a história do espírito alemão no século XIX se encontram distantes de fornecer uma história completa da filosofia desse período, sobretudo porque a completude material de uma concepção histórica não somente é inalcançável, como também seria contrária ao sentido de conexões de efeitos históricos. Na história efetiva do mundo, assim como na do espírito, desdobram-se fatos aparentemente simples em acontecimentos plenos de significado, e o que, inversamente, apareceu como um acontecimento importante pode se tornar muito rapidamente insignificante. Por isso é absurdo querer fixar, seja anterior ou posteriormente, a totalidade de aspectos que caracteriza uma época. O processo de deslocamento do significado jamais é concluído, porque na vida histórica nunca se pode estar certo, desde o princípio, daquilo que surgirá ao final. E, desse modo, estes estudos pretendem simplesmente apresentar o ponto de virada decisivo entre a consumação de Hegel e o novo começo de Nietzsche, para, à luz do presente, esclarecer o importante significado de um episódio caído em esquecimento.

Na perspectiva de uma época que se pensava superior a ele, o século XIX pareceu ser compreendido de acordo com uma única divisa e também já "superada", mas Nietzsche ainda era consciente de ser um conquistador *e* um herdeiro. Diante da totalidade do tempo, uma época não é digna de louvor nem de censura, pois cada uma é simultaneamente devedora e credora. Assim, o século XIX comporta em suas fileiras precursores e epígonos, homens proeminentes e medíocres, lúcidos e opacos. O século XIX é Hegel e Goethe, Schelling e o romantismo, Schopenhauer e Nietzsche, Marx e Kierkegaard, mas também Feuerbach e Ruge, B. Bauer e Stirner, E. von Hartmann e Dühring. É Heine e Börne, Hebbel e Büchner, Immermann e Keller, Stifter e Strindberg, Dostoiévski e Tolstói; é Stendhal e Balzac, Dickens e Thackeray, Flaubert e Baudelaire, Melville e Hardy, Byron e Rimbaud, Leopardi e d'Annunzio, George e Rilke; é Beethoven e Wagner, Renoir e Delacroix, Munch e Marées, van Gogh e Cézanne. É o tempo das grandes obras históricas de Ranke e Mommsen, Droysen e Treitschke, Taine e Burckhardt e de fantástico desenvolvimento das ciências naturais. É também Napoleão e Metternich, Mazzini e Cavour, Lassalle e Bismarck, Ludendorff e Clémenceau. Estende-se da grande Revolução Francesa até 1830 e daí até a Primeira Guerra Mundial. Golpe a golpe, ele criou, para a felicidade ou infelicidade dos homens, toda a civilização técnica e expandiu por toda a Terra invenções sem as quais nós não poderíamos mais imaginar nossa vida cotidiana em geral.

Quem de nós poderia negar que vivemos ainda totalmente desse século e por isso mesmo compreendemos a questão de Renan – que é também a questão de Burckhardt, Nietzsche e Tolstói: *"de quoi vivra-t-on après nous?"* [O que viverá depois de nós?] Houvesse uma resposta apenas a partir do espírito do *tempo*, então a última e honrada palavra de nossa geração, nascida ainda antes de 1900 e madura durante a Primeira Guerra Mundial, seria a decidida resignação, e na verdade aquela que é sem mérito, pois é fácil a renúncia quando se abdica de quase tudo.

Sendai (Japão), na primavera de 1939.

Prefácio à segunda edição

Os dez anos agitados e miseráveis que passaram desde a redação destes estudos, ainda tão atuais, todavia, levaram o autor a efetuar nesta nova edição algumas modificações que fundamentalmente consistem em supressões e cortes. De acordo com as modificadas circunstâncias do tempo, algumas formas do presente se transformaram em formas do passado.

O tema propriamente dito, a transformação e conversão, por Marx e Kierkegaard, da filosofia hegeliana do espírito absoluto em marxismo e existencialismo, não foi afetado pelos acontecimentos desse intervalo e deveria interessar ao leitor de hoje ainda mais do que ao de antigamente.

Nova York, 1949.

Primeira Parte

*Estudos sobre a história
do espírito alemão no século XIX*

Introdução
Goethe e Hegel[1]

Goethe transformou a literatura alemã em literatura universal, e Hegel a filosofia alemã em filosofia universal. A força criadora de cada um estava em perfeito equilíbrio, pois neles o querer estava em harmonia com o talento. Pela amplitude de visão e energia de penetração, o que vem depois não pode lhes ser comparado; é exagerado ou frouxo, extremo ou medíocre, e promete mais do que cumpre.

No ano de 1806, quando Napoleão passou por Jena e Weimar, Hegel terminava a *Fenomenologia do espírito* e Goethe a primeira parte do *Fausto*, duas obras nas quais a língua alemã alcança sua mais ampla plenitude e densa profundidade. Entretanto, o relacionamento de Hegel com Goethe é muito menos aparente, muito mais discreto do que o de outros pensadores

---

1 Esta seção pretende, como introdução aos acontecimentos espirituais do século XIX, esclarecer o *problema* da cultura alemã, que encontrou seu apogeu à época com Hegel e Goethe. Desse modo, nos distinguimos dos tratamentos que o mesmo tema teve anteriormente, e cujos autores ainda pressupõem o idealismo alemão como existente. Cf. a respeito: Goeschel, *Hegel und seine Zeit, mit Rücksicht auf Goethe* [Hegel e seu tempo, com consideração a Goethe]; Honegger, *Goethe und Hegel* [Goethe e Hegel], Jahrbuch der Goethe-Ges, XI; Hoffmeister, *Goethe und der deutsche Idealismus* [Goethe e o idealismo alemão]; Schubert, *Goethe und Hegel* [Goethe e Hegel]; Falkenheim, *Goethe und Hegel* [Goethe e Hegel].

e poetas alemães, e, por isso, tem-se a impressão de que eles viveram lado a lado sem se influenciarem mutuamente. Enquanto Schiller foi influenciado por Kant e os românticos por Fichte e Schelling, a concepção de Goethe do mundo natural e humano não foi determinada por nenhum dos filósofos clássicos. Sua atividade poética não carecia de sustentação filosófica, porque era nela mesma rica em pensamentos, e suas pesquisas científico-naturais eram guiadas pela mesma capacidade imaginativa encontrada em suas poesias.

Isso não significa que a obra a que Hegel e Goethe dedicaram sua vida é dependente uma da outra ou que uma penetra imediatamente na outra; deve-se, porém, apontar vínculos: entre a *intuição* de Goethe e o *conceber* de Hegel subsiste uma relação interna que designa tanto uma proximidade como um afastamento. O reconhecimento que cada um deles prestava à obra e à atividade do outro se funda na distância que guardavam em suas relações pessoais. Mas, na medida em que cada um fazia a sua obra, o modo de pensar conforme o qual agiam era, nas coisas decisivas, o mesmo. A diferença que os mantém separados e unidos torna-se nítida quando consideramos que o *fenômeno originário* de Goethe e o *absoluto* de Hegel se encontram de um modo tão respeitoso quanto Goethe e Hegel em suas relações pessoais.[2]

A relação de ambos se estende por três décadas. Algumas notas contidas no diário de Goethe, assim como declarações verbais suas, e também as poucas cartas que foram trocadas entre eles, são tudo que pode documentar o seu relacionamento. Nas obras de Hegel as referências a Goethe são ocasionais, porém a doutrina das cores recebe destaque em ambas as edições da *Enciclopédia*.[3] Por outro lado, Goethe reproduziu um trecho de uma carta de Hegel sobre o mesmo assunto, no quarto caderno a respeito da ciência da natureza. A relação entre eles, entretanto, ia além desse interesse objetivo.

Hegel escreve em 24 de abril de 1825 a Goethe, a respeito dos motivos mais próximos de sua "afeição e devoção":

pois, quando eu considero o curso de meu desenvolvimento espiritual, eu o vejo entrelaçado comigo por toda a parte, e posso me considerar um de seus filhos; meu interior recebeu alimento, o que lhe deu forças para resis-

---

2 Cf. o relato de Hegel a sua esposa com respeito a sua visita a Goethe: Br., II, 280.
3 *Heidelberger Enc.* [Enciclopédia de Heidelberg]; *Enc.* [Enciclopédia].

tir à abstração, e nas suas criações, como se fossem fachos de luz, preparou meu caminho.[4]

Segundo a declaração de Goethe a Varnhagen após a morte de Hegel, sentia ele um profundo pesar pela perda desse "dotadíssimo e importante guia", que foi um "homem e amigo tão sólido e ativo de múltiplos modos". "O fundamento de sua doutrina escapa às minhas perspectivas, mas naquilo que seu fazer me alcança, ou vai ao encontro de meus esforços, eu sempre o considerei um verdadeiro benefício espiritual."[5] Ainda mais distantes de Goethe do que o fundamento dogmático da própria doutrina de Hegel estavam as construções posteriores da escola hegeliana, embora ele também mencionasse elogiosamente os conhecimentos úteis destas últimas. Assim, aos 78 anos estudou um livro de Hinrichs sobre a tragédia antiga, que lhe ofereceu o ponto de partida para um importante diálogo.[6] A um outro discípulo de Hegel, L. von Henning, que ministrava aulas sobre a doutrina das cores de Goethe na Universidade de Berlim, ele colocou à disposição o material necessário. Goethe, conforme seu relato, se exprimiu da seguinte maneira a um dos mais independentes seguidores de Hegel àquela altura, o filósofo do direito E. Gans:

> Ele pensava que, caso a filosofia cumprisse o dever de considerar as coisas e os objetos de que ela trata, ela poderia então se tornar mais eficaz quanto mais ela conseguisse se ocupar do empírico; mas sempre surgirá a pergunta, se ao mesmo tempo é possível ser um grande investigador e observador, e também um importante generalizador e sintetizador [...] É verdade que Hegel era capaz de muitos conhecimentos relacionados à natureza e à história, mas ele não poderia deixar de se perguntar se seus pensamentos filosóficos não precisariam sempre se modificar de acordo com as novas descobertas que continuamente se fizessem e desse modo perderiam sua validez categórica [...] Ele chegou então aos *Anais*. Desagradou-lhe certa lentidão e extensão que podiam se encontrar nos ensaios isolados; censurou minha resenha acerca da *História do direito romano na Idade Média*, de

---

4 *Goethe-Jahrbuch*, XVI, 68 et seq.
5 Carta de 5 de janeiro de 1832.
6 *Gespräche mit Eckermann* [Conversações com Eckermann] de 21 e 28 de março de 1827.

> Savigny, partindo do ponto de vista de que eu queria obrigar o autor a fazer algo diferente do que ele tinha intenção [...].[7]

Do mesmo modo como Goethe aqui recusa a imposição de um modo de pensar alheio, numa carta a Hegel ele frisa que nos seus trabalhos científico-naturais não se trata de "opiniões destinadas a prevalecer", mas sim de "métodos capazes de comunicar", dos quais cada um pode se servir à sua maneira, como um instrumento.[8] Imediatamente após essa reserva, segue o reconhecimento dos esforços de Hegel, o que mostra o quanto Goethe era avesso a todo arbítrio indisciplinado.

> De muitos lugares ouço com alegria que seu esforço em formar jovens tem produzido os melhores frutos; certamente se faz necessário que nessa época singular se estenda em alguma parte, a partir de um centro, uma doutrina que fomente a vida desde pontos de vista práticos e teóricos. Não se poderá impedir que as cabeças ocas passeiem por representações vagas e palavras ressoantes; entretanto, isso também terá um efeito ruim nas boas cabeças, pois, ao conservarem falsos métodos, aos quais estão enredadas desde a juventude, recolhem-se em si mesmas e perdem-se em pensamentos abstrusos ou transcendentes.[9]

Para além da "doutrina" de Hegel, Goethe se identificava com a "atividade" espiritual daquele, por sua vontade de alcançar uma fundamentação que pudesse ser transmitida. Em relação ao relacionamento de ambos, essa diferença característica se expressa de maneira drástica em um diálogo com o chanceler Müller: "Eu não desejo saber nada de mais específico a respeito da filosofia hegeliana, ainda que eu aprecie bastante o próprio Hegel".[10] De modo mais conciliador escreve posteriormente Goethe a Hegel: "Na medida do possível eu mantenho meus sentidos abertos aos dotes do filósofo e me alegro a cada vez que posso me apropriar daquilo que se investiga para o qual não estou dotado por natureza".[11] Durante toda a sua vida Goethe

---

7 *Gespräche* [Conversação], III, 426s.
8 *Br.*, II, 3.
9 Cf. as cartas de Goethe a Zelter de 7 de junho de 1825 e de 27 de janeiro de 1832, assim como a conversa com Eckermann de 12 de março de 1828.
10 *Gespräche*, III, 414.
11 *Br.*, II, 249.

sentiu-se simultaneamente atraído e repelido pela filosofia de Hegel,[12] e, no entanto, estava certo de que no fundo podiam encontrar-se espiritualmente. De modo estranho declara na sua última carta a Zelter:

> Felizmente, a natureza de teu talento está no tom certo, isto é, aplicada ao instante. Visto que uma sucessão de instantes é ela mesma uma forma de eternidade, assim foi dado a ti permanecer constante naquilo que é passageiro, e, portanto, de satisfazer plenamente a mim e ao espírito de Hegel, na maneira pela qual eu o compreendo.[13]

1. A visão de Goethe dos fenômenos originários e a concepção do absoluto de Hegel

a) A comunidade de princípio

O que Goethe aprecia em Hegel era nada menos do que o *princípio* de sua atividade espiritual: a mediação entre o ser-si-mesmo e o ser-outro, ou, dito nas palavras de Goethe: que ele se colocou no centro, entre sujeito e objeto, enquanto Schelling salientou a vastidão da natureza e Fichte o cume da subjetividade.[14] "Onde objeto e sujeito se tocam, aí está a vida; se Hegel com sua filosofia da identidade se coloca no meio, entre o objeto e o sujeito reivindicando esse lugar, então nós queremos louvá-lo."[15] Porém, do mesmo modo, Hegel precisava sentir a subjetividade substancial de Goethe, o conteúdo mundano de seu ser-si-mesmo. Sua aguda crítica à falta de conteúdo da subjetividade dos românticos corresponde ao mais exato diagnóstico goethiano da "enfermidade universal da época": que eles são incapazes de se despojar produtivamente de sua própria subjetividade e

---

12 Carta a Zelter de 13 de agosto de 1831.
13 Carta a Zelter de 11 de março de 1832.
14 A primeira formulação do princípio da filosofia hegeliana está contida nos *Theologischen Jugendschriften* [Escritos teológicos de juventude] (p.348) e no ensaio acerca da *Diferença entre o sistema fichtiano e schellingiano*; cf. a respeito do conceito de "meio" na *Jenenser Realphilosophie* [Filosofia real de Iena].
15 *Gespräche*, III, 428; acerca do conceito de "meio": *W. Meisters Wanderjahre* [Os anos de viagem de W. Meister] (v. 40 da edição Cotta, p.189) e *Geschichte der Farbenlehre* [História da doutrina das cores], v. 39, p.437; cf. Simmel, *Goethe*, p.90 et seq.

de adentrar o mundo objetivo.[16] Encontrar e fundamentar a posição intermediária entre sujeito e objeto, ser-para-si e ser-em-si, interioridade e exterioridade, constituía – desde o primeiro fragmento de sistema de Hegel até a *Lógica* e a *Enciclopédia* – o motivo de sua filosofia da mediação, pela qual a substância deveria se tornar sujeito e o sujeito tornar-se substancial. Também o filosofar ingênuo de Goethe movimenta-se em torno do problema da concordância do si-mesmo e do mundo.[17] Da contradição entre ambos e de sua superação, não apenas tratam – com os títulos de "ideia" subjetiva e "experiência" objetiva, do "compreendido" pelos sentidos e o "ideado" – as conhecidas discussões presentes na correspondência com Schiller,[18] como também quatro artigos específicos: "O experimento como mediador entre objeto e sujeito", "Influência da filosofia moderna", "Faculdade intuitiva do juízo" e "Reflexão e resignação".

Goethe diz que, tratando-se da consideração do universo, o homem não poderia deixar de arriscar ideias e formar conceitos pelos quais ele intente conceber a essência de Deus ou da natureza.

> Aqui nos deparamos com a dificuldade propriamente dita [...], que entre ideia e experiência parece consolidar-se uma fenda, à qual aplicamos em vão toda a nossa força na tentativa de superá-la. No entanto, nosso eterno impulso continua sendo o de superar esse hiato por meio da razão, do entendimento, da imaginação, da crença, do sentimento, da ilusão, e quando não somos capazes de mais nada, tentamos superá-lo de modo tolo. Continuando nosso ardente esforço, consideramos que o filósofo poderia ter razão ao afirmar que nenhuma ideia é completamente congruente com a experiência, ainda que se entenda que ideia e experiência possam, e mesmo precisam, ser análogas.[19]

O filósofo aqui visado é Kant, e a obra na qual este último unificava o entendimento ideal e a intuição sensível é a *Crítica da faculdade do juízo*. Em

---

16 Hegel, *Estética*, 2. ed., p.83 et seq. e *Goethes Gespräche mit Eckermann* [Conversações de Goethe com Eckermann], de 29 de janeiro de 1826.
17 Simmel estudou a questão de modo muito nítido em seu livro sobre Goethe.
18 Cartas de 23 e 31 de agosto de 1794; cf. a respeito: *Der Sammler und die Seinigen* [O colecionador e os seus] v. 27, p.215.
19 *Bedenken und Ergebung* [Reflexão e resignação] (v. 40, p.425); sobre o juízo de Goethe acerca de Kant, cf. *Gespräche*, II, 26, assim como as cartas a Voigt de 19 de dezembro de 1798 e a Herder, de 7 de junho de 1793.

relação à *Crítica da razão pura*, Goethe, em contrapartida, nota que ela está completamente fora do seu círculo de interesses. Parece-lhe apenas notável que nela se renove a "velha questão principal": "em que medida nosso si--mesmo e o mundo externo contribuem para a nossa existência espiritual?". Ele mesmo jamais havia separado um do outro, e quando filosofou à sua maneira, o fez com ingenuidade inconsciente, acreditando efetivamente ver suas opiniões "diante de seus olhos".[20] Não só quando faz poesia, mas também quando investiga, sempre procede de modo semelhante à natureza, ao mesmo tempo analítica e sinteticamente: "A sístole e a diástole do espírito humano eram para mim como uma segunda respiração, jamais interrompida e sempre pulsando". Para tudo isso, não teve, contudo, palavras e, menos ainda, frase alguma. Seu dom poético e seu bom senso o impediram de adentrar o labirinto da *Crítica da razão pura*, de Kant, embora tenha acreditado entender alguns capítulos que foram muito úteis para o seu uso particular.

Tal relação com Kant se modifica com o aparecimento da *Crítica da faculdade do juízo* (1790), à qual ele deveu uma "época de supremo contentamento vital", porque ela o ensinou, exatamente no sentido de seu próprio fazer e pensar, a conceber de modo singular os produtos da natureza e do espírito humano, de maneira que se iluminavam reciprocamente a faculdade de julgar estética e a faculdade de julgar teológica. "Alegra-me que a arte da poesia e o estudo comparativo da natureza fossem parentes tão próximos um do outro, na medida em que ambos se submetiam à mesma faculdade de julgar."[21] Ao mesmo tempo, Goethe tinha também consciência crítica de que seu uso da investigação kantiana ultrapassava os limites traçados pelo próprio Kant. Seu sentido não se limitava a uma mera faculdade de julgar *discursiva*; pretendia para si mesmo aquele entendimento *intuitivo* que, para Kant, era um *intellectus archetypus*, isto é, uma ideia que não pertencia ao ser humano.

> Por certo, o autor parece apontar aqui para um entendimento divino, no entanto, se no domínio moral nos elevamos a uma região superior mediante a crença em Deus, na virtude e na imortalidade, ao nos aproximarmos assim da essência primeira, então teria que se passar a mesma coisa no domínio intelectual, que pela contemplação de uma natureza sempre

---

20 Cf. Hegel, *Enc.* §70, que trata da terceira posição do pensamento em relação à objetividade.
21 *Einwirkung der neueren Philosophie* [Influência da filosofia moderna] (v. 40, p.421).

criadora nos faria dignos de participação espiritual em suas produções. Tivesse eu, porém, de modo infatigável e a partir de um impulso interno, penetrado inconscientemente naquele modelo original e típico, teria sido bem-sucedido na construção de uma exposição adequada do natural, e então nada mais poderia me impedir de corajosamente continuar a *aventura da razão*, tal como a denomina o velho homem de Königsberg.[22]

Hegel também se colocava no mesmo ponto, em seu ensaio *Fé e saber* (1802), para, a partir da *Crítica da faculdade do juízo*, de Kant, tirar as consequências que superassem o idealismo subjetivo e levassem o "entendimento" à "razão". Ambos interpretam a faculdade de julgar como o fecundo termo médio que, intervindo na mediação entre o conceito de natureza e o conceito de liberdade, torna visível uma "região da identidade". Com efeito, enquanto Kant refletia a respeito da "razão na sua realidade", a saber, como beleza (na arte) se apresentando objetivamente diante dos olhos e como organização (na natureza), já havia ele expressado de modo formal a verdadeira ideia da razão, ainda que sem consciência de encontrar-se, mediante sua ideia de um entendimento intuitivo, no domínio da especulação. Porém, de fato, com a ideia de um entendimento arquetípico, ele já tinha em mãos a chave para decifrar o relacionamento entre *natureza* e *liberdade*.

Tanto Hegel quanto Goethe – e também Schelling – tomaram esta última ideia de Kant como ponto de partida. Arriscaram-se na "aventura da razão" enquanto se puseram – para além do entendimento discursivo – no centro, entre ser-si-mesmo e ser-mundo. Entretanto, a diferença na mediação para ambos consiste em que Goethe concebe a unidade a partir da *natureza* intuída, e Hegel a partir do *espírito histórico*. A essa diferença corresponde o fato de que Hegel reconhece uma "astúcia da razão" e Goethe uma astúcia da natureza. Em ambos os casos, tal astúcia consiste em pôr as ações dos homens a serviço de um todo e às suas costas.

b) A diferença na interpretação

Por mais que a concepção diversa do absoluto – como "natureza" ou "espírito" – caracterize o relacionamento de Hegel com Goethe, isto não

---

22 *Anschauende Urteilskraft* [Faculdade intuitiva do juízo], v. 40, p.424; cf. Hegel.

significa, entretanto, uma oposição de princípio, mas sim uma diferença no modo de interpretá-lo. Com efeito, quando Goethe fala da *natureza* – na confiança de que ela também fala por meio dele –, ela significa, ao mesmo tempo, a *razão* de todo vivente, assim como os fenômenos originários já constituem eles mesmos uma razão, que atravessa em maior ou menor medida todas as criaturas.[23] E quando Hegel fala de *espírito* – na confiança de que o mesmo também fala por meio dele –, concebe com isso, ao mesmo tempo, a natureza como o ser-outro da ideia, enquanto o espírito é uma "segunda natureza". Em virtude da diferença e da concordância, com benevolente ironia, por ocasião da recepção amigável de um presente, Goethe recomenda ao "absoluto" seu "fenômeno originário". Falar do absoluto "em sentido teórico" pareceu-lhe desagradável, justamente porque ele jamais o perdeu de vista e o reconhecia no fenômeno.[24]

Após uma visita de Hegel, Goethe escreveu a Knebel que a conversa lhe suscitou o desejo de estar junto a ele por mais tempo,

> pois se na comunicação impressa deste homem suas ideias nos parecem obscuras e abstratas, porque não as podemos imediatamente apropriar para as nossas necessidades, na conversação viva se fazem imediatamente propriedade nossa, pois nos apercebemos de que poderíamos concordar com ele acerca das ideias fundamentais e dos modos de pensar, e que assim nós poderíamos muito bem, nos explicando e abrindo um ao outro, nos aproximar e reunir.

Ao mesmo tempo, também Goethe se sabia aprovado por Hegel:

> Visto que vossa nobreza aprova a orientação fundamental de meu modo de pensar, isso me confirma mais na mesma, e creio, após algumas páginas, ter obtido algo de importante, se não para o todo, contudo para mim e para minha intimidade. Possa tudo que eu ainda sou capaz de produzir sempre concordar com aquilo que o senhor fundamentou e edificou.[25]

Essa frase poderia muito bem ter sido escrita por Hegel e endereçada a Goethe, pois, de fato, a atividade espiritual de um se liga com a do outro.

---

23 *Gespräche*, IV, 44 e 337; cf. *Geschichte der Farbenlehre*, v. 39, p.187.
24 *Br.*, II, 47; *Maximen und Reflexionen* [Máximas e reflexões], n. 261 e 809.
25 *Br.*, II, 145.

Por maior que seja a diferença na índole e na extensão de suas personalidades, por rica e movimentada que tenha sido a vida de Goethe, comparada à vida prosaica de Hegel, ambos se mantiveram firmes ante o sólido e o fundamental, ao reconhecerem "o que é". Por isso negaram as pretensões da particularidade, destrutiva e nunca configuradora do mundo, porque tais pretensões somente possuem um conceito negativo da liberdade.[26]

Por mais que Goethe, mediante sua livre mobilidade e pela qual persegue firmemente sua meta, se distinga da violência construtiva de Hegel, a amplitude e a potência espiritual de ambos fez que se elevassem à mesma altura, acima da concepção cotidiana do mundo. Eles não queriam saber o que as coisas são para nós, mas sim conhecer e reconhecer o que elas são em si e para si. Quando Goethe, no artigo sobre o experimento, nota que devemos buscar e investigar tal como um ser indiferente e, por assim dizer, divino, "o que é" e não "o que agrada", está sintonizado com o que Hegel diz acerca do pensar no prefácio à *Lógica* e à *Enciclopédia*. Ambos avaliaram a *theoria*, no sentido originário da contemplação pura, como a atividade suprema.

A contemplação do objeto lhes revelou simultaneamente seu próprio ser, razão pela qual rejeitavam o mero autoconhecimento reflexivo como falso e infecundo.

> Confesso que a tarefa, para mim desde sempre tão grande e importante, *conhece-te a ti mesmo*, sempre me pareceu suspeita, como uma astúcia de sacerdotes secretamente aliados, que confundem os homens com exigências inalcançáveis, a fim de levá-los de uma atividade dirigida para o mundo externo a uma falsa contemplação interior. O homem só conhece a si mesmo na medida em que conhece o mundo que ele somente apreende em si, e a si mesmo nele. Cada novo objeto bem observado abre um novo órgão em nós.[27]

Pelas mesmas razões, também Hegel nega "o vaidoso vagar do indivíduo em torno de si mesmo em sua querida especificidade", quer dizer,

---

26 *Gespräche*, II, 524; III, 327 et seq.
27 *Bedeutende Fördernis durch ein einziges geistreiches Wort* [Importante resultado obtido por uma única palavra engenhosa], v. 40, p.444; cf. cartas de e a Hegel, II, 248; *Gespräche*, III, 85 e IV, 104; *Maximen und Reflexionen*, n. 657.

naquilo que como um ser individual se separa do ser universal, do espírito e do mundo.[28] Seu conceito de cultura e de existência aponta para uma existência que se objetiva ao sair de si mesma e assim se torna universal. O entrar em contato com os fenômenos de um mundo objetivo, não modificado mecanicamente, caracteriza também o vínculo de Goethe com Hegel nas questões relativas à *Doutrina das cores*. Ela foi desde o começo, em sentido próprio e concreto, o ponto de contato entre ambos, ainda que precisamente nesse domínio, o da filosofia natural, foi-lhes negado reconhecimento e sucessão. O modo e a maneira como representavam o problema da luz e das cores permite também, de modo mais claro, reconhecer a diferença de seus métodos e modos de compreenderem a si próprios.[29]

Na correspondência mantida por eles se manifesta em primeiro plano o sentimento de exigência de aprovação e confirmação mútuas, especialmente da parte de Goethe, que caracteriza Hegel como um homem "maravilhosamente penetrante e de pensamento refinado", cujas palavras sobre a doutrina das cores eram engenhosamente serenas e penetrantes, ainda que não acessíveis a todos do mesmo modo. Hegel se aprofundara a tal ponto nos seus trabalhos sobre os fenômenos óticos que se tornaram, mesmo para Goethe, perfeitamente claros.[30] A diferença fundamental de seus modos de pensar aparece somente na forma de uma ironia gentil, por meio da qual afirmavam a peculiaridade de seus próprios métodos. Goethe expressou sua discrepância irônica por meio de uma escolha bastante comedida nas palavras da carta de 7 de outubro de 1820, na qual ele insiste no caráter evidente de sua "ideia" e distingue com cuidado seu método de comunicação de uma opinião impositiva, e, a seguir, na já mencionada dedicatória do copo, mantém de modo sincero a distância entre o "absoluto" e "o fenômeno originário". De maneira mais direta expressa suas reservas em uma conversa transmitida por Eckermann, que dizia respeito à dialética, da qual Goethe suspeitava que poderia cometer o abuso de converter o falso em

---

28 *Enc.* §377, Ad.
29 As cartas mais importantes que se referem a este ponto são, em ordem cronológica, as seguintes: G. a H. de 8 de julho de 1817 (*Br.*, II, 7); H. a G. de 20 de julho de 1817 (*G.-Jahrbuch* 1891, p.166); G. a H. de 7 de outubro de 1820 (*Br.*, II, 31); H. a G. de 24 de fevereiro de 1821 (*Br.*, II, 33); G. a H. de 13 de abril de 1821 (*Br.*, II, 47); H. a G. de 2 de agosto de 1821 (*G.-Jahrbuch* 1895, p.6 et seq.).
30 Cartas de 5 e 29 de março de 1821 dirigidas ao conde Reinhard e de 10 de março de 1821 a Schultz.

verdadeiro. O "enfermo de dialética" poderia se curar mediante o estudo honesto da natureza, pois a natureza é sempre e eternamente verdadeira e não tolera semelhante enfermidade.[31]

A ironia de Hegel se manifesta no fato de que caracteriza obstinadamente o fenômeno originário contemplado por Goethe como uma *"abstração"* filosófica, porque, a partir do empiricamente confuso, distingue algo puro e simples.

> Vossa Excelência quer chamar seu procedimento, quanto ao estudo dos fenômenos naturais, uma maneira ingênua; eu creio poder permitir-me afirmar que reconheço e admiro nesse procedimento uma *abstração*, conforme a qual o senhor se atém à simples verdade fundamental e [...] somente investiga as condições, descobrindo-as e distinguindo-as com simplicidade.[32]

Goethe, com isso, havia ressaltado para si mesmo, elevado ao pensamento e tornado permanente aquilo que inicialmente era apenas visível, uma passageira certeza dos sentidos, "relação simplesmente vista". No mesmo sentido, na cerimoniosa carta de agradecimento de Hegel pelo envio do copo dado como presente, diz: assim como o vinho tem sido, desde há muito tempo, um poderoso sustentáculo da filosofia natural, porque entusiasma a quem o bebe e, portanto, demonstra "que o espírito está na natureza", também o copo demonstra o fenômeno *espiritual* da luz. Com isso ele queria conservar sua crença na transubstanciação "do pensamento em fenômeno e do fenômeno em pensamento". Também escreve Hegel, na carta de 24 de fevereiro de 1821, que ele "nada entendeu" das muitas maquinações dos demais teóricos das cores; para ele, o mais importante é a compreensão, e o "seco fenômeno" é apenas o que desperta o desejo de conhecê-lo, quer dizer, de concebê-lo espiritualmente. Goethe realizou justamente isso (mais do que ele mesmo tivesse consciência) mediante seu "sentido espiritual da natureza", ao ter-lhe insuflado um "sopro espiritual" e, em geral, somente este é digno de consideração.[33]

---

31 *Gespräch mit Eckermann* de 18 de outubro de 1827.
32 Carta de 20 de julho de 1817.
33 Essa expressão, assim como a precedente acerca da "transubstanciação", refere-se, não por acaso, ao mundo representado de modo cristão, familiar a Hegel em toda a sua vida, enquanto Goethe, justamente em torno da questão da animação e da metamorfose, se diferencia muito claramente dele.

O simples e abstrato, tal como apropriadamente chamais o fenômeno originário, o senhor o coloca no cume, mostra de que modo os fenômenos concretos se originam por meio da chegada de outras influências e circunstâncias, regem o percurso inteiro de tal modo que a série sucessiva das condições avança das simples até as compostas, e assim hierarquizado, mediante essa decomposição, o confuso aparece em sua própria claridade. Descobrir o fenômeno originário, libertá-lo de outras circunstâncias contingentes com respeito a tal fenômeno, concebê-lo abstratamente, conforme denominamos tal procedimento, considero isto como sendo um grande sentido espiritual da natureza, assim como em geral aquele procedimento para o que há de verdadeiramente científico no conhecimento desse campo.[34]

Hegel interpreta o fenômeno originário de Goethe sob o ponto de vista da "essência". O interesse que possa ter para o filósofo consiste em que tal "preparado", a saber, algo abstraído pelo espírito, possa ser empregado com proveito na filosofia.

Finalmente temos o nosso absoluto, que inicialmente era como uma ostra cinzenta ou inteiramente negra – seja como queira –, foi levado por nós ao ar e à luz, tornando-se ávido desses elementos, e assim precisamos de janelas para conduzi-lo plenamente à luz do dia, nossas sombras se converteriam em fumaça se quiséssemos transplantá-las para a sociedade multicolor e confusa de um mundo que as recusa. E neste ponto nos vem, a propósito, de modo excelente, o fenômeno originário de Vossa Excelência; nessa meia luz, espiritual e inteligível por sua simplicidade, visível ou palpável por seu caráter sensível, ambos os mundos se saúdam – o nosso mundo abstruso e o mundo da existência fenomenal.[35]

Portanto, o fenômeno originário de Goethe não significa para Hegel algo como uma ideia, mas sim um ser intermediário entre o espiritual e o sensível, um mediador entre os conceitos essenciais puros e os fenômenos contingentes do mundo sensível. Mas Hegel torna-se ainda mais explícito

---

34 *Br.*, II, 36.
35 *Br.*, II, 37.

nas seguintes proposições, quando não oculta mais sua oposição em relação a Goethe, mas a expressa de modo franco:

> Agora, vejo que V.Exa. transfere o domínio de algo não investigável e incompreensível para o lugar que habitamos [...], desde o qual queremos justificar, conceber – e também como se diz, provar, deduzir, construir etc. – vossas opiniões e fenômenos originários. Então eu sei ao mesmo tempo que V.Exa., ainda que não nos agradeça por isso, ainda que, de fato, vossas próprias visões possam combater o título da filosofia natural, seria tolerante conosco ao permitir que nos conduzamos com aquilo que é seu, na nossa própria maneira inocente. E, contudo, não é ainda o pior que lhe aconteceu, e eu posso confiar que V.Exa. reconheça a índole da natureza humana que, onde alguém faça algo de valoroso, os outros correm para lá, querendo ver consumado no processo algo de próprio. Mas mesmo assim nós, filósofos, compartilhamos com V.Exa. um inimigo comum, a metafísica.

Desse modo, o que há de comum entre eles parece, por fim, reduzir-se à defesa contra um inimigo comum, a negação daquela "má e condenada metafísica" do físico (Newton), que não avança em direção a um conceito concreto, mas sim subordina os fatos empíricos a regras abstratas. Em que pese toda a receptividade à "aprovação significativa" de um "homem tão importante", a circunstância de que Goethe não reagiu diante do reconhecimento hegeliano de sua intenção e resultados está sem dúvida indicado na sua carta de resposta, quando fala a respeito da "conduta amistosa" que Hegel teve a respeito dos fenômenos originários.

No entanto, em duas cartas anteriores, a diferença metódica entre eles parece constituir um abismo intransponível. Em 1807, com respeito à *Doutrina das cores*, de Goethe, Hegel escreve a Schelling: "Eu vi uma parte da mesma; ele, por ódio contra o pensamento mediante o qual os outros perverteram a questão, atém-se ao empírico em vez de passar por sobre a coisa e para o outro aspecto da mesma, o conceito, que somente desse modo vem a reluzir".[36] O que Hegel aqui designa como um mero reluzir do conceito, para Goethe significava a manifestação não falsificada dos fenômenos, ao passo que a prova hegeliana da existência de Deus lhe parecia

---

36 *Br.*, I, 94.

"anacrônica"[37] e suas construções dialéticas como disparates. Em 1812, com relação a uma passagem do prefácio à *Fenomenologia*, no qual Hegel caracteriza as fases do desenvolvimento das plantas – do botão às flores e aos frutos – como uma espécie de suspensão (*Aufhebung*) dialética, Goethe escreve:

> Não é possível dizer algo mais monstruoso. Querer aniquilar a realidade eterna da natureza mediante um divertimento sofístico ruim parece-me completamente indigno de um homem racional. Se o empirista voltado para o terreno está cego para as ideias, então poder-se-ia lamentar por ele, mas não impedir que aja assim, pois até mesmo de seus esforços pode-se tirar proveito. Porém, quando um pensador eminente penetra em alguma ideia sabendo muito bem o que nela é em si e para si digno de estima, e qual o alto valor que ela possui ao expressar um procedimento extraordinário da natureza, ao fazer graça com isso, através de caricaturas sofísticas, negando-a e aniquilando-a por palavras e frases que artificialmente se anulam umas às outras, então não se sabe o que dizer disso.[38]

Em seu relacionamento com Hegel, a ilusão de perspectiva, que está na base do ponto de vista de Goethe, consiste em que a "ideia", tal como Hegel a entendia, não deveria expressar nenhum "processo natural", mas sim um processo do espírito. Por isso, Hegel não concebia a razão da *natureza* – que para ele era impotente e para Goethe, em contrapartida, onipotente – mas sim a razão da *história*, e Hegel via o espírito do *cristianismo* como o absoluto na história do espírito. O dissenso propriamente dito entre Goethe e Hegel é, pois, compreensível no que diz respeito à posição de ambos em relação ao cristianismo e à história.[39]

2. Rosa e cruz

a) A recusa de Goethe do vínculo de Hegel entre a razão e a cruz

Em 1830, pelo seu aniversário de 60 anos, Hegel recebe de seus discípulos uma medalha cunhada, cuja parte frontal mostra sua imagem e cujo

---

37 *Conversas com Eckermann* de 1 de setembro de 1829.
38 Carta a Seebeck de 28 de novembro de 1812; cf. *Gespräche*, I, 457.
39 Ver a seguir o Capítulo V, §2, b.

verso mostra uma representação alegórica: à esquerda, uma figura masculina sentada lê um livro, atrás dela há uma coluna sobre a qual repousa uma coruja; à direita temos uma figura feminina segurando uma cruz maior do que ela; entre as duas figuras e voltado para aquele que está sentado encontra-se um gênio desnudo, cujo braço levantado aponta para a cruz do outro lado. Os atributos, *coruja* e *cruz*, não deixam surgir nenhuma dúvida quanto ao sentido visado pela representação: a figura central do gênio faz a mediação entre a *filosofia* e a *teologia*. Esta medalha, ainda existente e pertencente às coleções de Goethe, foi, conforme o desejo de Hegel, a Goethe remetida por intermédio de Zelter.[40] A esse respeito notava o próprio Zelter: "A cabeça está boa e não é dessemelhante; a parte detrás, porém, não me agrada. Quem me pediria para amar a cruz, se eu mesmo tenho que suportá-la!" E quando Goethe, após a morte de Hegel, recebeu o exemplar a ele destinado, escreveu em 1 de junho de 1831 a Zelter: "O perfil laudatório da medalha está, em todo sentido, muito bem realizado [...] Do verso, não sei o que dizer. Parece-me abrir um abismo, que eu, em meu avanço à vida eterna, sempre mantive a uma boa distância".

Ao que responde Zelter:

Que a medalha de Hegel te incomode é algo que posso facilmente imaginar, pois a tive por bastante tempo junto a mim; mas tu somente irias te admirar se tivesses que examinar o conteúdo de nosso novo museu. Puras mãos de mestre que se mancharam com as representações mais banais!

Seis meses depois, Goethe volta mais uma vez a seu desagrado fundamental:

Não se sabe o que quer dizer. Eu entendi que, enquanto homem e poeta, devo honrar e enfeitar a cruz, coisa que provei em minhas estâncias [ele faz alusão a "Os mistérios"]; mas que um filósofo, mediante um desvio a respeito do fundamento originário e infundado do ser e do não ser, leve seus discípulos a essa seca *kontignation*[41] é algo que não me agrada. Tudo isso pode-se ter a um preço baixo e com uma expressão melhor.

---

40 Carta de Zelter a Goethe de 2 de dezembro de 1830; 14 de dezembro de 1830; 19 de maio de 1831.
41 A palavra é derivada do latim *contignatio* e significa, literalmente, duas coisas diferentes unidas por meio de uma viga.

Introdução

O aborrecimento de Goethe não se dirige, portanto, nem à representação alegórica nem à alegoria cristã, por esse tempo ele imaginara um brasão alegórico e não apenas nos *Mistérios*, como também no *Wilhelm Meister* e no *Fausto*, fez "como homem e como poeta" uso da simbologia cristã. O que ele censura é o fato de que, na medalha de Hegel, o símbolo cristão da cruz é empregado se abusando do mesmo em um sentido filosófico, por um desvio relacionado à *razão*, em vez de conservar a devida distância entre a teologia e a filosofia. Sua carta continua assim:

> Eu possuo uma medalha do século XVII com a imagem de um alto clérigo romano; no verso estão teologia e filosofia, duas nobres mulheres uma em frente à outra, a relação tão bela e tão bem pensada, é expressa de um modo tão perfeitamente satisfatório e amável que eu escondi a imagem para, se essa ocasião a mim se apresentar, entregá-la a alguém que me pareça digno de possuí-la.

Além disso, Goethe se opõe ainda, e por um outro motivo, a uma cruz que predomine sobre tudo: em sua dureza e nudez enfrenta o "humano" e "racional", dos quais não se pode prescindir.[42] Uma semana após receber a medalha de Hegel, e com relação a seu modelo para a de Zelter, escreve: "uma leve cruzinha honorífica é na vida algo sempre prazeroso, a triste madeira do martírio, entretanto, é o mais repugnante sob o sol, nenhum homem racional deveria se esforçar por desenterrar e erguer". Contudo, aos 82 anos de idade, tem-se de permitir "o amado e triste mundo a continuar em sua tola vida de muitos milênios, em nome de Deus".[43] O interesse que então Goethe tinha pelo brasão de Zelter, assim como a proximidade temporal dessa consideração com o mau humor em relação à medalha de Hegel, tornam verossímil que também essa consideração diga respeito àquela cruz que – contra toda razão – estava erguida na medalha de Hegel, para ser, através de um gênio, mediada com a filosofia. Goethe se insurgiu contra uma tal intromissão do cristianismo na filosofia. Numa conversa com Eckermann, de 4 de fevereiro de 1829, disse a respeito do filósofo Schubarth:

> Assim como Hegel, também ele introduziu a religião cristã na filosofia, a qual, todavia, nada tem a ver com ela. A religião cristão é nela mesma um

---

42 Carta de Goethe a Zelter de 1 de junho de 1831.
43 Carta de Goethe a Zelter de 9 de junho de 1831.

ser poderoso, pelo qual a humanidade caída e sofredora, de tempos em tempos, jamais cessou de se levantar; na medida em que lhe concedemos essa eficácia, ela se eleva acima de toda a filosofia e não carece de nenhum apoio desta. Também a filosofia não carece do prestígio da religião para provar certas doutrinas, tais como, por exemplo, a de uma eternidade.

E um diálogo com o chanceler Müller atesta novamente a mesma posição ocasionada pela confissão de fé de um "crente no pensar".[44] Pertence, porém, à essência penetrante e ambígua da filosofia hegeliana, que é uma filosofia do espírito, a partir do ponto de vista do *logos* cristão, que é, em geral, uma *teologia filosófica*. Uma imagem para esse vínculo entre a razão da filosofia e a teologia da cruz está na proposição conhecida do prefácio à *Filosofia do direito*, onde Hegel chama a razão de "rosa na cruz do presente".[45] Essa imagem, de fato, não tem nenhuma conexão imediata com a representação alegórica da medalha de Hegel, que somente mostra uma cruz e não uma rosa, em todo caso, porém, caracteriza a concepção hegeliana da unidade da razão filosófica com a cruz cristã.

Lasson interpretou de modo aprofundado a proposição de Hegel, contudo, fez desaparecer o sentido teológico da cruz em um "conflito" geral reconciliado pela razão, embora ele mesmo se refira à conexão da imagem hegeliana com a seita dos rosa-cruzes,[46] com o brasão de Lutero, e com o próprio luteranismo e a celebração do terceiro centenário da Reforma (1817). Mas se a cruz significasse *apenas* a desintegração entre o espírito autoconsciente e a realidade atualmente subsistente, por que – ter-se-ia que questionar a interpretação de Lasson – Hegel em passagem tão destacada caracteriza a cisão justamente com o conceito cristão fundamental da cruz? Exatamente porque ele de antemão entendeu não apenas a cisão, como também a reconciliação, desde um ponto de vista *histórico*-espiritual, no interior do pensamento da morte de Cristo na cruz, não obstante tenha concebido filosoficamente o "espírito" do cristianismo. A razão é uma rosa na cruz do presente, não apenas porque toda cisão, de acordo com sua mais íntima essência, aspire à união, mas sim porque a dor da cisão e da reconciliação

---

44 *Gespräche*, IV, 283.
45 Cf. a respeito XI, 201 (2. ed. p.277).
46 Cf. Hegel XVII, 227 e 403.

aconteceram originalmente de modo histórico na paixão de Deus.[47] A repugnância de Goethe pela *Kontignation* de Hegel é tanto mais notável quando, nos *Mistérios*, para tornar sensível sua ideia do "humano-puro", utiliza a imagem de uma cruz com uma guirlanda de rosas.

b) O vínculo de Goethe da humanidade com a cruz

O conteúdo do poema, brevemente exposto, é o seguinte: um jovem frade se perde na montanha e chega por fim a um mosteiro, sobre cuja porta de entrada se encontra o símbolo de uma cruz com uma guirlanda de rosas. No mosteiro estão reunidos doze monges cavalheirescos, que anteriormente levavam uma vida solta pelo mundo. Seu líder espiritual é um misterioso desconhecido, que leva o nome de "Humanus". Em contraste com essa encarnação de uma pura e universal humanidade, cada um dos outros doze representa nações particulares e religiões com seus próprios e diversos modos de pensar e sentir. Mediante sua vida em comum, sob a direção de Humanus, também se comunicou a eles o espírito uno e abran-

---

47 Lasson, em sua interpretação, parte da hipótese errônea de que a medalha de Hegel também representa uma rosa no meio de uma cruz. Esse erro pode muito bem ter surgido pelo fato de Lasson não ter visto o original nem a cópia da medalha. Além disso, em sua crítica às considerações de Goethe e Zelter, ele contesta o sentido teológico da cruz. A superação do sentido religioso em sentido filosófico explica-se pelo fato de que Lasson, em sua dupla qualidade de pastor e hegeliano, se apoia no cristianismo filosófico de Hegel. Por conseguinte, não constitui problema algum que a concepção "mais profunda" do relacionamento da filosofia com a teologia se encontre em Hegel. Com efeito, suposto que a cruz fosse um símbolo teológico, a rosa no centro da cruz significaria "que a filosofia se identifica com a teologia, e seria, por assim dizer, sua glorificação e plenitude, enquanto ambas as figuras femininas, às quais Goethe se refere, não têm outra relação entre elas do que a de permanecerem eternamente 'uma em frente à outra'." Para Lasson, um tal permanecer uma diante da outra é *a priori* um defeito, porque ele partilhava da ideia de Hegel acerca da mediação. Também se engana Lasson quando afirma que o escudo de Lutero mostra a imagem de uma rosa "no centro da cruz", um erro que se encontra manifestamente em conexão com aquele análogo e relativo à medalha de Hegel. Em ambos os casos Lasson baseou sua descrição na proposição do prefácio da *Filosofia do direito*. (Lasson, *Beiträge zur Hegelforschung* [Contribuições à pesquisa de Hegel], p.43 et seq.; *Kreuz und Rose, ein Interpretationsversuch* [Rosa e cruz, uma tentativa de interpretação]).

gente de Humanus. Este quer agora abandoná-los. Depois de ter formado a todos, não é mais necessária sua presença.

A religião da Humanidade não é, pois, uma religião particular entre outras, ela também não consiste na mera indistinção de diferentes religiões, como na parábola de Lessing, mas antes significa "a eterna duração de condições humanas elevadas". Não obstante, segundo o próprio esclarecimento de Goethe, a cruz de rosas tem uma relação com a história cristã da Semana Santa. Ao suavizar a dureza teológica da cruz cristã e elevá-la ao símbolo da pura humanidade, Goethe lhe forneceu "um sentido por completo novo" a essa crença compartilhada "por metade do mundo". As rosas acompanham a "madeira áspera" com delicadeza. Nenhuma palavra explicativa rodeia o símbolo; pelo contrário, seu sentido deve resultar misteriosamente visível, e, como o *Fausto*, permanecer um "enigma revelado". O mistério humano da cruz cristã é interpretado pela "palavra dificilmente inteligível" da autolibertação mediante a autossuperação. A humana sexta-feira santa de Goethe contém um "morra e venha a ser". Logo, tanto Goethe quanto Hegel humanizaram, ou melhor, espiritualizaram a teologia luterana da cruz e interpretaram o brasão de Lutero e o dos rosa-cruzes de maneira mundana.

A diferença ao empregar o mesmo símbolo é, contudo, a seguinte: em Goethe o símbolo permanece um mistério não apreensível por palavras; em Hegel é somente o modo de tornar sensível um relacionamento apreensível por conceitos. Goethe eleva o cristianismo à humanidade e os mistérios revelam o que é o "puramente-humano"; Hegel eleva o cristianismo à razão, que, como *logos* cristão, é o "absoluto". Goethe permite à rosa da humanidade enroscar-se livremente na cruz e manter filosofia e teologia uma frente à outra; Hegel coloca a rosa da razão no centro da cruz, e o pensamento filosófico deve incorporar as concepções dogmáticas da teologia. Na explicação goethiana de seu poema, o acontecimento está situado na Semana Santa, mas a celebração da morte na cruz e a ressurreição de Cristo significavam para ele somente a "confirmação" de condições humanas mais elevadas. A filosofia de Hegel quer desselar o acontecimento histórico da Semana Santa ao fazer dele uma "sexta-feira santa especulativa" e fazer da dogmática cristã uma filosofia de religião, na qual a paixão cristã se identifica com a ideia da suprema liberdade e a teologia cristã se identifica com a filosofia.[48] Goethe recusou radicalmente essa vinculação. Justamente porque a

---

48 I, 153; XII, 235; XVII, 111; *Enc.* §482.

ele, "como homem e poeta", sabendo honrar a cruz cristã, lhe repugna o desvio do filósofo, que com isso não demonstra honra nem pela fé cristã nem pela razão humana.

c) O sentido luterano de rosa e cruz

Comparado com o sentido luterano original da rosa e da cruz, é insignificante a diferença entre Hegel e Goethe quanto à posição de ambos em relação ao cristianismo. O significado do brasão de Lutero, que representa uma cruz negra no meio de um coração rodeado de rosas brancas, depreende-se de sua inscrição: "O coração de Cristo se abre às rosas quando ele está sob a cruz". O significado exato de seu brasão, esclareceu Lutero em uma carta de 1530 a Lazarus Spengler:

> Porque desejais saber se meu selo é bem concebido, quero eu anunciar à boa sociedade meus primeiros pensamentos, que eu queria imprimir no meu selo, como signo de minha teologia. Primeiramente devia ser uma cruz negra no meio do coração, que tivesse sua cor natural e para que eu mesmo me recordasse que a fé no crucificado nos dá bem-aventurança. Pois quando se crê de coração, torna-se justo. Ainda que seja uma cruz negra, que mortifica e machuca, deixa ela o coração na sua cor, não corrompe a natureza, isto é, não a mata, mas antes a conserva viva. *Justus enim fide vivet, sed fide crucifixi.* Tal coração deve estar no meio de uma rosa branca, indicando que a fé traz alegria, consolo e paz, numa palavra, nos põe numa rosa branca e alegre, mas não traz paz e alegria de modo mundano, por isso a rosa deve ser branca e não vermelha; pois o branco é a cor dos espíritos e de todo anjo. Uma tal rosa está em um campo cor de céu, porque tal alegria no espírito e na fé é um começo da alegria celestial futura; que já está aí compreendida e abraçada pela esperança, mas ainda não manifesta.

Numa folha de 1543, marcada com o brasão, se diz isso de modo resumido numa antítese: "Porque Adão vive (quer dizer, peca), a morte devora a vida. Mas quando Cristo morre (quer dizer, recebe a misericórdia divina), a vida devora a morte".

Essa interpretação cristã da cruz e da rosa opõe-se tanto à interpretação racional de Hegel quanto à interpretação humanista de Goethe. Com efeito, o coração do cristão é, paradoxalmente, colocado sobre um leito de rosas, quando, ao seguir Cristo, toma para si a cruz da paixão e, desse modo, se encontra sob a cruz. Entendida de maneira cristã, a cruz não é nem suavizada pela humanidade, nem tem em si a rosa como centro racional; ao contrário, é tão oposta ao humano e ao racional quanto o Cristo em geral em relação ao homem natural, isto é, Adão. Por isso, só se pode falar em um sentido muito atenuado do protestantismo de Hegel e de Goethe.

d) O protestantismo de Hegel e de Goethe

O protestantismo de Hegel consiste na compreensão do princípio do espírito e, por consequência, da liberdade como o desenvolvimento e acabamento conceitual do princípio de Lutero acerca da certeza da fé.[49] Ele identifica diretamente o saber da razão com a fé. "Esse saber foi chamado de fé. Não se trata de uma fé histórica (quer dizer, exteriormente objetiva). Nós luteranos – eu sou e o quero continuar sendo – temos somente aquela fé originária."[50] Nessa fé racional que sabe que o homem, no seu relacionamento imediato com Deus, está destinado à liberdade, Hegel se reconhecia como protestante. Desse modo ele intermediava a oposição decisiva que Lutero estabelecera entre a fé e a razão. O protestantismo é para ele, em última instância, idêntico à "intelecção e cultura universais" efetuadas em sua obra. "Nossas universidades e escolas são nossas igrejas", e nisto reside também a oposição essencial em relação ao catolicismo.

Assim como Hegel, também Goethe considerava a Reforma uma liberação dos "grilhões das limitações espirituais", enquanto ela era para Lutero a restauração do verdadeiro cristianismo. Em uma conversa a respeito da Reforma, que data do último ano de vida de Goethe,[51] ele diz: "Nós temos no-

---

49 VIII, 19; cf. IX, 416 et seq. e 437; XV, 262.
50 VIII, 89 e o final do §552 da *Enc.*; cf. a respeito *Hegels Rede zur Reformationsfeier* [O discurso de Hegel acerca da comemoração da Reforma]: XVII, 318 et seq.
51 *Gespräche* IV, 443; cf. a poesia sobre a comemoração da Reforma, 31 de outubro de 1817.

Introdução

vamente a coragem de estar com pés firmes sobre a terra de Deus e sentir-mo-nos orgulhosos de nossa natureza humana divinamente dotada". Nem Hegel nem Goethe tiveram escrúpulos em imaginar um cristianismo que pouco tem em comum com seu significado original, que consiste em que se possa "como homem sentir-se grande e livre". Com efeito, a proposta de Goethe ("pouco a pouco, de um cristianismo da palavra e da fé todos chegaremos a um cristianismo da opinião e da ação") já marca o começo daquele caminho que conduz de Hegel a Feuerbach e em direção a decisões radicais. Os dois experimentos contrapostos de Nietzsche e Kierkegaard, novamente a decisão entre paganismo e cristianismo, constituem reações decisivas a esse cristianismo liberal, tal como Hegel e Goethe o representaram.

e) O paganismo cristão de Goethe e o cristianismo filosófico de Hegel

As declarações de Goethe a respeito de Cristo e do cristianismo se movem de maneira acentuada entre o pró e o contra, que, porém, não nasce de uma obscura oscilação, mas antes de uma desafiadora ironia, que se subtrai à alternativa. "Para mim Cristo permanece um ser altamente significativo, todavia problemático"[52] – uma observação que na boca de qualquer outro seria a expressão de uma cultura trivial, mas que em Goethe abarca todo um mundo de modos de pensar opostos, mantidos em equilíbrio por sua extraordinária moderação.

Goethe uma vez se caracterizou como um "decidido não cristão", para quem a descoberta do movimento da Terra em torno do sol é mais importante do que toda a Bíblia, e uma outra vez como possivelmente o único verdadeiro cristão, tal como Cristo quisera tê-lo[53] – uma contradição ao lado da qual se encontra (no mesmo diálogo) a seguinte observação: a pederastia grega é tão antiga quanto a humanidade, ela é inerente à natureza humana, embora seja contra a natureza, e o caráter sacro do casamento cristão é de valor inestimável, embora o casamento seja propriamente antinatural!

---

52 *Gespräche*, IV, 283.
53 *Gespräche*, IV, 261; cf. a engenhosa interpretação de F. Rosenzweig: *Der Stern der Erlösung* [A estrela da redenção] (2. ed.), 3ª parte, p.22 e 34.

A tensa ambiguidade das declarações de Goethe acerca do cristianismo permanece a mesma ao longo de 60 anos. Já o fragmento de *Prometeu*, de 1773, não constitui somente uma revolta contra os deuses, mas também – como Jacobi e Lessing em seguida o entenderam[54] – um ataque à fé cristã em Deus, ao que segue em 1774 com o *Eterno judeu*, um outro ataque à Igreja e aos eclesiásticos. Um ano depois Goethe responde a Herder por conta de seus *Comentários ao novo testamento*, agradecendo-o por esse "monte de lixo animado", e se toda a doutrina de Cristo não fosse uma imagem que a ele, enquanto homem, faz furioso, então ele apreciaria não só o comentário de Herder, mas também o objeto de seu estudo. Quando ele recebe, em 1781, a carta impressa de Lavater, escreve o seguinte: "Nunca havia considerado e admirado com tanto prazer a teu Cristo como nestas cartas." Isto eleva a alma e fornece motivo para as mais belas reflexões quando se vê como Lavater apanha fervorosamente esse "vaso claro como o cristal", enche-o até a borda com sua própria bebida rubra e a sorve em pequenos tragos.

> Não invejo a tua sorte, pois sem a mesma tornar-te-ias miserável. Pelo desejo e o apetite de tudo desfrutar em um indivíduo, e na impossibilidade de que um indivíduo te possa satisfazer, é maravilhoso que desde tempos antigos nos tenha restado uma imagem sobre a qual possa transportar teu todo e que, ao se refletir nela, possas adorar a ti mesmo; mas somente posso chamar isso de injustiça e de um roubo que não convém para tua boa causa, que tu, todas as preciosas plumas dos milhares de pássaros no céu, arrancas, como se as usurpasse, para com isso enfeitar exclusivamente tua ave do paraíso. Isso é o que necessariamente nos aborrece e nos parece insuportável, que nos declaremos discípulos de uma sabedoria revelada a todos, através do homem e para o homem, e, como filhos de Deus, o adoramos em nós mesmos e em todas as suas criaturas. Eu sei bem que tu não podes neste ponto te modificar e que te manténs firme perante a ti mesmo, contudo, visto que tu predicas reiteradamente tua fé e doutrina, acho eu necessário mostrar a ti a nossa fé e doutrina como uma sólida rocha de bronze, que tu e toda uma cristandade possam alguma vez encobrir com

---

[54] Ver a respeito Korff, *Geist der Goethezeit* [Espírito da época de Goethe], I, p.275 et seq., e Seeberg, *Goethes Stellung zur Religion* [A posição de Goethe acerca da religião], Zeitschrift für Kirchengeschichte, p.202 et seq.

as ondas de vosso mar, mas que não podes nem submergir e nem abalar no seu mais profundo.

Com maior aspereza escreve ele em 1788 a Herder:

Segue sendo verdade que a fábula de Cristo é a causa pela qual o mundo poderá durar ainda 10 milênios sem que ninguém realmente entenda por que se precisa de tanta força, de saber, de inteligência, de conceito para defendê-la ou para atacá-la. As gerações se sucedem, o indivíduo é uma pobre coisa, e mesmo que ele tome o partido que lhe pareça melhor, o *todo* jamais é um *todo*, e assim oscila o gênero humano de lá para cá entre semelhantes bagatelas, e tudo isso não significaria nada se não tivesse tão grande influência acerca de pontos que são tão essenciais ao homem.

Aproximadamente seis anos depois, Goethe declara numa conversa que, em virtude do estudo renovado de Homero, ele sentira plenamente que inexplicável desgraça a "loucura judia" nos infringira. "Se jamais tivéssemos conhecido as manias orientais e tivesse Homero permanecido a nossa Bíblia, que outra figura completamente diferente teria ganhado a humanidade!" Trinta anos depois, numa carta a Zelter, por ocasião de uma apresentação de uma música da Paixão, ainda diz algo semelhante: "Possa a 'morte de Jesus' ter-lhe proporcionado uma alegre Páscoa; se os sacerdotes souberam tirar vantagem desse mais lamentável de todos os acontecimentos, se os pintores também tiraram proveito, por que os músicos deveriam ficar sem nada?" Quatro anos mais tarde, escreve a Müller lamentando pelos predicadores, que precisam discursar sem ter nada a dizer, pois têm por assunto "um feixe debulhado há dois mil anos". Da mesma época procede a observação feita a Zelter a respeito da imagem de um *Ecce Homo*: "Todo aquele que o olha se sente bem, visto que ele tem diante de si alguém que está pior do que ele". E quando, certa vez, se lhe censurou por motivo de paganismo, ele replicou: "Eu, pagão? Ora bem, eu executei Gretchen e deixei Otília morrer de fome; não é isso, pois, algo suficientemente cristão?".[55]

---

55 Carta a Herder, de maio de 1775; a Lavater, de 22 de junho de 1781 (cf. a carta a Stolberg, de 17 de abril de 1823); a Herder, de 4 de setembro de 1788; *Gespräche*, I, 202; a Zelter, de 28 de abril de 1824; a Müller, de 16 de agosto de 1828; a Zelter, de 18 de janeiro de 1829; *Gespräche*, II, 62.

O mesmo Goethe caracterizou, na *História da doutrina das cores*, sob o título de "Tradição", a Bíblia como o livro – não apenas do povo judeu, mas também de todos os povos, porque nele se apresentou o destino desse povo único como símbolo de todos os demais.

E no que diz respeito ao conteúdo, teria que acrescentar pouca coisa para que ainda hoje ele se fizesse completo. Quando se agrega ao Antigo Testamento um excerto de José a fim de continuar a história judia até a destruição de Jerusalém; quando, de acordo com a história dos Apóstolos, se intercala uma exposição sucinta da propagação do cristianismo e da dispersão do judaísmo pelo mundo [...]; se precedendo a revelação de João apresenta-se resumida a doutrina cristã pura conforme o sentido do Novo Testamento, para esclarecer e destrinchar o confuso ensinamento das Epístolas, então merece essa obra hoje reconquistar sua antiga dignidade, não somente como livro universal, mas também valer como biblioteca universal dos povos. Seria certo que, quanto mais alto os séculos se elevam culturalmente, tanto mais poderia ser utilizada, em parte como fundamento e em parte como instrumento de educação, certamente não por sabichões, mas antes pelos homens verdadeiramente sábios.

E, finalmente, nos *Anos de viagem* (II/1), Goethe considerou o cristianismo como a "última" religião, porque ela constitui o último e o supremo que o homem pode e tem de alcançar; somente o cristianismo nos abriu "a profundidade divina do sofrimento".

A argumentação pormenorizada deste ponto não é de nenhum modo cristã e está muito perto do que Nietzsche entendeu por uma justificação dionisíaca da vida. O cristianismo ultrapassa a antiga santificação da vida, porque ele admite em si de modo positivo o que parece contrário à vida. Ele nos ensina a reconhecer como divino o repugnante, o odioso e o digno de ser evitado: "baixeza e pobreza, escárnio e desprezo, vergonha e miséria, sofrimento e morte" e mesmo a amar como algo proveitoso o pecado e o crime. O cristianismo é no *Sátiro* idêntico à natureza, ao mesmo tempo "coisa originária" e "negação da coisa", uma abrangente unidade dos que se contradizem. A vida, lemos no *Fragmento sobre a natureza*, é "sua mais bela criação" e a morte "seu artifício para ter mais vida"; nascimento e túmulo são *um* único e eterno mar.

Introdução

A partir desse conceito de natureza divina, Goethe também interpreta a autenticidade da Bíblia e sua verdade. Não menos verdadeira e vivificante que a aparição do cristianismo lhe parece o sol!

> O que é autêntico, além de algo inteiramente excelente, que está em harmonia com a mais pura natureza e razão, e que ainda hoje serve ao nosso supremo desenvolvimento! E o que não é autêntico, como algo absurdo, vazio e tolo, que não traz nenhum fruto, pelo menos nenhum bom! Devesse a autenticidade de um escrito bíblico ser decidida por meio da questão a respeito de ele nos ter transmitido o inteiramente verdadeiro, então poder-se-ia mesmo em alguns pontos duvidar da autenticidade dos Evangelhos [...] Entretanto, considero eu os quatro Evangelhos como inteiramente autênticos, pois neles estão o reflexo da grandeza que partiu da pessoa de Cristo e essa de um modo tão divino como jamais na Terra a divindade se fez aparecer. Caso me perguntem se em minha natureza há algo que dê provas de adorada veneração a ele, então eu digo: certamente! Eu me curvo perante ele como a manifestação do supremo princípio da moral. Caso me pergunte se faz parte de minha natureza venerar o sol, então eu digo outra vez: completamente! Com efeito, ele é igualmente uma manifestação do supremo e, de fato, o mais poderoso que a nós, filhos da terra, é permitido perceber. Eu adoro nela a luz e a força criadora de Deus, pois é somente mediante ela que nós vivemos, existimos e somos, e todas as plantas e animais conosco.[56]

Assim, Goethe podia se definir como um decidido não cristão e, contudo, simultaneamente protestar contra quem quisesse tomá-lo por um pagão. O que ele venerava como divino era a força produtiva universal contra a qual nada podiam a guerra, a peste, inundações e incêndios.[57] A esse mundo dionisíaco, que se destrói e renasce de si mesmo, pertence também Cristo, cuja doutrina se estendeu do domínio do que merece ser venerado até o domínio do que merece ser evitado. As seguintes palavras, pronunciadas por Goethe em seu último mês de vida, por ocasião das *Bacantes*, de Eurípides, soam como uma singular antecipação da ideia nietzschiana do Dionísio crucificado: a peça forneceu a mais fecunda comparação de uma

---

56 *Gespräche*, IV, 441.
57 *Gespräche*, IV, 334.

representação dramática moderna do sofrimento da divindade em Cristo com a representação antiga de um sofrimento semelhante, e que se realiza do modo mais poderoso possível em Dionísio.[58]

A íntima coerência lógica de tal declaração se pode medir pelo fato de que, já no *Eterno judeu*, um Cristo típico do *Sturm und Drang*,* farto de ver tantas cruzes, pronuncia essas palavras não cristãs: "Oh mundo pleno de maravilhosa confusão, pleno de espírito da ordem, portador do erro, tu, cadeia de alegrias e dores, tu, mãe que me gerou para o túmulo! Que eu, mesmo que estivesse presente no momento de tua criação, não compreenderia completamente".

A atitude livre e desenvolta de Goethe diante do cristianismo, que se fundava no fato de ele sentir-se agindo corretamente,[59] tornou-se trivial e desbotada ao converter-se num lugar-comum para as pessoas cultas do século XIX, que acreditavam poder recorrer a Goethe, porque tomavam seu meio-termo por justo meio e medida. Uma expressão característica para o *juste milieu* desse mundo burguês cultivado e cristão era, ainda durante a Primeira Guerra Mundial, a seguinte fórmula: "Homero e a Bíblia", é preciso ter ambos os livros na mochila. Esse humanismo tingido de cristianismo marcou, até há poucos anos, os discursos – que mais ou menos expressavam um livre pensamento religioso – de diretores de escolas protestantes e pastores. Toma-se um texto qualquer da Bíblia explicando-o com sentenças de Humboldt, Schiller e Goethe. Overbeck caracterizou de maneira justa semelhante situação:

> É uma modalidade do cristianismo atual, em seu modo de dar-se o mundo [...], quando no mundo atual nenhum homem importante pode portar-se como o anticristo, sem ser invocado com especial preferência pelo cristianismo. Entre os cristãos de moderna observância, têm de ser admitidos Goethe e Schiller, Feuerbach, Schopenhauer, Wagner, Nietzsche e igualmente seus sucessores [...]. De fato, nós estamos tão longe do cristia-

---

58 *Gespräche*, IV, 435; cf. Nietzsche, *Wille zur Macht* [Vontade de potência], Aforismo 1052.

* Literalmente, "tempestade e ímpeto". Referência a movimento artístico alemão que tinha Goethe como sua figura central e foi considerado precursor do romantismo. (N. E.)

59 Cf. acerca da cristandade de Goethe: Overbeck, *Christentum und Kultur* [Cristianismo e cultura], p.142 et seq.

nismo que todos aqueles grandes senhores nos parecem mais dignos de confiança como devotos cristãos do que como renegados do cristianismo. E viria como prova, para uma tal interpretação do cristianismo desses autores, para quem hesita em declarar com entusiasmo sua adesão a esse cristianismo moderno, nada menos do que colher, como se fossem passas de uva num bolo, as passagens que em seus escritos exprimem uma aprovação para o cristianismo![60]

Hegel nunca compreendeu sua "concepção" do cristianismo como negação, mas como uma justificativa do conteúdo espiritual da religião absoluta. A doutrina cristã do sofrimento e da redenção era para ele decisiva também para a especulação. Em vão procuraríamos em suas obras e cartas ataques irônicos ao cristianismo, e onde ele polemiza, isto acontece somente contra modos impertinentes de representação desprovidos de conteúdo conceitual que se valem de determinadas orientações teológicas. Especialmente na sua velhice, ele recorreu expressamente ao caráter cristão de sua filosofia.[61] Seu biógrafo poderia com justiça caracterizar a filosofia hegeliana como uma "definição permanente de Deus", em virtude de, em grande medida, ser uma filosofia apoiada na base histórica da religião cristã.

Quanto mais inequívoca era para o próprio Hegel a mediação entre a filosofia e o cristianismo, tanto mais ambígua tinha de se tornar essa mediação, quando a mesma passou a ser alvo de ataque. O momento da crítica, que já se encontrava na argumentação de Hegel, tornou-se independente e livre quando o caráter de mediação sucumbiu. E porque a ambiguidade, que se encontrava na "suspensão" (*Aufhebung*) conceitual da representação religiosa podia ser interpretada segundo dois aspectos, ocorreu à crítica tomar sua *justificação* como ponto de partida. Com base na mediação hegeliana entre a filosofia e o cristianismo, ela foi impelida a uma diferenciação e a uma decisão. A consequência desse procedimento se apresenta na crítica da religião, que desde Strauß, passando por Feuerbach, conduz a Bruno Bauer e Kierkegaard.[62] Por esse caminho se revela, junto à crise da filosofia hegeliana, também uma crise do cristianismo.

---

60 Nigg, Overbeck, p.58.
61 XVII, 111; cf. Rosenkranz, *Hegels Leben* [Vida de Hegel], p.400.
62 Ver a 2ª parte, cap. V.

Hegel não chegou a prever uma verdadeira crise na história do cristianismo, enquanto Goethe, em contrapartida, já a via em 1830 claramente. Com efeito, ou há que se ater à fé na tradição, sem admitir sua crítica, ou render-se à crítica e com isso abandonar a fé. Uma terceira via é impensável. "A humanidade encontra-se metida numa crise religiosa; não sei como passará por ela, mas ela tem de ser e será ultrapassada."[63] Ambos sentiram a crise política do mesmo modo. O impulso externo veio da Revolução de Julho.

f) O fim do mundo consumado por Goethe e Hegel

Em 1829, numa conversa sobre a situação da Europa, Goethe diz ao polonês Odynic que o século XIX

> não é simplesmente uma continuação dos anteriores, mas antes parece ser o começo de uma nova era. Pois os grandes eventos que sacudiram o mundo nos primeiros anos desse século não podem permanecer desprovidos das grandiosas consequências correspondentes a eles, mesmo se essas, como o trigo advindo da semente, crescerem e amadurecerem lentamente.[64]

Goethe não as esperava para antes do outono do século XIX. A consequência mais próxima foi a Revolução de Julho de 1830, que sacudiu toda a Europa e forneceu motivo para reflexão a todos os contemporâneos. Immermann pensava que não se podia explicá-la a partir de uma necessidade física, mas, antes, por um impulso espiritual e um entusiasmo semelhante a um movimento religioso, se bem que, em vez da fé, o agente tenha sido "político". L. von Stein a caracterizou mais sensatamente como o grande ato pelo qual a sociedade industrial alcançou o poder. As verdades sociais a que ela trouxe validez eram em geral europeias, e a dúvida que se vincula

---

63 *Gespräche*, IV, 283.
64 *Gespräche*, IV, 152; ainda mais claramente se expressou Metternich após o Congresso de Viena: "Meu pensamento mais secreto é que a velha Europa está no começo de seu fim. Decidido a sucumbir com ela, saberei cumprir com meu dever. A nova Europa é, por outro lado, ainda um vir a ser; entre o fim e o começo haverá um caos".

à vitória da classe burguesa diz respeito à civilização em geral. Niebuhr sentiu a revolução como o caráter dominante da época. Seu profundamente resignado prefácio à 2ª edição da segunda parte da *História romana*, de 5 de outubro de 1830, vê "que toda alegre relação" está ameaçada por uma destruição semelhante àquela que o mundo romano experimentou ao redor do século III: aniquilação da prosperidade, da liberdade, da cultura, da ciência. Goethe deu-lhe razão quando ele profetizou uma futura barbárie; ela já está presente, "nós já estamos imersos nela".[65]

O significado sintomático da Revolução de Julho foi que ela mostrava que o abismo aberto pela grande Revolução Francesa apenas aparentemente havia se fechado, e que em realidade nos encontramos somente no começo de uma "época de revoluções", nas quais as massas conquistarão, perante as outras classes sociais, um poder político próprio.[66] O chanceler Müller informa a respeito de uma conversa com Goethe, na qual este declarou que somente podia permanecer calmo perante a nova crise porque a via como "o grande exercício de pensamento" que se podia ter dado no final de sua vida.[67] Alguns meses depois Goethe escreve a Zelter, dizendo que lhe parece surpreendente que após quarenta anos se renove o velho delírio. Toda prudência dos poderes ainda subsistentes reside nisto, a saber, que eles tornam inofensivos os paroxismos singulares. "Ultrapassemo-los e teremos novamente a paz por um tempo. Mais que isso não tenho a dizer."[68] O que lhe pareceu mais inconveniente nessa revolução consistia numa "aspiração imediata ao incondicionado nesse mundo completamente condicionado".[69] Ele mesmo se refugiou no estudo da natureza, que, em meio a toda espécie de mudanças, permanecia constante. Quando Eckermann quis lhe transmitir as primeiras notícias da revolução, Goethe o interrompeu exclamando: "Pois bem, o que pensa o senhor desse grande acontecimento? O vulcão entrou em erupção, tudo está em chamas e não se trata de uma discussão a portas fechadas". Mas, para espanto de Eckermann, ao referir-se a este

---

65 *Gespräche*, IV, 317 e 353 e carta a Adele Schopenhauer de 10 de janeiro de 1831. Para a caracterização do ano de 1830, cf. Dilthey, *Ges. Schr.*, XI, 219.
66 Cf. J. Burckhardt, *Ges. Schr.*, VII, 420 et seq., e A. v. Tocqueville, *Autorität und Freiheit* [Autoridade e liberdade], p.169 et seq.
67 *Gespräche*, IV, 291.
68 Carta a Zelter, de 5 de outubro de 1830.
69 *Maximen und Reflexionen*, n. 961.

acontecimento não pensava ele em levantes políticos, mas antes numa discussão da academia de Paris concernente ao método da investigação científica da natureza.[70]

Goethe reconheceu claramente que o mundo em torno de 1830, em virtude do nivelamento democrático e da industrialização, começou a se tornar outro. Em 23 de outubro de 1828, disse ele a Eckermann, a respeito da humanidade: "Eu vejo chegar a época em que Deus não encontrará mais alegria nela e terá que aniquilar tudo novamente para conseguir uma criação rejuvenescida". A base da sociedade burguesa e de sua sociabilidade lhe parecia destruída e considerava os escritos de Saint-Simon como o esboço engenhoso de uma radical aniquilação da ordem subsistente. O que lhe chegava da França como literatura moderna ele reconhecia como uma "literatura do desespero", que impõe ao leitor o contrário de tudo aquilo que deve se apresentar ao homem para o seu próprio bem.[71] "Sua ocupação satânica consiste em oferecer até o limite do impossível o feio, o detestável, o cruel, o indigno e todo o seu bando de perversidades." Tudo é "ultra" e "transcendente", tanto no pensamento quanto na ação. "Ninguém se conhece mais, ninguém concebe o elemento no qual se move e atua, ninguém compreende a matéria que elabora. Não se pode falar de pura ingenuidade; pois já temos o suficiente de simples bobagens." A humanidade moderna se ultrapassa e se cultiva em excesso, mas continua a permanecer na mediocridade, tornando-se extremada e vulgar.[72] O último documento contendo sua visão a respeito do movimento da época é uma carta a W. von Humboldt, na qual ele anuncia sua conclusão da segunda parte do *Fausto* da seguinte maneira:

> Sem nenhuma dúvida me faria infinitamente feliz dedicar e transmitir essas brincadeiras muito sérias a meus amigos estimados e dispersos ao longo de minha vida; e reconheceria com agradecimento se recebesse suas réplicas. Mas o dia é em verdade tão absurdo e confuso que eu estou convencido de que meus honestos esforços, por longo tempo perseguidos, para construir esse estranho edifício foram mal recompensados e arrastados à praia, tal como destroços de um navio destruído ali permanecem, cobertos pelas areias das horas. Doutrinas confusas para ações confusas imperam

---

70 *Conversas com Eckermann e Soret*, de 2 de julho de 1830; *Gespräche*, IV, 290; V, 175.
71 Carta a Zelter, de 18 de junho de 1831.
72 Carta a Zelter, de 7 de junho de 1825; cf. *Gespräche*, III, 57 e 500 et seq.

sobre o mundo, e eu não tenho nada de urgente a fazer, a não ser talvez aumentar aquilo que está, e permanece em mim, e conservar minhas particularidades, tal como vós, digno amigo, faz em seu castelo.

Com essas palavras plenas de admirável firmeza, termina, cinco dias antes de sua morte, a correspondência de Goethe.

Não menos que Goethe, irritou-se Hegel com a Revolução de Julho. Com indignação e horror ele assinala a irrupção de novas dissensões, contra as quais ele defendeu a ordem subsistente como uma verdadeira fonte de estabilidade. No seu último escrito político de 1831, acerca da *Crítica ao projeto inglês de reforma*, ele caracteriza o desejo por uma reforma como uma "desobediência" advinda da "coragem dos de baixo". Acusado de servilidade perante a Igreja e o Estado, ele escreveu em 13 de dezembro de 1830 a Goeschel:

> Atualmente, o monstruoso interesse político engoliu todos os outros – uma crise na qual tudo que antes possuía valor parece ter-se tornado problemático. A filosofia tampouco pode colocar-se contra a ignorância, a violência e as más paixões desse barulho ruidoso, eu pouco acredito que ela possa penetrar naqueles círculos em que se deita tão confortavelmente; ela deve – também para o propósito de tranquilizar – se tornar consciente de que ela é somente para poucos.

E no prefácio à 2ª edição da *Lógica*, ele, ao final, expressa o temor quanto a se haver, numa época politicamente tão agitada, espaço para o "estilo desapaixonado do conhecimento pensante". Poucos dias depois da conclusão do prefácio adoece de cólera e morre.

Enquanto Goethe e Hegel, na comum oposição ao "transcendente", ainda eram capazes de fundar um mundo no qual o homem estivesse junto de si, seus discípulos não se sentiam mais como se nele estivessem em casa e não compreendiam o equilíbrio de seus mestres como o produto de uma mera harmonização.[73] O meio, do qual vivia a natureza de Goethe, e a me-

---

[73] *A juventude sem Goethe*, tal como Kommerell intitulou uma conferência de 1931, é um fenômeno que tem cem anos de história. Já em 1830, Goethe foi combatido, depreciado, rechaçado e insultado pela "juventude". Nesse repúdio de uma humanidade completa, encontram-se contemporâneos tão díspares quanto Menzel

diação, na qual o espírito de Hegel se movia, separaram-se novamente em *Marx* e *Kierkegaard*[74] nos extremos da exterioridade e da interioridade, até que finalmente *Nietzsche*, mediante um novo começo, quis retornar à Antiguidade a partir do nada da modernidade, e nesse experimento desapareceu na escuridão da loucura.

---

     e Börne, Schlegel e Novalis, Heine e Kierkegaard. Ver a respeito o belo estudo de Hehn sobre *Goethe und das Publikum* [Goethe e o público]; Maync, *Geschichte der deutschen Goethebiographie* [História da biografia alemã de Goethe]; Kluckhohn, *Goethe und die jungen Generationen* [Goethe e as gerações jovens].

74 Hegel e Goethe são, para Kierkegaard, apenas "reis pelo título". Uma anotação de seu diário de 25 de agosto de 1836 diz: "Quando Goethe efetuara a transição para os antigos, por que a época não o seguiu? Por que ela não seguiu Hegel quando este fizera o mesmo? Porque ambos reduziram esse trânsito ao desenvolvimento estético e especulativo; mas o desenvolvimento político tinha de viver sua evolução romântica e por isso mesmo a nova escola romântica era inteiramente política". Opel fez uma compilação das declarações polêmicas de Kierkegaard sobre Goethe, *Kierkegaard und Goethe* [Kierkegaard e Goethe], *Deutsche Vierteljahrsschrift für Literaturwiss und Geistesgesch*, caderno I.

A origem do acontecimento espiritual do tempo a partir da filosofia hegeliana da história do espírito

I. O sentido histórico-final da consumação hegeliana da história do mundo e do espírito

1. A construção histórico-final da história do mundo

A história da filosofia não é para Hegel nenhum acontecimento à margem ou além do mundo, mas sim "o centro da história universal". O que domina ambas igualmente é o absoluto como espírito do mundo, e à essência deste pertence o movimento e, por consequência, também a história.[1] A obra de Hegel não contém apenas uma filosofia da história e uma história da filosofia, mas seu sistema inteiro, como nenhuma filosofia antes, é pensado fundamentalmente a partir de uma perspectiva histórica. Sua pesquisa filosófica começa por ensaios histórico-teológicos acerca do espírito do cristianismo que ultrapassam em muito o significado da história em Voltaire, Hume e Gibbon. A seguir, surgem escritos histórico-políticos e o primeiro sistema da eticidade, no qual o poder incondicionado da história vale como o "tempo que triunfa sobre todas as coisas" e como "destino

---

[1] Ver a respeito Marcuse, *Hegels Ontologie und die Grundlegung einer Theorie der Geschichtlichkeit* [A ontologia de Hegel e a fundamentação de uma teoria da historicidade]. Para a identificação hegeliana da filosofia com sua história, ver sobretudo: *Philosophie der Geschichte* [Filosofia da história], p.34.

originário e primeiro".[2] Neles se menciona, pela primeira vez, o "espírito do mundo", que tem "em cada figura o sentimento de si mesmo, mais obscuro ou mais desenvolvido, porém absoluto", e em cada povo expressa uma "totalidade da vida".[3] Segue, então, a *Fenomenologia* como história do desenvolvimento do espírito fenomenal e dos estágios da formação do saber, no qual os passos sistemáticos do pensamento e as referências históricas são tão pouco separáveis que carecem de ordenação empírica determinada e se interpenetram.

A finalidade dessa construção do movimento dialético do espírito, que vive no elemento histórico, é o "saber absoluto". Esse fim é alcançado pela via da "rememoração" de todos os espíritos que já existiram. Esse caminho pelo ser – que se tornou passado – da história do espírito sempre presente não é um desvio a que pudéssemos evitar, mas sim o único caminho viável para a consumação do saber. O absoluto, ou o espírito, não tem somente uma história que lhe é externa do mesmo modo como um homem veste roupas, mas antes – no seu interior mais profundo – é como um movimento do desenvolvimento de si, um ser que somente é à medida que vem a ser. Como um espírito que progride ao se exteriorizar e rememorar, ele é em si mesmo histórico, ainda que a dialética do vir a ser não corra em linha reta para o infinito, mas forme um círculo, de tal modo que o fim complete o começo. Quando o espírito, por esse caminho do progresso, *finalmente* adquire seu *pleno* ser e saber, ou sua autoconsciência, a história do espírito está *consumada*. Hegel encerra a história do espírito no sentido de uma plenitude suprema, na qual tudo que aconteceu e tudo que foi pensado até então é reunido numa unidade; mas também a consuma no sentido de um término historicamente final, em que a história do espírito apreende finalmente a si mesma. E porque a essência do espírito consiste na liberdade do estar junto a si mesmo, com a consumação de sua história é também alcançada a realização da liberdade.

A partir do princípio da liberdade do espírito, Hegel também constrói a história do mundo em relação a um fim consumado. Em sua filosofia da história, os passos mais importantes para a autolibertação do espírito são o começo no Oriente e o fim no Ocidente. A história universal começa com os

---

2 *Schriften zur Politik und Rechtsphilosophie* [Escritos sobre política e filosofia do direito], p.74.
3 Ibid., p.409.

grandes impérios do antigo Oriente, China, Índia e Pérsia; continua através da vitória decisiva dos gregos sobre os persas, pela formação dos Estados gregos e romanos no Mediterrâneo e termina com os impérios cristão-germânicos do Norte Ocidental. "Europa é apenas o Ocidente" e "o fim da história universal", assim como a Ásia é o Oriente e o começo,[4] e o espírito universal do mundo é o sol, que nasce no Oriente e se põe no Ocidente. Nesse movimento, o espírito é educado para a liberdade mediante duros combates. "O Oriente sabia e sabe que apenas *um* é livre, o mundo grego e o romano sabem que alguns são livres e o mundo germânico sabe que todos são livres." A liberdade característica do mundo cristão-germânico não é mais o arbítrio de um único déspota e também não é a liberdade de gregos e romanos nascidos livres que supõe a escravidão, mas sim a liberdade de todo homem cristão. A história do Oriente é a infância da história universal, a dos gregos e romanos, a juventude e a maturidade, ao passo que Hegel mesmo – em pleno final do mundo cristão-germânico – pensa na "velhice do espírito".

Enquanto no Oriente permanece a substância espiritual maciça e uniforme, a essência própria do mundo grego é a liberação individual do espírito. Indivíduos importantes e singulares produzem uma riqueza multiforme de configurações plásticas, e nós nos sentimos imediatamente em casa, porque estamos sobre o terreno do espírito, que se apropria livremente de tudo que lhe é estranho. A vida grega é um verdadeiro "ato de juventude": Aquiles, o adolescente da poesia, a abriu, e Alexandre, o efetivamente jovem, a concluiu. Em ambos aparece a mais bela e livre individualidade, que se desenvolveu no combate contra Troia e contra a Ásia. A Grécia é política e espiritualmente um poder antiasiático e, como tal, o começo da Europa. A isso corresponde também o caráter da paisagem que não é o de um continente uniforme, mas que é disperso por muitas ilhas e penínsulas pelas costas dos mares. Nós não encontramos aqui o poder físico oriental, não encontramos um rio que estabeleça conexões como o Ganges e o Indo, o Eufrates e o Tigre, mas antes uma distribuição muito variada, que corresponde ao comportamento dos povos gregos e à mobilidade de seu espírito.[5]

Esse país pleno de figuras individuais brilhantes foi, pela sua falta de unidade, vencido pelo poder político de Roma, que criou pela primeira vez

---

[4] IX, 97 e 102.
[5] Ibid., p.234.

um Estado subsistente por si mesmo ou uma "universalidade política" e, diante dele, uma personalidade privada dotada de direitos.[6] O império romano, com seu poder de organizar tudo uniformemente, estabeleceu os fundamentos da futura Europa e penetrou, do ponto de vista político e cultural, o mundo inteiro de então. Nas ruas romanas movia-se por toda parte o mundo da cultura grega, sem o qual o cristianismo não teria podido se espalhar a ponto de tornar-se religião universal.

O limite interno, não apenas do mundo grego, como também do romano, consiste em que o espírito da Antiguidade conservava ainda, fora de si, uma fatalidade cega, de maneira que as decisões últimas estavam condicionadas desde fora. Os gregos e romanos, no que diz respeito a todas as "decisivas" questões da vida, não interrogavam sua própria consciência, esse "cume de toda decisão", mas sim oráculos e signos. O homem, perante Cristo, ainda não era uma personalidade que estava plenamente junto de si mesma e infinitamente livre; nesse estágio histórico, o espírito ainda não era livre para si mesmo e nem havia chegado a ser-si-mesmo.[7]

Sua libertação definitiva resulta da irrupção do cristianismo no mundo pagão. "Com a entrada do princípio cristão, a terra pertence ao espírito; o mundo foi circum-navegado e, para os europeus, converteu-se numa esfera." O mundo cristão é um "mundo da plenitude", pois "o princípio está realizado e com isso o fim dos dias está completo".[8] Somente o Deus cristão é "espírito" verdadeiro e simultaneamente homem, a substância espiritual tornou-se sujeito em um homem histórico singular. Com isso finalmente foi trazida à consciência a unidade do divino e do humano, e ao homem como uma imagem de Deus tornou-se possível a reconciliação. "Esse princípio constitui o gonzo do mundo, pois este gira em torno daquele. A história vem até este ponto e dele parte."[9] Para Hegel, portanto, a maneira europeia de contar o tempo não tem um significado condicionado temporalmente, mas antes um significado histórico-absoluto. O mundo europeu tornou-se, em um instante decisivo, de uma vez por todas cristão.

A extensão da fé em Cristo tem necessariamente consequências políticas: o Estado grego era, por certo, já também um estado da liberdade (democrática), mas apenas uma liberdade da "felicidade e do gênio". Com o

---

6 Ibid., p.290.
7 Ibid., p.248 e 263.
8 *Die germanische Welt* [O mundo germânico], p.762.
9 IX, 331.

cristianismo entra em cena o princípio da liberdade absoluta (monárquica), na qual o homem se sabe idêntico ao poder ao qual ele mesmo se relaciona. A liberdade grega era condicionada pela escravidão, a cristã é infinita e incondicionada.

A história do cristianismo constitui o desdobramento do "poder infinito do livre-arbítrio",[10] por meio do qual ele chega a seu completo desenvolvimento. Essa história estende-se da aceitação da fé cristã pelos povos germânicos, passando pelo domínio da igreja católica-romana, até a reforma protestante, que reconcilia Igreja e Estado, assim como a consciência e o direito. Somente Lutero conferiu plena validez ao fato de que o homem é determinado por si próprio a ser livre.[11] Uma outra consequência da Reforma são o Iluminismo e, finalmente, a Revolução Francesa. Com efeito, a libertação da consciência individual da autoridade universal do papa criou a condição pela qual a vontade do homem poderia se decidir pela construção de um Estado racional, cujo princípio seja a ideia cristã da liberdade e igualdade. Enquanto para Lutero o conteúdo da fé cristã era dado pela revelação, o espírito europeu, por intermédio de Rousseau, deu a si mesmo o conteúdo de sua vontade na Revolução Francesa.

Neste último estágio da história do espírito europeu se produz finalmente a "vontade livre e pura", que se quer a si mesma e sabe o que ela quer. O homem coloca-se pela primeira vez "de ponta-cabeça" e a história do mundo torna-se idêntica ao pensamento filosófico. A filosofia da história, cujo princípio é o do "progresso na consciência da liberdade", torna-se completa com esse resultado. *A assim chamada secularização do cristianismo originário – de seu espírito e de sua liberdade – não significa para Hegel uma condenável traição de seu sentido original, mas ao contrário: a verdadeira explicação dessa origem mediante sua realização positiva.*[12] E como a história do mundo cristão é um movimento do progresso que ultrapassa a Antiguidade, então ela é também a verdadeira realização do "anseio" do mundo antigo. O mundo greco-romano é "suspenso" (*aufgehoben*) no mundo cristão-germânico e por isso o conceito ontológico fundamental de Hegel é de dois modos determinado: como logos *grego* e como logos *cristão*. Em contrapartida, esteve totalmente

---

10 Ibid., p.332, 346.
11 Ibid., p.418.
12 Cf. Michelet, *Entwicklungsgeschichte der neuesten deutschen Philosophie...* [História do desenvolvimento da mais recente filosofia alemã], p.304: "O objetivo da história (hegeliana) é a laicização do cristianismo".

fora de seu sentido histórico concreto a tentativa de querer cindir o vínculo entre o mundo antigo e o cristianismo e retornar a uma origem abstrata, "ou" a partir do helenismo "ou" a partir do cristianismo.[13]

O fundamento último para a construção histórico-final de Hegel reside na sua valorização absoluta do cristianismo, para cuja fé escatológica o fim e a plenitude dos tempos apareceu com Cristo. Por Hegel situar a esperança do fim dos tempos no curso dos acontecimentos do *mundo*, e o absoluto da fé cristã na razão da *história*, ele está sendo apenas consequente ao compreender a realização do começo como o último grande acontecimento na história do mundo e do espírito. A história do "conceito" é, de fato concluída com Hegel na medida em que ele concebe a história inteira, recordando-a "até aqui e a partir daqui" como realização plena dos tempos. Não contradiz essa concepção o fato de que o acontecimento empírico, que é desprovido de princípio e por consequência também de épocas, continue a seguir seu curso sem começo nem fim.

De acordo com essa consciência histórica da filosofia hegeliana se formaram não apenas seus discípulos e sucessores, mas também seus adversários. Mesmo Burckhardt ainda pensava no âmbito da imagem da história de Hegel, limitando-se conscientemente ao mundo antigo e cristão, ainda que ele soubesse que o espírito da Antiguidade não é mais o nosso e a ambição moderna por lucro e poder impele para uma interpretação da vida que independe do cristianismo. A despeito dessa visão e de sua oposição à construção hegeliana "racional" do mundo, ele confirma esta concepção histórico-final. O motivo último das reflexões de Burckhardt sobre a história da Europa era o conhecimento de que a "velha Europa" se encaminhava para o fim.

2. A construção histórico-final das formas absolutas do espírito

a) arte e religião

O princípio da consumação domina também a construção das três formas absolutas do espírito: a arte, a religião e a filosofia. No domínio da

---

13 IX, 342.

Arte, às três épocas da história universal correspondem as formas artísticas simbólica, clássica e cristã-romântica.

Porque cada modo de considerar o mundo é "filho de seu tempo", já pertence ao passado a verdadeira seriedade da arte grega e cristã. Esse fim da arte não constitui uma infelicidade casual, que lhe vem de fora por meio da necessidade da época e de seu sentido prosaico, mas é antes "o efeito e o progresso da arte mesma", que a leva ao seu final, quando "tudo se exteriorizou", e nada mais resta de interior e de obscuro que insista em configurar-se. Dessa maneira, desaparece o interesse absoluto por ela.

> Mas se a arte revelou em todos os aspectos as visões de mundo essenciais que se encontravam em seu conceito, assim como no âmbito do conteúdo que pertence a essas visões, ela se desprendeu deste conteúdo, sempre determinado para um povo particular e para uma época particular, e a verdadeira necessidade de retomá-lo surge somente com a necessidade de voltar-se *contra* o conteúdo até então vigente; tal como, por exemplo, na Grécia Aristófanes se voltou contra seus contemporâneos e Luciano contra todo o passado grego, e na Itália e Espanha, no declínio da Idade Média, Ariosto e Cervantes se voltaram contra a cavalaria.[14]

Mas em nossa época a cultura da reflexão fez completa *tabula rasa* das formas substanciais da arte.[15] "Pudéssemos nós ainda achar admiráveis as imagens gregas de deuses e considerar Deus Pai, Cristo e Maria ainda representados de modo digno e acabado, isso não ajudaria em nada, pois já não dobraremos mais nossos joelhos."[16] Em nossa época não pode aparecer mais nenhum Homero e Sófocles, Dante e Shakespeare: "O que de modo tão grandioso foi cantado, o que foi expresso de modo tão livre, está expresso; são matérias, modos de intuir e compreender que já foram cantados. Somente o presente é fresco, o resto é pálido e cada vez mais pálido".[17]

Mas não somente os conteúdos determinados da arte perderam em interesse, também a forma da arte em geral deixou de ser a suprema neces-

---

14 X/2, 2. ed., p.231; X/3, 579; ver a respeito Croce, *Ultimi Saggi*, p.147 et seq.
15 Ibid., p.232; cf. Goethe, *Gespräche*, I, 409.
16 X/1, 2. ed., p.132; cf. X/2, 230; ver a respeito: Bauer, *Hegels Lehre von der Religion und Kunst* [A teoria hegeliana da religião e da arte], p.222 et seq.; *Die Auflösung der Religion in der* Kunst [A dissolução da religião na arte].
17 X/2, 236.

sidade do espírito. Ela não vale mais para nós, como o supremo modo no qual a verdade vem à existência.[18] Também não ajuda querer adotar novamente visões de mundo passadas e tornar-se católico, como aconteceu com muitos românticos, que quiseram se "agarrar" ao catolicismo para fixar a partir do exterior seu ânimo oscilante. "O artista não pode somente ter necessidade de purificar seu ânimo e ter de cuidar de sua própria saúde espiritual; sua grandiosa, livre alma tem de saber por si [...] o que é e estar segura de si mesma e confiante." Particularmente, o artista de nossos dias necessita da livre formação do espírito na qual toda

> superstição e crença, que permanecem restritas a determinadas formas de intuição e exposição, é rebaixada à condição de aspectos e momentos sobre os quais o espírito livre se torna senhor, uma vez que não vê neles nenhuma condição sagrada em si e para si de seus [...] modos de criação, mas lhes dá valor somente pelo conteúdo superior, que lhes atribui ao recriá-los de modo adequado.[19]

Nesse sair de si pelo qual a arte transcende a si própria, ela é ao mesmo tempo um retorno do homem a si mesmo, mediante o qual a arte se despoja de toda restrição a determinados conteúdos e formas e alcança seu pleno fim. No sentido dessa realização plena Hegel interpreta o humor na poesia de Jean Paul e a humanidade universal de Goethe: sua liberdade universal em face dos conteúdos cambiantes de seu agir e o caráter confessional de sua produção literária, cujo santo é simplesmente o "Humanus". "Com isto, o artista recebe nele mesmo seu conteúdo e torna-se o espírito humano que efetivamente determina a si mesmo, que contempla, inventa e expressa a infinidade de seus sentimentos e situações, nada do que pode haver de vivo no peito humano lhe é estranho."[20] Tudo aquilo que possa ser em geral familiar ao homem é um possível objeto dessa arte que se tornou perfeitamente livre.

Ao final está também a forma da *religião*. A forma de sua consciência interior predomina por sobre a consciência sensível da arte, porém não é mais o modo supremo no qual o espírito reside. Ao final de suas *Lições sobre*

---

18 X/1, 13 et seq., 132; cf. *Phänomenologie* [Fenomenologia], p.483.
19 X/2, 233 et seq.
20 X/2, 235, 239s.; cf. Goethe, *Gespräche*, II, 51; III, 106, 493.

a filosofia da religião,[21] Hegel pôs a questão acerca do estatuto empírico da religião cristã no tempo presente e interpretou os "signos do tempo". Com efeito, "poderia nos ocorrer" a comparação de nossa época com o fim do mundo romano, em que o racional se refugiara na forma do bem-estar individual e do direito privado, visto que não subsistia mais a universalidade da vida religiosa e política. O indivíduo de tais épocas abandona o universal tal como é para cuidar apenas de si mesmo. O que resta, então, é a visão moral do mundo, o querer e a opinião própria sem conteúdo objetivo. Do modo como então se realizou à época, poderia ser doravante o caso em que a justificação da fé no conceito tornou-se uma carência, pois as formas anteriores da religião não valem mais. "O que", poder-se-ia perguntar, "pode ser mantido como verdadeiro desse conteúdo da fé cristã?". O estamento dos eclesiásticos, cuja tarefa seria a de conservar a religião, decaiu ele mesmo na argumentação, ao pretender esclarecer a doutrina cristã por motivos morais e por uma história externa. Quando, porém, apenas se trata a verdade do cristianismo de modo subjetivo e histórico, "então se acaba" com ela. "O sal perdeu o seu sabor", e o que resta é somente uma "elucidação" cética e a orgulhosa esterilidade dos homens cultos, que com tais reflexões não servem ao povo e nenhum ensinamento podem oferecer. O cristianismo parece estar em declínio – mas isso significaria terminar em "dissonância".

Com este entendimento da situação histórica do cristianismo, Hegel é levado a conceber esse declínio como um "acontecimento fortuito", que diz respeito somente ao aspecto exterior do mundo, e cuja reconciliação essencial ele exclui. Como o "presente temporal" encontraria a saída é algo que deve ser deixado a cargo desse mesmo presente; para a filosofia essa dissonância não tem significado, pois estabelece um reino de Deus eterno e o Espírito Santo segue vivendo na comunidade filosófica, que agora, ao invés da classe sacerdotal, administra a verdade.

Tal como na arte, também irrompe na religião cristã a reflexão crítica, um pensar que não deve se deter, mas realizar-se, porque ele é o "juiz absoluto", perante o qual a verdade da religião precisa se afirmar. Assim como

---

21 *Vorlesungen über die Philosophie der Religion* [Lições sobre a filosofia da religião] III, 229 et seq. Essa observação final pessimista é datada de 25 de agosto de 1821 e, portanto, é aproximadamente da mesma época da carta a Yxküll (Rosenkranz, *Hegels Leben* [A vida de Hegel], p.304), na qual se expressa abertamente a mesma consciência da época.

a arte agora se torna *ciência* da arte, do mesmo modo a religião se torna *filosofia* da religião, depois que o espírito pensante foi além do estágio da fé imediata e do mero entendimento esclarecido.[22] A suspensão da religião na filosofia da religião é, ao mesmo tempo, um "refúgio" da religião na filosofia. Como a forma mais pura de espírito, deve ser reconhecido todo o pensar racional que dá aos sentimentos e às representações religiosas uma existência conceitual. A ciência do saber absoluto tornou-se o verdadeiro "culto espiritual".

> De tal maneira são unificados na filosofia ambos os aspectos, da arte e da religião; a *objetividade* da arte, que aqui, em verdade, perdeu o caráter sensível exterior, e por isso substitui a forma suprema do objetivo pela forma do pensamento; e a subjetividade da religião, que se purificou até tornar-se subjetividade do *pensar*. Pois o pensar, por seu lado, é o mais interior, a subjetividade mais individual, e o pensamento verdadeiro, a ideia, ao mesmo tempo a universalidade mais concreta e objetiva, que somente no pensar pode ser apreendida na sua forma própria.[23]

b) filosofia

A filosofia também se encontra em um ponto conclusivo. Nas *Lições sobre a história da filosofia*, tanto no final como no começo, Hegel expôs seu próprio ponto de vista sobre a consumação filosófica e levou o reino do pensamento a sua completude. Conforme sua periodização da história da filosofia, seu próprio sistema encontra-se situado ao final da terceira época. A primeira época vai de Tales a Proclo e abrange o começo e o declínio do mundo antigo. No seu ponto auge, em Proclo, realiza-se a reconciliação antiga do finito e do infinito, do mundo terreno e do divino. A segunda época vai do começo da era cristã até a Reforma. Nela se realiza novamente, em um estágio superior, a mesma reconciliação do terreno e do divino, para, por fim, na terceira época, na filosofia cristã, de Descartes a Hegel, tornar-se acabada.[24] Os sistemas filosóficos desta última época produzem,

---

22 X/1, 129 et seq.; cf. a respeito Marx, III, p.165.
23 X/1, p.134.
24 XV, 253 et seq. (nova edição, p.251s).

no domínio do pensar conceitual, a reconciliação que, inicialmente, havia sido apenas acreditada.[25] Em princípio, todos eles são nada além de modalidades mais ou menos completas de unificação; e em seu pleno acabamento encontra-se o sistema absoluto de Hegel: o espírito cristão absoluto, que compreende a si mesmo no seu elemento, a efetividade, e a reconhece como sua. O mundo efetivo assim tornou-se "espiritual" em um sentido cristão.

Conforme essa construção das épocas, a história hegeliana do espírito não termina provisoriamente em qualquer lugar arbitrário, mas ela é definitiva e conscientemente "encerrada".[26] Devido a este fundamento histórico, sua forma lógica não é nenhum juízo, mas sim um "silogismo", um encadeamento do princípio com o fim. A conclusão da história da filosofia, assim como a conclusão da *Fenomenologia*, da *Lógica* e da *Enciclopédia*, não é um estar aqui por acaso, mas antes um estar na *"meta"* e por isso ser um *"resultado"*. Como Proclo, também Hegel encadeou o mundo do logos *cristão* numa totalidade absoluta da ideia organizada concretamente, e assim levou a termo a totalidade das três épocas. Ele nota com relação a Proclo que a união de todos os sistemas em um abrangente sistema total não constitui um mero ecletismo, mas é um "conhecimento profundo da ideia", tal como ela tem de realizar-se "de tempo em tempo", quer dizer, no intervalo entre as épocas.[27] Em Proclo encontra-se o espírito do mundo em uma grande "transformação" perante a "ruptura" absoluta, isto é, a irrupção do cristianismo no mundo pagão. A divindade verdadeira ainda era para Proclo um ideal abstrato, antes que este se tornasse efetivamente terreno na singularidade determinada do homem-Deus, através de Cristo. Somente assim foi cumprido o anseio do mundo antigo, e a tarefa do mundo, reconciliar-se com o espírito, foi, desde então, transferida para o mundo cristão-germânico. Numa carta a Creuzer,[28] refere-se Hegel ao "gigantesco passo", cujo mérito foi principalmente de Proclo e o verdadeiro ponto de virada da passagem da filosofia antiga para o cristianismo. Trata-se de dar "novamente" passo semelhante. Não lhe parece, por conseguinte, nada mais oportuno do que a nova edição de Proclo realizada por Creuzer.[29]

---

25 XV, 294.
26 XV, 690. Cf. Rosenzweig, parte I, p.9 et seq.
27 XV, 34, 95s.
28 *Br.*, II, 52.
29 Cf. Feuerbach, *Grundsätze* [Princípios], §29; Michelet, *Hegel, der unwiderlegte Weltphilosoph* [Hegel, o incontestado filósofo universal], p.2.

Primeira Parte

Mas o que resulta de tudo isto para a consumação hegeliana da filosofia cristã? Aparentemente o seguinte, que ela é um *último passo resultante de uma grande transformação e de uma ruptura com o cristianismo*. Com efeito, a consumação hegeliana da filosofia cristã e antiga é a mesma que era para Proclo: uma "reconciliação do corrompido". Sua maior afirmação é simultânea ao começo da decadência, de uma época em que "tudo está em dissolução e aspira por um novo conceito".[30] A filosofia alexandrina foi a última florescência do império romano decadente, e nada de diferente aconteceu nos séculos XV e XVI ao encerrar-se a segunda época, quando a vida germânica da Idade Média ganhou uma nova forma.

> A filosofia começa com o declínio de um mundo real; quando ela entra em cena [...], ainda pintada em cores pálidas, o frescor da juventude e a vitalidade já se foram; e sua reconciliação não é uma reconciliação *na realidade, mas no mundo ideal*. Os filósofos na Grécia se retiraram dos negócios do Estado; eles eram ociosos, tal como o povo os denominava, e se recolheram ao mundo dos pensamentos. Esta é uma determinação essencial, conservada pela própria história da filosofia.[31]

Também a filosofia do Estado hegeliano pinta com cores pálidas e não quer rejuvenescer o mundo já "acabado", apenas conhecê-lo. Um tal conhecê-la é um reconhecer, uma reconciliação com o "que é". O pensamento é completamente junto a si e ao mesmo tempo ele abrange como ideia organizadora o universo, como mundo que veio a ser "inteligente", translúcido e transparente. Com sua "autoprodução", toda "objetividade" existente tornou-se uma. "Parece que o espírito do mundo agora conseguiu separar de si todo ser estranho e objetivo e se apreender finalmente como espírito absoluto, e produzir a partir de si o que se opõe a fim de mantê-lo em seu poder com toda tranquilidade."[32] Nessa unidade sobre a objetividade e autoatividade está encerrado o sentido cumprido-consumado da "nova" época. Somente com fundamento nessa intenção histórico-final é que é possível entender a resolução hegeliana da história da filosofia em todo seu *pathos* e peso:

---

30 XIII, 67.
31 XIII, 66 et seq. (sublinhado pelo autor).
32 XV, 689; cf. X/1, 124.

O sentido histórico-final da consumação hegeliana da história do mundo e do espírito

O espírito do mundo agora chegou até aqui. A última filosofia é o resultado de todas as anteriores; nada está perdido, todos os princípios são conservados. Essa ideia concreta é o resultado dos esforços do espírito por quase 2500 anos (Tales nasceu em 640 a.C.), de seu trabalho mais sério, tornar-se a si mesmo objetivo, conhecer-se: *Tantae molis erat se ipsam cognoscere mentem.**

A dupla significação da consumação de Hegel, entendida como realização plena e fim, manifesta-se na transformação do *romanam condere gentem*[33] de Virgílio em um *se ipsam cognoscere mentem*. Essa transformação significa que: para fundar o império romano foi exigido o mesmo esforço que se exige agora para fundar o império espiritual. Quando Hegel, com a "coragem do conhecimento", encerra uma época de dois séculos e meio e justamente com isso abre uma nova, finaliza ele, de fato, a história do logos cristão. O que ele próprio diz da arte, sobre ela ter perdido o interesse absoluto desde que "tudo se exteriorizou", e que seus sucessores são obrigados a se levantar contra todo o passado, o mesmo vale, em virtude de sua consumação, para a filosofia que nele se encerrava: um mundo inteiro de linguagem, conceitos e cultura chegou ao seu fim com a história hegeliana do espírito. Nesse fim começa propriamente nossa "história do espírito" – tal como um *lucus a non lucendo*.

Hegel não deu ao sentido histórico-final do acabamento por ele consumado uma expressão direta, mas sim uma expressão mediata. Assim ele a manifesta, através de uma visão retrospectiva, pensando a partir da perspectiva da "velhice do espírito", e simultaneamente com uma visão interrogativa e antecipadora de um possível novo mundo do espírito, o qual ele, contudo, expressamente não considera a hipótese de um saber. Escassas referências à América, que desde o começo do século era tomada como a terra futura da liberdade, punham diante dos olhos a possibilidade de o espírito do mundo abandonar a Europa.

A América é, pois, a terra do futuro, na qual deve-se manifestar no tempo que repousa diante de nós [...] algo de importância histórico-universal; é

---

* Trad.: "Custava à mente conhecer a si mesma". (N. E.)
33 *Eneida*, I, 33. [Uma tradução possível para o verso completo – *Tantae molis erat Romanam condere gentem* – seria: "como é difícil fundar o povo romano". – N. E.]

uma terra dos anseios para todos aqueles que o museu histórico da velha Europa aborrece. Napoleão teria dito: *cette vieille Europe m'ennuie* [essa velha Europa me aborrece]. Mas o que até agora lá acontece é somente o reflexo do velho mundo e a expressão de uma vitalidade alheia, e como uma terra do futuro não concerne de modo nenhum a nós agora.

Igualmente Hegel conclui, em relação ao futuro significado do mundo eslavo, que o compreendeu como um "ser intermediário" na luta entre a Europa cristã e a Ásia, com a seguinte proposição, que ele excluía de suas considerações a massa eslava porque ela até então não havia se apresentado como um momento autossubsistente na série das figuras da razão: "se isso acontecer a seguir, não é algo que nos diga respeito."[34] Com menos reservas Hegel se expressa numa carta a um aluno, o Barão Boris von Yxküll, e cujo conteúdo nos foi transmitido por Rosenkranz.[35] A Europa, diz-se, converteu-se numa espécie de jaula, na qual parecem movimentar-se livremente duas espécies de homens: aqueles que pertencem ao grupo dos carcereiros e aqueles que escolheram para si um lugar nessa jaula, onde não é possível agir nem a favor nem contra as grades. Porém, quando as coisas estão de tal modo que não se pode verdadeiramente aliar-se à sua condição externa, então é mais vantajoso passar a viver como um bom epicurista e ater-se a si mesmo enquanto pessoa privada – uma posição que é, na verdade, a de um espectador, mas, contudo, dotada de grande eficácia. A essa jaula europeia contrapõe Hegel o futuro da Rússia. Os outros Estados modernos aparentemente já alcançaram o termo de seu desenvolvimento e talvez já tenham ultrapassado seu ponto culminante, e assim a condição deles tornou-se estacionária; em contrapartida, a Rússia traz no seu seio uma "formidável possibilidade de desenvolvimento de sua natureza intensiva".[36] – É altamente improvável que Hegel, tal como Rosenkranz gostaria de interpretar, somente tenha feito

---

34 *Vorlesungen über die Philosophie der Weltgeschichte* [Lições sobre a filosofia da história universal], p.200 e 779; cf. Ruge, *Aus früherer Zeit* [Do tempo passado], IV, 72 e 84. Já Fichte havia pensado em emigrar para a América (carta de 28 de maio de 1807 a sua mulher).
35 Rosenkranz, *Hegels Leben*, p.304s. e em Prutz, *Historischem Taschenbuch* [Agenda histórica]; cf. Tschizewskij, *Hegel bei den Slaven* [Hegel entre os eslavos], p.148.
36 Cf. Napoleão, *Mémorial de Sainte-Hélène*, registro de 6 de novembro de 1816; Tocqueville, *Demokratie in Amerika* [A democracia na América], final da primeira parte; Heine, *Lutezia*, IX.

uma brincadeira a fim de animar seu amigo russo. Ao contrário, com esta carta ele pressente justamente o estado de ânimo da época seguinte, depois que ele mesmo, na *Filosofia do direito*, já o havia pintado com cores pálidas.

Dez anos depois, sua reconciliação com aquilo que se viu devido à Revolução de Julho é atacada por novas cisões e questionada por uma "mania de novidade sem fim", contra a qual ele se sentiu impotente, enquanto seus discípulos mais próximos transferiram o choque advindo da realidade política para sua filosofia. Uma desavença político-universitária com E. Gans – o futuro editor da *Filosofia do direito* e da *Filosofia da história* hegelianas –, cuja interpretação mais liberal do direito abriu caminho para Ruge, Marx e Lassalle, tornou-lhe amargos os últimos meses de sua vida.[37]

A *possibilidade* do progresso em direção a uma nova cisão está posta e já prevista na própria consciência histórica de Hegel. Pois o saber filosófico acerca do aspecto substancial da época acontece, na verdade, no espírito da época que lhe pertence e é, como saber objetivo, sobrepujado apenas "formalmente". Ao mesmo tempo, porém, está posta também uma diferença em relação a esse saber ulterior que se sobressai, e que impele a um desenvolvimento posterior: a diferença "entre o saber e aquilo que é". Daí resulta a possibilidade e a necessidade de um progresso em direção a novas cisões, não apenas na filosofia como também na realidade. "A diferença formal é, desse modo, também uma diferença real e efetiva. Esse saber é o que então produz uma nova forma de desenvolvimento."[38] Por sua forma livre, o saber revoluciona também o conteúdo substancial. A filosofia que se realiza torna-se o lugar de nascimento do espírito, que posteriormente leva a uma configuração nova e efetiva.[39] E, de fato, a conclusão de Hegel para a história do saber tornou-se o lugar de origem dos acontecimentos

---

37 Ver as exposições de Ruge, *Aus früherer Zeit*, IV, 431 et seq. e de Fischer, *Geschichte der neuern Philosophie* [História da filosofia moderna], VII, 200; cf. Dilthey, *Ges. Schr.*, IV, 256.

38 XIII, 70 e 118; cf. XIV, 276s.; *Br.*, I, 194: "O trabalho teórico, convenço-me disso cada dia mais, traz mais ao mundo do que o trabalho prático; uma vez revolucionado o reino da representação, a realidade então não resistiria".

39 Em sentido expressamente progressivo e revolucionário, B. Bauer interpretou essa passagem como uma crítica do subsistente (*Die Pousane des Jüngsten Gerichts...*, [A trombeta do juízo final], p.79); de modo mais moderado, na discussão de um escrito de Cieszkowski, Michelet deduziu do princípio de Hegel a configuração da práxis histórica (Kühne, Cieszkowski, p.64).

espirituais e políticos do século XIX. Poucos anos depois de sua morte, na conclusão de sua *História da religião e da filosofia na Alemanha* (1834), Heine tentou abrir os olhos dos franceses para a autêntica revolução que poderia resultar da Reforma e da filosofia alemã:

> Parece-me que um povo metódico como o nosso tinha de começar pela Reforma para poder lidar com a filosofia e, apenas após concluí-la, passar à revolução política. Considero essa ordem inteiramente racional. As cabeças que a filosofia usa para a reflexão, a revolução pode cortá-las posteriormente para o que bem entender. A filosofia, porém, jamais poderia usar as cabeças cortadas pela revolução se esta lhe precedesse. Mas não há o que temer, ó republicanos alemães! A revolução alemã não será mais suave e branda por ser precedida pela crítica kantiana, pelo idealismo transcendental de Fichte e mesmo pela filosofia da natureza. Através dessas doutrinas desenvolveram-se forças revolucionárias que apenas aguardam o dia em que poderão irromper e encher o mundo de temor e admiração. Surgirão kantianos sem nenhuma piedade mesmo no mundo dos fenômenos, que, impiedosamente, com espada e machado, revirarão o solo de nossa vida europeia para esmagar as últimas raízes do passado. Entrarão em cena fichtianos armados, que nem por medo, nem por egoísmo serão contidos no fanatismo de sua vontade [...], numa transformação social, esses idealistas transcendentais serão até mais inflexíveis do que os primeiros cristãos, porque estes suportaram o martírio na terra para alcançar a bem-aventurança no céu, enquanto o idealista transcendental considera o próprio martírio mera ilusão, por ser inatingível dentro da fortificação de seu próprio pensamento. No entanto, os filósofos da natureza intervirão na revolução de um modo ainda mais terrível e se identificarão com a própria obra da destruição. Pois, se a mão do kantiano bate com força e firmeza, é porque seu coração não se comove em respeito à tradição; se o fichtiano corajosamente despreza todo perigo, é porque este absolutamente não existe para ele, o filósofo da natureza é temível porque está em ligação com os poderes originais da natureza, porque pode invocar as forças demoníacas do antigo panteísmo germânico e porque nele desperta o prazer pelo combate, que encontramos nos alemães antigos, prazer que não combate para destruir, nem para vencer, mas apenas para combater. De certo modo, o cristianismo abrandou – sendo este seu mais belo mérito – o prazer germânico brutal pelo combate, mas não pôde destruí-lo, e, se um dia o talismã

O sentido histórico-final da consumação hegeliana da história do mundo e do espírito

domesticador quebrar o crucifixo, então novamente se excitará a [...] louca fúria dos Berseker, tão decantada e narrada pelos poetas nórdicos. Aquele talismã está podre, e virá o dia em que se despedaçará lastimavelmente [...] Aconselho vocês, franceses, a ficarem bem calados e, por Deus!, não aplaudam. Poderíamos facilmente entendê-los mal e fazer que se calem de uma forma um tanto ríspida, como é próprio de nosso modo indelicado [...] Quero bem a vocês e, por isso, lhes digo a amarga verdade. Devem temer mais a Alemanha livre do que toda a Santa Aliança, com todos os croatas e cossacos [...] Jamais pude compreender o que propriamente se tem contra vocês. Certa vez, numa cervejaria de Göttingen, um jovem, cultor da velha Alemanha, disse que era preciso vingar-se por Konradin von Stauffen, decapitado pelos franceses em Nápoles. Certamente, vocês já se esqueceram disso há muito tempo. Mas nós não esquecemos nada. Veem, pois, que se tivermos vontade de provocá-los, não nos faltarão motivos plausíveis. De qualquer modo, aconselho-os a tomar cuidado. Aconteça o que acontecer, mesmo que o príncipe herdeiro da Prússia ou o doutor Wirth cheguem ao poder na Alemanha, mantenham-se sempre armados [...] Quero o bem a vocês, e quase me apavorou ouvir recentemente que seus ministros pretendem desarmar a França. Sendo clássicos inatos, apesar de seu atual romantismo, vocês conhecem o Olimpo. Entre os deuses e as deusas nus [...] veem uma deusa que, embora cercada de tais prazeres e diversões, veste uma armadura e um elmo e traz uma lança à mão. É a deusa da sabedoria.

A revolução alemã anunciada por Heine não veio então a eclodir, mas o que aconteceu por meio dos discípulos de Hegel continua tendo efeitos até hoje. Uma década após a provocante advertência de Heine, apareceram no mesmo ano de 1843 os seguintes escritos revolucionários: *Princípios da filosofia do futuro*, de Feuerbach, *De la création de l'ordre dans l'humanité* [Da criação da ordem na humanidade], de Proudhon, *O cristianismo descoberto*, de B. Bauer, e *Ou–Ou*, de Kierkegaard. Com exceção de Proudhon, foram eles discípulos ou adversários de Hegel, que puseram sua teoria em prática. Por eles se tornou declarado que a teologia filosófica de Hegel constituía realmente um fim e um ponto de virada para a história do espírito e para a velha cultura europeia. No lugar da mediação hegeliana entrou em cena a vontade de decisão, que novamente separou aquilo que Hegel havia unido: Antiguidade e cristianismo, Deus e o mundo, interioridade e exterioridade, essência e existência. Mas por outro lado, somente uma composição tão completa como a hegeliana poderia voltar a se dissolver completamente em suas partes. A agudeza crítica dos hegelianos de esquerda tinha seu padrão de medida histórico no caráter decisivo da reconciliação de Hegel. A expressão mais palpável desta última encontra-se em sua filosofia do Estado e da religião. À destruição de ambas tendem os esforços de seus discípulos, pois a eles interessava apenas o Estado e o cristianismo "efetivos".

3. A reconciliação hegeliana da filosofia com o Estado e com a religião cristã

A *Filosofia do direito* de Hegel, que apareceu simultaneamente à primeira *Lição sobre a filosofia da religião*, é a realização concreta da tendência à reconciliação da filosofia com a efetividade: como filosofia do Estado, com a política; como filosofia da religião, com a religião cristã. Em ambos os domínios reconcilia-se Hegel não apenas *com* a efetividade, mas também *nela*, ainda que "conceitualmente". Nesse ponto culminante de sua atividade, ele concebeu o mundo real como "adequado" ao espírito e, por outro lado, o Estado prussiano e protestante se apropriou da filosofia na pessoa de Hegel.[40] No prefácio à *Filosofia do direito*, Hegel esclarece de modo expressamente polêmico "a posição da filosofia com respeito à efetividade". Aqui reside o ponto problemático e em relação ao qual Marx e Kierkegaard propuseram cada um sua própria tese de que a filosofia tem de se realizar. Em Marx, a teoria filosófica tornou-se a "cabeça do proletariado"; em Kierkegaard, o pensamento puro tornou-se "o pensador existente", pois a efetividade existente não parecia ser nem racional e nem cristã.

A filosofia do Estado de Hegel se volta contra a opinião segundo a qual jamais se deu na realidade um Estado racional, como se o Estado verdadeiro fosse um mero "ideal" e um "postulado".[41] A verdadeira filosofia é algo como um "perscrutar do racional" e ao mesmo tempo o apreender do "atual e efetivo", mas não o postular de um algo além, de um Estado ideal, que

---

40 Ver o discurso inaugural de Hegel em Berlim, *Enc.*, p.LXXII. Rosenkranz oferece um interessante esclarecimento sobre *Das historisch-statistische Verhältnis der Philosophie in Preußen und Deutschland* [A relação histórico-estadística da filosofia na Prússia e na Alemanha], *Neue Studien*, II, p.186 et seq.
41 VIII, 7 et seq.; XIV, 274 et seq.

deve ser, mas que jamais existiu. Ele concebeu o Estado prussiano de 1821 como uma efetividade no sentido preciso da *Lógica*, isto é, como a unidade imediata da essência interior e da existência exterior que veio a ser, como uma efetividade no sentido mais "enfático" da palavra.[42] Nessa "maturidade da efetividade" doravante alcançada – madura inclusive para o seu declínio – o pensamento não se opõe mais criticamente à efetividade, mas antes como o ideal reconciliado ao real "posto em frente a ele".[43] A razão consciente de si mesma – a filosofia do Estado – e a razão como efetividade existente – como Estado efetivo – se conciliam entre si e "na profundidade" do espírito substancial da época são uma e a mesma coisa.[44] O que, porém, existe "entre" a razão como espírito autoconsciente e a efetividade existente, o que ainda separa aquela desta e resiste à reconciliação, é esclarecido por Hegel de modo tão apodítico quanto indeterminado como "o grilhão de algo abstrato, que ainda não se libertou para o conceito".[45] Esse *hiatus irrationalis* é vencido por sua explicação a respeito do conceito de efetividade racional, mediante a distinção entre a "aparência" e a "essência", entre a "casca multicolor" e o "pulso interior",[46] entre a existência exterior contingente e a realidade interna necessária. A exclusão por Hegel da existência "contingente" e passageira do interesse da filosofia, considerada como um conhecimento da efetividade, voltou-se, porém, contra ele na forma de uma censura à "acomodação" ao subsistente passageiro. Essa adaptação à efetividade subsistente é encoberta pela concepção hegeliana daquilo "que é", pois "o que é" recobre não só o ainda subsistente, como também o verdadeiramente efetivo.

Para a compreensão do pensamento de Hegel, ainda mais importante que a filosofia do Estado é a *filosofia da religião*. Ela não constitui uma parte separável do sistema inteiro, mas antes seu centro de gravidade espiritual. A filosofia de Hegel é "a sabedoria do mundo"[47] e "o conhecimento de Deus"[48] ao mesmo tempo, pois seu saber justifica a fé. Referindo-se a si mesmo,

---

42 *Logik*, II, 156; *Enc.*, §6.
43 VIII, 20.
44 Cf. em sentido contrário, Marx, I/1, 612.
45 VIII, 18s.
46 VIII, 17 e XI, 200s.; *Enc.* §6; §24, Ad. 2; §213, Ad.; §4454, Ad.
47 *Enc.*, §552; IX, 440.
48 XI, 5 e 15; *Die Vernunft in der Geschichte* [A razão na história], p.18.

disse que estava condenado por Deus a ser filósofo,[49] e a "linguagem do entusiasmo" era para ele uma e a mesma que a linguagem do "conceito". A leitura do jornal lhe parecia tão justificada quanto a leitura da Bíblia:

> A leitura do jornal cedo pela manhã é uma forma de bênção matinal realista. Orientamos nossa conduta frente ao mundo amparados em Deus ou naquilo que o mundo é. Em ambos os casos temos a mesma segurança: sabemos em que devemos nos apoiar. Deus nos dá a mesma segurança que a de saber como nós estamos aqui no mundo.[50]

A filosofia verdadeira é ela mesma um serviço religioso, ainda que, "de uma maneira peculiar", a filosofia da história seja uma teodiceia, a filosofia do Estado uma concepção do divino na Terra e a lógica uma apresentação de Deus no elemento abstrato do pensar puro.

A verdade filosófica do cristianismo consistia para Hegel em que Cristo reconciliara a cisão entre o humano e o divino.[51] A reconciliação pôde realizar-se para o homem somente porque ela em si já ocorreu em Cristo; ela precisa, porém, através de nós e para nós mesmos, ser produzida para que se converta, em si e para si, na verdade que ela é.[52] Essa unidade da natureza divina e da natureza humana em geral confirmada na encarnação de Deus foi novamente cindida, não só por Marx como também por Kierkegaard. O decisivo ateísmo de Marx, sua crença absoluta no homem como tal, em princípio, é muito mais distante de Hegel do que de Kierkegaard, cuja fé paradoxal tem como pressuposto a diferença entre Deus e o homem. Para Marx, o cristianismo é um "mundo invertido"; para Kierkegaard, um estar sem mundo "perante" Deus; para Hegel, um estar na verdade em virtude da encarnação de Deus. Natureza divina e natureza humana "em unidade", eis aqui uma expressão dura e difícil, mas somente quando é admitida representativamente e concebida espiritualmente. Na "composição monstruosa"

---

49 *Br.*, II, 377.
50 Rosenkranz, *Hegels Leben*, p.543; cf. *Hegels Geschichte der Philosophie* [História da filosofia], p.220.
51 XII, 228 et seq.; *Phänomenologie*, p.529.
52 XII, 209, 228, 235; *Enc.*, §482. Cf. Michelet, *Entwicklungsgeschichte der neuesten deutschen Philosophie...* [História do desenvolvimento da filosofia alemã mais recente], p.304: Todas as esferas do espírito são em Hegel "apenas os modos como Deus eternamente se torna e se tornou homem".

"Deus-homem", é trazida ao homem a certeza de que a debilidade finita da natureza humana é incompatível com essa unidade.[53]

Vista como "condição", a reconciliação do terreno com o divino constitui o "reino de Deus",[54] quer dizer, uma realidade na qual Deus domina como o espírito único e absoluto. Produzir metodicamente essa efetividade no pensamento já fôra o objetivo do jovem Hegel,[55] e ele lhe pareceu "finalmente" alcançado na sua *História da filosofia*. O "reino de Deus" da filosofia da religião é idêntico ao "reino intelectual" da *História da filosofia* e ao "reino do espírito" da *Fenomenologia*. A filosofia é, no seu conjunto, a mesma reconciliação com a efetividade que a efetuada pelo cristianismo mediante a encarnação de Deus, e como a reconciliação finalmente concebida, ela é uma teologia filosófica. Por meio dessa reconciliação da filosofia com a religião, apareceu a Hegel a "paz de Deus" instaurada de uma maneira racional.

Dado que Hegel concebe, não apenas o Estado como também o cristianismo, ontologicamente a partir do espírito entendido como o absoluto, *religião e Estado* se põem numa relação de conformidade. Ele discute esse relacionamento tomando em consideração sua diversidade e tendo em vista sua unidade. A unidade reside no conteúdo, a diversidade está nas distintas formas de um único e mesmo conteúdo. Porque a natureza do Estado é "a vontade divina inscrita no presente", um espírito que se desenvolve na organização efetiva de um mundo, e visto que, por outro lado, a religião cristã não tem outro conteúdo que a verdade absoluta do espírito, Estado e religião podem e tem de se encontrar sobre a base do espírito cristão, ainda que na forma do mesmo conteúdo separem-se em Igreja e Estado.[56] Uma religião de mero "coração" e da "interioridade", que polemiza com as leis e as instituições do Estado e da razão pensante, ou que se contenta passivamente com a característica mundana do Estado, não atesta a força, mas a fraqueza da certeza religiosa. "A verdadeira fé é despreocupada quanto ao fato de a razão lhe ser adequada ou não, ela não se refere à razão nem tem relação com ela."[57] Tal fé é própria de "nosso tempo" e poderíamos nos perguntar se dela nasce uma "verdadeira necessidade" ou uma "vaidade não satisfeita". A verdadeira

---

53 XII, 238 et seq.; cf. em oposição Kierkegaard, IX, 73 et seq.
54 XII, 244; cf. a novela satírica de Kierkegaard sobre o *Reino de Deus*, XII, 98.
55 *Br.*, I, 13 e 18.
56 *Rechtsphilosophie* [Filosofia do direito], §270; *Enc.* §552.
57 Rosenkranz, *Hegels Leben*, p.557.

religião não tem nenhuma orientação negativa contra o Estado subsistente, mas antes ela o reconhece e confirma, assim como, por outro lado, o Estado reconhece a "confirmação eclesiástica". O que apareceu no extremamente polêmico conceito de fé de Kierkegaard como compromisso reprovável era, para Hegel, um acordo essencial.[58]

> Reside na natureza das coisas que o Estado cumpra seu dever ao conceder a essa comunidade toda ajuda e proteção para seus fins religiosos, mais ainda, visto que a religião é o momento integrador do Estado ao nível mais profundo da disposição de ânimo, ao exigir de todos os seus membros que pertençam a uma comunidade eclesial – qualquer que seja ela, pois não compete ao Estado imiscuir-se no conteúdo, na medida em que este se refere ao lado interno da representação. O Estado plenamente formado em sua organização, e por isso, forte pode neste ponto comportar-se de maneira tanto mais liberal, ignorar inteiramente pormenores que o afetam e até suportar dentro de si comunidades que, por motivos religiosos, nem mesmo reconhecem os deveres e diretos para com ele (dependendo, isso, é claro, do seu número).[59]

A intelecção filosófica reconhece que a Igreja e o Estado são idênticos quanto ao conteúdo da verdade, quando ambos se colocam sobre o fundamento do espírito. No princípio cristão do espírito livre absoluto, está presente a absoluta possibilidade e necessidade "de que coincidam *o poder do Estado, religião* e *os princípios da filosofia*, e que se cumpra a reconciliação da efetividade, em geral, com o espírito, do Estado com a consciência religiosa e, igualmente, com o saber filosófico".[60] A filosofia hegeliana do espírito objetivo é concluída com a seguinte proposição: "A eticidade do Estado e a espiritualidade religiosa do Estado se garantem, portanto, mutuamente".

Visto que Hegel concebe o cristianismo de modo absoluto e, ao mesmo tempo, historicamente, em conexão com o mundo e o Estado, ele é o último

---

58 A polêmica de Hegel se dirige contra Jacobi e Schleiermacher, mas ela se aplica também a Kierkegaard, que eleva o "sentimento" de Schleiermacher a "paixão" e opõe esta à razão. Para o conceito polêmico de cristianismo de Kierkegaard ver, sobretudo, XII, 29 e 47 et seq.

59 *Rechtsphilosophie*, §270.

60 *Enc.*, §552. Por consciência religiosa Hegel entende a protestante, que ele concebe como a unidade do ético e do religioso.

filósofo cristão, antes da ruptura entre a *filosofia* e o *cristianismo*. A partir de duas perspectivas opostas, essa ruptura foi assinalada e consumada por Feuerbach e Kierkegaard. Segundo Feuerbach, não apenas no interesse da filosofia, como também no da religião, deve ser negada uma mediação entre a dogmática cristã e a filosofia.[61] Pois quando se toma o cristianismo na sua efetividade histórico-determinada, e não como "ideia" indeterminada, então toda filosofia é necessariamente irreligiosa, porque ela investiga o mundo mediante a razão e nega o milagre.[62] No mesmo sentido Ruge afirmou que toda filosofia, desde Aristóteles, é "ateísmo",[63] porque ela, em geral, investiga e concebe a natureza e o homem. Por outro lado, o cristianismo não pode querer ser apenas um momento na história do mundo e um fenômeno humano. "Filosofia e cristianismo jamais podem se reunir", assim começa uma anotação do diário de Kierkegaard. Pois se eu quero afirmar algo acerca da essência do cristianismo, então é necessário estender a necessidade de salvação a toda a humanidade e, portanto, também a seu saber. Com efeito, pode-se pensar em uma filosofia "posterior ao cristianismo", quer dizer, após o homem ter-se tornado cristão, mas o relacionamento não diz respeito àquele da filosofia com o cristianismo, mas ao do cristianismo com o conhecimento cristão – "a menos que se quisesse que a filosofia perante o cristianismo, ou dentro dele, chegasse ao resultado de que não se poderia resolver o enigma da vida". Assim, porém, a filosofia, no ponto auge de sua realização, envolveria sua decadência – ela não poderia nem mesmo servir de passagem para o cristianismo, pois precisaria permanecer nesse resultado negativo.

> Em geral, aqui se abre o abismo: devido ao pecado, o cristianismo estabelece como defeituoso o conhecimento do homem, mas justificado no cristianismo; o filósofo procura justamente *qua* homem dar conta do relacionamento entre Deus e o mundo; o resultado, por isso, pode bem ser reconhecido como limitado, na medida em que o homem é um ser limitado, mas, simultaneamente, como o maior possível para o homem *qua* homem.[64]

---

61 *Über Philosophie und Christentum in Beziehung auf den der Hegelschen Philosophie gemachten Vorwurf der Unchristlichkeit* [Sobre filosofia e cristianismo com respeito à censura feita ao caráter não cristão da filosofia hegeliana] I, 42 et seq.
62 *Über Philosophie und Christentum*, II, 179 et seq.
63 *Br.*, I, 269.
64 *Tagebücher* [Diários], p.128 et seq.; cf. 264 e 463.

O filósofo precisa – julgado de um ponto de vista cristão – "ou aceitar o otimismo, ou desesperar", porque ele como filósofo não conhece a salvação por meio de Cristo.[65] Em oposição a essa alternativa, Hegel diviniza aristotelicamente a razão e determina o divino com referência a Cristo!

A conciliação hegeliana da razão com a fé, e do cristianismo com o Estado no elemento da filosofia, chegou ao seu fim em 1840. A ruptura histórico-temporal com a filosofia hegeliana é em Marx uma ruptura com a filosofia do Estado e em Kierkegaard com a filosofia da religião, em ambos os casos com a reunião de Estado, cristianismo e filosofia. Ainda que de maneira diversa, Feuerbach realizou essa ruptura de modo tão decisivo quanto Marx e B. Bauer, e não em menor medida que Kierkegaard. Feuerbach reduziu a essência do cristianismo ao homem sensível, Marx à contradição do mundo humano, Bauer explica seu nascimento a partir do declínio do mundo romano e Kierkegaard a reduz – com a renúncia ao estado cristão, à Igreja cristã e à teologia, numa palavra, a toda sua realidade histórico-universal – ao paradoxo de um salto decidido e desesperado na fé. Não importa a que eles reduzam o cristianismo existente, eles juntos destroem o *mundo burguês-cristão* e, com isso, também a teologia filosófica hegeliana da reconciliação. A efetividade não lhes apareceu mais à luz da liberdade do ser-por-si-mesmo, mas na sombra da autoalienação do homem.

Com clara consciência do completo fim da filosofia cristã de Hegel, Feuerbach e Ruge, Stirner e Bauer, Kierkegaard e Marx, como efetivos herdeiros da filosofia hegeliana, proclamaram uma "transformação", que decisivamente negava o estado e o cristianismo existentes. Do mesmo modo que os novos hegelianos, também os velhos hegelianos conceberam o sentido histórico-final da doutrina de Hegel. Eles foram tão consequentes que, ainda em torno de 1870, compreenderam todas as filosofias aparecidas desde Hegel como a mera história posterior de seu sistema, enquanto os jovens hegelianos decompunham o sistema com seus próprios métodos. Eles têm toda vantagem perante os novos hegelianos, visto que eles não desconheciam a exigência que se encontra na "conclusão" da *Lógica* e da *Fenomenologia*, no "sistema" da *Enciclopédia* e na "conclusão" da *História da filosofia*.

---

65 "Que Deus pôde criar seres livres em relação a ele é a cruz que a filosofia não pode suportar, ainda que esteja pendurada nela", reza o juízo de Kierkegaard acerca da liberdade de Kant até Hegel (*Tagebücher*, p.338).

II. Velhos hegelianos, jovens hegelianos, novos hegelianos

1. A conservação da filosofia hegeliana pelos velhos hegelianos

É significativo para a separação da escola hegeliana, em uma direita de velhos hegelianos e uma esquerda de jovens hegelianos, que ela não tenha nascido de diferenças filosóficas puras, porém de diferenças políticas e religiosas. De acordo com a forma, ela deriva da divisão política do Parlamento francês e, de acordo com o conteúdo, das diferentes concepções relativas à cristologia.

Primeiro a distinção foi feita por Strauß[1] e logo desenvolvida por Michelet,[2] para desde então manter-se. A direita (Goeschel, Gabler, B.

---

[1] *Streitschriften zur Verteidigung meiner Schrift über das Leben Jesu* [Escritos polêmicos em defesa de minha obra acerca da vida de Jesus], terceiro caderno; cf. Ziegler, Strauss, p.250.

[2] *Geschichte der letzten Systeme der Philosophie in Deutschland* [História dos últimos sistemas da filosofia na Alemanha], 2ª parte, p.654 et seq. e *Hegel, der unwiderlegte Weltphilosoph* [Hegel, o incontestável filósofo universal], p.50 et seq.; cf. Rosenkranz, *Hegel als deutscher Nationalphilosoph* [Hegel como filósofo nacional alemão], p.311; Erdmann, *Grundriss der Geschichte der Philosophie* [Compêndio de história da filosofia], §336, 2; §337, 3.

Bauer),³ seguindo a distinção hegeliana da religião cristã entre conteúdo e forma, acolheu positivamente o conceito de conteúdo, enquanto a esquerda submeteu, simultaneamente, à forma da representação religiosa o conteúdo da crítica. A direita queria conservar a história evangélica completa, a partir da ideia da unidade da natureza divina e humana, o centro (Rosenkranz, e em certo sentido também Schaller e Erdmann) somente uma parte, e a esquerda afirmava que a partir da ideia não se poderiam manter os relatos históricos dos Evangelhos, seja total ou parcialmente. Strauß se considerava pertencente à esquerda e Michelet propôs (em acordo com Gans, Vatke, Marheineke e Benary), em suas *Preleções a respeito da personalidade de Deus e da imortalidade da alma*,⁴ uma coalizão do centro com a esquerda. Entre os "pseudo-hegelianos" ele conta com o jovem Fichte, K. Fischer, Weiße e Braniß. Atualmente é muito difícil imaginar a vivacidade das controvérsias da questão acerca da encarnação de Deus, sua personalidade e da imortalidade da alma,⁵ visto que para nós o resultado destrutivo dessa crítica da religião levada a cabo pelos discípulos de Hegel é tão evidente. Para o resultado que Hegel pretendia a discussão dessas questões teológicas não era menos importante que as que se referiam – em Ruge, Marx e Lassalle – à sua teoria do Estado.

---

3 Bauer representou inicialmente a interpretação ortodoxa da filosofia hegeliana da religião; sua passagem para a crítica da religião radical de esquerda não está, apesar da dissertação de Kegel, esclarecida.
4 Ver a respeito a exposição na monografia de Kühne sobre Cieszkowski, p.84 et seq.
5 O primeiro impulso foi dado pela obra de Feuerbach, *Gedanken über Tod und Unsterblichkeit* [Pensamentos acerca da morte e da imortalidade]. Além das obras de Strauss, diversos escritos se sucedem até 1840: Richter, *Die Lehre von den letzten Dingen* [A doutrina acerca das coisas últimas]; *Die neue Unsterblichkeitslehre* [A nova doutrina da imortalidade]; na qual os *Gedanken...* de Feuerbach se deduzem diretamente de Hegel; Erdmann, *Vorlesungen über Glauben und Wissen als Einleitung in die Dogmatik und Religionsphilosophie* [Lições sobre fé e saber como introdução à dogmática e à filosofia da religião]; Goeschel, *Von den Beweisen für die Unsterblichkeit* [Acerca da demonstração da imortalidade]; *Beiträge zur spekulativen Philosophie von Gott und den Menschen und von dem Gottmenschen* [Contribuições à filosofia especulativa acerca de Deus, do homem e da encarnação divina]; Schaller, *Der historische Christus und die Philosophie* [O Cristo histórico e a filosofia]; Conradi, *Christus in der Gegenwart, Vergangenheit und Zukunft* [Cristo no presente, passado e futuro]; Michelet, *Vorlesungen über die Persönlichkeit Gottes und die Unsterblichkeit der Seele* [Lições sobre a personalidade de Deus e a imortalidade da alma] e a crítica de Cieszkowski em *Gott und Palingenesie* [Deus e a palingenesia], 1ª parte. Cf. Erdmann, §335, e Rosenkranz, *Neue Studien*, II, 454.

Velhos hegelianos, jovens hegelianos, novos hegelianos

Velhos hegelianos, no sentido original da escola fundada por Hegel, eram os editores de suas obras: von Henning, Hotho, Förster e Marheineke, assim como Hinrichs, C. Daub, Conradi e Schaller. Eles conservaram a filosofia de Hegel literalmente, e a ela deram continuidade em pesquisas históricas singulares, mas quando a reproduziram de modo próprio não foram além da época marcada pela atuação pessoal de Hegel. Para o *movimento* histórico do século XIX eles não têm relevância. Em sua oposição surgiu a designação "jovens hegelianos", ou também "novos hegelianos".[6] Para evitar confusões, no texto que segue serão designados como novos hegelianos exclusivamente aqueles que no nosso tempo renovaram o hegelianismo, como jovens hegelianos os discípulos da esquerda radical e sucessores de Hegel, e como velhos hegelianos aqueles que, para além do período de revolução e pelo século afora, conservaram o modo de pensar histórico de Hegel dadas as suas particularidades e não de maneira literal. Por isso eles podem ser chamados de velhos hegelianos, porque não tendiam a uma renovação radical. Sob esse ponto de vista, foram principalmente *Rosenkranz*, e também *Haym, Erdmann* e *K. Fischer* os conservadores propriamente ditos da filosofia hegeliana entre Hegel e Nietzsche.

K. Rosenkranz (1805-1879), com razão denominado por Ruge de "o mais livre dos velhos hegelianos", julgou em suas duas insuperáveis monografias sobre Hegel, de modo exato, a situação histórica da filosofia após Hegel.[7] Nós, os da atualidade, diz ele na sua exposição de 1844, ainda parecemos "os coveiros e construtores de mausoléus" para os filósofos que nasceram em torno da segunda metade do século XVIII e morreram na primeira metade do século XIX:

---

[6] Ver em Krug, *3.Beitrag zur Geschichte der Philosophie des 19. Jahrhunderts: Der Hallische Löwe* (considera-se aqui o escrito de Leo contra os "hegelianizantes") *und die marzialischen Philosophen unserer Zeit* [Terceira contribuição à história da filosofia do século XIX: o leão de Halle e os filósofos marciais de nossa época] p.5; além disso, o escrito polêmico de Eisenhart: *St. Georg, Ein Versuch zur Begründung dês Neuhegelianismus* [São Jorge. Um ensaio sobre a fundamentação do neo-hegelianismo].

[7] *Hegels Leben*; *Hegel als deutscher Nationalphilosoph*; para o que segue ver também: *Neue Studien IV (Zur Geschichte der neueren deutschen Philosophie, besonders der Hegelschen)* [Acerca da história da mais recente filosofia alemã, especialmente da hegeliana]; *Neue Studien I und II; Aus einem Tagebuch 1833 bis 1846* [De um diário de 1833 a 1846]; *Politische Briefe und Aufsätze, 1848 bis 1856* [Cartas e artigos políticos de 1848 a 1856], editado por Herre.

Somos capazes de transmitir à segunda metade de nosso século um grupo igualmente sagrado de pensadores? Por acaso vive em nossa juventude a imortal aspiração para a especulação que enche o ânimo de entusiasmo platônico e de bem-aventurança o trabalho aristotélico? Sonham nossos jovens talvez com outras coroas [...], para eles brilha a mais alta finalidade da ação como estrela polar, consiste seu ideal em realizar os ideais daqueles filósofos?[8] Ou deveriam eles se abandonar à indiferença face à ciência e à vida, depois de, com frequência, terem se proclamado com precipitação farfante os vitoriosos do dia, não terem força suficiente para o futuro? Muito estranho, mas em nossos dias os talentos parecem não poder se manter. Rapidamente se desgastam, depois de algumas flores promissoras tornam-se infecundos e começam a se copiar e repetir, precisamente no momento em que deveria se seguir um período de atividade vigorosa e concentrada, após a superação das experiências juvenis carentes de liberdade, imperfeitas, unilaterais e tempestuosas.

E com uma indireta àqueles jovens hegelianos que como Feuerbach, Marx e Ruge têm a pretensão de "realizar" a filosofia de Hegel, fala daqueles que, em uma "antecipada fama fabricada por eles próprios mediante uma efêmera proeminência jornalística", improvisam reformas e revoluções da filosofia que esta, em sua marcha histórico-universal, jamais experimentará. "Esses cavaleiros da especulação improvisada, que cambaleiam em meio ao labirinto de suas hipóteses, confundem a discussão de suas aventuras de taberna com o discurso sério das assembleias legislativas, e o ruído de uma discussão crítica com o trovão trágico da batalha." Apesar disso, Rosenkranz não duvidava do progresso dialético da filosofia. É incontestável que ela expandiu e transformou sua "relação com a realidade" mediante a saída de sua anterior "alienação do mundo". Mas também a esse respeito foi Hegel quem não apenas afirmou a unidade da teoria com a práxis, mas também a conservou na identidade do conceito com a realidade, mediante a explicação da essência na existência aparente. Em contrapartida, a filosofia pós-hegeliana se desintegra "mais uma vez" na "unilateralidade" de uma ontologia abstrata (Braniß) e de uma empiria abstrata (Trendelenburg).

---

8 Já os *Prolegomena zur Historiosophie* [Prolegômenos à historiosofia], de Cieszkowski, continham uma "filosofia da ação"; ver a respeito a monografia de Kühne, p.25 et seq.

Ambas as orientações desse despedaçar-se são reunidas na filosofia existencial do velho Schelling. O reverso dessa *teoria* abstrata é a *práxis* abstrata de Feuerbach, que converte o palpável em critério de realidade:

> Feuerbach é o mais afiado, o mais brilhante adversário de Schelling, mas concorda com ele sobre evitar transformar o desenvolvimento da ciência em um sistema.[9] Ele persiste na afirmação de universalidades embrionárias e não pode, portanto, exercer no desenvolvimento da filosofia a influência que se poderia esperar, de acordo com a energia da crítica com a qual ele se apresentou. Assim como o Schelling atual, ele não se intrometeu no estudo nem da natureza nem do estado. Porque ele parte do homem, tal como ele vive e respira, e como fantasmas antediluvianos recusa a investigação sobre o ser, poder-ser e dever-ser, sobre o ser não dado ao pensar e ao ser pensado etc., assim ele parece tão acessível, prático, humano e familiar como Schelling, que justamente se compraz na invenção de procedimentos no *status absconditus* da divindade e entende como cativar muitos com o ar misterioso de alguém iniciado no segredo de processos pré-mundanos.[10]

Todos os quatro partidos se movimentam no próprio sentimento ilusório de sua vitória, sem alcançar a ideia concreta e organizada de Hegel, na qual, a princípio e efetivamente, se superam as oposições (entre razão e efetividade, teoria e práxis, idealidade e realidade, pensamento e ser, sujeito e objeto, ideia e história). Todos eles permanecem "teólogos abstratos", que recorrem ao concreto somente como exemplo[11] e desprezam seu conhecimento conceitual. Esses extremos provocados pela filosofia de Hegel precisam, por isso, novamente nela acabar: ela mesma, porém, entra na sua segunda época, mais duradoura e livre dos egoísmos de escola. A tarefa que se deve efetuar agora é a realização de seu método por todos os domínios

---

9 Cf. *Neue Studien II*, p.460 et seq. e : Fischer, *Feuerbach und die Philosophie unserer Zeit* [Feuerbach e a filosofia de nossa época], publicado no manual filosófico organizado por Ruge, *Die Akademie*, p.128 et seq.
10 *Hegels Leben*, p.XIXs.
11 Marx fez a mesma objeção a Stirner, que mencionava o determinado somente como exemplo, para assim dar ao esqueleto abstrato da construção uma aparência de conteúdo, "justamente como na *Lógica* hegeliana é indiferente se é mencionado o átomo ou a pessoa para explicar o 'ser-para-si'". (V, 261)

particulares do saber,[12] no qual, sem preferência por este ou aquele, deve-se explorar o universo com justiça uniforme.

Justamente contra essa tolerância a um saber que abrange tudo dirigem-se já na mesma época os ataques apaixonados de Marx e Kierkegaard, ambos combatem a multilateralidade no unilateral elemento do pensar, com a mais decidida unilateralidade e intolerância do "interesse" na existência "efetiva" (econômica e ética).[13] Rosenkranz somente podia explicar a "imensa simpatia" que essa fração do hegelianismo encontrou na juventude, porque ela era "infinitamente cômoda":

> Tudo o que aconteceu até agora não é nada; nós o anulamos. O que faremos, ainda não sabemos. Mas veremos isso quando a destruição de tudo que existe abrir espaço para nossas criações. O jovem hegelianismo suspeita do velho hegelianismo com uma simples artimanha, que este possui temor ante as verdadeiras consequências do sistema, mas ele, o jovem hegelianismo, com sua rara sinceridade, está preparado para aceitá-las. Isso agrada de maneira incomum a juventude. Mostrar coragem é belo.[14]

Rosenkranz considera a *Sagrada família*, de Marx e Engels, apenas um "livro divertido". E, contudo, foi um trabalho preparatório da *Ideologia alemã*, com o qual não apenas Marx, mas toda a filosofia alemã se despediu da crença na razão universal e no espírito. A crise da filosofia alemã, tal como a viu Rosenkranz, não afetava toda a sua substância, mas somente a temporária recaída da ontologia hegeliana em uma lógica e uma metafísica, e esta última

---

12 Realizar essa tarefa era o objetivo do *Jahrbücher der Gegenwart* (de 1843 até 1848), editado por Schwegler, no qual colaboraram, entre outros, Zeller e Vischer, e os *Jahrbücher für spekulative Philosophie und die philosophische Bearbeitung der empirischen Wissenschaften* (de 1846 até 1848), editados por Noack, mais tarde *Jahrbücher für Wissenschaft und Leben*, no qual apareceram os trabalhos da Sociedade Filosófica fundada por Michelet em 1843. Essas duas publicações ocuparam o lugar dos *Jahrbücher für wissenschaftliche Kritik*, fundados em 1827 por Hegel e Gans.

13 Ver Rosenkranz, *Aus einem Tagebuch*, p.116; cf. Marx, III, 153 et seq.; Kierkegaard, VII, 46; Feuerbach, X, p.142.

14 *Aus einem Tagebuch*, p.140; cf. nessa obra a aguda caracterização de Ruge, Feuerbach e Stirner, p.109 e 124; 140; 110 e 113; 112, 116 e 132. Em todos eles é significativo que, como autênticos sofistas, conheciam a arte de "dizer platitudes na forma de frases que pareciam geniais" e se sobrepujarem reciprocamente (p.133 e 141).

numa filosofia da natureza e do espírito.[15] Dessa separação resultou a limitação da lógica ao finito, e o regresso da metafísica ao conceito de "existência" ou também da "realidade prática". Incapazes de manifestar o conceito como o conteúdo verdadeiro do acontecimento efetivo, eles transferem a existente necessidade de um princípio metafísico para a ética. O ético convertido em objeto de moda corrompe não só a metafísica, mas também o saber do bem por meio de um presunçoso disparate moral. Com essa caracterização das filosofias posteriores a Hegel, Rosenkranz captou, de fato, e independente de sua avaliação negativa, os traços decisivos que derivaram de Hegel.

Quando 25 anos depois, Rosenkranz, na sua segunda monografia sobre Hegel, mais uma vez caracterizou a situação espiritual da época, acreditava ele poder afirmar a caducidade de todas as ações que até 1870 se efetuaram contra o sistema de Hegel:

> Poder-se-ia crer que após tantas e tão variadas derrotas que o sistema hegeliano sofreu, caso se dê ouvidos ao que seus adversários dizem, ele teria que ser pulverizado até não sobrar nada [...] no entanto, ele permaneceu objeto de constante atenção pública; continuaram seus adversários a se alimentar de sua polêmica; continuaram as nações latinas em seu esforço contra ele, o que significa, portanto, que o sistema de Hegel ainda é o ponto central da agitação filosófica. Nenhum outro sistema exerce ainda hoje uma atração tão geral; nenhum outro tem, em igual medida, todos os outros dirigidos contra si; nenhum outro tem [...] uma tal disposição e capacidade para incorporar todos os verdadeiros progressos da ciência.[16]

Seus antigos e novos adversários não cessam de repetir sua habitual polêmica, mas o público tornou-se cada vez mais indiferente a tais ataques – justamente por isso a filosofia de Hegel obteve vantagem:

> Nas grandes lutas políticas, nas guerras civis e guerras entre povos, na atividade econômica cada vez mais desenvolvida das nações, a consciência da época recebeu um conteúdo, diante de cuja importância os conflitos das escolas filosóficas ou mesmo as disputas de alguns filósofos se rebaixaram

---

15 Cf. *Neue Studien*, II, p.124ss a respeito de *Die Metaphysik in Deutschland 1831 bis 1845* [A metafísica na Alemanha de 1831 a 1845].

16 *Hegel als deutscher Nationalphilosoph*, p.317 e também no escrito de homenagem de Michelet, da mesma época, *Hegel, der unwiderlegte Weltphilosoph*.

a algo indiferente e efêmero. Dessa revolução de toda a nossa vida pública, temos que formar uma noção nítida para conceber quanto a filosofia ganhou com ela, a hegeliana principalmente, porque ela, de maneira mais profunda e perigosa do que qualquer outra, estava relacionada ao desenvolvimento da crise.[17]

Dois anos mais tarde, um pouco menos seguro de si, escreve ele após passar em revista os "motes filosóficos do presente": "Nossa filosofia parece ter momentaneamente desaparecido, mas ela somente tornou-se latente ao ter equiparado a verdade de seus princípios com a riqueza formidável de uma experiência que cresce demasiadamente rápido." Entrou-se num processo de decomposição, no qual os epígonos ainda se digladiam. Eles, porém, enganam-se ao assim discutir, como se a questão fosse sobre qual deles, Hegel ou Schelling, Herbart ou Schopenhauer, devesse obter a supremacia. Pois nem surgiria novamente um dos antigos sistemas, nem entraria em cena um completamente novo, enquanto o processo de dissolução não se tiver consumado. "Tudo tem seu tempo e somente quando este chega poderia ocorrer novamente uma decisiva sacudida no conhecimento, que, provavelmente, estaria atada simultaneamente a outra transformação de toda a presente concepção religiosa do mundo."[18] Rosenkranz não tomara consciência de que o empurrão decisivo *contra* o conhecimento e *contra* o cristianismo já se realizara por volta de 1840. Ele mesmo demonstrou, com infatigável trabalho, aquela disposição para admitir todos os verdadeiros progressos da ciência, que ele atribuía ao modo de pensar de Hegel. Também a técnica e as primeiras exposições mundiais, das quais Burckhardt sentia horror, foram incluídas por Rosenkranz no progresso da "humanidade" – tal como ele agora traduz a palavra espírito – na consciência da liberdade. Muito distante de perspectivas pessimistas, a difusão universal da circulação internacional, do comércio de livros e da imprensa, significava para ele uma elevação do ponto de vista universal da humanidade e um "progresso na uniformidade de nossa civilização".[19] O isolamento de uma consciência limitada tem de submeter-se ao "racionalismo do espírito pensante e ao seu nivelamento".

---

17 Ibid., p.316.
18 *Neue Studien*, II, p.568.
19 *Neue Studien* I, p.548; cf. a observação de Burckhardt sobre o tratado de Rosenkranz, segundo a qual teria que se ter coragem, "assim como se tivesse que ir em um domingo de chuva seguir o serviço religioso vespertino", carta a Preen de 3 de outubro de 1872.

A nivelação, que para Tocqueville, Taine e Burckhardt, Donoso Cortés e Kierkegaard constituía o mal da época, significava para este cultivado sucessor de Hegel o aplanamento das "particularidades" ainda subsistentes, e dignas de valoração positiva, ao plano universal de um espírito certamente entendido como humanitário. Máquinas a vapor, ferrovias e telégrafos não constituem, como tais, garantias de cultura e liberdade progressivas, eles têm, contudo, de servir à "humanização da humanidade", porque leis universais, uma vez reconhecidas pela ciência e difundidas pela imprensa como um bem comum, atuam de modo irresistível.[20] Assim como a imprensa e a comunicação internacional consolidam, dia após dia, a autoconsciência da humanidade e realizam a proclamação dos direitos do homem, também as novas descobertas geográficas e o comércio que as acompanham produziram uma efetiva consciência universal. No comércio oceânico internacional confirma-se, ao mesmo tempo, o "oceano do espírito"![21] Dessa maneira, baseando-se em Hegel, Rosenkranz dispôs filosoficamente os acontecimentos do século XIX com uma indiscutível coerência.

A exposição histórico-crítica de *R. Haym* também realizou uma ampla conservação da filosofia hegeliana para além do tempo da revolução.[22] Mais radical do que Rosenkranz, ao se voltar decisivamente *contra* o "sistema" de Hegel, Haym tirou consequências importantes desse tempo de transformações e não pensou, como aquele, em reformar a filosofia de Hegel,[23] mas apenas em esclarecê-la de uma perspectiva histórica. A crítica histórica de Haym pareceu a Rosenkranz um "erro infeliz" e um produto do "desgosto". No lugar de uma ação política, Haym escreveu seu livro, "por casualidade sobre Hegel, e por isso tinha de se tornar uma obra doentia". Associava a uma doença as tendências liberais da época, para as quais Hegel aparecia como reacionário. A incomum aspereza na discussão com Haym não se baseia, apesar disso, em uma posição completamente diversa, mas sim na

---

20 *Neue Studien*, I, p.413.
21 Ibid., p.464.
22 R. Haym, *Hegel und seine Zeit* [Hegel e seu tempo]; cf. a crítica de Rosenkranz, *Neue Studien*, IV, 375 et seq. Ver também o escrito de Haym sobre *Feuerbach und die Philosophie* [Feuerbach e a filosofia] e a resposta de Feuerbach, *Br.*, I, 423 et seq.
23 Ver Rosenkranz, *Kritische Erläuterungen des Hegelschen Systems* [Esclarecimentos críticos ao sistema de Hegel]; *Die Modifikationen der Logik* [As modificações da lógica]; *System der Wissenschaft* [Sistema da ciência]; *Meine Reform der Hegelschen Philosophie* [Minha reforma da filosofia hegeliana]; cf. a crítica de Lassalle à *Modifikationen der Logik, Die Hegelsche und Rosenkranzsche Logik* [A lógica de Hegel e de Rosenkranz], 2.ed.

recusa de um contato demasiadamente próximo. A diferença de sua posição a respeito da metafísica de Hegel, que Rosenkranz modificara, enquanto Haym dela abstraía, reduzia-se aos diversos modos pelos quais ambos faziam concordar a doutrina do espírito de Hegel com a época transformada: Rosenkranz mediante uma humanização cuidadosa, Haym por uma historização sem volteios. A linguagem de Rosenkranz remonta, passando por Hegel e Goethe, à cultura do século XVIII, já o *pathos* político e o modo de expressão conscientemente comercial de Haym estão completamente em casa no século XIX. Em acordo com este, ele narra, não sem prazer, a decadência da supremacia do sistema de Hegel. Ele se recorda do tempo em que ou se era hegeliano ou se passava por bárbaro e empírico depreciável:

> Há que se evocar esse tempo para saber o que implica a supremacia e a validez de um sistema filosófico. Há que se ter presente aquele *pathos* e aquele convencimento dos hegelianos do ano de 1830, que, com plena e amarga seriedade, discutiam as questões que formariam o conteúdo ulterior da história universal, depois que na filosofia de Hegel o espírito universal alcançou sua meta e o saber de si mesmo. Temos de nos recordar disso e, a seguir, comparar a timidez com a qual nossos hegelianos atuais, mesmo os mais exercitados e sistemáticos, permitiram-se afirmar que Hegel não foi "sem utilidade" para o desenvolvimento da filosofia.

Diferentemente desses seguidores da filosofia hegeliana, Haym constata não apenas a decadência do sistema único, porém o esgotamento da filosofia em geral: "Essa grande casa faliu, porque todo esse ramo comercial não prosperou [...] No momento, nós nos encontramos em um grande e praticamente universal naufrágio do espírito e da crença no espírito em geral". Na primeira metade do século XIX, produziu-se uma revolução sem precedentes.

> Não é mais uma época de sistemas, uma época para a poesia ou para a filosofia. Uma época em que, ao invés disso, graças às grandes inovações técnicas do século, a matéria parece ter se tornado viva. Os fundamentos mais profundos da nossa vida física e espiritual foram demolidos e reconstruídos. A existência individual, assim como a dos povos, foi trazida a novas bases e relações.[24]

---

24 *Hegel und seine Zeit*, p.4 et seq.

A filosofia idealista não resistiu à prova do tempo, os "interesses" e "necessidades" – dois conceitos que em Feuerbach, Marx e Kierkegaard já determinaram uma polêmica contra Hegel – se impuseram sobre ela. Mais do que refutada, ela foi julgada pelo progresso efetivo do mundo e pelo direito da "história vivente", que Hegel mesmo já reconhecera como o tribunal universal, embora em contradição com a pretensão ao absoluto de seu sistema.[25] Por isso, a tarefa do presente poderia ser somente conceber a historicidade da filosofia hegeliana, e não a fixação de um novo sistema em uma "época inacabada", que declaradamente é incapaz de uma "legislação metafísica". O aspecto positivo dessa redução da filosofia hegeliana aos seus elementos históricos estaria na redução da verdade filosófica à sua origem humana, ao "sentido da verdade", à "consciência moral e ao ânimo do homem". A herança legítima da filosofia hegeliana é unicamente a *ciência da história* como "o tratamento inventivo da história do homem". Na medida em que Haym submete a filosofia de Hegel a uma crítica objetiva, ele apenas modifica, de forma acadêmica, aqueles motivos da crítica de Hegel, que Feuerbach, Ruge e Marx já realizaram de modo mais radical. – O que Haym declarou primeiro, sem cerimônia, e erigiu a princípio de sua exposição, foi o mesmo que desejaram expressar Erdmann, Fischer e Dilthey, cuja crítica da "razão histórica" se encontra ao final do desenvolvimento que nasceu da metafísica de Hegel.[26]

J. E. *Erdmann* começou sua grande obra sobre a história da filosofia, de Descartes a Hegel – que como nenhuma outra conserva a força penetrante do sentido histórico de Hegel –, no ano de 1834 e a terminou em 1853. O desfavor da época em prol de uma nova edição e a concorrência da história popular da filosofia de Fischer o induziram a organizar em 1866 o *Compêndio da história da filosofia* em dois volumes, cuja segunda edição apareceu em 1870. No excelente apêndice que, segundo ele mesmo diz, custou-lhe mais esforços que a parte principal, dada a carência de trabalhos anteriores, ele trata da história da filosofia desde a morte de Hegel até 1870, a partir da perspectiva da "dissolução da escola hegeliana" e da "tentativa de reconstrução da filosofia". Ao término de seu trabalho, no qual ele mesmo se designa como "o último moicano" da escola de Hegel, questiona se essa preponderância do ponto de vista histórico sobre o sistemático não seria um sintoma da decrepitude da filosofia. Pois é incontestável o fato de que, onde ainda se demonstra interesse

---

25 Ibid., p.7 e 444 et seq.
26 Ver a respeito Dilthey, *Ges. Schr.*, XI, 224 et seq.

pelo estudo filosófico, este não consiste mais no filosofar por si mesmo, mas em observar como outros filosofaram, de modo semelhante à preponderância da história da literatura sobre a poesia e das biografias sobre os grandes homens. Enquanto em Hegel a consciência histórica era nela mesma sistemática, torna-se significativo para os filósofos posteriores a ele que suas investigações sistemáticas poderiam permanecer quase completamente fora de consideração, em contrapartida seus trabalhos histórico-críticos conservavam um valor que sobrevivia a tais investigações, tal como ocorria em Sigwart, Ritter, Prantl, K. Fischer, Trendelenburg. E também no filosofar sistemático mostra-se, desde então, certo predomínio do elemento histórico. Poder-se-ia estabelecer como regra que a parte histórico-crítica constitui mais da metade das obras. A isso vincula-se, contudo, uma observação consoladora de que a história da filosofia não impede o filosofar e uma exposição filosófica da história da filosofia é, ela mesma, algo de filosófico. Sobre o que se filosofa é, no fundo, indiferente, quer seja a natureza, o estado ou o dogma – "por que não agora acerca da história da filosofia? Frente ao lamento de que [...] os filósofos se tornaram historiadores, se faz valer o fato de que o historiador da filosofia também filosofa, e assim, talvez aqui também, a mesma lança que fere pode curar". Eis um argumento cujo alcance histórico se pode medir pelo fato de que, após 70 anos, não se pode prescindir dele.[27]

Enquanto Rosenkranz possuía ainda uma fundamentação sistemática, que lhe permitia "superar" as pretensões dos jovens, Erdmann precisava, do seu ponto de vista histórico, contentar-se em expor como fato histórico o processo de desagregação da escola hegeliana. Após 1830, tudo lhe provava que "podia-se separar o que parecia tão primorosamente unido". Sob o ponto de vista histórico, designava a Hegel como o filósofo da *"Restauração"*,[28] em conexão com a restauração política após a queda de Napoleão e em oposição a Kant e Fichte, cujos sistemas correspondiam às diferentes fases da Revolução Francesa. Hegel restauraria o que por meio de Kant, e a partir dele, fora destruído: a velha metafísica, os dogmas da Igreja e o conteúdo substancial das potências éticas. Mas o fato de que a reconciliação, da razão com a efetividade, consumada por Hegel poderia imobilizar o movimento histórico, deve ser temido em tão pouca medida quanto o inverso, que sua desagregação

---

27 Ver Meinecke, *Die Entstehung des Historismus* [O nascimento do historismo], v. 1, p.5.
28 Ver a respeito no que se segue a tese evolucionista de Fischer; cf. Sternberger, *Panorama oder Ansichten vom 19.Jahrhundert* [Panorama ou visões do século XIX], cap. 4 sobre "A palavra mágica 'evolução'".

seja definitiva. Pelo contrário, a consciência de uma tarefa cumprida dará forças ao espírito da humanidade para novas ações: "caso se deem, porém, somente ações histórico-universais, tampouco faltará o filósofo que as conceba e o espírito que as engendre".[29] Por essa perspectiva histórica que vai além da destruição, Erdmann relega a "impaciência do presente" a tempos futuros, pois *nossos* lustros não são equivalentes aos séculos que estão entre os poucos, mas efetivamente decisivos, acontecimentos na história do espírito e Hegel ainda espera seu... Fichte![30]

O mediador propriamente dito da renovação do hegelianismo no século XX é K. Fischer, cuja "História da nova filosofia" começou a aparecer em 1852, um tempo em que Hegel estava quase esquecido na Alemanha. Como amigo de D. F. Strauß, assim como pelo seu relacionamento com F. Th. Vischer, Ruge e Feuerbach[31] e sua crítica a Stirner,[32] ele tinha proximidade com o círculo dos jovens hegelianos e, ao mesmo tempo, estava suficientemente afastado de sua apaixonada polêmica contra Hegel para considerar sua produção com a neutralidade do cronista histórico. Em oposição à tese de Erdmann acerca da Restauração, interpretou a Hegel como filósofo da "evolução" e o considerou como o mais importante pensador do século XIX, encontrando como sinal as teorias biológicas da evolução (Lamarck, Darwin) e a crítica histórica baseada em concepções histórico-evolutivas (F. A. Wolf, K. Lachmann, Niebuhr, Mommsen, F. Bopp, K. Ritter, E. Zeller). Hegel teria dominado a sua época, 1818 a 1831, por influência pessoal, em seguida até 1848 por meio de seus discípulos, que aplicaram sua filosofia criticamente, e, finalmente, pela adoção de seu modo de pensar derivado da cultura histórica. O pensamento evolucionista por ele inspirado determina não apenas a crítica histórica da Bíblia da escola de Tübingen (F. Ch. Bauer, Strauß),[33] mas também a crítica histórica da economia no *Capital*, de Marx (1868), e no *Sistema dos direitos adquiridos*, de Lassalle (1861). Hegel predo-

---

29 *Versuch einer wissenschaftlichen Darstellung der Geschichte der neueren Philosophie* [Ensaio acerca de uma exposição científica da história da filosofia moderna], III, 3, p.557.

30 Ver a respeito no que se segue a intenção de Ruge de novamente despertar a especulação de Hegel mediante a força ativa de Fichte.

31 Ver o ensaio de Fischer sobre Feuerbach, e a respeito a carta de Ruge a Fischer.

32 Wigand, *Epigonen* [Epígonos], V, 277 et seq. e a réplica de Stirner em *Kleinere Schriften* [Escritos menores], p.401 et seq.

33 Ver Dilthey, *Ges. Schr.*, IV, 403 et seq.

mina durante o século XIX, porém, em antítese a A. Comte e E. Dühring, Schopenhauer e E. v. Hartmann.

De fato, em seus pormenores, muito do sistema de Hegel pode ser insustentável e defeituoso, mas segue sendo essencial o fato de que ele, como primeiro e único filósofo universal, compreendeu a história à luz de um progresso "infinito". Fischer, contudo, não entendeu esse processo segundo o conceito de Hegel, mas sim como uma má infinitude de um avanço sem fim. Através de uma constante multiplicação das tarefas da humanidade, o espírito deve se elevar "ao infinito". A conclusão hegeliana da história da filosofia, segundo a qual a última filosofia é o resultado das anteriores, significa para Fischer nada mais do que isto: em virtude de sua riqueza histórica, a filosofia de Hegel é, por certo, provisoriamente a última, mas ao mesmo tempo também a primeira, pois nela o desenvolvimento do "problema universal" foi assumido pela *história* da filosofia.

A conservação da filosofia hegeliana se dá, portanto, no percurso que vai de uma historicização da filosofia em geral para uma história da filosofia. Esse regresso a uma história como objeto do saber corresponde ao abandono do acontecimento atual, o qual estava, após 1850, em um relacionamento mais ou menos resignado: Rosenkranz, confiando na razão da história, esperava uma "nova sacudida" do espírito do mundo; Haym, com o sentimento de um grande desengano "perante a miséria triunfante da reação", sujeitou-se ao "tribunal da época" e Erdmann decidiu-se, apesar do caráter da época, ironicamente pela realização de seu trabalho histórico, enquanto Fischer entregou a tentativa de solução dos problemas à "evolução". O historicismo, que se originou a partir da metafísica hegeliana da história do espírito,[34] converteu-se na "religião última" das pessoas cultas que ainda acreditavam na cultura e no saber.

Os grandes resultados da "escola histórica" e das ciências históricas do espírito não podem ocultar as fraquezas filosóficas da filosofia reduzida a

---

34 Zeller observa na sua *Geschichte der deutschen Philosophie* [História da filosofia alemã], em contraposição à crítica de Hegel à construção histórica: "Se nossa atual historiografia não mais se satisfaz com o estudo erudito e com a seleção crítica das tradições, nem tampouco com a reunião e explicação pragmática dos fatos, mas antes, sobretudo, com compreender a conexão íntima dos acontecimentos, e conceber em grandes traços o desenvolvimento histórico e os poderes espirituais que o governam, tal progresso se deve em boa medida à influência que a filosofia da história de Hegel exerceu sobre aqueles que jamais pertenceram à escola hegeliana."

sua história. O que se entendia desde Haym até Dilthey, e além deles, como mundo "histórico-espiritual" é tão afastado da teologia filosófica de Hegel, assim como já era o modo de pensar dos colaboradores dos anais de Halle. O conceito de uma "história do espírito", em circulação desde 1850, não tem em comum, com o conceito hegeliano de espírito e da história, mais do que a expressão verbal. O espírito para Hegel era como sujeito e substância da história, o absoluto e o conceito fundamental de sua doutrina do ser. Uma ciência do espírito é, por isso, tanto filosofia da natureza quanto do Estado, da arte, da religião e filosofia da história. Esse espírito absoluto, por ser idêntico à religião absoluta do cristianismo, enquanto se conhece, também é um espírito histórico na medida em que, ao percorrer seu caminho, tem a rememoração das figuras do espírito que já existiram.

> Sua conservação, segundo o lado de seu ser-aí livre que aparece na forma da contingência, é a história; mas segundo o lado de sua organização conceitual, é a ciência do saber que aparece. Ambos os lados unidos – a história conceituada – formam a rememoração e o calvário do espírito absoluto; a efetividade, a verdade e a certeza de seu trono, sem o qual o espírito seria a solidão sem vida.

Dessa infinidade plena de espírito está separada por um abismo a representação de uma "história do espírito" infinitamente progressiva. Enquanto Hegel acreditava que o espírito do homem era capaz de ter a força para conhecer a essência do universo e pôr diante dos olhos sua riqueza e sua profundidade,[35] de Haym a Dilthey existia a convicção mais ou menos confessada de que, perante o mundo político e natural, o espírito humano era essencialmente impotente, porque ele mesmo apenas consiste em uma "expressão" finita da efetividade "histórico-social". O espírito não é para eles a "potência do tempo" nele mesmo intemporal porque eternamente presente, mas somente um expoente e um espelho da época. A filosofia torna-se, portanto, uma "visão de mundo" e uma "concepção de vida" cuja consequência última é a autoafirmação da historicidade "em cada caso" própria, tal como se apresenta no *Ser e tempo*, de Heidegger.[36]

---

35 *Heidelberger Antrittsrede* [Discurso inaugural de Heidelberg].
36 Ver para este ponto o artigo de Grisebach: Interpretation oder Destruktion [Interpretação ou destruição], *Deutsche Vierteljahrsschr. Für Literaturwi et seq. und Geistesgesch.*, H. 2, p.199 et seq.

Sob um ponto de vista construtivo, F. A. *Lange* apreciou imparcialmente o alcance da revolução posterior a Hegel e a expôs limitando-a ao "materialismo" do século XIX.[37] Ele reconhece na revolução de Julho o final de uma época idealista e o começo de uma volta ao "realismo", que ele entendia como o conjunto das influências dos interesses materiais na vida espiritual. Os conflitos com a Igreja e o Estado, o repentino desenvolvimento da indústria fundada nas descobertas das ciências naturais ("carvão e ferro" tornaram-se palavras de ordem da época), a criação de institutos politécnicos, a rápida propagação dos meios de comunicação (a primeira ferrovia posta em serviço na Alemanha foi em 1835), a criação político-social da união aduaneira e industrial e, não em menor medida, os escritos oposicionistas da "Alemanha jovem" (Heine, Börne, Gutzkow), a crítica da Bíblia da escola de Tübingen e o formidável êxito da *Vida de Jesus*, de Strauß, todos esses fatores atuaram em conjunto para conferir importância e ressonância a tais escritos filosóficos, cujo conteúdo era muito inferior ao seu impulso revolucionário. Em conexão com esses acontecimentos produziu-se "uma crise teológica e política da filosofia hegeliana que, em força, extensão e significado, nunca houve na história".[38]

No limite entre os velhos e jovens hegelianos encontrava-se o ativo e versátil Michelet, organizador da *História da filosofia*, de Hegel, e dos ensaios ienenses. Ao longo de sua extensa vida (1801-1893), vinculou o hegelianismo originário com os começos do neo-hegelianismo moderno, ao qual ele estava relacionado através da pessoa de A. Lasson (1832-1917).[39] Também para ele a filosofia da história constituía o "ápice" e, simultaneamente, a "prova" do sistema de Hegel.[40] Contudo, ele não reduz o sistema de Hegel à história, mas o mantém fundamentado no absoluto do espírito. "A questão

---

37 *Geschichte des Materialismus* [História do materialismo], 3. ed., v. II, 72 et seq.
38 Rosenkranz, *Hegel als deutscher Nationalphilosoph*, p.312.
39 Ver a respeito Kühne, Cieszkowski, p.349. Uma imagem do hegelianismo tardio é oferecida na revista dirigida por Michelet, *Der Gedanke* [O pensamento] (1860 até 1884).
40 Michelet, *Entwicklungsgeschichte der neuesten deutschen Philosophie, mit besonderer Rücksicht auf den gegenwärtigen Kampf Schellings mit der Hegelschen Schule* [História do desenvolvimento da filosofia alemã mais recente, com particular consideração à disputa atual de Schelling com a escola hegeliana], p.246 e 304; cf. a respeito a discussão publicada nos *Jahrbüchern* [Anais] de Noack *Das Verhältnis der geschichtlichen Entwicklung zum Absoluten* [O relacionamento do desenvolvimento histórico com o absoluto], ano de 1846, p.99 et seq., e ano de 1847, p.150 et seq. e 223 et seq.

do século",[41] que concerne o problema da sociedade civil-burguesa, pareceu-lhe solucionável no âmbito da filosofia do espírito. Ele queria introduzir a "ciência" na "vida", para assim realizar a tese hegeliana da efetividade do racional.[42] Com efeito, o que após Hegel ainda "resta" é elevar à efetividade a reconciliação consumada no pensamento entre o divino e o humano e deixar perpassar todas as relações vitais pelo princípio de Hegel. "Assim o pensamento cessa de ser meramente o *último* produto de um determinado estágio no desenvolvimento do espírito-do-mundo; torna-se, tal como convém à sabedoria da velhice, princípio primeiro, que serve conscientemente à subida a um nível mais alto."[43] A filosofia, escreve ele, cinco anos mais tarde, no estilo dos jovens hegelianos, não é apenas a "coruja de Minerva" que inicia seu voo ao entardecer, mas também o "canto do galo", que anuncia a aurora de um dia que se inicia.[44] Por essa dupla alegoria encontra-se Michelet entre Hegel e Marx, que igualmente retoma a alegoria de Hegel sem, no entanto, completá-la, apenas virando-a ao contrário.[45]

2. A revolução da filosofia hegeliana pelos jovens hegelianos

> "Nada é mais inconsequente do que a suprema consequência lógica, porque ela produz fenômenos não naturais, que, por fim, transformam-se no seu contrário."[46]
>
> Goethe.

Através de Rosenkranz e Heym, Erdmann e Fischer, o império reunido de Hegel foi *conservado historicamente*; os jovens hegelianos o dividiram em

---

41 *Jahrbücher* de Noack, 1846, Caderno 2, p.90 et seq.; cf. Ibid., "Über das Verhältnis der Stände" [Sobre o relacionamento entre os estamentos] C. 1, p.113 et seq. e a resposta de Michelet a um escrito filosófico-social de Cieszkowski, referida na monografia de Kühne, p.179 et seq.
42 *Entwicklungsgeschichte der neuesten deutschen Philosophie [...]*, p.315 et seq. e 397 et seq.
43 *Geschichte der letzten Systeme der Philosophie [...]* [História dos últimos sistemas da filosofia], II, 800.
44 *Entwicklungsgeschichte der neuesten deutschen Philosophie [...]*, p.398.
45 Ver mais adiante, p.110 et seq.
46 Goethe, *Maximen und Reflexionen*, n. 899.

províncias, desintegraram o sistema e desse modo o *levaram à eficácia histórica*. A expressão "jovens hegelianos" é pensada, primeiramente, no sentido da jovem geração dos discípulos de Hegel; mas a expressão "hegelianos de esquerda" designa o partido revolucionário da subversão relacionado a Hegel. Em sua época – em oposição aos "hegelistas" – foram chamados de "hegelianistas", para assim caracterizar a sua conduta. Ao mesmo tempo, a distinção entre velhos e jovens hegelianos também tem uma referência mediata à distinção de Hegel entre "velhos" e "jovens", que Stirner trivializou. No sistema hegeliano da moral, os velhos estão destinados ao verdadeiro governo, porque seu espírito já não pensa mais no singular, mas somente no "universal."[47] Com "indiferença" efetiva frente aos diversos estamentos, põem-se a serviço da conservação do todo. Os velhos não vivem, como os jovens, dentro de uma tensão insatisfeita em relação a um mundo que lhes é inadequado, com "repugnância pela realidade"; tampouco existem velhos com viril "adesão" ao mundo efetivo, mas, enquanto anciãos, dedicam-se, sem nenhum interesse particular por isto ou aquilo, ao universal e ao passado, e a isso devem o conhecimento do universal. Em contrapartida, o jovem é uma existência presa ao singular e sedenta de futuro, que quer modificar o mundo e, em desacordo com o que existe, esboça o programa e faz exigências na ilusão de organizar um mundo que saiu do eixo. A realização do universal lhe parece depender de uma renúncia ao dever-ser. Em virtude dessa orientação idealista, o jovem tem a aparência de possuir um sentido mais nobre e um desinteresse maior que aquele do homem que é ativo no mundo e penetra na razão da efetividade. Somente por obrigação, a juventude realiza o passo que leva ao reconhecimento daquilo que é, e o sente como dolorosa passagem para uma vida filisteia. Mas ela se engana se compreende essa relação como derivada de uma necessidade externa e não de uma necessidade racional, na qual vive a sabedoria dos velhos, livres de todos os interesses particulares do presente.

Em oposição à avaliação hegeliana dos jovens e velhos, os jovens hegelianos representam o partido da juventude, não porque fossem efetivamente jovens, mas sim pela superação da consciência dos epígonos. Pelo conhecimento da insustentabilidade do que subsiste, apartaram-se do "universal" e do "passado" para antecipar o futuro, urgir o "determinado" e o "singu-

---

[47] *Schriften zur Politik und Rechtsphilosophie* [Escritos sobre política e filosofia do direito], p.483 et seq.; *Enc.* §396, Ad.; *Phänomenologie*, p.310.

lar" e negar o existente. Seus destinos pessoais mostram os mesmos traços característicos.[48]

F. A. Lange notou, certa vez, que Feuerbach havia se elevado dos abismos da filosofia hegeliana a uma espécie de superficialidade de mais caráter do que espírito, sem, contudo, perder todos os vestígios do profundo sentido de Hegel. Apesar dos numerosos "por consequência", seu sistema paira em uma obscuridade mística, que de nenhuma maneira pode tornar-se clara pela acentuação da "sensibilidade" e "intuitividade". Essa característica não diz respeito somente a Feuerbach, mas antes a todos os jovens hegelianos. Seus escritos são manifestos, programas e teses, mas nenhum um todo pleno de conteúdo e suas demonstrações científicas foram, em suas mãos, proclamações plenas de efeito, com as quais se dirigiam à massa ou aos indivíduos. Quem estuda esses escritos terá a experiência de notar que eles, apesar do tom provocativo, deixam um gosto insípido, porque, por meios escassos, pleiteiam pretensões desmedidas e convertem a dialética de Hegel em um meio estilístico retórico. A maneira de refletir por contrastes, com a qual tratavam de escrever, é uniforme sem ser simples, e brilhante apesar de sem luminosidade. A constatação de Burckhardt, de que o mundo após 1830 começou a se tornar "mais vulgar", não se confirma na linguagem que se tornou usual, que se comprazia com a polêmica massiva, com a pompa patética e com as imagens drásticas. F. List também é exemplo disso. Seu ativismo crítico não conhece limites, pois o que eles querem promover é, em todo os casos e a todo preço, a "mudança".[49] E, no entanto, a sua maioria eram pessoas desesperadamente honestas, que comprometiam sua existência efetiva com o que queriam realizar. Como ideólogos do vir-a-ser e do movimento, eles se fixaram no princípio hegeliano da negatividade dialética e da contradição que movimenta o mundo.

Para suas relações mútuas é característico o fato de que trataram de se sobrepor uns aos outros, em um processo que os entrelaça reciprocamente. Eles levaram os problemas que a época os colocava até as últimas consequências e foram de uma mortal coerência. Unidos somente por uma oposição

---

48 Uma instrutiva e engenhosa caracterização dos jovens hegelianos está contida na obra polêmica do professor de filosofia de Heidelberg, v. Reichlin-Meldegg, a Feuerbach: *Die Autolatrie oder Selbstanbetung, ein Geheimnis der junghegelschen Philosophie* [A autolatria ou a adoração de si mesmo: um segredo da filosofia dos jovens hegelianos].

49 Ver Hecker, *Mensch und Masse* [Homem e massa], p.80 et seq.

recíproca, puderam desatar facilmente suas alianças pessoais e literárias, e, desse modo, separar-se e insultarem uns aos outros, segundo o radicalismo de cada um, como "pequeno-burgueses" ou "reacionários". Feuerbach e Ruge, Ruge e Marx, Marx e Bauer, Bauer e Stirner, eles formam pares de irmãos inimigos, decidido pelo acaso em qual instante se reconhecerão como inimigos. Eles são "homens de cultura descarrilada" e existências fracassadas, que sob a coação das relações sociais traduzem seus doutos conhecimentos em estilo jornalístico. Sua vocação mais peculiar é a da "livre" atividade de escritor, mas sob constante dependência de capitalistas e editores, do público e dos críticos. A atividade do homem de letras como vocação e como objeto de lucro somente alcançou vigência na Alemanha por volta de 1830.[50]

Feuerbach se sentia, de maneira destacada, um "escritor e homem".[51] Ruge era um talento jornalístico expressivo, Bauer vivia da atividade de escritor e a existência de Kierkegaard se confunde com a sua "qualidade de autor". Apesar de sua apaixonada oposição ao jornalismo, o que unia Kierkegaard aos outros era a intenção de querer atuar unicamente através de seus escritos. A determinação particular que ele atribuía à sua "atuação como escritor", a de ser um autor "no limite do poético e do religioso", não somente o diferencia, mas também o une à atuação literária dos jovens hegelianos, que se movia nos limites da filosofia e da política ou entre a política e a teologia. Por meio desses homens, coube a Hegel o destino paradoxal de que seu sistema, que exige o "esforço do conceito" como nenhum antes, somente entrasse em circulação e alcançasse os mais vastos efeitos mediante uma enérgica popularização. Se é verdadeiro o que Hegel diz, que o homem individual é positivamente livre e em geral "algo" apenas no "universal" de um estamento determinado,[52] então foram Feuerbach e Ruge, Bauer e Stirner, Marx e Kierkegaard apenas negativamente livres, e fora isso "nada". Quando um amigo de Feuerbach se esforçou para lhe conseguir um posto

---

50 Acerca da história social da atividade literária alemã, ver Riehl, *Die bürgerliche Gesellschaft* [A sociedade burguesa], livro 2, cap. 3, (8. ed., p.329 et seq.); cf. Tocqueville, *Das alte Staatswesen und die Revolution* [O antigo regime e a revolução] livro 3, cap. 1; Sorel, *Les illusions du progrès* [As ilusões do progresso], p.83 et seq., 107, 179.
51 Ver o ensaio de Feuerbach, *Der Schriftsteller und der Mensch* [O escritor e o homem], III, 149 et seq.
52 *Rechtsphilosophie*, §6, Ad.; §7, Ad.; §207, Ad.; *Philosophische Propädeutik* [Propedêutica filosófica], §44, *Schr. Zur Politik u. Rechtsphilos.*, p.475.

acadêmico, Feuerbach lhe escreveu em resposta: "Quanto mais se faz por mim, tanto menos eu sou e vice-versa. Em geral eu sou [...] algo, pelo tempo em que eu não sou nada."

Hegel se sabia livre ainda em meio às limitações burguesas, e não lhe era impossível, como funcionário civil e "sacerdote do absoluto", ser ele mesmo e ser algo. Dizia ele com relação à vida dos filósofos na terceira época do espírito,[53] portanto desde o começo do mundo "moderno", que também as circunstâncias de suas vidas eram distintas daquelas da primeira e da segunda época. Os filósofos antigos ainda foram indivíduos "plásticos", que moldavam a própria vida conforme suas doutrinas, de tal modo que aqui, a filosofia como tal determinava a condição social do homem. Na Idade Média eles foram principalmente doutores em teologia, que ensinavam filosofia, e eclesiásticos que se diferenciavam do resto do mundo. Na passagem para a época moderna, os inconstantes filósofos viveram vagando, como Descartes, em uma luta interior contra si mesmos e, no exterior, com as relações mundanas. A partir de então, os filósofos não formam mais uma camada social particular mas são o que são, em conexão civil com o Estado: funcionários e professores de filosofia. Hegel interpreta essa mudança como a "reconciliação do princípio mundano consigo mesmo", pela qual cada um tinha liberdade de construir seu "mundo interior", independente do poder das relações que se tornaram essenciais. O filósofo pode agora abandonar a essa "ordem" o aspecto "exterior" de sua existência, tal como o homem moderno pode ser determinado pela moda quanto ao modo de se vestir. O mundo moderno é, precisamente, esse poder da dependência – tornada multilateral – dos homens entre si, dentro de relações civis. O essencial, conclui Hegel, é "permanecer fiel à sua finalidade" dentro desta conexão civil-estatal. Isso lhe parecia totalmente compatível, ser livre para a verdade e ao mesmo tempo dependente do Estado.

Assim como para Hegel fora significativo que ele, dentro do "sistema das carências", permanecera fiel a um fim que o ultrapassava, do mesmo modo teve importância para todos seus sucessores que, conforme aos seus fins, eles se subtraíram à ordem burguesa. Em virtude do choque provocado nos círculos acadêmicos pelo seus *Pensamentos acerca da morte e da imortalidade, Feuerbach* teve que renunciar a seu posto de professor livre junto à Universidade de Erlangen e teve de se contentar em ensinar "de modo privado

---

53 XV, 275 et seq.

em uma aldeia", "que carecia até mesmo de igreja". Ele somente apareceu em público mais uma última vez, quando os estudantes em 1848 o chamaram a Heidelberg. *Ruge* sentiu de modo ainda mais duro o destino reservado à inteligência revolucionária: em constante conflito com o governo e a polícia, ele perdeu seu posto de docente em Halle em seguida; sua tentativa de fundar uma academia livre em Dresden fracassou, e os *Anais para a ciência e arte*, dos quais fora coeditor, tiveram sua publicação suspensa após poucos anos de influência exitosa. Para não cair uma segunda vez na prisão, ele fugiu para Paris, em seguida para a Suíça e, por fim, para a Inglaterra. *B. Bauer* foi despojado de seu posto de docente em virtude de suas concepções teológicas radicais e desse modo tornou-se escritor livre e o centro dos "livres" berlinenses. Contudo, a luta constante com as penúrias da vida não quebraram, de modo algum, sua firmeza de caráter. *Stirner*, primeiro a ser professor em uma escola, desmoralizou-se ante a pressão de misérias pequeno-burguesas e, finalmente, consumiu sua existência em traduções e vivendo dos rendimentos de uma leiteria. *Marx* fracassou em seu plano de se habilitar em filosofia em Bonn. Ele assumiu, em primeiro lugar, a redação dos *Anais franco-alemães*, que contava com Ruge e Heine entre seus membros, para desde então, como emigrante em Paris, Bruxelas e Londres, viver com indigentes honorários de escritor e jornalista, de subvenções e de dívidas. *Kierkegaard* nunca pôde decidir-se a empregar sua habilitação em teologia a fim da obtenção de um cargo de pároco, para "introduzir-se na finitude" e "realizar o universal". Ele vivia "do próprio crédito", como um "rei sem reino", tal como designava sua existência de escritor, e, materialmente, da herança de seu pai, a que deu fim quando sucumbiu esgotado pela luta contra a Igreja. Mas também *Schopenhauer*, *Dühring* e *Nietzsche* estiveram somente de passagem a serviço do Estado: Schopenhauer, após a infeliz tentativa de querer competir com Hegel na Universidade de Berlim, se retira para a vida privada, pleno de desprezo pelos "filósofos universitários". Dühring foi afastado de seu posto de professor por motivos políticos, e Nietzsche, depois de poucos anos, despediu-se para sempre da Universidade da Basileia. Schopenhauer não deixava de admirar sua independência frente ao Estado e à sociedade. Eles todos se subtraíram aos vínculos com o mundo existente ou, mediante uma crítica revolucionária, queriam subverter aquilo que subsistia.

 A divisão da escola hegeliana em hegelianos de direita e de esquerda foi objetivamente possibilitada pela ambiguidade fundamental das "suspensões" (*Aufhebungen*) dialéticas de Hegel, que podiam ser interpretadas tanto de maneira conservadora quanto de maneira revolucionária. Necessitava-se somente de uma unilateralização "abstrata" do método de Hegel para chegar à proposição de F. Engels, significativa para todos os hegelianos de esquerda: "O conservantismo dessa perspectiva é relativo, seu caráter revolucionário é absoluto", mesmo porque o processo da história universal é um movimento do progresso e, portanto, uma constante negação do existente.[54] Engels demonstra o caráter revolucionário presente na afirmação de Hegel, de que o efetivo é também o racional. Aparentemente, trata-se de uma proposição reacionária, no entanto é revolucionária, pois Hegel não considera a efetividade o subsistente casual, e sim um ser "verdadeiro" e "necessário". Por isso, a tese aparentemente conservadora acerca do Estado na *Filosofia do direito* pode-se converter, "de acordo com todas as regras" do modo hegeliano de pensar, em seu contrário: "Tudo o que existe merece sucumbir."[55] Hegel mesmo, por certo, não extraiu com tal rigor essa consequência de sua dialética; pelo contrário, o aspecto contraditório e crítico-revolucionário de seu sistema esteve encoberto pelo dogmático e conservador. Por isso Hegel tem de se libertar dele mesmo e, de fato, trazer a efetividade à razão, por meio da negação metódica do existente. A divisão da escola hegeliana repousa, portanto, no fato de que em Hegel as propostas acerca do caráter racional do efetivo *e* da efetividade do racional,[56] unidas em um ponto metafísico, foram isoladas, uma à direita e a outra à esquerda, em primeiro lugar na questão acerca da religião e então acerca da política. A direita acentua que somente o efetivo é também o racional e a esquerda, que somente o racional é também o efetivo, enquanto para Hegel o aspecto conservador e o aspecto revolucionário, pelo menos formalmente, são indiferentes.

De acordo com o conteúdo, a revolução metódica da filosofia hegeliana referia-se, em primeiro lugar, ao seu caráter de teologia filosófica. A disputa dizia respeito à interpretação ateísta ou teísta da filosofia da religião: se o absoluto teria existência efetiva no Deus tornado homem ou somente na humanidade.[57] Nessa luta de Strauß e Feuerbach contra o resquício dogmá-

---

54 Engels, *Feuerbach*, p.5.
55 Cf. Heß, p.9 e: A. Herzen, *Errinerungen* [Memórias], v. I, 272.
56 Cf. Michelet, *Entwicklungsgeschichte der neuesten deutschen Philosophie*, p.315 et seq. e 397 et seq.
57 Ver Fischer, *Feuerbach und die Philosophie unserer Zeit* [Feuerbach e a filosofia de nosso tempo], p.148 et seq. De acordo com Fischer, a questão seria saber "se o Deus extramundano deveria ser sepultado na lógica ou na antropologia".

tico no cristianismo filosófico de Hegel, a filosofia deste, tal como diz Rosenkranz, "atravessou em si mesma a época da sofística", mas não para se "rejuvenescer", antes para – em Bauer e Kierkegaard – revelar radicalmente a crise da religião cristã. A crise política se mostrou como não menos importante, manifestando-se na crítica da *Filosofia do direito*. Ruge a provocou e Marx a levou ao seu ponto máximo. Em ambas as direções do ataque, os jovens hegelianos, sem eles próprios poderem saber, retornaram aos escritos da juventude de Hegel sobre teologia e política, nos quais se desenvolvera com todo rigor a problemática do Estado burguês e da religião cristã tendo como critério a *Polis* grega e sua religião popular.

Dentro da revolução operada na filosofia hegeliana, três fases são distinguíveis: *Feuerbach* e *Ruge* trataram de transformar a filosofia de Hegel segundo o espírito de uma época que havia se *modificado*; B. Bauer e Stirner sucumbiram à filosofia em geral, em um criticismo e um niilismo radicais; *Marx* e *Kierkegaard* extraíram *consequências extremas* da situação alterada: Marx destruiu o mundo burguês-capitalista e Kierkegaard o burguês-cristão.

a) Feuerbach[58] (1804-1872)

Como todos os filósofos do idealismo alemão, Feuerbach parte da teologia protestante que estudou em Heidelberg com o hegeliano Daub e com Paulus. Sobre as *Lições* deste último, relata em carta a seus familiares que elas são uma teia de aranha de sofismas e um instrumento de tortura, pelo qual se maltratavam as palavras até que confessassem algo que jamais haviam significado. Desgostoso por essa "expectoração de uma sagacidade falha", desejava ir a Berlim, onde, além de Schleiermacher e Marheineke, também ensinavam Strauß e Neander. A filosofia foi mencionada apenas incidentalmente, mas, já na primeira carta escrita de Berlim, dizia ele:

Tenho a intenção [...] de dedicar este semestre prioritariamente à filosofia, para completar com maior proveito e profundidade o curso filosófico

---

58 Cf. para nossa exposição o estudo de Lombardi, *Feuerbach*, no qual se expressam os paralelos históricos do hegelianismo italiano (Spaventa, Tommasi, Labriola, Sanctis).

prescrito neste ano. Eu sigo, portanto, os cursos de lógica, metafísica e filosofia da religião ditados por Hegel [...] estou extremamente animado para as suas lições, ainda que não tenha por isso a intenção de tornar-me hegeliano [...].

Depois de vencida a resistência de seu pai, ele passou integralmente ao estudo da filosofia. Estudou dois anos com Hegel e concluiu seus estudos com uma dissertação: *De ratione una, universali, infinita*,[59] que enviou em 1828 a Hegel junto de uma carta. Caracteriza-se expressamente como sendo seu discípulo imediato, e que espera ter se apropriado de algo do espírito especulativo de seu mestre.

As transformações revolucionárias que Feuerbach viria a efetuar na filosofia de Hegel já aparecem nesta carta – escrita aos 24 anos – através dos conceitos hegelianos. Ele justifica de antemão os defeitos de sua dissertação da seguinte maneira: que ela pretendia ser uma apropriação "viva" e "livre" do que aprendera com Hegel; ele acentua já neste momento o princípio da "sensibilidade", pois as ideias não deveriam se manter no reino do universal e acima do sensível, mas sim, do "céu de sua pureza incolor" e da "unidade consigo mesma", mergulhar na intuição que penetra o particular,[60] para assim apoderar-se de determinados fenômenos. O logos puro necessita de uma "encarnação", a ideia de uma "realização" e "mundanização". À margem, ele, além disso, advertia – como se tivesse pressentido seu próprio destino – que com essa sensibilização e realização não pretendia nenhuma popularização do pensamento ou mesmo a transformação deste numa intuição fixa e dos conceitos em meras imagens ou signos. Ele justifica a tendência à mundanização do seguinte modo: que ela é fundamentada "no tempo" ou, "o que é a mesma coisa", no próprio espírito da filosofia hegeliana, pois esta não é uma questão de escola, mas antes de humanidade.[61] A virada anticristã já aparece nitidamente. O espírito encontra-se no início de um novo "período universal"; e a plena realização da ideia depende de se destronar o "si-mesmo" – esse "espírito único, que é" –, que domina o

---

59 Ver a respeito Lombardi, p.37 et seq.
60 *Br.*, I, 215. A mesma censura levantou Schelling contra Hegel, cujos conceitos "ofendem" a representação sensível, porque não os rebaixa à esfera da representação (*W.*, seção primeira, v. X, 162).
61 II, 413.

mundo desde a era cristã e, com isso, eliminar o dualismo entre mundo sensível e religião suprassensível, assim como entre a Igreja e o Estado.[62]

Não depende por isso de um desenvolvimento dos conceitos na forma de sua universalidade, na sua pureza abstrata e em seu fechado ser-dentro-si, mas antes depende de verdadeiramente aniquilar e de investigar, em nome da verdade, os modos de conceber histórico-universais até agora vigentes e que se referem ao tempo, à morte, ao imanente, ao transcendente, ao eu, ao indivíduo, à pessoa e à pessoa concebida absolutamente, situada fora da finitude, no absoluto, a saber, Deus etc., nos quais está contido o fundamento da história até agora transcorrida e também as fontes do sistema das representações cristãs não apenas ortodoxas, mas também racionalistas.

No seu lugar entraram os conhecimentos, que, embora "encobertos", estão contidos na filosofia moderna. O cristianismo não pode mais ser compreendido como a religião absoluta. Constitui apenas a oposição ao mundo antigo e deu à natureza uma posição não espiritual. Também a morte, esse ato natural, vale para o cristianismo de um modo inteiramente desprovido de espírito como "o jornaleiro mais indispensável na vinha do Senhor".[63]

Em que medida Feuerbach, apesar dessa mais do que mera "livre" incorporação, sentia-se familiarizado com o pensamento de Hegel mostra sua crítica, aparecida em 1835 do *Antihegel* de Bachmann,[64] que praticamente poderia ser do próprio Hegel. Em 64 páginas, a empiria "desprovida de conceito" de Bachmann é afastada com uma penetração e discernimento que corresponde inteiramente à crítica filosófica, tal como Hegel em sua essência a desenvolve[65] e a aplica ao entendimento comum.[66] Feuerbach distingue duas espécies de crítica: a do conhecimento e a do equívoco. A primeira

---

62 Para a consciência de época de Feuerbach, ver a introdução aos *Todesgedanken* de 1830: "àquele que entende a língua na qual o espírito da história do mundo fala, não pode escapar o conhecimento de que nosso presente constitui o término de um grande período da história da humanidade e, por isso mesmo, o começo de uma vida nova".
63 *Br.*, I, 214 et seq.
64 II, 18 et seq.
65 Hegel, XVI, 33 et seq.
66 Ibid., p.50 et seq.

refere-se à essência positiva do assunto e toma as ideias fundamentais do autor como critério de julgamento; já o equívoco apreende o positivamente filosófico de uma perspectiva exterior, ele tem na cabeça algo de diferente do que tem seu adversário, e onde os conceitos deste ultrapassam suas próprias representações, não entende mais nada. Feuerbach demonstra a Bachmann que ele não entendeu minimamente a teoria hegeliana da identidade da filosofia e do objeto, do pensamento e do ser, do conceito e da realidade. Sua crítica à ideia de Deus hegeliana é uma paródia grosseira, a superficialidade e a falta de fundamento dos ataques de Bachmann contra a "mais profunda e mais sublime" ideia de Hegel não são dignos de crítica.

Em vista dessa aplicação fiel e disciplinada das categorias de Hegel, é compreensível que Rosenkranz, após sete anos, pudesse escrever: "Quem poderia pensar que a filosofia de Hegel, que Feuerbach comigo defendia contra Bachmann em sua polêmica contra esse *Anti-Hegel*, nele tanto se rebaixasse!"[67] Contudo, o próprio Feuerbach, apelando à crítica de Lessing ao adversário da ortodoxia, explicou posteriormente sua crítica do *Anti-Hegel*, dizendo que nisto ele era apenas um defensor "intermitente" de Hegel perante um ataque não filosófico e que seria apressado pensar que quem escreve contra o adversário de algo seja com isso já também incondicionalmente a favor desse algo. Pelo contrário, o *Anti-Hegel* já estava então oculto nele mesmo, "mas justamente porque ele era somente uma parte de mim, obriguei-o a calar-se."[68]

Feuerbach apresentou-se publicamente como opositor somente em 1839, com um artigo aparecido nos *Anais* de Ruge: "Para a crítica da filosofia hegeliana". Essa crítica concorda em todos os pontos decisivos com as objeções antes levantadas por Bachmann. Também Feuerbach agora nega com toda firmeza a identidade dialética de filosofia e teologia, de conceito e realidade, pensamento e ser. O que antes fora defendido como a ideia mais sublime de Hegel contra Bachmann vale agora como o "disparate do absoluto". O espírito absoluto não é "nada mais do que" o espírito separado da teologia, que ronda como fantasma a filosofia de Hegel.

---

67 *Studien*, V, série 3, p.326; cf. Feuerbach, *Br.*, I, 238 e 241. Na sua segunda monografia sobre Hegel (p.313), Rosenkranz nota que a polêmica de Feuerbach contra Hegel "trouxe grande prazer àqueles que não foram além da terceira parte da *Fenomenologia* e do primeiro volume de sua *Lógica*".

68 *Br.*, I, 390.

Quando em 1840 mais uma vez Feuerbach prestou contas acerca de seu relacionamento com Hegel, o chamou de o único homem que o fez saber o que é um professor. O que, porém, nós fomos como alunos não desaparece jamais de nosso ser, embora talvez desapareça de nossa consciência. Ele não apenas estudou Hegel, mas também ensinou a outros com a convicção de que é dever de um jovem professor fazer conhecido dos estudantes, não as suas próprias opiniões, mas sim as doutrinas de filósofos conhecidos.

> Eu ensino a filosofia de Hegel [...] primeiramente, como alguém que se identifica com o assunto [...], porque ele não sabe nada de diferente e melhor; depois como alguém que se distingue e se separa de seu assunto, que lhe faz justiça histórica, mas no esforço de compreendê-lo ainda mais corretamente.

Assim, ele jamais fora, com efeito, um hegeliano formal, mas antes substancialmente um hegeliano que compreendeu o sistema absoluto dentro da "lei de toda finitude". "Eu, como escritor em desenvolvimento, me coloquei no ponto de vista da filosofia especulativa em geral, da filosofia hegeliana em particular somente na medida em que ela é a última e mais abrangente expressão da filosofia especulativa."[69]

Vinte anos depois – 1860 –, Feuerbach resume de maneira breve e definitiva sua posição a respeito de Hegel. Ele se define, em contraste com os "heróis do espírito", como o último dos filósofos, repelido para o limite mais externo do reino da filosofia, para além da sublimidade intelectual do sistema. Hegel é caracterizado de uma maneira que lembra a polêmica de Kierkegaard, como o modelo do pensador profissional que se basta a si mesmo, cuja existência efetiva é provida pelo Estado, e por isso tal existência seria sem significado para sua filosofia. Ele conferiu um nimbo histórico-universal ao ponto de vista da cátedra: "o espírito absoluto não é nada menos do que o professor absoluto".[70]

---

69 *Br.*, I, 388.

70 I, 256; *Br.*, II, 120; cf. a crítica de Rosenkranz, *Studien*, parte V, série 3, p.325 et seq.: *Hegel, der Fakultätsphilosoph, und Feuerbach, der Menschheitsphilosoph* [Hegel, o filósofo universitário, e Feuerbach, o filósofo da humanidade]; ver também a descrição do "puro ser-para-si" de Hegel em Strauß, *Ausgewählte Briefe* [Cartas escolhidas], editadas por Zeller, p.8.

Mas no que consiste a transformação, proclamada por Feuerbach, da filosofia consumada por Hegel? Uma nota dos anos 1842/43 sobre "a necessidade de uma transformação" define os pontos importantes. A filosofia agora não se encontra mais numa época que inclui o desenvolvimento de Kant a Hegel, não pertence mais em primeiro lugar à história da filosofia, mas antes à história imediata do mundo. É preciso, por isso, "decidir" se é interessante continuar na antiga trilha ou abrir uma nova época. Mas em princípio é necessária uma mudança, pois ela nasce de uma "carência da época", mais exatamente da época que, a partir do futuro, vem ao encontro do presente.

Em épocas de declínio de uma concepção histórico-universal, as necessidades se contrapõem – a uns é ou parece ser uma necessidade conservar o velho e banir o novo, a outros é uma necessidade realizar o novo. Em qual lado se encontra a verdadeira necessidade? Do lado da necessidade do futuro – do futuro antecipado –, onde está o movimento que segue adiante. A necessidade de conservação é apenas artificial, algo evocado, numa palavra, reação. A filosofia hegeliana foi a associação arbitrária de diferentes sistemas existentes, doutrinas imperfeitas – sem força positiva, porque sem negatividade absoluta. Somente quem tem a coragem de ser absolutamente negativo tem a força para criar o *novo*.[71]

Fazer-se precursor de um futuro antecipado era a intenção de Ruge, Stirner, Bauer e Marx, porque todos eles viam o presente apenas como temporal, e não mais – como Hegel – como algo eterno. Todos eles são, até Nietzsche e Heidegger, filósofos "provisórios".[72]

As *Teses para a reforma da filosofia*, de Feuerbach, e seu *Princípios fundamentais da filosofia do futuro* deram o impulso para a virada do filosofar que rememora a Hegel. A morada do espírito, lê-se numa carta do período, desmoronou, é preciso estar decidido a "emigrar" – uma imagem que nós encontramos novamente em Marx – e somente levar consigo seus pertences mais pessoais. "A carruagem da história universal é estreita; como se não se pudesse mais entrar nela, caso se perca o momento oportuno [...], assim, quando se quer viajar nela, pode-se levar consigo apenas o essen-

---

71 *Br.*, I, 407; acerca da "carência" como a raiz da filosofia e da religião, cf. I, 207 et seq.
72 Cf. Hecker, *Mensch und Masse*, p.29 et seq. e 77 et seq.

cialmente necessário, o que é seu próprio, mas não todo o mobiliário"[73] – uma metáfora que, na sua apresentação histórico-universal, recorda o discurso de Kierkegaard acerca da "passagem estreita", através da qual cada um agora tem de passar, e da "única coisa de que se tem necessidade". "O homem não pode concentrar-se o suficiente, uma coisa – ou nada", diz também Feuerbach.[74]

Com consideração para com a planejada transformação, Feuerbach critica Hegel.[75] A filosofia encontra-se agora necessariamente num estágio de "autodesilusão". A ilusão na qual ela se encontrou até agora foi a do pensamento que basta a si mesmo: que o espírito pode fundar-se a partir de si mesmo, enquanto a natureza – a do mundo e a do homem – somente é posta pelo espírito como tal. A pressuposição antropológica desse "idealismo" ou "espiritualismo" é a do modo de existência isolada do pensador como pensador. Hegel, apesar de toda suspensão das oposições, também é extremamente idealista, sua "identidade absoluta" é na verdade a "absoluta unilateralidade", a saber, do lado do pensamento certo de si mesmo. Partindo do "eu sou" entendido como "eu penso", o idealista toma o mundo contemporâneo e circundante, assim como o mundo em geral, como o mero "outro" de si mesmo, como um *alter ego*, com a ênfase posta no ego. Quando Hegel interpreta o outro, que eu mesmo não sou, como seu "próprio" ser-outro, desconhece ele a autonomia específica da natureza e das outras pessoas. Ele filosofa sob a pressuposição de um ponto de vista *autoconsciente* e *filosoficamente puro*, ele desconhece os começos ou princípios não filosóficos da filosofia. A filosofia hegeliana depara-se, por conseguinte, com a mesma censura com que se depara toda a filosofia moderna desde Descartes: a censura de uma ruptura repentina com a intuição sensível, de uma pressuposição

---

73 *Br.*, I, 349.
74 *Br.*, I, 365.
75 A crítica de Feuerbach a Hegel está contida nos seguintes escritos: *Hegels Geschichte der Philosophie* [A história da filosofia de Hegel] (II, 1 et seq.); *Kritik der hegelschen Philosophie* [Crítica da filosofia hegeliana] (II; 185 et seq.); *Über den Anfang der Philosophie* [Sobre o começo da filosofia] (II, 233 et seq.); *Vorläufige Thesen zur Reform der Philosophie* [Teses provisórias acerca da reforma da filosofia] (II, 244 et seq.); *Grundsätze der Philosophie der Zukunft* [Princípios da filosofia do futuro] (II, 269 et seq.); *Der Spiritualismus der sog. Identitätsphilosophie oder Kritik der Hegelschen Psychologie* [O espiritualismo da assim chamada filosofia da identidade ou crítica da psicologia hegeliana] (X, 136 et seq.); *Kritik des Idealismus* [Crítica do idealismo] (X, 164 et seq.); *Br.*, I, 387 et seq.

imediata da filosofia. Há, sem dúvida, uma ruptura inevitável, que reside na natureza da ciência, mas que é mediada pela filosofia, ao se engendrar a partir da não filosofia. "O filósofo precisa acolher no *texto* da filosofia aquilo que no homem *não* filosofa, que antes está contra a filosofia, que se *opõe* ao pensamento abstrato, isso, portanto, que em Hegel foi rebaixado a uma *anotação*."[76] O começo crítico para a questão de Feuerbach acerca do "tu sensivelmente dado" era, portanto, o ponto de partida tradicional da filosofia do espírito oferecida pelo *cogito ergo sum*.

O motivo histórico para a redução idealista da sensibilidade natural à "mera" naturalidade reside na origem da filosofia moderna derivada da teologia cristã, cujo princípio já era designado pelo puro "si-mesmo" na carta de Feuerbach a Hegel. Em conformidade com isso, dirige-se o ataque de Feuerbach, nos *Princípios fundamentais* contra Hegel, considerado como teólogo filosófico.

> A filosofia moderna surgiu da teologia – ela mesma não é outra coisa do que a teologia dissolvida e transformada em filosofia.
> A contradição da filosofia moderna [...], que ela constitui a negação da teologia do ponto de vista da teologia, ou antes a negação da teologia, que novamente é ela mesma teologia: essa contradição caracteriza, em particular, a filosofia hegeliana.
> Quem não renuncia à filosofia de Hegel não renuncia à teologia. A doutrina de Hegel, de que a [...] realidade é posta pela ideia – é somente a expressão racional da doutrina teológica, de que a natureza [...] é criada por Deus.

E, por outro lado, "a filosofia hegeliana é o último refúgio e o último apoio racional da teologia". "Assim como outrora os teólogos católicos foram *de facto* aristotélicos, para poderem combater o protestantismo, os teólogos protestantes precisam tornar-se agora *de iure* hegelianos para poderem combater o ateísmo."

> Dessa maneira, temos no princípio supremo da filosofia hegeliana o princípio e o resultado de sua filosofia da religião, que a filosofia não anule os dogmas da teologia, mas apenas os restaure a partir da negação do racionalismo [...] A filosofia hegeliana é a última grande tentativa de restaurar,

---

[76] Cf. Kierkegaard, VII, 30 et seq.

mediante a filosofia, o perdido e decaído cristianismo, e isso porque, como em geral ocorre na época moderna, a negação do cristianismo se identifica com o próprio cristianismo. A tão elogiada identidade especulativa do espírito e da matéria, do infinito e do finito, do divino e do humano não é nada além da funesta contradição da época moderna – a identidade de crença e incredulidade, teologia e filosofia, religião e ateísmo, cristianismo e paganismo, elevada ao cume mais alto, ao cume da metafísica. Essa contradição se obscurece em Hegel porque [...] a negação, o ateísmo, converteram-se numa determinação objetiva de Deus – Deus determinado como um processo e como um momento desse processo do ateísmo.[77]

O infinito da religião e da filosofia é e jamais foi outra coisa além de algo *finito* e por isso *determinado*, contudo mistificado, quer dizer, um finito com o postulado de não ser finito, isto é, de ser *in*-finito. A filosofia especulativa se fez culpada do mesmo erro da teologia, de ter convertido em determinações do infinito as determinações da efetividade finita apenas mediante a negação do determinismo nas quais elas são o que elas são. A filosofia que, tal como a hegeliana, deriva o finito do infinito, o determinado do indeterminado, não leva jamais a uma verdadeira *posição* do finito e determinado.

O finito é derivado do infinito – quer dizer, o infinito, que é o indeterminado, se determina e assim se nega; se reconhece que o infinito sem determinação quer dizer que sem finitude nada é: quando a realidade do infinito é posta, também o finito é posto. Mas a desordem negativa do absoluto permanece servindo de fundamento; a finitude posta é, por conseguinte, sempre superada. O finito é a negação do infinito, e novamente o infinito é a negação do finito. A filosofia do absoluto é uma contradição.

O começo da verdadeira positividade da filosofia não pode ser Deus ou o absoluto, e tampouco o "ser" sem que algo seja, mas apenas o finito, determinado e efetivo. Uma efetividade finita é, sobretudo, o homem mortal, para o qual a morte é algo afirmativo.

"A nova [...] filosofia é a negação de toda filosofia de escola, embora em si já contenha a verdade da mesma [...], ela não tem [...] nenhuma linguagem

---

[77] II, 262; *Grundsatz* [Princípio], 21; cf. *Br.*, I, 407.

especial [...], nenhum princípio especial; ela é o homem pensante mesmo – *o homem*, que *é* e *se sabe* [...]." Se esse nome da nova filosofia se retraduz naquele da "autoconsciência", então se interpretaria a nova filosofia no sentido da antiga, ela transportar-se-ia novamente ao ponto de vista da antiga. A autoconsciência da antiga filosofia é uma abstração sem realidade, pois somente o homem "é" a autoconsciência.[78] Filosofar "antropologicamente" ou de acordo com o homem significa, para Feuerbach, em primeiro lugar: tomar em consideração a sensibilidade que se afirma no próprio *pensar*, cujo modo de conhecimento é a intuição sensivelmente-determinada e o pensamento pleno de significado; em segundo lugar: tomar em consideração o *próximo*, que se afirma também no *próprio* pensar, que, no que concerne ao modo de conhecer, é interlocutor do pensamento dialógico. Na consideração de ambos os momentos, o pensar que se move independentemente e que é meramente lógico e dedutivo manifesta-se com objetividade colocado em seu justo lugar.

O primeiro momento, que diz respeito à *sensibilidade*, não é somente a essência dos sentidos humanos, mas antes a essência da natureza e da existência corporal em geral. De acordo com uma observação de Fischer,[79] os sentidos são para Feuerbach o terceiro estado até agora desprezado, que ele eleva a uma significação total, e Hegel, em contrapartida, elogia o pensar por não ter necessidade do ver e do ouvir. Somente a partir da sensibilidade procede o verdadeiro conceito da "existência", pois a existência efetiva de algo demonstra-se pelo que se impõe aos sentidos, não pode ser pensada, imaginada e simplesmente representada.[80] Esse "sensualismo" de Feuerbach torna-se mais nitidamente palpável em sua crítica da dialética hegeliana de alma e corpo.[81] A psicologia de Hegel quer provar a identidade de corpo e de alma. Feuerbach, ao contrário, sustenta que essa também, tal como toda "identidade" hegeliana, é, na verdade, apenas uma "absoluta unilateralidade". Com efeito, Hegel qualifica como completamente vazia a noção daqueles que consideram que o homem não deveria ter um corpo, porque este o obrigaria a se preocupar com a satisfação de suas necessida-

---

78 II, 264 et seq.; *Grundsatz*, 54.
79 *Die Akademie*, p.158.
80 *Grundsatz*, 24 et seq.; cf. *Br.*, I, 95 et seq.
81 X, 136 et seq. Para a crítica ao sensualismo de Feuerbach ver Schaller, *Darstellung und Kritik der Philosophie Feuerbachs* [Exposição e crítica da filosofia de Feuerbach], p.28 et seq.

des físicas e, desse modo, a se afastar de sua vida espiritual, tornando-se incapaz da verdadeira liberdade.

A filosofia tem de reconhecer que o espírito apenas é *para si mesmo*, ao se opor ao *material*, em parte como sua *própria* corporeidade, em parte como um mundo exterior em geral, e essas coisas tão diferentes retornam à unidade mediatizada consigo pela oposição e pela superação das mesmas. Entre o espírito e seu *próprio* corpo existe naturalmente uma vinculação ainda mais íntima do que aquela existente entre o resto do mundo exterior e o espírito. Mesmo devido a essa necessária conexão de meu corpo com minha alma, a atividade exercida pela última ante a primeira não é [...] simplesmente *negativa*. Por isso, primeiramente tenho de me afirmar nessa *harmonia* imediata de minha alma e meu corpo [...] não posso tratá-lo com desprezo e nem com hostilidade [...] Se eu me comporto de acordo com as leis de meu organismo corporal, então minha alma é livre dentro de seu corpo.

A esse respeito, Feuerbach observa ser "uma afirmação completamente verdadeira", mas Hegel a seguir acrescenta:

Contudo, a alma não pode permanecer nesta união *imediata* com seu corpo. A forma de *imediatismo* daquela harmonia contradiz o conceito de alma – seu destino em ser idealidade que se refere a si mesma. Para corresponder ao seu conceito, a alma precisa converter sua identidade com seu corpo em uma identidade *posta* ou mediada pelo espírito, ter a posse de seu corpo, constituí-lo em *dócil* e *habilidoso* instrumento de sua atividade, transformá-lo de tal modo que nele ela se relacione consigo mesma.

A palavra "imediato", continua Feuerbach, é utilizada inúmeras vezes por Hegel, contudo falta-lhe à sua filosofia exatamente o que essa palavra designa, o imediato, porque ele não surge do conceito lógico, ao converter de antemão o imediato em um momento do totalmente mediado, a saber, do conceito. Como poderia tratar-se em Hegel de uma unidade imediata com o corpo, visto que o corpo não tem nenhuma verdade, nenhuma realidade para a alma, visto que a alma somente é conceito mediatizado pela suspensão e nulidade da corporeidade, ou melhor, visto que é para Hegel o próprio conceito? "Onde existe pelo menos um vestígio de imediatismo?", pergunta Feuerbach e responde:

Em parte alguma; por quê? Porque, tal como no idealismo e no espiritualismo em geral, o corpo é para a alma, e também para o pensador, somente objeto enquanto objeto, mas não como se fosse *ao mesmo tempo fundamento da vontade e da consciência*, e por isso não se vê que nós, por *detrás* da consciência e somente como algo corporal que não é objetivo, percebemos o corporal diante de nossa consciência [...].

Entretanto, o espírito forma e determina o corpo, e de fato, a tal ponto que o homem dotado de vocação espiritual de acordo com ela regula seu modo de vida, dormir, comer, beber, e, de maneira mediata, determina seu estômago e circulação sanguínea conforme sua vontade e vocação.

Mas ao considerar *um* aspecto, não esqueçamos do *outro*, não esqueçamos que quando o espírito determina o corpo com consciência, *ele mesmo já está determinado de modo inconsciente pelo seu corpo*; que eu, por exemplo, como pensador, determino meu corpo conforme meu desígnio, porque a natureza construtiva em aliança com o tempo destrutivo me organizou como pensador, por isso eu sou em grau supremo um pensador *fatal*, que, em geral, o corpo é posto e determinado de algum modo e sob alguma forma, e assim e sob essa forma é posto e determinado o espírito [...].

O que é efeito torna-se causa e vice-versa. O reconhecimento hegeliano da corporeidade sensível-natural é, portanto, um reconhecimento sob a pressuposição de uma filosofia do espírito que se fundamenta a partir de si mesma. O conceito idealista de autoconsciência reconhece a *realidade* autônoma do *próximo*, em tão pouca medida quanto a realidade da corporeidade sensível-natural.[82]

Para Feuerbach, o expoente fundamental da corporeidade sensível-natural é aquele órgão que em nome da boa sociedade não deve ser mencionado, ainda que, conforme a essência possua significado histórico-universal e exerça um poder que domina o mundo: o sexo natural do homem. O verdadeiro eu não é "um isto assexuado" mas sim, *"a priori"*, uma existência feminina ou masculina e portanto, *eo ipso*, está determinado como um *ser humano* que existe em dependência de *outro*. Seria permitido à filosofia

---

[82] X, 164 et seq.; *Grundsatz*, 41, 59, 61 et seq.; ver do autor *Das Individuum in der Rolle des Mitmenschen* [O indivíduo e o papel do próximo], p.5 et seq.

abstrair da distinção de sexo apenas se esta estivesse limitada às *partes* sexuais. No entanto, o sexo perpassa *integralmente* o homem, até mesmo em seu sentir e pensar especificamente feminino ou masculino. Sabendo-me homem, reconheço a existência de um ser diferente de mim como de um ser que a mim pertence e que determina minha própria existência. Portanto, antes mesmo que eu me compreenda já sou, *por natureza*, fundado na existência *de outro*. E, ao pensar, faço-me consciente do que eu já sou: não um ser infundado, mas um ser fundado em outra existência. O verdadeiro princípio da vida e do pensar não é o eu, mas sim o *eu e o tu*.

A relação mais real entre o eu e o tu é o amor. "O amor do outro diz a ti o que és."

> A verdade nos fala a partir do outro, e não de nosso próprio eu voltado para si mesmo. Somente pela comunicação, pela conversação dos seres humanos entre si, nascem as ideias. Dois seres humanos são necessários para a geração de um outro ser humano, tanto espiritual quanto fisicamente. A unidade do homem com o homem é o primeiro e o último princípio da filosofia, da verdade e da universalidade. Com efeito, a essência do homem está contida somente na unidade do homem com o homem, uma unidade que se apoia na realidade da diferença entre o eu e o tu. Também no pensar, e enquanto filósofo, eu sou homem com outros homens.

Com essa apropriação do amor que vincula os homens entre si, o crítico de Hegel, Feuerbach, aproxima-se de modo singular do jovem Hegel, cujo conceito de espírito teve como seu ponto de partida a suspensão das diferenças dentro da "relação vivente" do amor. Enquanto posteriormente Hegel, com toda a força de seu pensamento, tratou de decompor, filosófico--concretamente, seu conceito de espírito em suas diferentes determinações (como consciência "sensível", "perceptível" e "de entendimento"; como autoconsciência "desejante" e "reflexiva", como "servil" e "senhorial", como "espiritual" e "racional"), permanece o "amor" de Feuerbach uma frase sentimental sem qualquer determinação, embora ele constitua o duplo princípio unitário de sua filosofia, o princípio da "sensibilidade" e do "tu".

Uma consequência da transformação essencial de Feuerbach é a atitude modificada da filosofia em relação à *política* e à *religião*. A própria filosofia deve tornar-se religião e, ao mesmo tempo, política, uma espécie de visão de mundo política, que substitui a religião até agora existente. "Pois precisamos tornar-nos novamente *religiosos* – a política tem de tornar-se nossa religião – mas ela somente pode fazê-lo quando nós temos algo supremo em nossa concepção, que converte para nós a política em religião."[83] Para o homem, o supremo é o homem. A tese de que a filosofia toma o lugar da religião conduz necessariamente a uma outra, que a política torna-se religião, pois se o homem com suas carências terrenas entra no lugar do cristão, a sociedade do trabalho precisa entrar no lugar da sociedade da oração. Com a mesma coerência com que Kierkegaard explica a politização da época, a partir do desaparecimento da fé cristã,[84] Feuerbach deduz a necessidade da politização, a partir da crença no homem como tal. "A religião, no seu sentido usual, está tão longe de ser o vínculo do Estado que, ao contrário, está mais para a dissolução do mesmo." Se Deus é o senhor, então o homem nele confia, mas não nos homens, e se, inversamente, os homens formam um Estado, então com isso eles negam *in praxi* a fé em Deus. "Não a fé em Deus, mas sim a desesperança nele, que fundou os estados" e subjetivamente a origem dos estados explica "a fé no homem como o Deus do homem".[85] Abstraindo-se da religião cristã, o estado profano se torna necessário para o "conjunto de todas as realidades", o "ser universal" e a "providência do homem". O Estado é "o homem em grande magnitude", o estado que se relaciona a si mesmo é o "homem absoluto"; ele torna-se simultaneamente a realidade e a refutação prática da fé. "O ateísmo prático é, portanto, o vínculo dos Estados" e "os homens se lançam atualmente à política, porque eles reconhecem o cristianismo como uma religião que priva o homem da energia política".[86] Feuerbach não abandonou essa convicção, mesmo quando, após o fracasso de 1848, chegou a pensar que na Alemanha faltavam ainda o lugar e o tempo propícios para a realização da concepção política de mundo. A Reforma destruiu o catolicismo religioso, mas o seu lugar foi tomado pelo catolicismo político, e o que a Reforma pretendeu no domínio da religião agora se tem de aspirar politicamente: a superação da "hierarquia política" na forma de uma república democrática. Muito mais do que a forma republicana, o interesse próprio de Feuerbach era a concen-

---

83 *Br.*, I, 409.
84 *Angriff auf die Christenheit* [Ataque à cristandade], p.457.
85 *Br.*, I, 410; cf. Engels: "A essência do Estado assim como da religião é o medo que a humanidade tem de si mesma".
86 *Br.*, I, 411.

tração e a ampliação do poder do Estado como tal – e com maior razão o mesmo ocorre em Ruge, Marx, Bauer, Lassalle – a circunstância mostra que mais tarde eles não sentiram Bismarck como um inimigo, mas antes como um impulsionador a caminho de suas tendências revolucionárias de então.[87] Numa carta de 1859, Feuerbach escreve:

> No que diz respeito à política alemã, é conhecido o que se diz aqui: *quot capita tot sensus*. E, contudo, a Alemanha jamais chegará a pôr-se de acordo, não chegará a ter uma cabeça – e, por certo, jamais estará sob uma cabeça, até que alguém tenha o coração, que o leve, com a espada na mão, a afirmar: eu sou a cabeça da Alemanha! Mas onde está essa união de coração e cabeça? A Prússia tem a cabeça, mas não o coração; a Áustria tem o coração, mas não a cabeça.[88]

Medido de acordo com a história do "espírito" de Hegel, o sensualismo grosseiro de Feuerbach aparece, frente à ideia hegeliana conceitualmente organizada, como um retrocesso, uma barbarização do pensamento que substitui o conteúdo pelo estilo empolado e pelo sentimento. A última dúvida de Hegel, a saber, se o ruído de seus contemporâneos e a "loquacidade anestesiante" de uma vaidade obtusa abriria ainda espaço para um conhecimento desapaixonado, está dominada pela eloquência verbosa de seus discípulos que confundiram a filosofia com os interesses da época. À amizade de Hegel com Goethe, seguiu-se o "idílio" entre "Ludwig" (Feuerbach) e "Konrad" (Deubler),[89] cuja leal veneração pelo "grande homem" adequava-se por completo ao ânimo, no fundo tão cândido, de Feuerbach. E, contudo, seria um grande erro pensar que poderíamos passar por cima do "materialismo" do século XIX, apoiados numa filosofia do espírito defunta. A sensualização e finitização feuerbachianas da teologia filosófica de Hegel tornaram-se, pura e simplesmente, o ponto de vista da época, em que agora todos nós – consciente ou inconscientemente – estamos.

---

87 Ver Ruge, *Br.* I, p.XXVIII; *Br.* II, 32, 41, 55, 271, 285, 290, 350, 404, 410; Engels, *Feuerbach*, p.1 e carta a Marx de 15 de agosto de 1870 (*W.*, III/3, p.349 e 351); cf. Lagarde, *Deutsche Schriften* [Escritos alemães], p.82; Wentzke, *1848, Die unvollendete deutsche Revolution* [1848, A revolução alemã inacabada].

88 *Br.*, II, 59.

89 *Br.*, 215 et seq.

b) A. Ruge (1802-1880)

Mais decisivamente do que Feuerbach, Ruge baseia a filosofia da nova época no fato de que ela *"investe tudo na história"* – "entenda-se", acrescenta ele como bom hegeliano, "a história filosófica".[90] Porém a história não é filosófica somente como história da filosofia, mas também e, sobretudo, como acontecer temporal e simples consciência da história. A "verdadeira efetividade" não "seria outra coisa além" da "consciência da época", a qual é "resultado autenticamente positivo, sendo o último resultado da história".[91] A "ideia histórica de uma época" ou do "verdadeiro espírito do tempo" é o "senhor absoluto" e na história mantém vigência somente "o que" constitui "a potência da época". Pois o caráter absoluto do espírito é real somente no processo histórico, que é feito livremente pelo "ser político", a saber, o homem.[92]

As esferas do absoluto, no sistema de Hegel, são meras absolutizações da história nela mesma absoluta.

> *Somente na história* alcançamos o absoluto, nela o alcançamos em todos os pontos antes e depois de Cristo; por toda a parte o homem está em Deus, mas a última forma histórica é, de acordo com a forma, a suprema, e o futuro é o limite histórico. A forma da religião não está consumada em Cristo, nem a da poesia em Goethe, nem a da filosofia em Hegel; em tão pouca medida elas constituem o ponto culminante do espírito que antes possuem sua grande honra no fato de serem o começo de um novo desenvolvimento.[93]

Porque tudo acontece na história, a respectiva "novíssima" filosofia é o "realmente positivo", que traz em si, de antemão, o futuro como sua própria e viva negação. "O espírito histórico" ou a "autoconsciência da época" se justifica no curso da história, que também há de ser o ponto-final do sistema de Hegel.[94]

---

90 *Br.*, I, 216; *Br.*, II, 165.
91 *Br.*, I, 186.
92 *Br.*, I, 300.
93 *Hallische Jarbücher für deutsche Wissenschaft und Kunst*, ano 1840, p.1217.
94 Ibid., p.1243.

Um título como este, "Nosso sistema ou a sabedoria e o movimento do mundo em nosso tempo",[95] não se refere ao tempo apenas de modo indireto, mas antes esse "sistema" *é* tão imediatamente uma filosofia do tempo, assim como a *sabedoria* do mundo é idêntica ao *movimento* deste último. O "espírito de nosso tempo" é também a primeira palavra com que Ruge se dirige aos alemães no quarto volume de seus estudos *"Do tempo passado"*, e no qual ele, em conexão com a história da filosofia de Hegel, expõe, de maneira exemplarmente popular, o desenvolvimento que vai de Platão até Hegel, e finalmente o "desenvolvimento crítico da filosofia e do espírito da época", ou seja, de 1838 a 1843. Também aqui o pensamento filosófico vale para ele como parceiro da época, pois o espírito universal do tempo forma com a filosofia de cada época um único e mesmo movimento do espírito. E de fato, nenhuma época esteve tão perpassada de filosofia, incluídos aqui o jornalismo, as belas-letras e a política, quanto esta que está determinada pelos jovens hegelianos. É um *a priori* desta filosofia adequada à época, que o espírito do tempo – Ruge o equipara ocasionalmente à "opinião pública" – mantenha, sempre e necessariamente, o "mesmo passo" que o espírito filosófico da época. "Essa unidade consciente do espírito-do-mundo e do espírito filosófico" é característica de nossa época.[96] Que o espírito da época fosse progressivo, segundo sua essência, era tão certo para Ruge quanto o fato de que o curso do tempo não poderia inverter-se. Assim como nenhuma reação poderia enganar o espírito da época acerca de seu poder e coerência. Em relação aos *Anais* editados por ele, notava: "A última vitória é a vitória no espírito; quando, portanto, o assunto diz respeito à posição dos *Anais* em relação à história e à sua direção futura, então o esclarecimento a este respeito resulta do espírito público, ou mais exatamente, do espírito presente, impedido de ser verdadeiramente público. É, com efeito, um segredo geral o espírito ostensivo dos jornais pagos e vigilantes, não ser o espírito real, nem o espírito desinteressado das antigas academias de doutos, nem o espírito capaz de vida."[97] O verdadeiro espírito do tempo atual constitui, portanto, sob determinadas circunstâncias, um segredo público, mas ele é em todo caso aquilo que a história, sob todas as circunstâncias, leva à vitória. É fácil reconhecer a "razão da época", qualquer um a conhece, caso queira.

---

95 *Unser System* [Nosso sistema].
96 Br., II, 51 e 68; *Aus früherer Zeit*, IV, p.126.
97 *Hallische Jahrbücher*, prólogo, p.2.

Para todos os jovens hegelianos, porém, o conhecedor propriamente dito da unidade da filosofia com o tempo não era outro que *Hegel*. Para a justificação de sua radical historicização do espírito, reportam-se ao prefácio da *Filosofia do direito*, onde se diz:

> No que diz respeito ao indivíduo, cada um é, de todo modo, *filho de seu tempo*; também a filosofia é o *seu tempo apreendido em pensamentos*. É do mesmo modo insensato imaginar que uma filosofia qualquer ultrapasse seu mundo presente, tanto como imaginar que um indivíduo esteja à frente de seu tempo.[98]

Hegel, partindo da circunstância de que nenhuma teoria ultrapassa sua época, chegou a uma consequência reacionária em oposição ao suposto "dever-ser" e recusou construir um mundo baseado no "brando elemento" do opinar, que não o é, mas que deveria ser. Enquanto isso, seus discípulos, apoiados na mesma identidade de espírito e tempo, mas com olhar voltado para o futuro, reforçaram inversamente o *dever*-ser e quiseram colocar a filosofia a serviço da revolução, de acordo com a característica de uma época progressiva. Apesar dessa oposição à orientação da época para o futuro ou para o passado, em ambos os casos vigora a tese da unanimidade necessária da consciência filosófica com o ser histórico.[99] Assim como para Hegel a história do espírito constituía o âmago da história universal, os jovens hegelianos fizeram do acontecer "verdadeiro" do tempo o critério do movimento do espírito e mediram a razão da história de modo histórico-temporal.

Em virtude da associação essencial entre o tempo e o espírito, também refletiu-se sobre o tempo em que nasceu o sistema de Hegel. Para Ruge, o resultado é duplo: a filosofia hegeliana é *"contemporânea" da Revolução Francesa*, que elevou o homem livre a um fim visado pelo Estado. O mesmo faz Hegel, ao mostrar que o absoluto é o espírito pensante e sua efetividade o homem que pensa. Como cultura política universal, o espírito da liberdade vive no Esclarecimento (*Aufklärung*) e na Revolução, como metafísica, na filosofia alemã.[100] Em Hegel, os direitos do homem alcançaram sua auto-

---

98 Cf. X/2, 2. ed., p.229; XIV, 275 (nova ed., 1938, p.39, 72, 125, 148).
99 Cf. Hegel, XV, 535 e 685: K. Korsch, *Marxismus und Philosophie* [Marxismo e filosofia], 2. ed., p.60 et seq.
100 *Aus früherer Zeit*, IV, 12 e 16.

consciência filosófica, e o desenvolvimento ulterior não pode ser outra coisa além de sua realização. A mesma filosofia que conquistou para o espírito humano a dignidade suprema da liberdade absoluta é também *contemporânea da "reação do antigo espírito do tempo"* contra a liberdade do pensamento e da vontade política. Hegel era, portanto, associado não apenas ao progressivo, como também ao regressivo, espírito de sua época, e na medida em que era o último, tornou-se infiel ao seu próprio princípio, logo, ao progresso na consciência da liberdade. A tarefa do espírito progressivo da época é, pois, esta: por meio do método dialético libertar a si mesmo e para si mesmo a filosofia de Hegel. De acordo com a afirmação hegeliana de que "o presente é o supremo",[101] é o mais alto direito da época posterior a ele defender seu sistema por meio de crítica contra o próprio Hegel, de modo a fazer valer o princípio da evolução e da liberdade. Mediante negação, a história desenvolve a verdade encerrada no sistema de Hegel, ao afastar a ainda subsistente contradição entre o "conceito" e a "existência" por meio da crítica teórica e da revolução prática. A revolução alemã de 1848 é o lado prático dessa correção teórica.[102]

O órgão literário destinado à preparação teórica da revolução eram os *Anais de Halle para a ciência e a arte alemãs* (1838-1843),[103] que, na sua mudança forçada da Prússia para a Saxônia, teve seu nome alterado para *Anais alemães*. Contavam como membros, entre outros, Strauß, Feuerbach, Bauer, F. Th. Vischer, E. Zeller, Droysen, Lachmann, J. e W. Grimm. Não foi exagerado quando Ruge, no prefácio ao quarto ano, afirmou que nenhuma revista erudita alemã havia experimentado, em igual medida, a satisfação de que suas discussões se convertessem em acontecimentos que sobrepassassem em muito o círculo dos teóricos e que tivessem interesse para a vida imediata. A filosofia alemã, em relação a esta revista, não teve até o presente nada que se igualasse em penetração, contundência e eficácia político-espiritual.

De acordo com o conteúdo, a crítica efetuada nos *Anais* diz respeito, sobretudo, à religião e à política. Rosenkranz censura nos escritos de Ruge o tom brusco e "republicano-ateísta". Os ateístas alemães parecem-lhe de-

---

101 XV, 686.
102 *Aus früherer Zeit*, IV, 599.
103 Ver a respeito Ruge, *Aus früherer Zeit*, IV, 443 et seq.; Rosenkranz, *Hegel als deutscher Nationalphilosoph*, p.315; *Aus einem Tagebuch* [De um diário], p.109 et seq.; Erdmann, *Grundriß [...]*, II, §340; *Reichls philosophischer Almanach* [Almanaque filosófico de Reichl], p.370 et seq.

sajeitados e pueris perante os holbachianos de boas maneiras e vasta cultura.[104] Comparado, contudo, ao exame radical de Bauer a respeito da crítica da religião de Strauß e Feuerbach, Ruge é ainda muito moderado, e os últimos estudos de Rosenkranz mostram que nesse tema ele não estava tão distante do ponto de vista de Ruge: também nele o desdobramento do espírito havia se transformado, tacitamente, no progresso da humanidade.

Mais decisiva do que a superação de Ruge da religião cristã no "mundo humanizado do homem libertado" é a sua crítica ao Estado e à política. Em um artigo dos *Anais* sobre "Política e filosofia", ele distingue os velhos dos jovens hegelianos, pois os primeiros acomodaram a filosofia de Hegel ao existente, enquanto os últimos transladaram a filosofia da religião e a filosofia do direito numa "práxis negadora e afirmativa". Os jovens hegelianos são por isso obrigados a protestar, por um lado, contra a "modéstia" de Hegel, que, ao invés de inserir a realidade política no processo alemão atual, a transfere para um estado de coisas próprio da velha Inglaterra e que em seu tempo já estava ultrapassado;[105] por outro lado, a protestar contra a "arrogância" da filosofia absoluta, que, na rememoração do que havia sido, pretende ser "o dia atual mais recente", enquanto a filosofia, mediante sua crítica, começa somente agora o futuro. Ao invés de construir um Estado absoluto por meio das categorias da lógica, deve criticar historicamente sua existência atual, levando em consideração o futuro próximo. Pois somente o espírito do tempo que está se formando é também a efetividade conceitual verdadeiramente concebida, tal como o próprio Hegel ensina em "centenas de passagens", não obstante ele tivesse evitado tudo que pudesse ser ofensivo à Igreja e ao Estado.

A crítica fundamental de Ruge à filosofia do Estado de Hegel já está contida nas declarações do primeiro a respeito da segunda edição da *Filosofia do direito*.[106] Ele vê como grande mérito da obra que Hegel tenha feito da vontade que se determina a si mesma a base de sua doutrina do Estado, de modo que o Estado seja a vontade substancial, que se sabe e consuma seu saber, enquanto ele, ao mesmo tempo, tem sua existência mediada no querer e saber livre dos indivíduos.[107] O grande defeito na realização desse

---

104 *Aus einem Tagebuch*, p.109 e Ruge, *Br.*, I, 271.
105 Considera-se aqui a crítica de Hegel ao projeto de reforma inglês.
106 *Hallische Jahrbücher*, p.1209 et seq.
107 *Rechtsphilosophie*, §257 e §265, Ad.

princípio reside em *"que Hegel não introduziu expressamente a história e a influência de seu inteiro conteúdo na* Filosofia do direito, *pelo contrário, a põe no final"* – diferentemente da *Estética*, cujo desenvolvimento sistemático é completamente histórico.

O *prius* da história *desenvolvida* é certamente o Estado existente, pois toda a história é a história dos Estados, mas o Estado já é em si mesmo um movimento histórico rumo à liberdade, que somente é como ação de libertação, e jamais como absoluto. Hegel mostra apenas o conceito fixo do Estado, mas não a sua ideia em movimento, cuja força está na história. Ao sistema absoluto da liberdade, tem de segui-lo agora o histórico, que seria a exposição da liberdade efetiva e da que tem de realizar-se. "No lugar do sistema do desenvolvimento abstrato e teoricamente absoluto, entra o sistema do desenvolvimento concreto, que apreende por toda a parte o espírito em sua história e, no término de cada história, lhe confere a exigência do futuro." Há que se despertar novamente a contemplação especulativa de Hegel por meio da energia[108] de Fichte, pois sua polêmica contra o "dever-ser" conduz a "existências carentes de conceito" e, com isso, ao reconhecimento do meramente subsistente que não corresponde ao seu conceito verdadeiro. Uma tal existência, que contradiz o espírito histórico da época, ocorre, por exemplo, na doutrina de Hegel, no poder do príncipe e do governo, na representação nacional e no sistema bicameral. Hegel não acredita na maioria e odeia todas as formas de eleição. Não acreditar na maioria significa, para Ruge, não acreditar no espírito (a saber, no tempo)! É estúpida a objeção, a massa é ignorante e "respeitável somente quando golpeia".[109]

> Em nome de quem ela golpeia e como ela triunfa somente em nome do espírito histórico-mundial? Como acontece que os golpes das massas, nem em 1789 e nem ainda em 1813, tenham-se mostrados desprovidos de espírito e que a maioria não fosse de nenhum modo injusta? É uma total incompreensão do espírito e de seu processo ater-se à afirmação: *philoso-*

---

108 Ver nota 30, p.13; cf. para o retorno de Ruge a Fichte: Kühne, *Cieszkowski*, p.41; sobre o relacionamento de Kierkegaard e Fichte nos informam os *Kierkegaardstudien*, II, 471 et seq.; sobre o relacionamento de Feuerbach e Fichte: Haym, p.23 et seq.

109 Cf. Hegel, *Rechtsphilosophie*, §316 até §318. Um artigo de Rosenkranz, *Studien*, 2ª parte, p.222 et seq., contém a passagem de Hegel a Ruge com respeito a uma apreciação da opinião pública. O sujeito da opinião pública é o "espírito do povo" ou o "povo livre".

phia paucis contenta est judicibus, ao contrário, a verdade submete o mundo à massa [...] Os sábios com sua sabedoria jamais abandonarão a maioridade por muito tempo, e se os anunciadores de um novo espírito estão inicialmente em minoria e talvez [...] sucumbam, os aplausos, e mesmo a exaltação de seus méritos serão tanto mais assegurados na posteridade [...] A verdade da maioria não é absoluta, mas ela é, na sua totalidade, a determinação do espírito da época, a verdade política ou a verdade histórica; e se somente *um* indivíduo em uma assembleia nacional souber expressar a palavra do espírito da época (e jamais faltará algum), então, seguramente, somente o egoísmo e o capricho malévolo permanecerão sempre em minoria. A maioria partilha com o espírito histórico e sua determinação em geral o erro relativo, e ela por certo não poderá, por sua vez, defender-se de ser negada pelo futuro.[110]

A certeza da verdade das massas é, justamente, a "virtude" e a "experiência de nosso século", da qual Hegel desviou, embora ela seja apenas uma consequência de seu modo de pensar, que põe o espírito no processo do mundo. A partir de seu ponto de vista ainda pouco histórico, Hegel renega essa verdade, quer dizer, contrariamente ao seu princípio, duvidou do poder do espírito; de outro modo não teria se esforçado tanto em excluir a massa de eleitores do sistema jurídico. Ao invés disso, aceitou o caráter fixo dos estamentos e a determinação absurda do direito do primogênito (*majorat*). Em realidade, não podem os interesses materiais da massa contradizerem o desenvolvimento do espírito, porque se a história é "tudo" e um efeito do espírito efetivo, cada progresso material será, ao mesmo tempo, espiritual.

A crítica de Ruge à *Filosofia do direito* hegeliana[111] baseia-se, tal como para Marx, no princípio da distinção entre a *"essência"* metafísica e a *"existência"* histórica. A essência universal do Estado é idêntica à do espírito em geral e, portanto, determinável pelas categorias universais da lógica (universalidade, particularidade, singularidade) e pela filosofia do espírito (vontade e liberdade); o Estado efetivo, ao qual, também conforme Hegel,

---

110 Sobre "espírito" e "massa" cf. Marx, III; 249 et seq. e Gutzkow, *Die geistige Bewegung* [O movimento espiritual]. O verdadeiro movimento do espírito do tempo, que serve igualmente aos exércitos e à massa de eleitores, é agora a disciplina do espírito das massas. A "arte da subordinação" parece agora tornar-se histórico-mundial.
111 *Hallische Jahrbücher*, p.755 et seq. (reimpresso em *Aus früherer Zeit*, IV, 549 et seq.).

se relaciona a sua tese da efetividade da liberdade, é, porém, uma existência histórica, que por isso só pode ser compreendida historicamente e criticada em consideração à sua essencialidade.

> Na lógica ou na investigação do processo eterno [...] *não há existências*. A existência aqui, a que pensa e seu espírito, é a base indiferente, porque isso o que esse singular faz não é nada mais do que [...] o fazer universal (do pensamento) próprio [...] Trata-se aqui da essência universal como tal, não de sua existência. Na ciência da natureza *não tem interesse a existência* da coisa natural. Embora [...] os processos existentes sejam o objeto da investigação, são eles, contudo, apenas o exemplo indiferente que sempre se repete da lei eterna e do eterno comportamento da natureza no ciclo de sua autorreprodução. Somente com a entrada da história no domínio da ciência torna-se digna de *interesse a existência mesma*. O movimento da história não é mais o ciclo de formações que se repetem [...] mas antes revela, na autorreprodução do espírito, figuras sempre novas. *Como essa existência*, a constituição do espírito e do Estado em diferentes épocas tem um interesse científico. As condições da cultura não são mais exemplos indiferentes, mas sim estágios do processo, e o conhecimento dessas existências históricas concerne essencialmente à sua peculiaridade, trata-se *dessa* existência como tal.[112]

Do mesmo modo que a dogmática teológica de Strauß, a metafísica absoluta do Estado hegeliana precisa ser criticada historicamente. Essa crítica é, além disso, a única crítica *objetiva*, porque é medida de acordo com a marcha do acontecer efetivo. A mudança histórica da essência universal para a existência histórico-individual ainda falta na *Filosofia do direito*, de Hegel, que, por isso, tem o mesmo caráter impalpável da *Fenomenologia*.

> O Estado hegeliano [...] não é mais real do que o platônico e jamais o será, pois assim como Platão se refere ao Estado grego, Hegel tem presente o Estado atual, chamando-o inclusive pelo nome; contudo, não deixa que seu resultado surja do processo histórico, e não atua, por conseguinte, diretamente no desenvolvimento da vida e da consciência política. Neste ponto

---

112 *Aus früherer Zeit*, IV, 571 et seq.; cf. Feuerbach, *Grundsatz*, 28.

os franceses estavam à nossa frente: eles são por toda parte históricos. Entre eles o espírito é vivente e forma o mundo de acordo com ele.[113]

Para não deixar transparecer a crítica histórica, Hegel eleva existências históricas a essencialidades metafísicas, ao demonstrar, por exemplo, de modo especulativo, a realeza hereditária.[114] A verdadeira conexão do conceito com a efetividade não é, contudo, a apoteose da existência em conceito, mas sim a realização do conceito em existência efetiva. Também a liberdade jamais existe absolutamente, mas antes sempre de modo relativo a determinados relacionamentos externos de existência, dos quais, em cada caso, o homem se liberta. Hegel se atém ao aspecto do espírito teórico puro e da liberdade teórica pura, embora ele mesmo tenha exposto nos primeiros parágrafos da *Filosofia do direito* que a vontade é somente o outro lado do pensamento, que a teoria mesma já é prática e a diferença entre ambas reside somente no voltar-se do espírito para dentro ou para fora.[115] A filosofia alemã tem esse lado prático da teoria, de fato descoberto teoricamente, mas de uma perspectiva prática escondida. A ciência verdadeira não retorna à lógica, mas antes vai de encontro ao mundo efetivo da história, "a própria lógica se introduz na história" e tem de se deixar conceber como existência, porque ela pertence ao estado da cultura dessa filosofia determinada e porque, em geral, somente há uma verdade histórica. Também a verdade está continuamente em movimento e ela é a autodiferenciação e a crítica de si mesma.[116]

A unilateralidade teórica da *Filosofia do direito*, de Hegel, pode somente ser compreendida de um ponto de vista histórico-temporal e ser justificada historicamente. "A época de Hegel não era muito favorável à política, a ela faltava por completo o jornalismo e a vida pública."[117] O espírito retirou-se à teoria e recusou a práxis. Mas Hegel fora formado na cultura dos gregos e havia vivido, com clara consciência, a grande Revolução, para não reconhecer que o existente Estado dinástico da sociedade burguesa, com polícia e

---

113 *Aus früherer Zeit*, IV, 575; cf. Hegel, IX, 439 e XV, 552.; Marx I/1, 608 et seq.
114 Cf. em contrário Rosenkranz, *Hegel als deutscher Nationalphilosoph*, p.148ss, onde, inversamente, com referência à situação alemã daquele momento, demonstra justamente o caráter progressivo da filosofia hegeliana do direito.
115 *Rechtsphilosophie*, §4 até §7.
116 *Aus früherer Zeit*, IV, 581.
117 Ibid., 550 et seq.

burocracia, não correspondia de modo algum à ideia de uma coletividade, de uma *polis*. Por conseguinte, sua recusa das exigências do dever-ser dá origem a uma incoerência, cujas raízes encontram-se profundamente fincadas nas relações prussiano-alemãs. Os sistemas de Kant e de Hegel são sistemas da razão e da liberdade, em meio à falta de razão e falta de liberdade, mas são constituídos de um tal modo que a ambos se ocultou esse desequilíbrio.

Kant fez a Mendelssohn a conhecida declaração: "É verdade que eu, com a mais clara convicção, penso muitas coisas que eu nunca teria coragem de dizer, mas que eu nunca diria algo que eu não penso".[118] Essa distinção entre o dizer público e o pensamento privado baseia-se no fato de que Kant, "como pensador", era tão diferente de si mesmo "como súdito", assim como a vida pública de então o era da vida privada e da moral universal da consciência do indivíduo. Ao súdito não era permitido ser filósofo, por isso, sem perder a "aprovação de si mesmo", torna-se diplomático. Seu ponto de vista limitado é historicamente o ponto de vista da "estreiteza de pensamento protestante", que conhece a liberdade apenas como questão de consciência, porque ela separa a virtude privada da pública.[119]

O caso é ainda mais dúbio em Hegel, porque sua *Filosofia do direito* supera o ponto de vista kantiano da moralidade e da decisão da consciência moral na eticidade universal e política. Agora, como filósofo, Hegel não teve com o Estado prussiano nenhum conflito semelhante, mas, ao contrário, experimentou neste a confirmação de sua filosofia, e assim pôde se declarar, no que diz respeito ao pensamento, estar de acordo com o Estado. Sua concordância era, contudo, apenas uma aparência, que podia enganar somente durante o tempo em que o absolutismo do Estado prussiano era racional o suficiente para reconhecer a razão no sistema de Hegel, enquanto Hegel, por sua vez, somente tinha interesse em fundar seu sistema absoluto do saber e, como tal, fazê-lo vigente no Estado. Embora Hegel não fosse, originariamente, inimigo da práxis política e da crítica do Estado, mais tarde restringiu-se a desenvolver a teoria como tal e em seu discurso inaugural em Heidelberg sustentou a convicção de que a filosofia não poderia se intrometer na efetividade política, cujos altos e comuns interesses suplantaram, na época das guerras de libertação, o interesse do conheci-

---

118 Ibid., 559 et seq.; ver Dilthey, *Ges. Schr.*, IV, 285 et seq.
119 Cf. a crítica de Marx, V, 175 et seq.

mento.¹²⁰ Em contrapartida, Ruge levanta a indignada pergunta: "o que significa isto?" e responde:

> [...] nada menos do que o seguinte: nós continuamos, meus senhores, no mesmo lugar que estávamos antes da revolução e da guerra, ou seja, na formação da liberdade interior, da liberdade do espírito protestante ou da teoria abstrata, cujo fim é a filosofia. Hegel finalizou essa forma da liberdade e a levou ao seu cume, onde ela deveria tomar outra direção.¹²¹

Justamente o retorno ao conceito tinha que conduzir a uma contradição com a efetividade; pois se a pura visão da essência do Estado fora obtida, ela é, por isso, impulsionada a confrontar a realidade como crítica da efetividade. A liberdade teórica em seu ser-para-si privado tinha que experimentar, através da censura, que ela é negada praticamente, porque ela mesma não está publicamente na coletividade. O *"pathos* prático" do saber verdadeiro não se deixa, porém, dominar. O conflito, do qual Hegel fora poupado, permaneceu guardado aos seus discípulos, "e assim parece evidente que a época, ou a atitude da consciência em relação ao mundo, tenha essencialmente se transformado." "O desenvolvimento não é mais abstrato, *a época é política*, ainda que falte muito para que ela seja suficientemente política."¹²² O homem do século XIX, escreve Ruge a propósito de uma crítica do período "estético" da cultura alemã, não pode passar sem o *"pathos* ético e político".¹²³

Para o desenvolvimento de Ruge, é característica não somente sua passagem da crítica filosófica para a práxis política e da consciência moral de visão limitada para a consciência de partido supostamente não limitada,¹²⁴ mas antes sua retirada forçada para a história, que não faz história conscientemente, mas somente escreve história. Seu último trabalho no exílio foi, além da edição de seus escritos reunidos, uma tradução da *História da civilização na Inglaterra*, de Buckles. O trabalho introdutório de Ruge acerca

---

120 Ver os discursos inaugurais de Hegel em Heidelberg e Berlim.
121 *Deutsche Jahrbücher für Wissenschaft und Kunst*, V, ano 1843, p.6.
122 *Aus früherer Zeit*, IV, 570.
123 *Die Akademie*, p.125.
124 Ver o artigo sobre "Crítica e partido", *Deutsche Jahrbücher*, V, do ano de 1842, p.1177 et seq.

da crítica teórica e da revolução prática do existente foi, com extrema coerência, retomado e continuado por Marx.

c) K. Marx (1818-1883)

Quando Ruge, após a proibição de publicar os *Anais alemães*, foi para Paris e lá fundou os *Anais franco-alemães*, foi, sobretudo, Marx quem mais colaborou com essa revista. Nela apareceram, em 1844, o ensaio acerca da questão judaica e a *Introdução à crítica da filosofia do direito hegeliana*, assim como uma troca de correspondência entre Marx, Ruge, Bakunin e Feuerbach. Logo depois Marx rompeu com Ruge. Os juízos extremamente mordazes de Ruge sobre a pessoa de Marx,[125] e os não menos depreciativos de Marx sobre Ruge, em nada alteraram o fato de que lhes era inteiramente comum o princípio da crítica a Hegel. A diferença, contudo, consiste em que Marx excedia de longe, em rigor científico e energia, o talento jornalístico de Ruge, que ele, entre os jovens hegelianos, não somente era o mais radical, mas também era em geral aquele que, em penetração conceitual e erudição, mais poderia competir com o próprio Hegel. A frase retórica, que em Ruge pertence à substância de seus escritos, é em Marx somente um meio para certa finalidade e não enfraquece o caráter penetrante de suas análises críticas. O quanto ele foi formado por Hegel mostram menos seus primeiros escritos influenciados por Feuerbach, mas que se referem imediatamente a Hegel, do que, ao contrário, *O capital*, cujas análises, apesar de seu afastamento de Hegel, não são concebíveis sem a incorporação da maneira como este autor traz o fenômeno ao conceito.

Quando o velho Marx chega a fixar o acontecer próprio da história nas transformações ocorridas nas relações materiais de produção e ver nas lutas econômicas de classe o único motivo para o movimento de toda a história, acredita ele ter ajustado contas com sua "antiga consciência filosófica", porém, no fundo, continuou a subsistir, com a passagem para a crítica da economia, a discussão originária com Hegel. Sua primeira e, ao mesmo tempo, definitiva crítica a Hegel se põe como uma antítese à *consumação* hegeliana. A questão, que Marx movimenta na sua tese, é a que se refere à possibilidade de um recomeço após aquele fim.

---

[125] Ruge, *Br.*, I, 343, 367, 380; cf. Feuerbach, *Br.*, I, 358, 362.

Velhos hegelianos, jovens hegelianos, novos hegelianos

A tese de 1840-41 sobre Epicuro e Demócrito contém uma discussão indireta com a situação criada por Hegel. Epicuro e Demócrito são considerados em relação à filosofia dos gregos, consumada por Platão e Aristóteles, e de fato, em analogia com a resolução da filosofia hegeliana por *seus* epígonos materialistas e ateus. As afirmações introdutórias a respeito do relacionamento da filosofia grega clássica com as seitas filosóficas posteriores contêm simultaneamente uma alusão ao relacionamento do próprio Marx com Hegel.

A filosofia grega parece encontrar o que uma boa tragédia não deve, a saber, uma conclusão débil. Com Aristóteles, o Alexandre macedônio da filosofia grega, parece cessar a história objetiva da filosofia na Grécia [...] epicuristas, estoicos e céticos são considerados quase como um suplemento inoportuno, que não guardam relação alguma com suas potentes premissas.[126]

Mas é um erro pensar que a filosofia grega tenha simplesmente se esgotado, enquanto a história mostra que o assim chamado produto da decomposição da filosofia *grega* tornou-se o protótipo do espírito *romano*, cuja particularidade plena de caráter e intensidade é indiscutível. E se com isso a filosofia clássica chegou ao seu fim, não se parece a morte de um herói com "o estouro de um sapo inflado", mas sim com o pôr do sol que promete um novo dia.

Além disso, não é um fenômeno estranho que, após os filósofos platônicos e aristotélicos e seus sistemas que se estendem à totalidade, apareçam novos sistemas, que não se apoiam nestas ricas figuras do espírito, mas sim que, retrocedendo, voltam-se para as escolas mais simples – no que concerne à física, aos filósofos da natureza, no que diz respeito à ética, à escola socrática?

Necessita-se, portanto, talvez após o término da filosofia clássica alemã, de uma semelhante concentração e simplificação da filosofia tal como antes, quando ela passou de Atenas para Roma? Mas como ainda é possível, após Hegel, obter um ponto de vista espiritual, que nem o copie nem seja ar-

---
126 I/1, 13.

bitrário? Somente através de uma discussão profunda com a filosofia que em Hegel se tornou total mediante uma "suspensão" (*Aufhebung*), que ao mesmo tempo é sua "realização". A filosofia encontra-se sempre em uma tal "encruzilhada", quando seu princípio abstrato desdobrou-se em uma forma totalmente concreta, tal como em Aristóteles e em Hegel. Com isso se quebra a possibilidade de um progresso linear, pois ela percorre em si mesma um círculo completo. Duas totalidades opõem-se: uma filosofia que, em si mesma, se tornou total e – a ela oposta – um mundo efetivo e aparente de uma completa não filosofia. Pois a reconciliação hegeliana com a efetividade não era *nela*, mas antes somente *com* ela, no elemento do conceituar. A filosofia tem "de se voltar para fora" e praticar-se no mundo. Como filosofia do Estado, torna-se política filosófica. A filosofia, que em Hegel se torna mundo da inteligência, volta-se imediatamente para o mundo efetivamente existente e contra a filosofia. Esse comportamento ambíguo é a consequência da divisão do mundo inteiro de teoria e práxis em duas totalidades contrárias. E porque são duas totalidades que se defrontam, a desunião da nova filosofia que se tem de determinar novamente também é total. A universalidade objetiva da filosofia consumada se quebra, primeiramente, nas formas de consciência meramente subjetivas de uma filosofia privada nascida dela mesma. Essa tempestade, na qual tudo se torna vacilante, efetua-se, com necessidade histórica, nessas encruzilhadas de uma filosofia concentrada em si mesma. Quem não reconhece esta necessidade teria que negar, se for coerente, que o homem possa ainda viver de modo espiritual e de acordo com uma filosofia que se tornou total. Somente assim pode-se compreender por que, depois de Aristóteles, "puderam chegar à luz do dia" Zenão, Epicuro e Sexto Empírico, e após Hegel, "a maior parte dos sem fundamento e pobres ensaios dos novos filósofos".[127] Diferentemente dos outros novos hegelianos que queriam apenas em parte reformar Hegel, Marx obteve da história a visão de que tratava de se reformar a filosofia como tal. "Os ânimos medíocres" – e ele visa com isso filósofos como Ruge – "têm, em tais épocas, a visão inversa que possuem todos os generais. Eles acreditam poder reparar os danos mediante uma diminuição da força de combate, por uma dispersão e um acordo de paz com as necessidades reais, enquanto Temístocles" – isto é, o próprio Marx – "quando Atenas" – isto é, a própria filosofia – "foi ameaçada de devastação, induziu os atenienses a abandonar tudo e dirigir-se ao

---

127 I/1, 132.

mar, a um outro elemento" – quer dizer, ao elemento da práxis política e econômica, que tem de ser compreendido agora como "o que é" – "uma nova Atenas" – isto é, "fundar" um modo completamente novo de filosofia, que no sentido até agora vigente nem mesmo seria considerada filosofia. Também não se poderia esquecer que a época que se segue a tais catástrofes é uma época de ferro,

> [...] feliz, se caracterizada como uma luta de titãs, lamentável, quando se parece com os séculos de grandes épocas artísticas que ficaram para trás, pois essas se ocupam em [...] copiar em gesso e cobre o que surgiu do mármore Carrara. Épocas titânicas são essas que seguem uma filosofia em si mesma total e a suas formas de desenvolvimento subjetivas, pois a discórdia que constitui sua unidade é gigantesca. Assim Roma seguiu as filosofias estoica, cética e epicurista. São épocas infelizes e férreas, pois seus deuses estão mortos e a nova deusa ainda tem a figura obscura do destino, da pura luz ou das puras trevas. Ainda carece das cores do dia. Mas o núcleo da infelicidade reside no fato de que a alma da época [...] em si satisfeita [...] não pode reconhecer nenhuma efetividade que sem ela estivesse pronta. A felicidade dentro de tal infelicidade é, portanto, a forma subjetiva [...], na qual a filosofia como consciência subjetiva se relaciona à efetividade. Assim, por exemplo, a filosofia epicurista e a estoica constituíam a felicidade de seu tempo; assim a mariposa noturna, quando se pôs o sol universal, procurou a lamparina do particular.[128]

A afirmação segundo a qual a nova deusa tem a figura obscura de um destino incerto da pura luz ou das puras trevas remete à imagem hegeliana do filosofar no crepúsculo cinzento de um mundo que se tornou concluso. Isso significa para Marx: agora, após o desmoronamento da filosofia que em Hegel havia se concluído, que ainda não se pode com certeza ver se esse crepúsculo é um crepúsculo noturno, anterior à entrada de uma noite tenebrosa, ou um crepúsculo matutino, anterior ao nascimento de um novo dia.[129]

---

128 I/1, 132; cf. Hegel, XII, 224.
129 À mesma época que Marx, Immermann também empregou a imagem do crepúsculo para simbolizar a crise: "Ainda é o crepúsculo, e as figuras do conhecimento se confundem criticamente; iluminadas pela luz do dia, elas se distinguem e se delineiam com nitidez, cada uma em seu lugar". (*Memorabilien, Die Jugend vor 25 Jahren: Lehre und Literatur*) [Memoráveis: a juventude há 25 anos: doutrina e biblio-

O envelhecimento do mundo efetivo coincide para Hegel com um rejuvenescimento último da filosofia, e em Marx, que antecipa o futuro, coincide a filosofia concluída com o rejuvenescimento do mundo real e em oposição à velha filosofia. Por meio da realização da razão no mundo efetivo, a filosofia como tal se supera, adentra na práxis da não filosofia existente, quer dizer, a filosofia tornou-se marxismo, em uma teoria imediatamente prática.

O mundo ter se tornado filosófico em Hegel exige igualmente, em Marx, a filosofia tornar-se completamente mundo. O sistema de Hegel é agora compreendido como uma totalidade abstrata, que tem no seu reverso uma completa falta de razão. Seu acabamento e autossuficiência quebraram-se, a "luz interior" da filosofia de Hegel torna-se "chama devoradora" que ameaça o exterior, e a liberação do mundo em relação à não filosofia é, ao mesmo tempo, sua libertação da filosofia. Porque essa nova espécie de filosofia, em perspectiva teórica, não vai além do sistema de Hegel, mas permanece prisioneira dele, porque o próprio Marx ainda é hegeliano o novo filosofar somente se sabe, em primeiro lugar, em contradição com o sistema acabado, e não compreende ainda que sua dissolução da filosofia hegeliana constitui sua própria realização. *Pois o princípio de Hegel, a unidade da razão e da efetividade e a efetividade mesma como unidade de essência e existência, é também o princípio de Marx.* Ele está, por isso, obrigado a atacar em duas frentes: contra o mundo efetivo e contra a filosofia existente, justamente porque ele quer reunir a ambos em uma totalidade abrangente de teoria e práxis. Sua teoria pode tornar-se prática, porém apenas como *crítica* do existente, como diferenciação crítica entre efetividade e ideia, entre essência e existência. Como uma tal crítica, a teoria prepara o caminho para a transformação prática. Mas por outro lado, a maneira determinada que toma essa "reviravolta"

---

grafia]. Mas já em torno de 1815, na obra *Ahnung und Gegenwart* [Pressentimento e atualidade], de Eichendorff, a época é apresentada pela imagem de um crepúsculo incerto: "Parece a mim que nosso tempo se assemelhe a um vasto crepúsculo incerto. Luz e sombra, indistintas, combatem com violência entre si, em uma luta de admiráveis proporções, sombras obscuras, carregadas de destino, passam entre elas, sem saber se levam a morte ou a prosperidade, e o mundo jaz abaixo com esperança vasta, vaga e tranquila. Cometas e estranhos signos celestes se mostram novamente, fantasmas passeiam outra vez pelas nossas noites, fabulosas sirenes, como pressentindo tempestades próximas, se levantam sobre o espelho do mar e cantam. Nossa juventude não se alegra com nenhum jogo leve e despreocupado, nenhuma tranquilidade feliz, tal como acontecia com nossos pais, ela aprendeu a seriedade da vida desde muito cedo".

pode encadear-se retrospectivamente com o caráter histórico-universal da filosofia hegeliana. "Nós vemos aqui o *curriculum vitae* de uma filosofia trazido à sua mais simples expressão, ao seu ponto subjetivo, assim como se pode deduzir a história de vida de um herói a partir de sua morte."

Porque Marx compreendeu a nova situação de maneira tão radical que, a partir da crítica da *Filosofia do direito* hegeliana, converteu-se em autor de *O capital*, podia também compreender a *acomodação* de Hegel à efetividade política melhor do que Ruge.

> Que um filósofo cometa esta ou aquela inconsequência, a partir desta ou daquela acomodação, é imaginável; ele mesmo pode ter consciência disso. Contudo, o que ele não tem consciência é do fato de a possibilidade desta aparente acomodação ter sua raiz mais íntima em uma insuficiência ou uma versão insuficiente de seu próprio princípio. Tivesse, portanto, um filósofo efetivamente se acomodado, então seus discípulos teriam de esclarecer, *a partir de sua consciência íntima e essencial,* aquilo que tivesse *para ele mesmo a forma de uma* consciência *exotérica*.[130]

Porque a filosofia de Hegel não abarca, simultaneamente, o mundo da teoria *e* da práxis, da essência e da existência, tem ela necessariamente de se equiparar ao subsistente e acomodar-se a ele, pois o conteúdo concreto inteiro daquilo que será concebido já lhe é sempre dado de antemão, por meio disso que – no sentido do subsistente – "é".

A dialética de teoria e práxis fundamenta não apenas a crítica marxista da filosofia idealista do espírito, mas também a crítica da filosofia materialista de Feuerbach. Nas onze *Teses sobre Feuerbach* (1845), Marx caracteriza como a falta principal do materialismo até agora existente que ele compreendia a efetividade sensível apenas sob a forma da "intuição" (*theoria*) e, consequentemente, como um "objeto" que existe de modo acabado, mas não como produto da atividade dos sentidos humanos ou como práxis.[131] Inversamente, o idealismo, por partir do sujeito, deu validez à atividade produtiva desse último, mas apenas abstratamente, como posição espiritual. Tanto esse espiritualismo quanto aquele materialismo não concebem a atividade "revolucionária", isto é, prático-crítica, a única que cria o

---

130 I/1, 63 et seq.; cf. Ibid., III, 164.
131 V, 533 (tese sobre Feuerbach).

mundo do homem. O fundamento histórico para Feuerbach se limitar a um materialismo meramente intuitivo reside nas barreiras erigidas pela sociedade burguesa tardia, que, como sociedade de indivíduos usufruidores, não sabe que tudo que consome é produto histórico da atividade humana comum, que mesmo uma maçã é o resultado do comércio e de trocas mundiais, mas que de nenhum modo está ao alcance imediato da mão.[132] No interior dessa limitação, Feuerbach tem por certo o grande mérito de ter dissolvido o mundo religioso em seu fundamento mundano, mas sem questioná-lo teórica ou praticamente. Feuerbach também "interpretou" o mundo alienado do homem de outro modo, a saber, humanamente, mas cabe agora "transformá-lo" por meio da crítica teorética e da revolução prática.[133] Contudo, a vontade de transformar o mundo não significa para Marx nenhuma ação tão somente direta, mas sim, ao mesmo tempo, uma crítica da interpretação do mundo até agora em vigor, uma transformação do ser *e* da consciência, portanto, por exemplo, da "economia política" como economia efetiva e teoria econômica, por esta ser consciência daquela.[134]

---

132 V, 31 et seq.
133 Acerca do juízo de Marx sobre Feuerbach, cf. III, 151 et seq. A diferença entre Marx e Feuerbach consiste fundamentalmente nisto, que Marx, partindo do ponto de vista de Feuerbach, volta a dar vigência à doutrina do espírito objetivo de Hegel, contra a antropologia de Feuerbach. Ele ataca F. porque este fez de fundamento da filosofia um homem abstrato, quer dizer, abstraído de seu mundo. Mas justamente esse mundo das relações políticas e econômicas se fez visível na *Filosofia do direito*, de Hegel. Indiscutível permanece o mérito de Feuerbach em ter reduzido o espírito absoluto ao homem. Mas o modo como F. determina concretamente o ser humano, a saber, como uma espécie natural, mostra a Marx que ele "colocou de lado" Hegel, mas que não o "superou criticamente". F. construiu um homem cuja realidade espelha apenas a existência da pessoa privada burguesa. Sua teoria do eu e do tu se reduz, do mesmo modo como o homem privado burguês na práxis, ao relacionamento de pessoas singulares, sem saber que não somente as relações de vida em aparência "puramente-humana", mas também os objetos os mais primitivos da certeza sensível, estão de antemão determinados por relações sociais e econômicas gerais do mundo nas quais se vive. Assim Marx se põe na situação de tornar válidas contra F. as análises concretas de Hegel, que ele mesmo, com relação a sua pretensão filosófica, sepulta e, por outro lado, compreender Hegel partindo, em princípio, do ponto de vista antropológico de Feuerbach. Ele defende Hegel contra F., porque ele entendeu o significado decisivo do universal, mas ataca Hegel, porque este mistificou filosoficamente os relacionamentos gerais da história.
134 Ver a respeito Korsch, *Marxismus und Philosophie*, p.102 et seq. Lewalters, "Versuch einer Interpretation des 1. Teiles der *Deutschen Ideologie*" [Ensaio de uma interpre-

Velhos hegelianos, jovens hegelianos, novos hegelianos

O marxismo vulgar, seguindo o precedente de Engels,[135] simplificou esta conexão dialética da teoria com a práxis ao insistir em uma "base" abstrata-material, cuja relação com a "superestrutura" teorética podia-se facilmente inverter, tal como M. Weber havia demonstrado.[136] Se, ao contrário, nos atemos à concepção originária de Marx, pode-se assim conceber também a "teoria" de Hegel como prática. Pois a razão profunda pela qual Hegel pode afirmar o conteúdo de seu conceituar, sem querer transformá-lo através de "crítica", não reside no simples "interpretar", mas antes naquilo que se pretende do ponto de vista prático. O conceber de Hegel queria reconciliar-se com a efetividade. Mas Hegel poderia se *reconciliar* com as contradições empíricas do mundo subsistente, porque ele, como último filósofo *cristão*, ainda estava no mundo como se dele não fosse. Em contrapartida, a *crítica* radical de Marx ao subsistente, não é motivada por uma mera "vontade de transformação", mas antes tem sua raiz em uma insurreição prometeica contra a ordem cristã da criação. Somente o *ateísmo* do homem que crê em si mesmo tem de cuidar da criação do mundo. Esse motivo ateísta do "materialismo" de Marx já está expresso na temática de sua dissertação a respeito de dois antigos ateístas e materialistas. Epicuro é para ele o grande iluminista grego, o primeiro entre os mortais que se atreveu a desafiar os deuses do céu. A filosofia da "autoconsciência" humana reconhece Prometeu como o mais nobre mártir do calendário filosófico contra todos os deuses celestes e terrenos.[137] A destruição da religião cristã é o pressuposto para a construção de um mundo no qual o homem seja senhor de si mesmo.

A crítica marxista do Estado prussiano e da filosofia do Estado de Hegel começa com a afirmação de que a crítica da religião – essa "pressuposição de toda crítica", ou seja, do mundo – está essencialmente concluída.

---

tação da primeira parte da *Ideologia alemã*], *Archiv für Sozialwi et seq. Und Sozialpol.*, caderno 1, p.63 et seq.
135 Engels, *Vier Briefe über den historischen Materialismus* [Quatro cartas acerca do materialismo histórico], in: Marx-Engels, *Über historischen Materialismus* [Sobre o materialismo histórico], editado por Duncker, 2ª parte, p.138 et seq.
136 Ver a respeito do autor: "M. Weber und K. Marx" [M. Weber e K. Marx], *Archiv für Sozialwi et seq. und Sozialpol.*, cadernos 1 e 2, especialmente p.207 et seq.
137 Ibid., I/1, 10 e 51; cf. 80 e 110 et seq. contra o "entendimento teologizante" de Plutarco em sua polêmica com Epicuro. Para a história do materialismo moderno, ver III, 302 et seq.

Primeira Parte

É, portanto, *tarefa da história* estabelecer a *verdade deste mundo*, uma vez desaparecida a transcendência *da verdade*. É, em primeiro lugar, *tarefa da filosofia*, que se põe a serviço da história, após ter-se desmascarado a *figura sagrada da autoalienação humana*, desmascarar a autoalienação nas suas *figuras não sagradas*. A crítica do céu transforma-se, com isso, na crítica da terra, a *crítica da religião* na *crítica do direito*, a *crítica da teologia* na *crítica da política*.[138]

A filosofia e a crítica da economia estão simultaneamente a serviço da história, e, portanto, pode-se compreender como sendo "histórica" a peculiaridade do materialismo de Marx. Seus trabalhos históricos a respeito das lutas de classe na França, da guerra civil francesa, do 18 Brumário e da burguesia alemã não são peças acessórias de análises político-econômicas, mas sim um componente essencial de sua concepção fundamental da historicidade do mundo humano em geral.

Apesar da pressuposição de que a teoria filosófica está a serviço da práxis histórica, a crítica de Marx não se dirige, como seria de se esperar, imediatamente à efetividade política, mas sim à filosofia do Estado hegeliana, ao invés do "original", remete-se a uma "cópia". O motivo para essa virada aparentemente "idealista" reside, por sua vez, na efetividade histórica, pois a existência política *alemã* dos anos 1840 é um "anacronismo" do mundo europeu moderno iniciado com a Revolução Francesa. A história alemã daquele momento não reparara no que havia acontecido em 1789 na França.

> Nós partilhamos a restauração dos povos modernos sem haver participado de suas revoluções. Fomos restaurados, em primeiro lugar, porque outros povos se atreveram a fazer uma revolução e, em segundo lugar, porque outros povos sofreram uma contrarrevolução, em um caso, porque nossos senhores tiveram medo e, em outro caso, porque nossos senhores não temeram. Nós, com nossos pastores à frente, somente nos encontramos em companhia da liberdade uma vez, no dia *de seu sepultamento*.[139]

A Alemanha vivenciou somente um ato radical de libertação: a guerra dos camponeses,[140] que fracassou com a Reforma, pois nesta o passado

---
138 I/1, 608.
139 I/1, 608.
140 Ver a respeito Engels, *Der deutsche Bauernkrieg* [A guerra alemã dos camponeses], ed. por Duncker.

revolucionário da Alemanha se manifestou "teoricamente", isto é, religiosamente. Mas hoje, "quando a própria teologia fracassou", "o elemento menos livre da história alemã, nosso *status quo*, fracassará na filosofia", a saber, na práxis histórica marxista da teoria filosófica. Contudo, em pensamento os alemães já possuíam de antemão a sua história futura, mais especificamente na *Filosofia do direito*, de Hegel, cujo princípio ultrapassava a vigente situação alemã.

> Nós somos *filósofos* contemporâneos do presente, sem que sejamos seus contemporâneos históricos. A filosofia alemã é o *prolongamento ideal* da história alemã [...] o que nos povos progressistas constitui a destruição *prática* das condições do Estado moderno é na Alemanha, onde essas condições nem chegaram a existir, uma desintegração crítica do reflexo filosófico dessas mesmas condições. *A filosofia alemã do Direito e do Estado* é a única *história alemã* que está *al pari* com o presente *oficial* moderno. O povo alemão precisa concordar essa sua história sonhada com suas condições subsistentes, e, todavia, não apenas com essas condições subsistentes, mas ao mesmo tempo submeter à crítica sua continuação abstrata. Seu futuro não pode *restringir-se* nem à negação imediata de suas condições jurídicas e estatais, nem à execução ideal imediata de tais condições, pois ele já possui a negação imediata dessas condições reais em suas condições ideais, e na visão dos povos vizinhos a execução imediata de suas condições ideais já *sobreviveu*.[141]

Em que medida Marx seja um hegeliano ou Hegel "marxista" com essa crítica mostram as exposições de Hegel sobre o diferente relacionamento da filosofia à efetividade na França e na Alemanha: ele afirma que na Alemanha o princípio da liberdade somente existe como conceito, enquanto na França alcançou existência política. "O que na Alemanha surge da efetividade aparece como um ato de violência de circunstâncias externas e da reação a isso."[142] Os franceses têm o "sentido da efetividade, do agir, do levar as coisas ao seu termo. Nós temos a cabeça cheia de rumores de toda a espécie [...], por isso as cabeças alemãs preferem ficar quietas, vestidas com seus gorros de dormir atuando em si mesmas".[143]

---

141 I/1, 612.
142 XV, 535.
143 XV, 553.

A conclusão que tirou dessa distinção foi a seguinte: a de conceber concretamente ambas as formas, em cada caso unilaterais, da liberdade teórica e prática, a partir da "unidade do pensar e do ser" como a ideia fundamental da filosofia. Mas de fato, com essa intrusão especulativa, não se colocou, todavia, acima da efetividade determinada, mas sim ao lado da teoria alemã.

Com respeito à relação da filosofia com a efetividade, Marx adotou uma postura bifronte: contra a exigência prática de uma negação simples da filosofia e, ao mesmo tempo, contra a mera crítica teórica dos partidos políticos. Alguns creem que a filosofia alemã não faz parte da efetividade e gostariam de superar a filosofia, sem realizá-la; outros acham que seria possível realizar a filosofia sem superá-la. A crítica verdadeira precisa efetuar ambas. Ela é uma análise crítica do Estado moderno e, ao mesmo tempo, uma dissolução da consciência política até então vigente, cuja expressão última e mais universal é a *Filosofia do direito*, de Hegel.

> Somente na Alemanha foi possível a filosofia especulativa do direito, esse *pensamento* abstrato e exaltado do Estado moderno, cuja efetividade permanece ainda além [...], também inversamente, a figura de pensamento *alemã* do Estado moderno, que faz abstração do *homem efetivo*, somente era possível na medida em que o Estado moderno abstrai do *homem efetivo* ou satisfaz o homem *inteiro* de um modo apenas imaginário. Na política, os alemães *pensaram* o que outros povos *fizeram*. A Alemanha foi sua consciência teórica. A abstração e arrogância de seu pensamento seguem sempre o mesmo passo que a unilateralidade e o rebaixamento de sua efetividade. Quando, pois, o *status quo* da *estrutura política alemã* expressa o acabamento do *ancien régime* (Antigo Regime) [...], o *status quo do saber alemão do Estado* expressa a não realização do Estado moderno.[144]

A partir desse significado prático da teoria hegeliana para a história alemã, fundamenta-se o interesse preferencial de Marx pela crítica teórica da filosofia do direito.[145]

A unidade dialética no julgamento de Marx acerca da filosofia alemã e da efetividade distingue-o não apenas dos velhos, mas também dos jovens hegelianos, aos quais falta o ponto de vista prático ou material para a com-

---

144 I/1, 614.
145 Ver a respeito mais adiante, Parte II, cap. I, 3.

preensão da história efetiva do mundo. No esboço para um prefácio à *Ideologia alemã*, Marx zomba das "fantasias inocentes" dos jovens hegelianos, cujas fraseologias revolucionárias foram recebidas com respeito e espanto pelo público alemão. Desmascarar "essas ovelhas que se fazem passar por lobos" e por isso foram tomadas, e mostrar como a fanfarronice desses últimos filósofos espelhava a mesquinhez da condição alemã, era o objetivo da *Ideologia alemã*.

"Como os ideólogos alemães anunciam", começa a seção sobre Feuerbach,

> [...] nos últimos anos a Alemanha atravessou uma revolução sem paralelo. O processo de decomposição do sistema de Hegel, iniciado com Strauß, desenvolveu-se até alcançar uma efervescência mundial, na qual todas as "potências do passado" foram envolvidas. No caos universal formaram-se poderosos impérios, para logo perecerem novamente, momentaneamente surgem heróis, para serem imediatamente lançados de volta às trevas por rivais mais ousados e poderosos. Trata-se de uma revolução em vista da qual a francesa foi uma brincadeira de crianças, uma luta universal perante a qual os combates dos diádocos parecem mesquinharias. Os princípios deslocados, os heróis do pensamento precipitam-se uns contra os outros com rapidez inaudita, e em três anos, de 1842-1845, o solo da Alemanha foi mais revirado do que em três séculos.[146]

Mas, na verdade, não se trata de nenhuma revolução, somente do "processo de apodrecimento do espírito absoluto". Os diferentes filósofos "industriais", que até agora viveram da propagação do espírito de Hegel, lançaram-se a novas alianças; dissiparam a herança que lhes cabia numa concorrência recíproca.

A princípio foi conduzida de modo bastante burguês e convencional. Mais tarde, quando o mercado alemão estava abarrotado e, apesar de todos os esforços, as mercadorias não encontravam nenhum apelo no mercado mundial, o negócio, de acordo com a maneira habitual dos alemães, se corrompeu mediante uma produção fabril medíocre e adulterada, uma redução de qualidade, uma sofisticação da matéria-prima, falsificação dos

---

146 V, 7.

rótulos, compras simuladas, letras de câmbio sem cobertura e um sistema de crédito carente de qualquer base real. A concorrência se converte numa luta encarniçada, que nós recomendamos agora como se fosse uma revolução histórico-mundial e causa dos mais poderosos resultados e ganhos. Para apreciar corretamente esta gritaria filosófica de feira livre, que desperta um sentimento nacional benfazejo no peito do honrado cidadão alemão, para tornar explícita a pequenez, a estreiteza mental local do completo movimento jovem hegeliano, sobretudo o contraste tragicômico entre os resultados efetivos desses heróis e as ilusões a respeito desses resultados, é necessário considerar o espetáculo inteiro de um ponto vista exterior à Alemanha.[147]

Diferentemente da crítica francesa, a alemã jamais abandonou, mesmo em seus esforços mais radicais, o terreno da filosofia.

Longe de investigar seus pressupostos geral-filosóficos, todas as questões surgem sobre o terreno de um sistema filosófico determinado: o hegeliano. Não somente em suas respostas, mas já nas próprias questões há uma mistificação. Essa dependência de Hegel é o motivo pelo qual nenhum desses novos críticos ensaiou uma crítica abrangente do sistema de Hegel, ainda que cada um deles afirme ter ido além. A polêmica deles contra Hegel, e de uns contra os outros, restringe-se ao fato de que cada um extrai um aspecto do sistema hegeliano e o dirige não só contra o sistema inteiro, mas também contra os aspectos isolados por outros. No começo, tomavam-se categorias hegelianas puras e não falsificadas, tais como a de substância e a de autoconsciência, mais tarde, profanaram-se essas categorias por meio de nomes mundanos, tais como o de espécie, o único, o homem etc.[148]

O rendimento efetivo da crítica alemã restringe-se à crítica da teologia e da religião, sob as quais foram submetidas representações morais, jurídicas e políticas. Enquanto os jovens hegelianos tudo "criticavam" ao explicá-lo simplesmente como "teológico", os velhos hegelianos tudo "compreenderam", tão logo pudessem reconduzir esse tudo às categorias hegelianas. Ambos os partidos estão de acordo quanto à crença no predomínio do

---
147 Ibid.
148 V, 8.

conceito universal, que apenas disputam em virtude de uns o entenderem como usurpação, e os outros, em contrapartida, o considerarem como legítimo. Os velhos hegelianos querem conservar a antiga consciência, os jovens hegelianos querem revolucioná-la, e ambos a igual distância do ser histórico efetivo – preferiram insistir em uma consciência "humana" (Feuerbach), "crítica" (Bauer) ou também "egoísta" (Stirner).

> Essa exigência em transformar a consciência ultrapassa a exigência em interpretar o vigente de outro modo, quer dizer, de reconhecê-lo por meio de uma outra interpretação. A despeito de sua fraseologia pretensamente "capaz de comover o mundo", os ideólogos jovem hegelianos são os mais conservadores. Os mais jovens deles encontraram a expressão correta para designar sua atividade, quando afirmam que somente disputam contra *"fraseologias"*. Eles esquecem somente que a essas fraseologias eles contrapõem apenas fraseologias e que não lutam de nenhum modo contra o mundo subsistente e efetivo quando combatem somente as fraseologias acerca desse mundo. Os únicos resultados que essa crítica filosófica pode trazer foram alguns esclarecimentos – ainda que unilaterais – histórico-religiosos a respeito do cristianismo; todas as suas outras afirmações são apenas adornos ulteriores de sua pretensão em ter fornecido descobertas de alcance histórico-universal com esses esclarecimentos insignificantes. A nenhum desses filósofos ocorreu perguntar sobre a conexão da filosofia alemã com a realidade alemã, da conexão de sua crítica com seu próprio entorno material.[149]

Os limites de suas teorias encontravam-se na práxis histórica, mas dentro dessa limitação eles iam tão longe quanto era possível, sem cessar de continuar a existir na autoconsciência filosófica.

Em contrapartida a toda essa ideologia alemã, Marx desenvolveu sua concepção materialista da história, que desde então determinou o modo de pensar dos não marxistas e dos antimarxistas, mais do que quisessem admitir. Em relação ao mundo espiritual de Hegel, não constitui nenhuma diferença de princípio a "história do espírito" pós-Hegel ser baseada numa interpretação material das relações econômicas de produção, ou em geral sociologicamente ou na "efetividade histórico-social", ou ainda a circuns-

---

[149] V, 9.

tância de que se interprete a história materialmente segundo o fio condutor das classes ou raças. Todos eles queriam, assim como Marx, compreender o "processo efetivo de vida" e o "modo determinado de viver", que não é livre de pressupostos, mas, ao contrário, também a pressuposição constitui o seu modo de pensar.

> O modo de refletir não é livre de pressupostos. Ele parte das pressuposições efetivas, não as abandona em nenhum instante. Seus pressupostos não são os seres humanos em algum fantástico modo acabado e fixo, mas sim no seu efetivo [...] processo de desenvolvimento sob determinadas condições. Tão logo esse processo de vida ativo é exposto, a história cessa de ser uma coleção de fatos mortos, assim como ainda o é nos abstratos empiristas, ou uma ação imaginada de sujeitos também imaginados, tal como nos idealistas.[150]

Marx considera como único incondicionado justamente esse caráter condicionado de toda existência histórica. Com isso a metafísica da história do espírito de Hegel é finitizada do modo mais extremo possível e temporalizada a serviço da história.

A partir desse ponto de vista histórico, para Marx, toda história anterior desloca-se para o papel de mera "pré-história" perante uma total transformação das relações de produção subsistentes, entendidas como o modo e a maneira como os homens produzem sua vida física e espiritual. A esse "ponto nodal" na história da filosofia corresponde, na história do mundo, um ponto de intersecção entre o futuro e o passado. À radicalidade dessa pretensão, somente pode-se medir com Marx o programa inverso de Stirner, cujo livro divide toda a história do mundo em duas partes, intituladas: "o homem" e "eu".

d) M. Stirner (1806-1856)

Em geral tem-se compreendido o livro de Stirner *O único e sua propriedade* como o produto anárquico de um homem excêntrico, porém, é antes

---

150 V, 16; para a crítica do conceito hegeliano do pressupor-a-si-mesmo: Ibid., V, 245 et seq.

uma consequência última da construção histórico-universal de Hegel, que ele – de forma alegoricamente desfigurada – repete exatamente. Até mesmo Stirner reconhece essa ascendência hegeliana na sua discussão acerca da *Posaune*, de Bauer. Hegel mesmo, ao concluir sua história da filosofia, incita a que se apreenda o espírito da época e se traga à luz do dia seu caráter fechado – cada coisa em seu lugar. Marx também compreendeu o livro de Stirner como uma construção histórica conforme o modelo de Hegel e apresentou em detalhe a prova para isso.[151] O hegelianismo de Stirner está, porém, encoberto, visto que ele dá às categorias de Hegel nomes populares que assim agem mais concretamente, e dessa maneira presume estar acima da história do "espírito".[152]

O *Único e sua propriedade* vive da crença de que é o começo de uma nova época, na qual o eu, em cada caso único, torna-se o proprietário de seu próprio mundo. Para atingir a finalidade dessa revolução, Stirner volta-se para o "nada criador". A partir dele esboça a história do "antigo" e "novo" mundo do paganismo e do cristianismo em um horizonte histórico-finalista e o novo começo sou "eu". Para os antigos, o *mundo* era uma verdade sensível que o cristianismo substituiu; para os modernos, o *espírito* tornou-se uma verdade suprassensível, à qual se seguiu Stirner na esteira de Feuerbach. O último prolongamento da história "espiritual" do cristianismo é o "liberalismo" político, social e humano dos hegelianos de esquerda, os quais Stirner sobrepujou com sua "associação de egoístas". Radical e desarraigado como é, ele tem atrás de si não apenas a "sabedoria universal" dos gregos, mas também a "teologia" dos cristãos, e também as "insurreições teológicas" dos ateístas mais modernos.

Há 2000 anos trabalha-se na profanação do espírito que originariamente havia sido sagrado. A crença cristã no espírito que vitaliza alcançou sua figura última e suprema em Hegel. O desenvolvimento, que começou após a Idade Média católica, tem nele seu acabamento. Lutero santificou todo ser mundano na fé, Descartes por meio da fundamentação no pensamento e Hegel na razão especulativa. "Eis por que chegou o luterano Hegel [...] à

---

151 Ver a respeito Mautz, *Die Philosophie M. Stirners im Gegensatz zum Hegelschen Idealismus* [A filosofia de M. Stirner em oposição ao idealismo hegeliano]. Salta aos olhos nesse escrito que a análise por Marx do hegelianismo de Stirner seja tratada como inexistente, embora ele seja o único trabalho que demonstrasse a tese do autor.
152 Ibid., V, 109 et seq. e 118.

completa realização do conceito através de todas as coisas. A razão, quer dizer, o espírito santo, está presente em tudo."[153] Medida pela "perfeita patifaria" alcançada por Stirner, a diferença entre Lutero, Descartes e Hegel se desvanece. Todos eles acreditam em algo de divino no ser humano, não conheceram ainda o ser humano completamente comum e em sua nudez, que é, em cada caso, seu próprio eu. Por fim, o "homem" humanitário parecia ser ainda uma verdade divina, mas somente é uma "frase plena de conteúdo", que Stirner com sua "frase absoluta" acerca do único, como fim de todas as frases, ultrapassa. Por isso seu ponto de partida não é nem o espírito nem o homem, mas antes exclusivamente ele mesmo. Na margem exterior de uma perdida crença no espírito cristão e no mundo pagão, o "eu" de Stirner cria seu mundo a partir do nada. E mostra que o homem não tem em geral nenhuma "determinação" e tarefa,[154] pois o sentido do único reside somente na força de apropriação que lhe é própria.

Quando perguntamos, ao contrário, por um destino universal *do* homem, então ainda nos movemos dentro do "círculo mágico cristão" e no interior da tensão entre o "ser" (divino) universal e a "existência" (terrena) do individual. O cristianismo, que do mesmo modo que a Antiguidade ainda trata do divino, não produziu nenhuma história unívoca do *mundo*. Ao cristão se faz crer na salvação do mundo como o "fim dos dias", ao homem como "meta histórica": ambos não põem a história no "instante"[155] atual, que é o ponto temporal do "eu". Somente o homem como eu desencantado, que não é nem um participante do reino cristão de Deus, nem um encarregado de negócios no reino espiritual do mundo de Hegel, já é *para si mesmo* a *história do mundo* – "e isso transcende o que é cristão!" O único é despreocupado de todo o resto do mundo, o qual é sua propriedade utilizável. "Se ponho minha existência como relacionada a mim, o único, então ela se apoia em um criador perecível, mortal, que se consome a si mesmo, e eu posso dizer: fundei minha causa sobre nada." Com essa extrema finitização e temporalização, que não diz respeito mais ao "ser genérico" universal do

---

153 *Der Einzige und sein Eigentum* [O único e sua propriedade], p.111.
154 *Kleinere Schriften*, p.369.
155 O motivo para o lema de Stirner poderia ter sido o poema de Goethe "*Vanitas vanitatum vanitas*". Também Kierkegaard esteve atento a isso. Nos *Diários* (p.145) ele o caracteriza como "muito interessante", porque é o "resultado de vida" niilista de uma grande individualidade.

homem (Marx), mas somente ao eu, conclui Stirner sua construção da história, condicionada pela consumação de Hegel.

Do ponto de vista da concepção materialista da história, Marx, em sua crítica a *São Max*, rebaixou essa construção a uma história do espírito tornada "história de fantasmas". Stirner confunde o "resultado local de Berlim", de que o mundo inteiro "teve seu fim" na filosofia hegeliana, com o "próprio" império universal de cada um.

> Em um professor ou escritor local berlinense [...], cuja atividade restringe-se, por um lado, ao amargo trabalho e, por outro, ao prazer intelectual, cujo mundo se estende de Moabit a Köpenick e atrás do portão fechado por paliçadas de Hamburgo, cujas relações com esse mundo, por uma miserável posição na vida, estão reduzidas a um mínimo. Um tal indivíduo, no caso de ele possuir necessidades intelectuais, não pode evitar que o pensamento torne-se tão abstrato quanto esse indivíduo e sua vida mesma.[156]

Um tal pensador teria que terminar a filosofia, "ao proclamar sua própria falta de pensamento como o fim da filosofia e sua triunfante entrada na vida carnal", enquanto ele efetivamente apenas realiza "um movimento circular sobre um calcanhar especulativo".

Positivamente, Marx quer demonstrar que Stirner é o ideólogo mais radical da sociedade burguesa decadente, concebida como uma sociedade de "indivíduos isolados". Não é de relações efetivas da existência que Stirner se liberta, mas sim de relações de consciência, que ele mesmo não vê, porque está preso ao egoísmo privado da sociedade burguesa. Ele absolutiza o homem privado e a propriedade privada como "categorias" *do* único e *da* propriedade. Em oposição a essa tese da propriedade de cada "único", Marx exigiu uma expropriação a fim de dar ao homem, considerado como "membro de uma espécie", o mundo como algo digno de ser possuído por ele. Stirner e Marx filosofam em oposição um ao outro e dentro do mesmo deserto da liberdade: o homem que, em Marx, se aliena de si mesmo tem que transformar a totalidade do mundo subsistente por meio de uma revolução, para poder no ser-outro estar junto de si mesmo; o eu tornado livre e solto

---

156 V, 243.

de Stirner não sabe fazer outra coisa do que regressar ao seu nada para consumir o mundo, tal como ele é, na medida em que este lhe é utilizável.

e) B. Bauer (1809-1882)

A atividade literária de Bauer começa com uma crítica da história dos sinóticos e termina com uma profusão de trabalhos históricos, que tratam dos movimentos revolucionários dos séculos XVIII e XIX na França e na Alemanha.[157] Como todos os jovens hegelianos, ele pensa de modo fun-

---

157 De Bauer nos são conhecidos os seguintes escritos: *Escritos teológico-filosóficos. Zeitschrift für spekulative Theologie* [Revista de teologia especulativa], 5 Hefte, 1836/7. *Herr Dr. Hengstenberg, Ein Beitrag zur Kritik des religiösen Bewußtseins* [Senhor Dr. Hengstenberg, Uma contribuição à crítica da consciência religiosa]. *Die evangelische Landeskirche Preußens und die Wissenschaft (anonym)* [A igreja territorial evangélica prussiana e a ciência (anônimo)]. *Kritik der evangelischen Geschichte des Johannes* [Crítica da narração evangélica de João]. *Die Posaune des jüngsten Gerichts über Hegel... (anonym)* [A trombeta do juízo final sobre Hegel... (anônimo)]. *Hegels Lehre von der Religion und Kunst... (anonym)* [A doutrina de Hegel acerca da religião e da arte... (anônimo)]. *Die gute Sache der Freiheit und meine eigene Angelegenheit* [A boa causa da liberdade e meu próprio caso]. *Kritik der evangelischen Geschichte der Synoptiker* [Crítica da narração evangélica dos sinóticos], v. I-III, 1841/2. *Das entdeckte Christentum...* [O cristianismo descoberto]. *Die Apostelgeschichte, eine Ausgleichung des Paulinismus und des Judentums innerhalb der christlichen Kirche* [A história dos apóstolos, equilíbrio entre o paulinismo e o judaísmo dentro da igreja cristã]. *Kritik der Paulinischen Briefe* [Crítica das epístolas de Paulo], Partes I-III, 1851/2. *Philo, Strauß und Renan unda das Urchristentum* [Philo, Strauß e Renan e o cristianismo primitivo]. *Christus und die Cäsaren, der Ursprung des Christentums aus dem römischen Griechentum* [Cristo e os Césares, a origem do cristianismo a partir do helenismo romano]. *Das Urevangelium und die Gegner der Schrift Christus und die Cäsaren* [O evangelho primitivo e os adversários da obra de Cristo e dos Césares]. *Escritos político-históricos. Die Denkwürdigkeiten zur Geschichte der neueren Zeit seit der Französischen Revolution* [As memórias sobre a história do tempo moderno desde a Revolução Francesa]. *Die Septembertage 1792 und die ersten Kämpfe der Parteien der Republik* [As jornadas de setembro de 1792 e as primeiras lutas entre os partidos da República]. *Geschichte der Politik, Kultur und Aufklärung des 18. Jahrhunderts* [História da política, cultura e ilustração do século XVIII], I/II, 1843/5. *Geschichte der konstitutionellen und revolutionären Bewegungen im südlichen Deutschland in den Jahren 1831-34* [História dos movimentos constitucionais e revolucionários na Alemanha meridional nos anos 1831-34], v. I-III, 1845. *Geschichte Deutschlands während der Französischen Revolution* [História da Alemanha durante a Revolução Francesa]. *Vollständige Geschichte der*

damentalmente histórico; a instância suprema do acontecer espiritual é o processo histórico. Diferentemente dos hegelianos de esquerda, que pretendiam que a filosofia fosse prática, Bauer declarou o fim definitivo da metafísica e, por sua parte, dedicou-se a uma crítica permanente, cuja "pureza" não permitia a ela fornecer uma orientação prática. Ele não queria nem "transformar" o mundo vigente, nem "consumi-lo" em benefício próprio, mas sim aclarar criticamente a situação histórica. A sua posição em relação à consumação de Hegel também está determinada historicamente, e, de fato, o encerramento do mundo germânico-cristão é visto no horizonte da ascensão russa. Um escrito de 1853 sobre a "Rússia e o germanismo", que já antecipa ideias de Dostoiévski, analisa a situação histórica da filosofia alemã.

As ideias filosóficas e políticas de Kant movimentam-se nos limites da Revolução Francesa; nelas, ele viu a suprema garantia para as disposições morais da humanidade em direção ao progresso e, a partir dessa experiência, determinou também a tarefa da história. Fichte adulou o orgulho dos alemães ao apresentá-los como o povo original e criador e vinculou a restauração do restante da humanidade à autoafirmação de seu próprio ser. A consumação hegeliana do saber constitui, como rememoração da história conservada, um termo final. Ele excluiu de sua exposição a possibilidade de uma ruptura com toda a cultura anterior e não permitiu surgir a questão a respeito de uma nova época.

> Todos esses filósofos alemães, que deram a mais alta e pura expressão às opiniões vigentes em sua nação, pensavam apenas no Ocidente – o Oriente não existia para eles – tampouco existia para eles algum relacionamento entre o mundo germânico e a Rússia. E, contudo, Catarina erigira, já nos

---

Parteikämpfe in Deutschland während der Jahre 1842-46 [História completa das lutas partidárias na Alemanha durante os anos 1842-46], v. I-III. *Der Fall und Untergang der neuesten Revolutionen* [O fracasso e o declínio das revoluções mais recentes], 1846-50. *Die bürgerliche Revolution in Deutschland seit dem Anfang der deutsch-katholischen Bewegung bis zur Gegenwart* [A revolução burguesa na Alemanha desde o começo do movimento alemão-católico até o presente]. *Der Untergang des Frankfurter Parlaments* [O declínio do parlamento de Frankfurt]. *Rußland und das Germanentum* [Rússia e o germanismo]. *Einfluß des englischen Quäkertums auf die Deutsche Kultur und auf das englisch-russische Projekt einer Weltkirche* [Influência do quaquerismo na cultura alemã e no projeto anglo-russo de uma igreja universal]. *Zur Orientierung über die Bismarcksche Ära* [Para uma orientação na era de Bismarck].

tempos de Kant, uma ditadura sobre o continente, que em força, influência e significado histórico-mundial superava de longe aquela de Carlos V na Espanha e a de Luís XIV na França.[158]

A questão do presente é, "se o mundo germânico sobreviverá ao declínio da antiga civilização (pois nada é mais certo do que esse declínio), ou se a nação russa determinará sozinha a nova civilização – se a época que se inicia será chamada de época russa, ou se à Rússia também se unirá a Alemanha para dar nome à época futura."[159]

A questão alemã e a questão russa são ambas as únicas questões vivas da Europa moderna – somente a última já é tão precisamente formulada que sua resposta tem de preceder àquela da outra, e se apoia numa tão grande organização que o poder a que submete sua condução pode determinar o instante em que ela queira fornecer a resposta e cortar o nó górdio.[160]

Em conexão com a dissolução da velha Europa, Bauer julga "o fim da filosofia"[161] como a conclusão natural de um desenvolvimento histórico e como passagem a uma nova organização não apenas do mundo político, como também do mundo espiritual.

É um mero acaso que a filosofia, a que os alemães dedicaram nos últimos oitenta anos suas melhores cabeças, deva desmoronar no mesmo instante no qual a Alemanha, com todas as suas assembleias nacionais, congressos e conselhos aduaneiros, busca em vão a força interior que seria capaz de organizá-la? É acidental que a força conquistadora à qual a filosofia submetia as ciências particulares, tanto morais como físicas, está completamente destruída – que a supremacia que até agora exerceu sobre as ciências deva ser questionada no mesmo instante em que a nação, que comovera o Ocidente em nome da filosofia, [...] perdeu igualmente sua força de ataque? [...] Finalmente, é casual que no mesmo instante em que a supremacia espiritual dos metafísicos alcançou seu ponto final, uma nação, que desde

---
158 *Rußland und das Germanentum*, p.1
159 Ibid., p.7.
160 Ibid., seção II, p.83.
161 Ibid., p.44 et seq.

o começo de sua existência permaneceu alheia aos trabalhos filosóficos do Ocidente, afirme uma ditadura sobre o continente sem nenhum escrúpulo pela metafísica ocidental e – pensamos na nação russa – que somente conhece um ponto de vista, o prático? Não! Não há dúvida – a catástrofe, que ao mesmo tempo afetou todos os sistemas estatais europeus, o constitucionalismo assim como a metafísica, é um evento interconectado.[162]

As universidades, continua Bauer, perderam seu atrativo, seus professores de filosofia são apenas repetidores de sistemas antiquados; elas não produzem mais um único pensamento novo, que podia movimentar o mundo, tal como acontecia antes. A necessidade universal do tempo, um "pauperismo"[163] espiritual e econômico, dissolveu o interesse pelos estudos metafísicos. Com razão o número de ouvintes das universidades decresce anualmente, enquanto as escolas técnicas têm maior afluência. Também as academias atestam a decadência dos estudos gerais, desde que elas são ocupadas por aqueles que se preocupam de modo mais trivial com suas profissões, os assalariados diaristas (*Routiniers*).

Os povos, que querem realizar-se com a submissão da natureza, precisam somente do engenheiro que funda estabelecimentos industriais sobre princípios novos e fecundos, ou que na construção de meios de comunicação derruba dificuldades até então temidas; esse é o homem para o qual os povos em sua luta prática contra espaço e tempo depositam sua confiança; mas eles não têm nem tempo nem vontade para isso, ouvir a respeito da disputa dos filósofos acerca dos conceitos de espaço e de tempo ou se interessar pela habilidade com que os mesmos sabem efetuar a passagem da ideia à natureza. E os governos? As escolas filosóficas são seus exércitos permanentes, que, no presente, concordaram em educar os povos no único sistema de paz e ordem adequado à época. Os mestres da velha metafísica são apenas tolerados nas universidades, assim como se tolera uma ruína antiga ao lado de um estabelecimento novo, enquanto uma necessidade urgente não exige sua demolição.

---

162 Ibid., p.45.
163 Cf. para este ponto na 3ª parte da obra de Bauer *Vollständiger Geschichte der Parteikämpfe* o capítulo sobre o "pauperismo" e o "movimento universitário".

E a Europa tem razão. Expressa o mesmo que a crítica alemã dez anos antes esclareceu e começou a realizar. Quando a Europa se afastou para sempre da metafísica, a mesma foi também destruída para sempre pela crítica e jamais voltará a erigir-se um sistema metafísico, quer dizer, um qualquer que pretenda assegurar um lugar na história da cultura.[164]

Ao invés disso, ditaduras imperialistas dominarão a Europa, mediante as quais a seguinte questão se decidirá: Rússia ou Europa?

A ilusão da Revolução de Março, segundo a qual começou a época em que os membros da família histórica dos povos, protegidos pelos novos princípios da igualdade de direitos contra influências anteriores e em sua autodeterminação, poderão constituir-se de modo autônomo atuando pacificamente em conjunto (uma ilusão que se expressa nas [...] tentativas de governos individuais, assim como na ideia de congressos das nações e nas deliberações de congressos pela paz) – a essa ilusão acontece o mesmo que às outras, que desde a queda dos limites até então existentes à atividade pessoal, inaugura-se a era de uma nova liberdade que tem de ser dissolvida no reconhecimento de um poder mais rigoroso e intenso. Acontece a todas elas o mesmo que à ilusão que vê no individualismo, resultado dos últimos sessenta anos de revolução, a solução completa, enquanto diariamente tem que experimentar o fato de que esse individualismo constitui apenas algo provisório e somente *um aspecto*, e que por uma lei férrea está ligado a seu *oposto*, a saber, o imperialismo e a ditadura.[165]

Pois a destruição dos velhos vínculos e estamentos toma ao indivíduo sua significação pessoal como membro de corporações determinadas e, com isso, submete-o a "sistemas ampliados de centralização e à onipotência do todo". "O trabalho foi liberto – mas o seu desencadeamento culmina em uma centralização ainda mais forte, que com braços de ferro arrebata todas as existências singulares, que em sua anterior completude sentiam-se bem e protegidas, e as obriga a submeterem-se a ela ou perecerem." Novamente irá se impor uma lei sobre os homens que – semelhante ao velho "mundo

---

164 *Rußland und das Germanentum*, p.47 et seq.; cf. com a obra do autor: *Burckhardt*, p.159 et seq. e 233 et seq.
165 Ibid., seção II, p.76.

militar-teológico" anterior à Revolução Francesa – os disciplinará e, conforme com medidas firmes, determinará seu sentir, pensar e querer. Contudo, ainda falta a "ciência histórica das leis", que poderia comover o mundo interior das massas de modo semelhante ao que a antiga ordem moral fazia. O avanço das ciências naturais ainda não alcançou esse domínio. Entre a anarquia tradicional e as formas futuras da sociedade e do governo, os contemporâneos são indivíduos inconsistentes que medrosamente perguntam "o que agora?" e pensam que sua insatisfação com o hoje já conteria a força do futuro.

Frente a eles, Bauer se apoia sobre seu próprio "ser-si-mesmo" como o verdadeiro ponto de vista filosófico em tempos de uma transformação épica. Quando o poder estatal romano desmoronou, os cristãos eram o "partido do futuro", justamente porque mantinham-se afastados da vida pública. Do mesmo modo, agora não se pode admitir nada como subsistente, mas sim afirmar frente aos poderes de governo o embrião de uma nova comunidade.

> Tal como os primeiros cristãos, todos aqueles que trazem consigo uma ideia que ultrapassa o instante são completamente alheios aos assuntos públicos; assim como os cristãos contrapunham sua resistência passiva ao triunfo momentâneo do Império e esperavam pelo seu futuro, assim também agora partidos inteiros retiraram-se na forma de uma resistência passiva frente ao instante dominante.[166]

A força positiva da cultura, porém, em tais momentos críticos de uma época aparece necessariamente de maneira negativa. Frente ao Estado vigente e à tradição religiosa, gaba-se Sócrates de seu *não* saber,[167] para os cristãos *nada* tem validade além da salvação das almas, e Descartes, ao final da Idade Média, pedia que se duvidasse de tudo o que *não* tivesse fundamento na autoconsciência. Mas justamente esses "fatos heroicos do nada" foram as criações de mundos novos e do mesmo modo dependem agora de se querer nada – a saber, do antigo – para dar ao homem o domínio sobre o mundo. Para isto necessita-se de um novo começo a partir da própria força,

---

166 Ibid., p.77.
167 Cf. a interpretação positiva por Kierkegaard da "negatividade absoluta" no conceito de ironia.

que – à diferença das revoluções de 1789 e 1848 – não possa estar envolvido com nenhum dos elementos mortos.

Apoiado na confiança hegeliana do "eterno curso da história", Bauer, em seus trabalhos crítico-históricos, destruiu o presente e sobrepujou de modo semelhante a negatividade da ironia romântica, todavia com outra intenção. Essa crítica é absoluta, porque ela não põe nada como absolutamente válido, mas antes nega-se novamente a si mesma em seu próprio pôr-se criticamente. Por isso distingue-se, com plena consciência de si mesma, da precedente crítica filosófica, teológica e política de Feuerbach, Strauß e Ruge, pois todas essas críticas desejavam ser positivas e assim tinham de ser partidárias, enquanto Bauer analisava as diversas nulidades com impassibilidade estoica. O tema principal de sua crítica histórica era a Revolução Francesa como começo de uma destruição universal. O resultado crítico que lhe era peculiar consistia no "descobrimento" do cristianismo representado e, ao mesmo tempo, atacado por Kierkegaard. Seu niilismo crítico, somente limitado à crença na história, não atuou com amplitude em sua época, mas tornou-se vivo novamente, depois de um século, em um novo "partido do futuro". Escritores políticos pertencentes ao círculo da "resistência" aceitaram as ideias de Bauer e as aplicaram ao presente.[168]

f) S. Kierkegaard (1813-1855)

Quando não se toma Kierkegaard apenas como "exceção", mas sim como um eminente fenômeno dentro do movimento histórico da época, então mostra-se que sua "singularidade" não era de modo algum isolada, mas uma reação extensa e de múltiplos tons às condições do mundo daquele momento. Como contemporâneo de Bauer e Stirner, de Marx e Feuerbach, ele era, sobretudo, um crítico dos acontecimentos da época e seu "Ou-Ou" era, nas questões relativas ao cristianismo, ao mesmo tempo determinado pelo movimento social-político. "Nestes tempos tudo é política", começa o prefácio às duas observações sobre o *Isolado* (1847), para então concluir que o que a época exige, reformas sociais, é oposto ao que necessitava, ou seja, algo incondicionalmente firme. A infelicidade do presente consiste no fato

---

[168] Ver a respeito os escritos, aparecidos na editora Widerstand de 1932 a 1935, de Niekisch e Petras: *Post Christum* [Depois de Cristo].

de que ele tornou-se apenas "época", que nada mais deseja saber a respeito da eternidade. No escrito de 1851, em que Kierkegaard recomendava ao presente o "autoexame", ao falar da vinda do Espírito Santo, dizia que seria difícil encontrar alguém nos dias de hoje que não acreditasse no "espírito da época", ainda que possa estar satisfeito em sua mediocridade e esteja dominado por considerações mesquinhas. "Ele também acredita, de fato, rígida e fixamente, no espírito do tempo." O espírito do tempo vale para ele como algo superior a si mesmo, embora não possa estar num plano mais alto do que a época sobre a qual ele paira como a névoa de um pântano. Ou acredita-se no "espírito do mundo" e no "espírito humano" do gênero inteiro, para que, desse modo, pelo menos ainda se possa acreditar no espiritual. Contudo, ninguém acredita no espírito santo pensado como algo determinado; mas sim considerando, a partir dele, que todos os outros espíritos são o mal. Como se está numa época de dissolução, melhor se manter solto no ar, que é o espírito do tempo, para poder submeter-se com boa consciência a qualquer sopro da época.[169]

Kierkegaard, ao se compreender como um "corretivo para a época", entendeu a si mesmo historicamente e orientou sua tarefa de acordo com o caráter da época. A *singularidade* da existência que decide por si mesma – a favor ou contra o cristianismo – tem uma relação precisa com a *universalidade* do acontecer anônimo e público. O singular deveria fazer conhecer "que o autor [...] soubera como expressar de modo absolutamente decisivo, com uma única palavra, [...] que compreendera *sua época* e a *si mesmo dentro dela*", que ele concebera como uma "*época de dissolução*", tal como Kierkegaard duplamente sublinha.[170] Trata-se de uma referência consciente ao "desenvolvimento do mundo", quer dizer, ao *aplanamento de todas as diferenças decisivas*, que conduziu Kierkegaard *a enfatizar o singular isolado*, enquanto a mesma condição da época produziu em Bauer a posição crítica do "ser-si-mesmo", em Stirner a posição niilista do "Único" e em Marx a posição socialista do "ser específico".

A partir dessa atitude em relação ao próprio tempo e à temporalidade em geral, também é determinado o relacionamento de Kierkegaard com a

---

169 XI, 61. (= Ataque à cristandade, p.76.)
170 X, 93 (= Ataque à cristandade, p.473); cf. VII, 59; *Diários* I, 58 et seq., e II, 367; *Kritik der Gegenwart* [Crítica do presente]. Ver a respeito J. Wahl, *Études Kierkegaardiennes* [Estudos kierkegaardianos], p.172, e a caracterização da época por Cieszkowski, p.444.

filosofia de Hegel. Ela vale para ele como representativa do nivelamento da existência individual no universal do mundo histórico, da "dispersão" do homem no "processo universal". Do mesmo modo, seu ataque dirige-se ao sistema de Hegel não somente contra a filosofia sistemática, mas também contra o sistema do mundo inteiro subsistente, que, para ele, a filosofia da história de Hegel valia como sua última sabedoria. Sua crítica a Hegel e à época começou com o conceito de ironia (1841),[171] cuja "negatividade absoluta" ele põe como a verdade da subjetividade contra a interpretação sistemática e histórico-universal de Hegel. Nos *Fragmentos filosóficos* o "sistema da existência" de Hegel é expressamente negado, pois somente poderia haver um sistema da existência quando dela se abstrai o fato de que pertence à sua essência existir eticamente como algo singular. Nessa diferença em relação ao sistema do mundo reside a verdade da existência própria, para a qual a história do mundo é somente algo acessório e contingente. Mas a consideração especulativa de Hegel impediu que o século XIX entendesse a seriedade do existir.

> Talvez por isso que nosso tempo se sinta descontente quando deve agir, porque foi mimado pela especulação; [...] por conseguinte [...] as muitas e infrutíferas tentativas pelas quais pretende-se tornar mais do que se é, que se atue socialmente em conjunto na esperança de impor-se ao espírito da história. Mimados pelo trato contínuo com o histórico-universal, queremos única e exclusivamente o significativo, ocupamo-nos somente do contingente, do deficiente com respeito à história universal, ao invés do essencial, do mais interior, da liberdade, do ético.[172]

Em relação à existência ética, a "dialética quantitativa" da história-universal é um mero enfeite. O hegeliano não quer se satisfazer com a subjetividade do existir, com uma espécie de grandioso autoesquecimento, vê em cada época uma substância moral e uma ideia, como se a própria existência fosse uma especulação metafísica e o indivíduo a geração. Ele contempla florestas inteiras, deixando de fazer caso das árvores singulares.[173]

---

171 Ibid., p.204 et seq.
172 VI, 214.
173 VII, 7, 30, 51 et seq.

No mundo natural, relaciona-se o indivíduo singular imediatamente com a espécie; quem melhora uma raça de ovelhas com isso transforma também todos os exemplares singulares da espécie. Mas se o indivíduo é um homem espiritualmente determinado, seria tolo pensar que pais cristãos engendrassem, sem mais, filhos cristãos. Desenvolvimento espiritual é um ato do próprio indivíduo e por isso não basta ter nascido no século XIX, pois não se pode vir *en masse* a si mesmo com ajuda da geração e da própria época.

> Quanto mais se impõe a ideia de geração, mesmo no pensamento comum, tanto mais espantosa é a passagem pela qual um homem se torna individual e existente, em lugar de participar da espécie e afirmar: "nós, nossa época, o século XIX". Não nego que seja extremamente difícil: necessita-se de grande resignação para recusar semelhante tentação. Pois o que seria um homem singular e existente? Sim, nosso tempo sabe demasiado bem quão pequeno ele é, mas nisto reside a peculiar imoralidade da época. Cada época tem a sua, a de nosso tempo, talvez, não consista no divertimento e prazer [...], mas em um [...] extravagante desprezo pelo homem individual. No centro de todo júbilo acerca de nossa época e do século XIX ressoa a nota de um secreto desprezo pelo ser humano: na importância dada à geração predomina um desespero a respeito do ser-homem. Tudo, tudo também quer ser, mas o quer, ao se enganar apelando para o ponto de vista histórico-universal na totalidade; ninguém quer ser um homem individual e existente. Daí talvez as muitas tentativas de se ater a Hegel, mesmo quem viu a precariedade em sua filosofia. Temia-se desaparecer sem deixar vestígios, quando se tornasse um homem individual e existente, de modo que nem os jornais [...] e muito menos os especuladores históricos lançariam o olhar para ele [...] E é inegável: quando não se tem entusiasmo ético ou religioso, então se tem de desesperar acerca do fato de ser um homem individual – de outro modo não.[174]

A aparente coragem da geração esconde a efetiva covardia dos indivíduos, que somente se atrevem a viver alimentados por grandes impulsos,

---

[174] VII, 51; cf. 42.

de modo que possam ser algo. O indivíduo confunde-se com a época, com o século, com a geração, com o público e com a multidão da humanidade.

Dado que Hegel omite o individual, seu discurso sobre o "vir a ser" progressivo converte-se em aparência ilusória. Na verdade, ele entende a história universal como conclusão do ser que veio a ser e que exclui o vir a ser efetivo, ao qual pertencem ação e decisão.[175] Tão insignificante para a existência individual quanto para a rememoração de Hegel acerca do que há sido é a profecia de seus discípulos com respeito ao possível progresso do mundo. Ela não pode significar, seriamente, mais nada do que um divertimento, tal como um jogo com bolas ou de cartas, diz Kierkegaard ao final de sua crítica à época.

Poderia propor uma decisão à sua época, porque ele também, ainda que negativamente, participou de seus acontecimentos. Ele mesmo expressou metaforicamente o modo de sua participação individual: sua época lhe aparecia como um barco em navegação, no qual se encontrava com outros passageiros, mas tinha uma cabine particular. A efetividade burguesa desse ser-para-si era uma existência privada e isolada que, no entanto, não o impedia de seguir os acontecimentos públicos do mundo.

Ele via sua pequena Dinamarca como um "completo preparado" do declínio da "constituição" europeia e, frente a ela, considerou o "individual" – que "precisamente também" era o princípio do cristianismo – como a única salvação da época. Ambos, o desenvolvimento do mundo em direção ao nivelamento e a exigência cristã de existir perante Deus como um si-mesmo, pareciam-lhe coincidir como um feliz acaso. "Tudo se adapta completamente à minha teoria (a do indivíduo) e deve-se chegar a ver como *justamente eu* compreendi a época", destacava Kierkegaard com o orgulho próprio da exceção que também no universal se compreende como tal exceção.[176] Ele assinala a "catástrofe" de 1848 e acredita poder predizer que, inversamente ao ocorrido com a Reforma, desta vez o movimento *político* se transformaria em um movimento *religioso*. Efetivamente a Europa inteira, com rapidez crescente e apaixonada, se perdeu em problemas que não podem ser respondidos em meio ao mundo, mas somente a partir da eternidade. Não se pode saber ao certo quanto tempo se seguirá nesse estado convulsivo, mas é

---

175 VII, 6, nota.
176 *Diários* I, 324 e 328; *O conceito do elegido*, ed. cit., p.30; *Ataque à cristandade*, ed. cit., p.475.

certo que a eternidade voltará a ser considerada quando a espécie se tornar completamente extenuada pelo sofrimento e pela perda de sangue.

> Para se obter novamente a eternidade, será exigido sangue, mas um outro tipo de sangue, não aquele das vítimas de batalhas, assassinadas aos milhares, mas sim o precioso sangue dos indivíduos – dos mártires, desses poderosos mortos, que poderiam fazer o que nenhum vivente, que pudesse abater milhares de homens, pôde, o que esses poderosos mortos não conseguiriam enquanto vivos, mas somente podem como mortos: obrigar uma multidão furiosa a tornar-se obediente, justamente porque essa multidão furiosa, em sua desobediência, poderia ferir mortalmente os mártires.[177]

Nesse momento decisivo de "transformação", somente os mártires ainda poderão governar o mundo, e não, como sempre ocorreu, os dirigentes mundanos. O que se faz necessário então são sacerdotes e não soldados e diplomatas.

> Sacerdotes, que possam separar "a multidão" e torná-la individual; sacerdotes que não possuem grandes pretensões em relação aos estudos, e nada menos desejariam do que dominar; sacerdotes que, porventura, fossem dotados de grande eloquência, mas não menos poderosos seriam ao calar-se e padecer; sacerdotes que, conhecendo o coração humano, não seriam menos instruídos na abstenção em julgar e condenar; sacerdotes que saberiam empregar a autoridade com a ajuda da arte de fazer sacrifícios; sacerdotes que estariam preparados, educados e formados para obedecer e padecer, de tal modo que eles poderiam amenizar, advertir, edificar, comover, mas também obrigar – não pelo poder, muito menos obrigar mediante a própria obediência, e, sobretudo, sofrer pacientemente todos os malefícios das enfermidades sem serem perturbados [...] Pois a espécie humana está enferma e, compreendido do ponto de vista espiritual, mortalmente enferma.[178]

A potência do tempo também conduziu Kierkegaard, apesar de sua polêmica contra o processo de Hegel, a uma especulação histórico-universal

---

177 *Das Eine, was not tut* [O único necessário], p.4; *O conceito do elegido*, p.273 et seq. e 170 et seq., acerca da essência da autoridade.
178 Ibid., p.6.

e, em oposição a Marx, a um manifesto anticomunista. Ele atreveu-se a predizer o perigo que se abateria caso a catástrofe rebentasse: surgiriam falsos profetas do cristianismo, inventores de uma nova religião que, como figuras infectadas pelo demônio, se fariam passar por apóstolos, tal como ladrões com vestimentas policiais. Graças às suas promessas encontrariam um terrível apoio na época, até que se tornasse manifesto que a época carece do incondicionado e de uma verdade que seja indiferente a qualquer tempo. Com a perspectiva da restauração do cristianismo por testemunhas que se deixassem matar em nome da verdade, Kierkegaard é o antípoda contemporâneo da propaganda marxista de uma revolução proletária universal. Ele concebeu como a força peculiar do comunismo o "ingrediente" de religiosidade cristã nele contido.[179]

g) O vínculo de Schelling com os jovens hegelianos

O multifacetado ataque efetuado pelos jovens hegelianos ao sistema de Hegel foi favorecido pelo velho Schelling, que, em 1841, expôs sua última filosofia em Berlim. Entre seus ouvintes encontravam-se contemporâneos tão diversos como Kierkegaard, Bakunin, F. Engels e Burckhardt.[180] A polêmica com a qual Schelling deu início a sua filosofia "positiva" dirigia-se à ontologia de Hegel como sendo algo meramente "negativo", que concebe apenas o ser possível, mas não o ente efetivo, que precede o pensar. Com este último acontecimento da história da filosofia clássica alemã, começa a "filosofia da existência", que Marx e Kierkegaard desenvolveram contra Hegel a partir dos pontos de vista da exterioridade e da interioridade, respectivamente.

O termo *existentia* era, originalmente, um conceito escolástico oposto ao de *essentia* ou essencialidade. Dentro da filosofia cristã da Idade Média, a diferença dizia respeito a todo ser criado por Deus que não fosse o próprio Deus. Para seu ser também era válido que essencialmente existisse porque pertencia à perfeição e esta à existência. Somente em Deus a essência e a existência estão juntas ou unidas. Demonstrar essa unidade era a tarefa da

---

[179] Ver N. Berdiajew, *Wahrheit und Lüge des Kommunismus* [Verdade e mentira do comunismo].

[180] Kierkegaard, *Tagebücher*, I, 169 et seq.; Marx-Engels, *Ges. Ausg.* I/2, 173 et seq.; Burckhardt, carta a Kinkel de 13 de junho de 1842.

prova "ontológica" de Deus por Anselmo de Canterbury, e no sentido da mesma argumentaram Descartes, Espinosa, Leibniz e Wolff. A princípio, somente a crítica de Kant procurou refutá-la, porque não permitia deduzir de um "conceito" sua "existência". De acordo com o conceito, 100 táleres reais não são distinguíveis de 100 táleres possíveis; o que os distingue – o positivo da "existência" – reside fora do seu ser-algo ou de sua essência. Hegel suspendeu esta separação crítica entre *o que* algo é e *o fato de que* em geral algo "seja". Sua *Lógica* define o "efetivo" como a "unidade imediata que veio a si da essência e da existência ou do interior e do exterior". O que, de acordo com uma concepção mais antiga, somente caracterizava o ser de Deus, para Hegel, vale para todo ente que, em sentido "verdadeiro" ou "enfático", seja uma efetividade. Com efeito, seria "trivial" contrapor a efetividade como algo meramente exterior e a essência como algo meramente interior. Pelo contrário, a "ideia" ou o "conceito" entendidos como o ser essencial são também o pura e simplesmente atuante e efetivo. Em oposição a essa equiparação entre essência e existência, Schelling insistiu novamente na distinção entre uma filosofia "positiva" e outra "negativa" que não fosse uma volta a Kant, mas o ir além de Hegel.[181]

A virada filosófico-existencial de Schelling contra a filosofia "racional" de Hegel já tinha sido expressa anteriormente à *Filosofia da mitologia e revelação*, no prefácio a uma obra de Cousin[182] (1834) e nas lições ditadas em Munique sobre a história da filosofia moderna,[183] mas somente depois das conferências de Berlim discutiu publicamente em numerosos escritos a filosofia hegeliana.[184] A totalidade dos motivos de sua crítica encontram-se

---

181 Cf. Kant, *Kritik der reinen Vernunft* [Crítica da razão pura] (p.468 et seq.): Schelling, W., seção II, v. 1, p.285 et seq. e v. 3, p.46.
182 Schelling, W., seção I, v. 10, 212 et seq.; cf. seção II, v. 3, 80 et seq.
183 Ibid., 10, 126 et seq.
184 Somente no ano de 1843 apareceram os seguintes escritos: Michelet, *Entwicklungsgeschichte der neuesten deutschen Philosophie mit besonderer Rücksicht auf den gegenwärtigen Kampf Schellings mit der Hegelschen Schule* [História do desenvolvimento da mais nova filosofia alemã, com especial consideração à luta atual entre Schelling e a escola hegeliana]; Marheineke, *Zur Kritik der Schellingschen Offenbarungsphilosophie* [Acerca da crítica da filosofia da revelação de Schelling], Berlim; Rosenkranz, *Über Schelling und Hegel, ein Sendschreiben an Leroux* [Sobre Schelling e Hegel, carta a Leroux], Königsberg; Schelling, *Danzig*; cf. *Aus einem Tagebuch*, p.80 et seq. e 97 et seq.; Kapp (anônimo), *Schelling, ein Beitrag zur Geschichte des Tages* [Contribuição à história atual].

também em Feuerbach e Ruge, Marx e Kierkegaard, assim como em Trendelenburg, a cuja crítica contra Hegel Kierkegaard frequentemente se refere.[185]

Na ontologia lógica de Hegel, Schelling sente falta da fundamentação do progresso dialético e da passagem da ideia para a natureza. O puro pensar não pode levar a nenhum movimento verdadeiro e nenhuma concepção viva da efetividade, porque falta o empírico à desejada falta de pressupostos de seu movimento imanente. A síntese do "vir a ser" a partir do puro ser e do nada é aparente. O "abstrato de um abstrato", tal como é o *ser* puro e vazio, jamais pode sair de si mesmo para passar a algo e retornar a si ou mesmo se abandonar à natureza. Isso pode ser feito somente pelo *ente* efetivo, pois o mesmo é positivo.[186] A ulterior determinação do ser dentro do progresso dialético do vir a ser somente é possível para Hegel porque já há um ser pleno de conteúdo, e porque o próprio espírito pensante já é um tal ser. O que inconscientemente conduz o avanço da lógica de Hegel é seu *terminus ad quem*: o mundo efetivo, ao qual a ciência deve chegar e cuja *intuição*[187] já está posta de antemão. Sem tal suposição permaneceria esvaziado o ser hegeliano tal como o é, ou seja, nada.[188] O primeiro e supremo ser já é ele mesmo um ser *determinado*, e mesmo que seja somente como pensamento de um *sujeito* que é e *que pensa*.[189] A filosofia da razão hegeliana quer o ser sem o ente, seu idealismo é "absoluto" na medida em que não admite a pergunta acerca da existência positiva. Hegel removeu esse *a priori* empírico, e por isso também *contingente*,[190] e no lugar do vivente e efetivo colocou o conceito lógico, a que ele hipostasiou do modo mais estranho ao atribuir-lhe um movimento próprio que não possui. Assim que o sistema realiza o difícil passo do negativo da existência, isto é, do meramente lógico, para a *efetividade*,[191] partem-se completamente os fios do movimento dialético e

---

185 Trendelenburg, *Logische Untersuchungen*, v. I, 23 et seq. Sobre a posição de Trendelenburg em relação aos hegelianos, ver as indicações em Kühne, *Cieszkowski*, p.128; cf. Kierkegaard, VI, 67, 194; VII, 1, nota; *Tagebücher*, I, 314.; *Pap*. VI, 145. Ver Ruttenbeck, *Kierkegaard*, p.79 et seq.
186 Cf. Kierkegaard, V, 78; VI, 67.
187 Cf. Marx, III, 169.
188 Cf. Kierkegaard, VI, 196.
189 Cf. Kierkegaard, VII, 1 e 30 et seq.
190 Cf. Kierkegaard, V, 4.
191 Cf. Kierkegaard, V, 3 et seq.; VI, 193 et seq., 206.

permanece um "extenso e repugnante fosso" entre o ser-algo e o ser de fato. "Não se sabe bem o porquê, torna-se necessária uma segunda hipótese, que não se trata de interromper o tédio de seu mero ser lógico, ou que ocorra à ideia separar-se em seus momentos para que nasça a natureza."[192]

Portanto, a primeira pressuposição da filosofia[193] que pretensamente nada pressupõe consiste no fato de que o puro conceito lógico tem a natureza de, por assim dizer, precipitar-se *fora de si mesmo* para dobrar-se sobre si mesmo e assim *dizer* algo do *conceito*, que somente se pode *pensar* de um *ser vivente*. A segunda ficção está no romper-se da ideia por si mesma para abrir-se (*sich entschliessen*) como natureza, de tal modo que o empírico desde o início rejeitado volte a entrar pela porta dos fundos do vir a ser da ideia infiel a si mesma. O que Hegel de fato demonstrou é somente que, com o puramente racional não se pode aproximar da efetividade. Sua doutrina do ser concebe apenas o que *"não se pode pensar"*, o "de antemão impensável", o negativamente universal do ser, *sem* o qual nada é, sem conceber aquilo *pelo qual* é, o ente verdadeiramente positivo, que contém o negativo em si.[194] Para elevar a filosofia a esse ponto de vista positivo, tem de se *querer o* ente, "que *é* ou *existe*"; em contrapartida, Hegel põe o mero ente – esse cume de todo conceito lógico – como o *puro* ser, que, de fato, "nada" é, assim como a brancura nada é sem o branco.[195] Mediante esta distinção entre o ser negativo da essencialidade e o ente positivo da existência, a filosofia se encontra na iminência de uma última grande transformação, que, por um lado, fornecerá uma explicação positiva da *efetividade*, sem que, por outro lado, seja retirada à razão sua prerrogativa de estar na posse do *prius* absoluto, "próprio da divindade".[196]

O conceito hegeliano de Deus, em contrapartida, é um e o mesmo que a força criadora do conceito, cuja mera natureza racional ele contesta.[197] Por conseguinte, da popularização de suas ideias tinham de resultar conse-

---

192 Ibid., p.212.
193 Cf. acerca da crítica da dialética do começo: Kierkegaard, VI, 194 et seq. e Feuerbach, *Grundsatz*, 26.
194 Ibid., p.214; cf. 143.
195 Ibid., p.215, nota e a carta de Schelling a Weiße de 3 de novembro de 1834; cf. acerca da crítica do conceito hegeliano de ser: Feuerbach, *Grundsatz*, 27.
196 Ibid., p.216; cf. sobre ser-algo e que-ser ou sobre essência e existência, seção II, v. III, p.57 et seq., 70 et seq., 90 et seq., 163.
197 Ibid., p.127; cf. Feuerbach, *Grundsatz*, 24.

quências panteístico-ateístas em seus discípulos. Se não compreendemos o absoluto como existência histórica, mas sim como um processo imanente ao conceito, então o saber que o homem tem de Deus torna-se o único que Deus tem de si mesmo.[198] Com isso esse sistema alcança "a mais profunda nota de popularidade" e não é de se admirar que tenha encontrado partidários entre o *"grande* público"; embora se possa admitir que esse largo alcance de suas ideias tenha trazido pouca satisfação ao próprio Hegel. Tudo isso deriva, entretanto, de um erro, o de que as relações lógicas foram convertidas em relações efetivas.[199]

Na introdução a suas lições berlinenses, Schelling formulou ainda mais radicalmente sua apreciação da "existência". A filosofia positiva não vai do pensar ao ser, como a negativa-racional, mas antes do "ser diretamente" para o pensar. Seu pensar é, por ser *volitivo*, um pensamento livre e seu sistema um "empirismo apriorístico" cujo ponto de partida é o "ente cego" ou "diretamente existente". O verdadeiro caminho do homem filosofante é o mesmo de Deus: libertar-se a si mesmo do ser encontrado às cegas, do "estático", "arrancar" a própria autonomia frente ao existente de modo cego, que "por isso nada pode" fazer pela sua existência e é "necessariamente *contingente*". "O mundo inteiro é esse existente superado, imemorialmente cego."[200] Do ponto de vista hegeliano, Marheineke podia advertir, com razão, que Schelling confirmava a peculiar teologia de Feuerbach, desde que já lhe bastassem "categorias tão insignificantes" quanto as de "próprio" e "impróprio".

Nesse movimento contrário a Hegel, o problema do ser alcançou já em Schelling aquele ponto em que Heidegger o retomaria. Com efeito, quem poderia recusar que a "facticidade" do ser-aí, que reside no *factum brutum* do que-ser (*Daß-Sein*),[201] e que "o estar projetado" e o "projeto" correspondem ao "diretamente existente" e ao "desprender-se" desse acaso necessário? A diferença em relação a Schelling consiste no fato de que Heidegger erigiu baseado em Kierkegaard, um "sistema da existência", ao qual falta a tensão

---

198 Cf. Hegel, XIII, 88, e Feuerbach, *Grundsatz*, 23.
199 Ibid., p.160.
200 Segundo as versões concordantes de Michelet, p.174 et seq. e 195, e Marheineke, p.20 et seq., 36 et seq., 41.
201 *Sein und Zeit*, §29. Que a ontologia existencial de Heidegger seja imediatamente condicionada pela discussão com Hegel pode-se supor da conclusão de sua tese de Habilitação sobre Duns Scotus (p.241).

schellingiana entre a negativa e positiva filosofia da "razão" e da "existência". Para Heidegger, a "essência" universal do ser-aí reside somente e diretamente na "existência" própria de cada um,[202] que permanece oculta no seu "de onde" e "para onde" e tem pura e simplesmente que "ser", enquanto aceita a inocência do existir – o nada-poder-fazer – como culpa. O "ser" hegeliano para Schelling era apenas um "poder-ser" no sentido de uma possibilidade à qual permanece oposta a efetividade; já para Heidegger esse poder-ser tornou-se uma determinação ontológica da existência efetiva.[203]

Não era apenas a opinião de Schelling, mas também para os jovens hegelianos faltava à ontologia de Hegel a referência imediata à existência efetiva. Sua afirmação de que Hegel somente "afetava" o real e o transformava em um "deserto do ser" corresponde às críticas de Feuerbach, Marx e Kierkegaard, que defenderam Schelling contra Hegel, porque ele sempre havia tentado paralisar a autorreflexão do pensar.[204] Por isso Schelling podia afirmar com razão que era supérfluo tomar a defesa da filosofia hegeliana contra ele. Pois também aqueles que contra ele defendiam Hegel

> fizeram isso, em parte pelo menos, não para se oporem à filosofia positiva, ao contrário, eles mesmos *também queriam* algo semelhante; eles eram apenas da opinião de que essa filosofia tinha de ser construída sobre a base do sistema hegeliano e não sobre a base de algum outro, além disso, ao sistema hegeliano faltava nada mais do que continuar numa direção positiva, e isso, acreditavam eles, poderia acontecer por meio de um contínuo progresso, sem interrupção e sem qualquer inversão.[205]

Perante essa tentativa, Schelling se convencera, já em 1832, que não se podia continuar a filosofia de Hegel, mas antes tinha que se romper com ela, para novamente retornar "à linha do verdadeiro progresso".[206] E quan-

---

202 *Sein und Zeit*, §9.
203 Cf. sobre realidade e possibilidade no sentido de existência: Kierkegaard, VII, 17 et seq.; VIII, 12 et seq. A única, mas insuficiente, tentativa que foi feita para salientar a conexão histórica da posição filosófica de Heidegger com a de Kierkegaard e de Marx são os artigos de Beck e Marcuse no caderno especial sobre o *Ser e tempo*, de Heidegger: *Philosophische Hefte*, caderno 1.
204 Ibid., VII, 33; cf. a nota V, 14 e 55.
205 Schelling, *W.*, seção II, v. 3, 90 et seq.
206 *Aus Schellings Leben in Briefen* [A vida de Schelling segundo suas cartas], v. III, 63.

do ele, dez anos mais tarde, realizou suas conferências em Berlim, podia gabar-se de ter por ouvintes a maioria dos hegelianos que em público e privado lhe testemunharam toda espécie de respeito: "A tensão é inacreditável e já agora [...] tudo em movimento para evitar que a excessiva afluência de público no grande auditório, todavia relativamente pequeno, não cause escândalo".[207] Sua certeza de vitória, porém, foi logo amargamente desapontada quando chegou ao ponto mais alto o impulso revolucionário dos jovens hegelianos na sua polêmica contra "a mais nova tentativa de reação" de Schelling.[208] Um decênio depois tornou-se mais forte a reação contra os jovens hegelianos, pondo fim ao seu "progresso". A reação política e eclesiástica dos anos 1850 deslocou a base histórica de uma filosofia comprometida com o espírito do tempo, enquanto a intuição do mundo de Schopenhauer alcançou extraordinária repercussão, que se sustentava menos por seu conteúdo positivo do que por sua atitude de alienação política e histórica.[209]

"Pessimismo" e "otimismo" tornaram-se divisas da época,[210] porque correspondiam à resignação e ao desgosto, assim como ao desejo por tempos melhores. Não constitui, neste caso, nenhuma diferença de princípio, se a "filosofia da miséria" toma seu ponto de partida da miséria da existência econômica (Proudhon), do humano universal (Schopenhauer) ou da existên-

---

207 Ibid., p.173.
208 Ver Marx-Engels, *Ges. Ausg.*, II, 173 et seq.; F. Engels, *Schelling über Hegel* [Schelling sobre Hegel] (1841); *Schelling und die Offenbarung* [Schelling e a revelação]. Ruge, que conheceu Schelling no verão de 1841 e que se sentiu não pouco lisonjeado pelo elogio dele aos *Jahrbücher*, teve de admitir, seis meses depois, numa carta a Rosenkranz, que Schelling naquela ocasião "havia lhe enganado" (*Briefe*, I, 174; 236, 272).
209 Ver a respeito Nietzsche, I, 487 et seq.; X, 297, 304, 348. Um documento interessante acerca dessa volta para a filosofia é a notícia de Schelling sobre Metternich: "Por este dias ouço de fontes seguras acerca de um escrito confidencial do príncipe de Metternich, no qual ele, com dor comovente, expressa seu desgosto pelos negócios políticos, e o ancião e poderoso homem, esgotado pelos grandes assuntos de Estado, não deseja nada mais do que poder viver dedicado inteiramente à filosofia. Quem teria pensado isso? Mas o tempo se orienta por si mesmo nesse sentido e a decisão última, que ultrapassará a penúria, a mediocridade e a miséria atuais, somente poderá ser espiritual" (*Aus Schellings Leben...*, III, 197).
210 Ver Rosenkranz, *Neue Studien*, II, 571 et seq.: *Die philosophischen Stichwörter der Gegenwart* [As divisas filosóficas do presente] e: Vainhiger, Hartmann, Dühring e Lange, *Iserlohn*, 1876, obra em que também se mostra a conexão de Dühring e Hartmann com a escola hegeliana.

cia espiritual no sentido cristão (Kierkegaard), se foi destacada a filosofia da miséria ou "a miséria da filosofia" (Marx), se a "desolação do existir" foi interpretada de maneira cristã (Kierkegaard) ou budista (Schopenhauer), se afirmou-se a falta de valor (Bahnsen) ou o "valor da vida" (Dühring), e se, além disso, seu valor foi considerado como estimável (Hartmann) ou como "não estimável" (Nietzsche). É comum a todos esses fenômenos que a existência como tal tenha sido posta em questão. Schopenhauer, principalmente, tornou-se o filósofo da época, que "como um Jó especulativo sentou-se sobre o monte de cinzas da finitude" e por isso foi ao encontro da consideração de Kierkegaard.[211] A "vontade" cega produz esse mundo de sofrimento e a "representação" não sabe dar-lhe nenhum conselho melhor do que o de não querer mais nada.

A historiografia da filosofia alemã não reconheceu, em seu pleno significado, nem essa reação nem a revolução da vida espiritual e política que a precedeu e fundamentou. Por isso ela não chegou a nenhuma verdadeira compreensão da história do século XIX. Diferentemente dos filósofos contrarrevolucionários da Revolução Francesa, que procediam da nobreza, os filósofos alemães da época da reação burguesa carecem de perspicácia e de uma posição espiritual. Nos anos 1860, acreditava-se ter progredido para além de Hegel e seus discípulos, mediante o *Retorno a Kant*, preparado por Schopenhauer, sem consciência de que essa renovação de Kant estava em conexão com a incapacidade de se vencerem aquelas questões que, nos anos 1840, originaram-se da discussão com Hegel.

Os usuais "apêndices" à história da filosofia posterior a Hegel já mostram exteriormente o embaraço perante aquela "fadiga" do espírito que, em relação ao idealismo, somente se entendia como sua decomposição, ao passo que se desconhecia a força destrutiva do movimento. K. Fischer, em sua obra em dois volumes sobre Hegel, não dedica mais que duas linhas a Marx, no *Compêndio da história da filosofia*, de Überweg-Heintzes, na quinta edição (1916), somente se dedicam duas páginas a Engels e Marx, e mesmo na *História do materialismo*, de F. A. Lange, não se menciona Marx no texto em geral, sendo que na indicação das fontes somente é mencionado como o melhor conhecedor da história da economia política. A despeito do anúncio de sua dissertação nos *Anais de Halle*, Kierkegaard permanecia um desconhecido, e a dissolução crítico-histórica da religião cristão foi abandonada a uma teologia

---

211 Ver *Tagebücher*, II, 244, 344 et seq., 351, 367.

cuja dogmática, em analogia com o ocorrido na filosofia sistemática, diluíra-se na *história* dos dogmas, da Igreja, em ciência e psicologia comparada da religião. Bem conhecidos pelos hegelianos originários, o perigo e a significação do radical movimento filosófico e teológico caíram no esquecimento e poderia parecer que entre a morte de Hegel e a renovação de Kant nada de essencial havia acontecido. Considerado, porém, em conexão com os acontecimentos efetivos e completos do século, esse retrocesso a Kant, aparentemente tão imotivado, explica-se pelo fato de que a inteligência burguesa cessara de ser, na prática, uma classe historicamente ativa e por isso também perdeu, no pensamento, a iniciativa e força de ataque. O movimento filosófico dos anos 1840 chega ao fim ao mesmo tempo que o movimento político-revolucionário. Da maneira como aconteceu, o retorno a Kant testemunha um retrocesso para além daqueles limites da problemática alcançados pelos jovens hegelianos na relação filosófica e religiosa, social e política.[212] O mundo burguês-cristão, tendo seus fundamentos atacados, experimenta na história do neokantismo uma aparente revitalização, e somente a partir da *crise do neokantismo* surge a tentativa de uma *renovação de Hegel*.

3. A renovação da filosofia hegeliana pelos novos hegelianos

O princípio da renovação de Hegel foi fixado pela primeira vez e do modo mais claro por B. Croce, mediante a distinção da parte "morta" e "viva" da filosofia hegeliana.[213] A parte morta consiste, sobretudo, na filosofia da natureza, mas também na lógica e na filosofia da religião; como parte viva temos a ciência do espírito objetivo, na medida em que se possa dissolver sua pretensão absoluta e sistemática em uma perspectiva histórica. Essa divisão, que nega na sua totalidade o sistema de Hegel, também tem validez para a renovação alemã de Hegel. Enquanto na Itália, porém, a tradição da filosofia hegeliana avançou sem interrupção, pois as questões

---

212 Ver Korsch, *Marxismus und Philosophie*, p.57 et seq.
213 *Ciò che è vivo e ciò che è morto della filosofia di Hegel*; tradução alemã de 1909. Acerca da história do hegelianismo italiano ver as indicações bibliográficas de Grassi: *Beziehungen zwischen deutscher und italienischer Philosophie* [Relações entre a filosofia alemã e italiana], *Deutsche Vierteljahrsschr. für Literaturwi et seq. und Geistesgesch*, p.363 et seq.

nela encerradas jamais foram exageradas, na Alemanha necessitava-se de uma renovação deliberada e contrária ao desprezo geral em que caíra Hegel. A profecia de Schopenhauer,[214] de que o período de fama de Hegel tornar-se-ia uma permanente mácula nacional e o escárnio do século, foi frustrada pelo novo hegelianismo: Schopenhauer permaneceu sendo conhecido pela mediação de Nietzsche; e Hegel, contrariado as expectativas, pareceu levantar-se no começo do século XX. Após um período de oitenta anos nos quais a *Lógica* não havia sido reeditada, apareceram duas novas edições completas, a publicação dos escritos póstumos, um comentário aos seus escritos de juventude, um léxico de Hegel e uma literatura sobre Hegel que não tinha como não ser notada.[215] O novo hegelianismo já havia se tornado um fato histórico e refletia essas transformações,[216] uma sociedade-Hegel e congressos-Hegel demonstram a renovação do estudo hegeliano. Não estão em questão, porém, os fatos exteriores a essa revitalização, mas apenas se e como o tempo presente pode responder às questões já propostas pelos hegelianos originários acerca da historicidade e, em geral, do tempo.

De modo excelente, *Dilthey* compreendeu a consciência histórica como problema da filosofia e do espírito. A elaboração da filosofia hegeliana do espírito histórico foi, neste caso, de significação decisiva, e de fato, tanto para a *Introdução às ciências do espírito* (1833), que pretendia ser uma crítica da razão histórica, quanto para os tratados posteriores destinados à construção do mundo histórico. Mais do que todos os novos hegelianos juntos, Dilthey reviveu e tornou fecundo para o presente o modo de pensar histórico de Hegel através de sua *História da juventude de Hegel* (1905) e por seus trabalhos histórico-sistemáticos. Sua discussão com Hegel remonta aos anos 1860 – nos quais apareceu também *The Secret of Hegel*, de Stirling – e se estende até os últimos anos de sua vida de pesquisador. Em torno de 1900, a resenha da obra de K. Fischer sobre Hegel representa uma espécie de ponto central na evolução de seu pensamento.

---

214 *Parerga und Paralipomena*, II, cap. 20.
215 O informe de J. Brecht acerca da pesquisa sobre Hegel de 1926 a 1931 comenta mais de 50 obras: *Literarische Berichte aus dem Gebiete der Philosophie* [Resenha literária no domínio da filosofia], org. por Hoffmann.
216 Ver Levy, *Die Hegelrenaissance in der deutschen Philosophie* [O renascimento de Hegel na filosofia alemã], conferência na *Kant-Gesellschaft*; Glockner, *Krisen und Wandlungen in der Geschichte des Hegelianismus* [Crise e transformação na história do hegelianismo], Logos, XIII, 1924/5.

O critério crítico para a distinção de Dilthey entre o que permanece e o que é transitório na filosofia de Hegel é, assim como já para Haym, a *historicidade*. Ele considera como contrassenso da filosofia de Hegel a contradição entre a consciência histórica da relatividade de toda efetividade histórica e a conclusão metafísica do sistema.[217] A forma fechada do sistema absoluto é incompatível com as "ideias de desenvolvimento grandiosas e plenas de futuro" e com os "fatos" nos quais se apoia. "Como essa pretensão pode ser mantida em meio ao sistema imenso dos mundos, da diversidade dos desenvolvimentos que neles se consumam, do futuro ilimitado, que se esconde no seio desse universo, que sempre progride em direção a novas formas!"[218] Distintamente da interpretação evolucionista de Fischer, estava claro para Dilthey que o pensamento evolucionista do século XIX não era o de Hegel, mas antes o contradizia.[219] A construção hegeliana definitiva da natureza e do espírito, na forma lógica do silogismo, pressupõe um mundo que não é mais o nosso.

> Deva o espírito alcançar o conhecimento absoluto nessa terra, então ela precisa novamente tornar-se o ponto central do mundo; e, de fato, toda a filosofia da natureza de Hegel está construída a partir desse ponto de vista. A evolução espiritual sobre a terra tem de encontrar, em princípio, sua conclusão na descoberta da filosofia absoluta, e toda a história universal e a história da filosofia hegelianas estão construídas sob esse ponto de vista.[220]

Para Dilthey, o "disparate" de uma tal pretensão está fora de qualquer dúvida, porque sua ideia da "efetividade" do nosso mundo mede-se pelos "fatos" descobertos pelas ciências positivas e não, como para Hegel, pelo conceito filosófico.[221] "Através de todos os escritos se extrai a vã disputa contra as ciências da natureza, do homem e da história."[222] Essa referência à posição polêmica de Hegel em relação aos métodos das ciências positivas

---

217 *Ges. Schr.*, IV, 187.
218 Ibid., p.219.
219 Ibid., p.244, 248.
220 Ibid., p.219; cf. 246.
221 Ibid., p.218.
222 Ibid., p.220, 223.

merece maior consideração, na medida em que Dilthey com isso aponta, ao mesmo tempo, a falta de fundamento de uma renovação de Hegel, que mascara a incompatibilidade da consciência científica moderna com a "ciência" especulativa de Hegel e parece esquecer que Hegel caracteriza as ciências como "construção de um entendimento abandonado pela razão", cuja expansão superficial é inadmissível.[223] Se, contudo, a filosofia hegeliana é a única "ciência" verdadeira, então ela é necessária também separada da doutrina de Dilthey acerca da visão de mundo, que é a mera "expressão" de "necessidades metafísicas". Em virtude dessa diferença fundamental acerca da apreciação e avaliação da ciência e da efetividade, para Dilthey, a aspiração de Hegel em conceber historicamente, "a partir de si mesma", a totalidade do mundo espiritual está em contradição com o princípio de explicação do espírito absoluto. Hegel subordina o mundo histórico "real" do espírito do humano a um reino ideal de determinações "lógicas", que, por serem atemporais, são incapazes de explicar a evolução efetiva no espaço e no tempo. No século XIX, a filosofia de Hegel fracassou no intento de entrelaçar um conceito "quimérico" de uma evolução não determinada pelo tempo com a evolução real e temporal. Igualmente, a tentativa de resolver a falsa tarefa colocada pela dialética é completamente inutilizável e tem de ser rejeitada.[224] Para formulá-la corretamente e torná-la passível de resolução, Dilthey limita a "concepção" especulativa hegeliana do conceito da efetividade a um "entendimento" analítico de suas estruturas mais universais. O "logos" do ente transforma-se, assim, em uma "significação" relativa e a ontologia de Hegel em uma análise ideológica da efetividade.[225] O que permanece da metafísica de Hegel consiste apenas nas "intenções históricas", descontado, portanto, seu fundamento metafísico-teológico, que justamente consiste na parte caduca do sistema. O significado duradouro de Hegel reside no fato de que ele ensinou a se compreender historicamente a essência de todo fenômeno vital.[226]

Para Dilthey, com exceção da lógica e da filosofia da natureza, a filosofia da religião sucumbiu junto com a história da época: a tese acerca do caráter absoluto da religião cristã é tão central para a construção histórica

---

223 XVI, 47.
224 *Ges. Schr.*, IV, 229. Parecia a Dilthey que a prova da falta de fundamento da dialética hegeliana já havia sido apontada por Trendelenburg.
225 Ibid., p.227.
226 Ibid., p.249 e 254.

hegeliana do espírito quanto é, para sua filosofia da natureza, a posição central da Terra no universo. O que "nele é imperecível" é, antes, o conhecimento da relação histórica de todas as verdades religiosas e morais.

> Tudo é relativo, incondicionada é apenas a natureza do espírito que se manifesta no relativo. E não há fim para o conhecimento dessa natureza do espírito, nenhuma concepção última, tudo é relativo, cada um fez o suficiente e se satisfez a seu próprio tempo. Essa grande doutrina, cuja poderosa consequência, posta em marcha – a relatividade do conceito de propriedade –, revolucionou a ordem social, também conduziu à relatividade da doutrina de Cristo.[227]

Essa transformação do absoluto em história – por tudo relativizar – alcança o caráter de ser absoluta, resulta na crítica em que *Dilthey não renova Hegel, mas antes a compreensão de Hegel por Ruge e Haym,* antecipa todos os motivos de sua ocupação com Hegel. Em contraste com o radicalismo dos jovens hegelianos, a temporalização diltheyniana da metafísica de Hegel não tem tendência revolucionária. O que ele queria comunicar era, por fim, apenas uma "disposição" filosófica, tal como ela resultava "da meditação acerca da coerência da consciência histórica". O *pathos* metafísico do espírito de Hegel que revela as profundezas do universo em Dilthey atenua-se ao ponto de tornar-se uma "consciência" que sabe que a "anarquia" dominante "em todas as convicções profundas"[228] não pode ser removida nem por uma renovação de uma antiga e nem pela construção de uma nova metafísica. O mundo espiritual de Hegel torna-se "efetividade histórico-social", que, como tal, não é nem racional nem o inverso, mas sim, de maneira indeterminada, "significativa". A significação do mundo não é mais fundada nele mesmo, mas sim produto de nossa conduta e nossa compreensão do mundo, pois "nós" não trazemos nenhum sentido do mundo para a vida, ao contrário: "estamos abertos à possibilidade de que somente nasçam no homem e em sua história". Os grandes "poderes objetivos da história da humanidade" – o espírito objetivo da filosofia hegeliana – constituem a substância na qual o indivíduo deve se ater, para que possa compreender a partir de si mesmo a vida humana sem teologia dogmática e metafísica.

---

227 Ibid., p.250; cf. V, p.XXII et seq.
228 VIII, 175 et seq.

Que essa resposta ao problema da historicidade não seja propriamente filosófica, que, em geral, os esforços de vida de Dilthey para a construção de uma filosofia, a partir da consciência histórica como tal, tenham fracassado pela probidade de seu saber, não nos permitem, contudo, esquecer que ele, justamente em virtude do abandono da posição hegeliana, foi seu único produtivo renovador.

Em um discurso acadêmico de 1910, *Windelband*[229] proclamou oficialmente "a renovação do hegelianismo". Hoje suas formulações podem somente despertar uma espécie de assombro com respeito ao empobrecimento do espírito. Sem uma relação original com Hegel, essa renovação oficial acontece por meio de um desvio a um Kant também renovado.

> Se a filosofia posterior a Kant tem de orientar seu trabalho conceitual a um desenvolvimento do sistema da razão, então, de fato, foi um progresso necessário que conduziu de Kant a Hegel, passando por Fichte e Schelling, e a repetição deste processo no progresso da filosofia mais recente, que vai do neokantismo ao novo hegelianismo, não é algo casual, mas antes possui em si uma necessidade objetiva.[230]

Hegel experimenta, agora, assim como antes ocorreu com Kant, "na mudança das gerações, a mudança de reconhecimento"! Esse progresso no retorno a Hegel significa que a crítica da razão de Kant exigia uma base histórica; sua crítica da ciência da natureza tinha de ser estendida à crítica à "ciência da cultura", depois de esta última ter se desenvolvido tão poderosamente nas ciências históricas do espírito. Mas para elaborar conceitualmente a plenitude do desenvolvimento histórico dos "valores da razão", necessita-se da filosofia hegeliana, que, principalmente, ilumina os princípios do mundo espiritual. "É a fome por visão de mundo que se apoderou de nossa jovem geração, que procura saciá-la com Hegel." Windelband, porém, rejeitou o questionamento acerca de quais transformações da situação espiritual tenham gerado essa disposição: "basta que ela esteja aí e se descarregue com a mais impetuosa violência!" A jovem geração anseia voltar de um estado de desolação metafísica para os "fundamentos espirituais da vida" e, ao encontro dessa necessidade vem a filosofia universal de

---

229 *Präludien* [Prelúdios], I, 273 et seq.
230 Ibid., 279.

Hegel, acerca do espírito histórico, que demonstra um "sentido integral de efetividade". Para isso, contribui o "alegre otimismo evolutivo" de sua doutrina, com o qual triunfa sobre o pessimismo de Schopenhauer e o individualismo sem barreiras de Nietzsche. Nesse sentido, o retorno a Hegel significa um progresso. O neo-hegelianismo somente tem que se libertar das "estranhas formalidades" e "precipitações metafísicas" do velho hegelianismo; tem de descartar a casca morta e reter o caroço vivo. O caroço fecundo que permanece é a concepção de que nós, como uma "espécie abarcada pela evolução", participamos da razão universal. Hoje ninguém pode deixar de ver que esse programa não é nada mais que casca e que seus conceitos pertencem a formulações recolhidas em Hegel a respeito de uma burguesia otimista, que de nenhum modo revelam uma força "elementar" do espírito.

Em princípio também Lasson[231] compreendeu, da mesma maneira, mas com ênfase no elemento prussiano e na consciência protestante livre da filosofia hegeliana, a tarefa do hegelianismo como uma consequência do kantianismo, e, na sua dupla condição de hegeliano prussiano e pastor, assumiu a tarefa plena de mérito concernente à reedição das obras de Hegel. Com fundamentação fraca, todavia, o caminho que leva de Kant a Hegel foi repetido, como nos mostra Ebbinghaus,[232] que logo após sua adesão ao partido do idealismo "absoluto" de Hegel retornou a Kant para, por fim, terminar em Wolff.

Somente Kroner conseguiu realizar com seriedade o programa de Windelband em sua obra *De Kant a Hegel* e em uma "filosofia da cultura"[233] orientada pelo pensamento de Hegel. Kroner diz: "Compreender a Hegel significa ver que não se pode, simplesmente, ter ido além dele." Que ele, contudo, possa ter a intenção de renovar Hegel para o presente tem seu fundamento na equiparação da tarefa atual com aquela realizada por Hegel.[234] Os pressupostos do filosofar desde então modificaram-se, mas, para

---

231 *Was heisst Hegelianismus?* [O que significa hegelianismo?].
232 *Relativer und absoluter Idealismus* [Idealismo relativo e absoluto].
233 *Von Kant bis Hegel* [De Kant a Hegel], v.I e II, 1921 e 1924; *Die Selbstverwirklichung des Geistes* [A autorrealização do espírito]; cf. para o que segue: *System und Geschichte bei Hegel* [Sistema e história em Hegel]; *Bemerkungen zur Dialektik der Zeit* [Observações acerca da dialética do tempo], *Discussões do terceiro Congresso Hegel*, p.153 et seq. Sobre a crítica do hegelianismo de Kroner, cf. Marck, *Die Dialektik in der Philosophie der Gegenwart* [A dialética na filosofia contemporânea], I.
234 V. II, p.X.

dominar essa transformação, necessita-se da reapropriação da tradição clássica, tal como Hegel a encarnou com grandiosa plenitude. Ele alcançou, sobretudo, a reconciliação da consciência mundana com a consciência religiosa, superou a oposição entre a Antiguidade e o cristianismo e unificou o espírito grego com o alemão.

Durante a guerra, a identidade dialética hegeliana do ideal e da efetividade foi patrioticamente simplificada: "idealismo alemão e sentido alemão da efetividade" se revelaram (segundo Lasson)[235] de modo preponderante como "admirável unidade" na filosofia de Hegel e na guerra mundial. A efetividade e o ideal devem, segundo Kroner,[236] "a cada passo" ser perseguidos e acompanhados pelo Estado alemão. Como o sentido propriamente histórico contemporâneo da renovação acadêmica de Hegel, revela-se, nesse período das edições filosóficas de campanha, a autoafirmação da consciência cristã-germânica, ou mais exatamente, da consciência prussiano-protestante.

Tivesse esse hegelianismo compreendido realmente – como ele mesmo diz – que os pressupostos de nossa vida e pensamento se transformaram radicalmente e que o mundo de Hegel não é mais o nosso, tivesse ele tomado a sério sua observação ocasional de que o destino de Hegel era Feuerbach,[237] então ele teria de reconhecer também a aparente contradição entre o sentido *absoluto* e o sentido *histórico* da filosofia hegeliana como aquela que somente por isso tornou-se contradição, porque *nós* não acreditamos mais no *caráter absoluto do cristianismo* e do espírito nele fundado. Somente sob essa pressuposição pode-se conceber a construção histórico-final de Hegel como tal, enquanto a ideia de um progresso infinito da história espiritual afasta, *a priori*, a consciência cristã do tempo, mesmo na forma secularizada de Hegel.

Por isso, a inconsequência propriamente dita no hegelianismo de Kroner reside em ele afirmar o caráter cristão do espírito hegeliano, mas negar a conclusão, aí fundada, da história do espírito, porque ele não quer admitir que a filosofia de Hegel é, de fato, a plena consumação do princípio do cristianismo e que sua mediação entre a Antiguidade e o cristianismo não constitui "herança" alguma, pois já estava em questão há mais de um século.

---

235 *Was heisst Hegelianismus?*, 1916.
236 *Idee und Wirklichkeit des Staates* [Ideia e efetividade do Estado].
237 Glockner, *Hegel*, I, p.XV et seq.; *Krisen und Wandlungen in der Geschichte des Hegelianismus*, p.346.

Para resolver a contradição entre "sistema" e "história",[238] Kroner introduz, ao interpretar Hegel, uma outra contradição muito mais moderna do que a que se poderia atribuir a Hegel, a saber, a contradição entre a condicionalidade histórica e a "validez" incondicionada, que Hegel tolerara com "grandiosa despreocupação". Ele afirma, por um lado, que toda filosofia consiste na apreensão do pensamento de sua época e, por outro lado, no eterno caráter absoluto do espírito. Primeiramente Kroner tenta tornar compreensível, de modo dialético-formal, a unidade de ambas as afirmações. O discernimento superior de Hegel une a ambas, porque para ele a história mesma constitui uma obra *do* espírito. "A história não é *mera* história, ela é, ao mesmo tempo, o espírito criador da humanidade, ela é a casa [...] na qual ele [...] reside e que ele continuamente constrói e reconstrói."[239] Nesse sentido, Kroner compreende sua reelaboração de Hegel e, por isso, não entende a conclusão que ele representa. Ele mesmo nota que Hegel, como nenhum outro, filosofa olhando para trás com consciência de um acabamento histórico, e o que segue parece muito bem confirmar essa visão.[240] Mas em lugar de esclarecer tal problemática *histórica* a partir da suposta contradição entre o sistema e a história, Kroner se propõe a seguinte questão: com qual direito podia Hegel, "apesar" dessa resignação histórica, pretender "validez absoluta" para seu sistema? Hegel identifica a verdade de seu sistema com a verdade em si e para si e, ao mesmo tempo, pensou historicamente, tal como ninguém antes dele pensara, enquanto, por outro lado, sua história da filosofia pertence ao sistema. A solução desta contradição foi: converter o aspecto histórico em um aspecto sistemático, para assim escapar ao perigo do relativismo histórico.

Porém, o relativismo histórico é um problema muito moderno (talvez já tenha deixado de ser moderno) que, para Hegel, nem existia. Seu peculiar rendimento não consistia na transformação do aspecto histórico em um aspecto sistemático – essa tentativa Dilthey fizera primeiro –, mas, antes, o inverso: a unificação do sistemático com o histórico. Um aspecto histó-

---

238 Para formar uma noção de como se apresenta nos primeiros hegelianos a questão acerca do relacionamento da história com o absoluto, ver a discussão das teses de Gabler, *Über das Verhältnis der geschichtlichen Entwicklung zum Absoluten* [Sobre a relação do desenvolvimento histórico com o absoluto] em *Noacks Jahrbüchern*, Heft 4, p.99 et seq., e 1847, H. 1, p.150 et seq. e H. 2, p.223 et seq.
239 *System und Geschichte*, p.248 et seq.
240 Ver o discurso inaugural de Kroner ao segundo Congresso Hegel, 1931.

rico dos sistemas da filosofia, uma assim chamada história das ideias e dos problemas, somente existe, e não casualmente, a partir de Hegel. A historicização da verdade filosófica era, para ele mesmo, igualmente distante do historismo e da validade. A pretensão moderna por validez "em si" procede, historicamente, da filosofia *anterior* a Hegel e constitui um postulado do neokantianismo. E somente perante uma verdade postulada em si sua historicidade cai em um historismo que relativiza a validez. Por consequência, se resolve a oposição entre sistema e história não como Kroner deseja, mediante uma história "supra-histórica" e pelo argumento formalista de que a tese acerca da historicidade do espírito já é, como tal, supra-histórica, porque ela pretende "valer" para todas as épocas. Se Hegel pode deixar aparecer o eterno no temporal, nenhuma dialética formal fundamenta esse fato, mas sim uma metafísica plena de conteúdo do logos cristão. Sua filosofia de fato concebe em si mesma, tal como Kroner observa,[241] a consciência cristã a respeito do "fim de todas as coisas", porque Hegel pensa, em geral, na consciência do *significado absoluto* da aparição histórica de Cristo. E por isso foi-lhe possível abarcar a "totalidade do tempo". Ele vive no "reino milenário", no qual "todos nós voltaremos a estar reunidos", "na efetividade – pois no pensamento já vivo desde sempre dentro dela".[242] Para Hegel, nem todo presente era "o supremo", mas apenas aquele que, tal como o seu, representava um "elo final" na "sagrada cadeia" do que já foi apropriado pelo pensamento e, agora, o é em toda a sua extensão. Nem todo presente é, tal como em Hegel, "começo e fim simultaneamente" e "por isso mesmo absoluto", mas somente aquela época que vai de Tales a Proclo e dela até Hegel possibilita pôr um ponto-final após o Agora do "de lá até aqui". Na verdade, Hegel diz literalmente que a série das figuras espirituais está com sua obra concluída "por hora". Mas isso não significa, "pura e simplesmente", "que sua filosofia seja a forma mais alta *até agora* alcançada",[243] assim como tenderia a afirmar todo filósofo "convencido" de seu sistema, mas antes que o período aqui considerado é a época do "de tempo em tempo",[244] que Hegel conta em milênios, assim como ele mede a verdade do sistema conforme a medida de sua totalidade.[245] Somente em

---

241 *Von Kant bis Hegel*, II, 505.
242 *Br.* I, 141.
243 *Von Kant bis Hegel*, II, 506, nota.
244 Hegel, XV, 34, 95.
245 Hegel, XVI, 174.

todo tempo sagrado, e não em qualquer tempo, acontece uma "sacudida" espiritual, que transforma radicalmente a totalidade do que até agora foi. E, por isso, Hegel de nenhum modo rompe com o pensar histórico a fim de transformar-se em um pensamento sistemático, mas bem acontece *após* Hegel uma revolução no espírito da época, e por consequência, também no pensar sistemático. As proposições de Hegel acerca da história do espírito até agora desenvolvida não têm o sentido inócuo de "que o presente como tal não constitui e nem pode ser objeto de consideração histórica",[246] mas apenas a "verdade simples" de tais proposições deve ser a de que Hegel leva a termo a história do espírito no saber de um fim. Mas, então, se torna desnecessário protegê-lo da censura de que ele concebeu o seu presente como o fim da história. O fato de o acontecer *empírico* continuar seguindo sem fim, para Hegel, compreende-se por si mesmo. Em contrapartida, a história do conceito foi, de fato, concluída por ele. E desse modo, a despeito de sua resignação histórica, Hegel não pretendeu, contudo, validade absoluta para seu sistema, mas apenas em virtude de seu saber histórico ele podia, no sentido assinalado, ser tão sistemático como ninguém antes ou após ele. Na união da completa história do espírito até então ocorrida, o foco não se encontra no "até agora" sublinhado por Kroner, como se com isso nada fosse dito a respeito do futuro, mas antes é acentuado todo o "até aqui e agora", "finalmente" o espírito do mundo chegou, e esse todo é um resultado plenamente atingido. O que, no futuro, possa surgir é algo que Hegel deixa em aberto, mas não porque não se pudesse considerar historicamente o presente, mas antes porque agora três épocas chegaram ao fim, Hegel, abstratamente, pôs um fim à história. Ele, mais do que qualquer outro, a partir do passado rememorado, já possuía um relacionamento histórico com o presente. Não é por acaso que seus sucessores imediatos filosofavam antecipando o futuro e consideravam sua própria época como "histórica", no sentido inverso da palavra. Enquanto Hegel atualizava o que até então havia sido e sucedido, a crítica do existente feita pelos jovens hegelianos atualizava em direção oposta o que seria a tarefa iminente. O neo-hegelianismo, em contrapartida, não expunha nem o passado e nem o futuro, porque ele desconhece a significação histórica da ruptura com Hegel e não reconhece que nossa "história do espírito" começa com o colapso do espírito hegeliano.

---

246 *System und Geschichte*, p.256.

Scholz também tratou de explicar a suposta contradição entre o sentido absoluto e o sentido temporal do sistema de Hegel.[247] Para a consideração formal, tal contradição permanece sendo uma inconsequência, que não se pode afastar completamente, mas pode-se explicar a pretensão absoluta pelo fato de que Hegel vive na certeza de ter apreendido pela primeira vez o absoluto, pelo modo como se tem de apreendê-lo, se ele deve mostrar-se na efetividade como eficaz, ou seja, como "relativizando-se constantemente a si mesmo". O caráter absoluto de seu sistema consistiria em um relativismo absoluto, porque Hegel – em oposição a Kant – apresenta o absoluto como um espírito imanente e sempre presente na efetividade.[248]

No domínio da filosofia da natureza, Scholz considera essa tentativa como inteiramente fracassada, ao passo que obtive um êxito parcial no domínio do espírito histórico, a saber, se se interpreta a prova do caráter sensível de todo acontecimento como um procedimento hipotético e para a superação das dificuldades que se opõem – também na própria consciência de Hegel – à crença no sentido da história. Em todo caso, a apreciação fundamental do significado de Hegel atualmente tem de partir do fato de que somente por meio da filosofia dele se sabe sobre o pensamento da época, e esta tese diz respeito a todo relacionamento da filosofia com a efetividade histórica de nossa vida. Esse vínculo entre o caráter temporário da filosofia e seu conteúdo substancial garante a significação duradoura de Hegel. Que toda filosofia seja a autoconsciência de sua época não significa que ela seja um mero espelho da época, mas antes que cada geração tem de levar a cabo a tarefa da filosofia com força nova e de modo próprio, justamente porque não há nenhuma *philosophia perennis* em qualquer sentido exterior à eternidade. Ao caráter passageiro da filosofia corresponde, positivamente, seu constante rejuvenescimento. O alcance desta ideia somente pode ser medido caso se recorde qual era a situação anterior.

> Antes de Hegel, nenhum grande pensador atreveu-se a introduzir a filosofia, tão corajosamente, na corrente da vida. Todos eles detiveram-se à margem, e consideravam como sua tarefa construir uma ponte sobre ela até a

---

247 *Die Bedeutung der Hegelschen Philosophie für das philosophische Denken der Gegenwart* [O significado da filosofia de Hegel para o pensamento atual], conferência da Sociedade Kant, 1921.
248 Ibid., p.31, 39, 59.

eternidade. Os poucos que julgaram diferente não foram *grandes* pensadores, somente céticos ou relativistas. A grandeza característica de Hegel é a seguinte: que ele rompera com o eleatismo, sem tocar, nem sequer com as pontas dos dedos, o ceticismo e o relativismo no sentido definitivo da palavra. O destino o colocou em situação tão favorável que nem mesmo a sombra de tal pensamento jamais lhe ocorreu. Seu espírito estava tão completamente ancorado no absoluto que seu peculiar relativismo surgia, pura e simplesmente, de sua grandiosa consciência do absoluto.[249]

A filosofia torna-se, com isso, uma atividade eternamente viva, que exclui uma renovação de sistemas pretéritos. O filósofo, que deve satisfazer a esse caráter passageiro, tem que ser o espírito mais perseverante e rico da época e um homem dotado da mais segura faculdade de discernimento, para assim poder distinguir o que tem valor do que é sem importância, e o que é significante para o futuro do que é simples atualidade. Porque Hegel vinculou à visão mais grandiosa a crítica mais profunda, alcançou ele, após Aristóteles e Leibniz, uma atitude em relação à história que não permanecia exterior à filosofia. Ao se conceber o passado como algo que segue gerando efeitos, a filosofia torna-se consciência da época e a continuidade histórica torna-se princípio do progresso histórico – em Hegel, uma extensão exagerada, da qual não podemos mais tomar parte, porque uma continuidade *absoluta* contradiz o caráter passageiro da filosofia. Permanece, porém, decisiva a apreensão da historicidade do espírito como tal, cujo conceito Hegel cunhou, pela primeira vez, de modo peculiarmente alemão.

O fato de que a filosofia da história de Hegel, em distinção a Vico e Herder, em nenhum instante considera o *futuro* é interpretado por Scholz como mera renúncia à especulação romântica e como "sentido da efetividade". Enquanto os hegelianos originários compreenderam como fundamento problemático da unidade do sistema de Hegel sua concepção histórico-final, Scholz vê na temporalidade da filosofia de Hegel o motivo de um autorrejuvenescimento ilimitado que em Hegel mesmo não se mostra; ele pensava, contudo, na "velhice" do espírito, que corresponde à plena maturidade do espírito que retornou dentro de si mesmo. É, porém, uma questão decisiva para a avaliação do significado de Hegel, se justamente esse limite de

---

249 Ibid., p.46.

seu sentido histórico não é plenamente justificado pela história posterior do espírito alemão. Neste caso, o significado peculiar de sua metafísica do espírito histórico para o presente consistiria em que ela encerra a época da filosofia "germânica" como uma filosofia *"cristã"*.

A consciência aguda do limite épico que nos separa de Hegel forneceu a ocasião para J. Plenge colocar novamente o problema relativo à posição de Hegel com respeito à história universal e incluir Marx no estudo hegeliano.[250] Seu estudo abriu novamente o horizonte para as questões que os jovens hegelianos, Bauer em particular, há um século já haviam proposto. Ele começa com a afirmação de que seria a maneira menos digna de Hegel, se com conhecimento filosófico quiséssemos repetir aquilo que ele mesmo já havia dito de modo melhor. Isso seria, a seus olhos, a morte do espírito, cuja vitalidade reside na superação de novas cisões.

> Ele nos perguntaria: não chegou posteriormente a mim, a partir de fora ou de dentro, a nova oposição? Formalmente, como a ciência empírica de um cienticismo decomposto em especializações. Materialmente, como o socialismo de Karl Marx, saído de minha própria escola, alimentado pela minha dialética e elevado à dignidade de dirigir a marcha irresistível, regida pelo destino, das experiências sociais. Vós que quereis retornar a mim como o portador de uma afirmação universal vitoriosa sois demasiado fracos para me alcançarem além dessas oposições, em vez de permanecerem diante delas, como se minha época fosse mais antiga e mais acabada do que eu mesmo quisera naquele tempo, ao construí-la.[251]

Hegel e Marx reconheceram a fundamental historicidade de toda vida humana, e nós temos a tarefa de nos apropriar de suas concepções, sem nos apoiarmos, de modo acrítico, em uma ou outra.[252]

O modo como Hegel e também Marx viam o sistema de nosso mundo era limitado, porque somente no século XIX produziu-se aquela "erupção de energias" cujas últimas manifestações foram a Guerra Mundial e as revoluções produzidas a partir dela, que Hegel não podia prever e Marx apenas

---

250 Plenge, *Marx und Hegel*, 1911: *Hegel und die Weltgeschichte* [Hegel e a história universal].
251 Ibid., p.13.
252 Para a crítica positiva de Plenge a Marx, ver a indicação concisa à p.9.

podia considerar como acontecimentos restritos ao capitalismo. As invenções do século XIX e a organização por elas possibilitadas dos entes econômicos, sociais e militares abriram, pela primeira vez, um "mundo" que, de fato, abrangeu a todos os povos históricos da Terra. Com vista a esse mundo recém-nascido, Plenge tenta novamente dividir a história da Europa até então transcorrida e determinar o lugar histórico de Hegel, a partir do ponto de vista do presente. A Idade Média cristã, a assim chamada época moderna e o século XIX, que inicia, igualmente, uma nova época, são os três períodos do decurso histórico que precederam o novo "sistema-mundo" que nasce, além disso, surgido da Guerra Mundial. Em contrapartida, a conclusão hegeliana da história do mundo com o mundo cristão-germânico ainda contava com uma Europa que não conhecia nem o significado histórico-universal de América e Rússia, nem o novo diálogo com o Oriente.

> Entre nós e Hegel encontra-se um período histórico para o qual nos falta um nome universalmente reconhecido e realmente significativo. A *"época do capitalismo"* somente refere-se à [...] reforma da economia continuamente estimulada [...], *"sociedade burguesa"*, sem o sentido acessório, tão contraditório, vinculado à palavra "burguês", soa demasiado singelo para um acontecimento tão explosivo, e os mal-entendidos futuros facilmente são ainda mais perigosos, porque um exército de trabalhadores socialistas precisaria pelo menos de tanta disciplina e ordem quanto a burguesia. Poderíamos recorrer [...] estendendo ao século XIX [...], à conhecida frase de Goldberger, a respeito da América, proferida no momento da mudança de século: *"o século das possibilidades ilimitadas"*! Esta frase designa com exatidão a rapidez com que a humanidade alcança resultados cada vez mais altos e desenvolvidos e a vertigem provocada pelo êxito pessoal dos que têm a felicidade de tirar proveito e também daqueles que obtêm ganhos nesta conjuntura de expansão. Mas o poder demoníaco desse processo de evolução que vai além de tudo o que historicamente existiu mais bem caracterizado como *"erupção de energias"*. Todas as forças da Terra são exploradas e os efeitos dessa exploração dominam a humanidade e arrastam nossa sociedade numa imensa transformação não dominada por nenhuma intelecção e por nenhuma vontade, que [...] finalmente, se existe culpa, por culpa de todos, termina numa guerra e revolução mundiais. Mediante os resultados da pesquisa, a imagem da realidade estende-se até chegar a imensas e, contudo, calculadas *distâncias cósmicas* [...], de modo que perde-

-se por toda parte o eterno equilíbrio de leis imutáveis [...] *"desenvolvimento"* também torna-se erupção de energia desencadeada que nos sobrepassa. E assim como a sociedade humana se aparta de todos os regulamentos gerais e ordenados, ou dos regulamentos admitidos como ordenações, perde-se a visão completa da realidade total. Não se tem mais uma visão de mundo. Temos ciências! Ciências especializadas que carecem de uma ordem concatenada de seu sistema total [...] Por trás de tudo está apenas a estrita *crença na ciência como método,* que alcança as coisas últimas com a segurança que lhe é própria, e com isso a tendência de apreender essas coisas últimas como força que não admite pressupostos, que o homem utilize em proveito da sociedade, mas sendo ele também seu produto. *Matéria* [...] *como energia!* Já Friedrich List e Karl Marx tinham crença na força. Esse é o mundo próprio do século XIX, que nenhum pensamento de Hegel havia pressentido, embora ele estivesse nascendo por sob seus olhos.[253]

A dominação do tempo e do espaço mediante a tecnificação do mundo – através das lutas de raças e povos, de nações e classes – impulsiona, em todos os domínios, a um sistema de mundo conscientemente organizado e a uma "história da organização mundial", ainda que não se possa saber se essa Torre de Babel, com sua confusão de línguas, possa ser conduzida a uma criação duradoura. Hegel, em contrapartida, queria explicitar completamente o absoluto no interior da estrutura constitutiva do mundo de então. Apesar da amplitude e da segurança de sua visão, sua concepção de mundo era ainda inteiramente restrita aos corpos históricos cristão-humanistas, embora já na época em que era vivo a historiografia começasse a rever sua imagem tradicional e destruí-la mediante o acesso a fontes históricas do Oriente recém-descobertas.[254] Essa restrição a um setor central do mundo interior europeu tem ainda um motivo profundo na posição filosófica de Hegel, que seria sua ideia de Estado e religião. Hegel, para quem a Revolução Francesa foi o grande acontecimento, intencionalmente não reparou nas possibilidades nascidas a partir dela, embora já em seu tempo pudesse ser perceptível que a época das revoluções estava começando.

---

253 Ibid., p.35 et seq.
254 Ver o instrutivo artigo de Kaegi, "Voltaire und der Zerfall des christlichen Geschichtsbildes" [Voltaire e a destruição da imagem cristã da história], ano VIII, caderno 1.

Ele não pressentiu nenhuma das influências confusas que podiam chegar à Europa do mundo todo. Isso faz parte do seu próprio método, pois o que a dialética havia deixado atrás de si ainda vive como momento conservado sob suas mãos, mas, por direito próprio, não chega a nenhum efeito essencialmente novo.

O último fundamento para essa completude de seu sistema encontra-se na posição de Hegel em relação ao cristianismo.

> Cristo é para Hegel o revolucionário da síntese, que unifica de uma vez por todas o mundo que chegou ao ápice de suas mais extremas oposições. Hegel via a Cristo sem veneração nem ternura [...] com tensão científica profunda como o problema dos problemas, porque nele o infinito se torna finito, porque ele como "um isto", na sua completa e viva transitoriedade, inclui o todo em si e mostra definitivamente a essencial vinculação de Deus com o homem.[255]

Ao mesmo tempo, nesse percurso conceitual lógico, a cruz cristã perde qualquer poder originário e humano, pois, com efeito, o Estado protestante é suficiente para os propósitos da história do mundo hegeliano. Baseado nessa total espiritualização e mundanização do mundo cristão sobrenatural, a passagem do período cristão propriamente dito para a Idade Moderna perde seu significado decisivo para Hegel e, com isto, a Idade Moderna também perde o ímpeto do progresso histórico, que ela, na marcha tempestuosa do século XIX, por fim impele em direção à Primeira Guerra Mundial. A Idade Moderna torna-se simplesmente um cristianismo consciente de si mesmo e que se realiza.

> Hegel não repara na transformação da imagem da efetividade em um estágio dimensional inteiramente novo e na iniciante unificação de todas as culturas da Terra em um único campo de ação. O período da Idade Moderna – ainda que permaneça um período subordinado dentro da evolução integral da ascensão a uma Europa universal – se distingue frente a todo o passado humano e, com isso, também do começo do período da Europa universal, iniciado com a época da "cristandade", que marca seu

---

[255] Ibid., p.65; cf. Marck, I, p.57.

destino. Junto a isso, continua evidentemente a subsistir o fato de que a consciência da superioridade face ao mundo da alta Idade Moderna seja construída sobre a consciência – submetida a Deus – da superioridade face ao mundo do cristianismo e então desenvolve-se na forma de um delírio técnico de superioridade face ao mundo do século XIX, escravizado pela própria obra.[256]

Em oposição à exigência de seu método, a construção histórica de Hegel termina, aparentemente, com uma suprema reconciliação e organização das oposições experimentadas. Na verdade, ela se conclui, politicamente, com uma cisão radical dos Estados nacionais que estão em luta e, religiosamente, com o protestantismo dispersado em seitas que, como tal, seguem sendo um adversário irreconciliável do catolicismo.

Apesar dessas limitações, a grandiosa contribuição de Hegel para a compreensão da história mundial foi corrigida no século XIX por Marx e F. List, que, em oposição aos historiadores burgueses, trataram de configurar, com rápido aproveitamento da oportunidade, suas previsões acerca do significado para o mundo dos desenvolvimentos técnicos e socioeconômicos.

List, que, sem muito importar-se com Hegel, via o Estado nacional como portador da história e lhe forneceu as armas econômicas para assegurar a igualdade de direitos face aos outros Estados, sobre a qual deveria resultar o sistema mundial. Marx, o herdeiro espiritual de Hegel, compreendia, assim, como List, que economia e técnica constituíam o verdadeiro problema do trabalho e o fundamento existencial da humanidade, mas justamente por isso também as compreendeu como o solo que fomenta as tensões e lutas das classes, que para ele tornaram-se as oposições sempre repetidas no caminho que leva ao sistema mundial e definitivo do trabalho. Tomamos a ambos como a expressão de como os fatos da época põem de lado as construções de Hegel e mostram caminhos mais simples ao pensar. Ao mesmo tempo, como foram tentativas de resposta a questões que Hegel respondeu falsamente ou não forneceu resposta alguma, ou não havia mesmo visto. Respostas incompletas que na sua unilateralidade, careciam da amplitude por Hegel exigida.[257]

---

256 Ibid., p.66.
257 Ibid., p.70.

E restaria ainda perguntar se os conceitos fundamentais da filosofia da história de Hegel são aplicáveis às configurações do período mundial que se inicia, por exemplo, com conflitos entre as diversas culturas e com processos de uniformização que as sobrepassam.[258] É certo que somente um Hegel corrigido por Marx poderia conhecer, verdadeiramente, a história do século XIX.

> Sobretudo com uma correta concepção da verdade fundamental descoberta por Marx, pode-se ver, na *utilização* e submissão de todas as forças da Terra e na reação sobre o corpo social dos meios de trabalho e dos instrumentos forjados para esse propósito, um enorme efeito da poderosa força criadora do espírito humano, por enquanto apenas visível nas execuções de trabalhos imediatos [...] Mas esses são, em todo caso, caminhos diferentes daqueles que Hegel seguiu.[259]

Em contraste com essa apropriação sociológica de Hegel, cujas obstinadas formulações podiam intimidar somente um leitor superficial, o neo-hegelianismo acadêmico do século XX, como um produto cultural derivado das concepções históricas de Marx e Sorel, fechou os olhos e desconheceu o problema filosófico do século XIX. O assim chamado marxismo tornou-se conhecido da inteligência alemã somente pela propaganda do nacional-socialismo e em sua apresentação polêmica.

Enquanto o hegelianismo originário era esquecido na Alemanha e a renovação de Hegel acontecia por meio do neokantismo, na Rússia, o hegelianismo dos anos 40 continuou atuante nas formas do niilismo, marxismo e leninismo, numa sequência jamais interrompida até o presente, e fez história. Quando, em 1931, por ocasião do centenário da morte de Hegel, realizaram-se congressos, houve um em Moscou e outros dois em Roma e Berlim, que, a despeito da recíproca rejeição, pertenciam, entretanto, todos ao mesmo grupo, tal como um século antes a esquerda e a direita hegelianas. A cultura mais refinada estava, naquela altura, do lado dos epígonos, o poder histórico com aqueles que queriam o progresso e interpretavam Hegel

---

258 Para este ponto, confrontar o juízo crítico de Lenin sobre a filosofia da história de Hegel: segundo ele, nela Hegel havia envelhecido e fora superado por Marx. *Aus dem philosophischen Nachlaß Lenins* [Obras filosóficas póstumas de Lenin], Biblioteca Marxista, v. 23, p.175.

259 Ibid., p.71.

através de Marx. Em um ponto, porém, coincidiam as dialéticas idealista e materialista de ambos os partidos: na opinião de que na filosofia hegeliana podia-se separar o "morto" e o "vivo" do espírito ativo e que se podia utilizar isoladamente o "conteúdo" espiritual ou o "método" dialético.[260] Mas a decisão propriamente dita perante as mediações de Hegel fora consumada por Marx e Kierkegaard em direções contrapostas. Que esses decididos e antagônicos críticos de Hegel estivessem ambos sob o encanto de seus conceitos, o poder do espírito demonstra poder produzir tais extremos.

---

[260] Ver o discurso de abertura de Kroner ao 2º e 3º Congressos-Hegel e Lunatscharski, *Hegel und die Gegenwart* [Hegel e o presente], na revista "Das neue Rußland" [A nova Rússia]. Com relação à distinção de Croce entre o morto e o vivo em Hegel, Lunatscharski observa: "Também nós temos, ao nosso modo e de maneira consequente, separado um do outro".

III. A dissolução das mediações de Hegel pelas decisões de Marx e de Kierkegaard

1. A crítica geral ao conceito hegeliano de efetividade

O ataque de Marx e Kierkegaard separa exatamente o que Hegel havia unido; ambos invertem sua reconciliação da razão com a efetividade. Marx toma como objeto de crítica a filosofia política e o ataque de Kierkegaard dirige-se contra o cristianismo filosófico. Com isso, ocorre não somente uma dissolução do sistema de Hegel, mas ao mesmo tempo uma dissolução de todo o sistema do mundo burguês-cristão. O fundamento filosófico desta crítica radical do existente é a discussão com o conceito hegeliano de *"efetividade"* como *"unidade de essência e existência"*.[1] Em resumo, a controvérsia refere-se a uma única proposição do prefácio à *Filosofia do direito*: "O que é racional é efetivo; e o que é efetivo é racional".

Hoje dificilmente podemos compreender toda a seriedade da controvérsia e a profunda excitação que essa afirmação – já na época em que Hegel era vivo – provocou, porque nós, como herdeiros do século XIX, compreendemos por "efetividade" "fatos" completos e "realidades" de um realismo que, após a ruína do real-idealismo hegeliano, pôde sobressair.[2] O impulso

---

1 *Logik* [Lógica], ed. Lasson, Leipzig, 1923, II, 156 et seq.
2 Ver a respeito *Jenenser Realphilosophie* [Filosofia real ienense], Leipzig, 1932, I, 214 et seq.

para essa transformação do conceito da efetividade foi dado por nenhum outro a não ser o próprio Hegel, ao elevar, como ninguém antes dele, o efetivo mundo presente a conteúdo da filosofia. Com efeito, por essencial que seja para a filosofia como tal pôr o conteúdo da consciência na *forma* do *pensamento* e, portanto, "refletir" acerca da efetividade, é tão essencial, por outro lado, ter claro que seu *conteúdo* não é outro senão a substância do mundo ou a efetividade experimentável. O acordo da filosofia com a efetividade pode ser considerado como prova da sua verdade. Porque nem toda e qualquer coisa que existe é, em geral, no mesmo sentido e na mesma medida, uma "efetividade", nem tem de ser distinguida daquilo que somente é uma existência "passageira", "insignificante" e "contingente", "efêmera" e "atrofiada". Uma tal efetividade meramente contingente, que poderia do mesmo modo *não ser*, não merece o nome "enfático" de uma verdadeira efetividade.[3] Em virtude desta separação entre a existência contingente e a efetividade, Hegel podia ver na máxima tirada do prefácio à *Filosofia do direito* proposições muito "simples", enquanto para os sucessores elas eram altamente dúbias, conforme acentuavam a primeira ou a segunda parte e, assim, tomaram como critério de interpretação apenas a efetividade do racional ou apenas a racionalidade do efetivo. Mas E. Gans, o organizador da segunda edição da *Filosofia do direito*, não podia encontrar nada de capcioso nas declarações de Hegel e defendeu-as como uma simples verdade perante as perseguições das quais foi objeto. Pois "interpretada superficialmente", ele queria dizer nada menos que "o racional verdadeiro, para ser conforme a sua natureza, toma continuamente forma no mundo e assim adquire presença, e aquilo que verdadeiramente subsiste no mundo também porta a justificação de uma racionalidade que nele habita".[4] O pouco que a proposição de Hegel era compreendida depreende-se do fato de que ele teve que justificá-la, e, sobretudo, do modo como o fez. Ele refere-se ao mesmo tempo a *Deus* e ao *mundo*, perante os teólogos e filósofos que se escandalizavam com a razão na efetividade. Hegel pensa que, para os teólogos, a proposição tinha de ser imediatamente evidente, porque expressa a doutrina do governo mundano do divino, e os filósofos precisavam ter formação suficiente para saber "não somente que Deus é efetivo", mas também que ele é "o mais efetivo, que somente ele é verdadeiramente efetivo". Portanto, a identificação da razão

---

3 Enc. §6; cf. §24, Adendo 2; §213, Ad.; §445, Ad.
4 VIII², p.X.

com a efetividade fundamenta-se – tal como a eficácia da "ideia" – a partir de uma filosofia, que é simultaneamente teologia, sendo seu objetivo final: mediante o conhecimento do acordo do divino com o mundano produzir finalmente a reconciliação da "razão autoconsciente" com a "razão que é", isto é, com a efetividade. A verdade da reconciliação hegeliana da razão com a efetividade foi contestada por Ruge e Feuerbach, por Marx e Kierkegaard, de uma maneira que já antecipava os argumentos de Haym a Dilthey.

Justamente porque Ruge, em princípio, aceitou o conceito hegeliano de efetividade como a unidade de essência e existência, ele também podia contrapor a exposição hegeliana desse princípio na filosofia do Estado que ele absolutizara a existências históricas determinadas – que como tais são passageiras – no sentido da essência universal. Desse modo, retirou-se a razão em Hegel da vida presente e efetiva e perdeu-se o "interesse histórico" acerca das existências políticas como tais.[5] Ele coloca o leitor sobre um duplo solo, porque ora substitui a existência singular por uma essência universal e ora substitui a essência universal por uma existência histórica.[6]

A crítica de Feuerbach não diz respeito à falência das determinações lógicas da existência *histórica*, mas antes à sua falta de relação com a existência *sensível*,[7] que para ele constituía o critério do efetivo. Como existência sensível, a efetividade aparece *imediatamente* como ela é; para Feuerbach a imediatez, porém, não significa nenhum mero ainda-não-ser-mediatizado, tal como em Hegel, que, com referência à atividade espiritual da mediação, determina o ser como o i-*mediato*. Na medida em que o pensar especulativo, *em si mesmo*, se contrapõe ao ser como o imediato, pode, aparentemente sem dificuldade, superar a oposição entre o ser efetivo e o pensar.[8] Em oposição a essa imaginada imediatez do ser, que é o pensar, Feuerbach afirma o caráter positivo e primário da efetividade imediata-sensível, que, contudo, não está desprovida de pensamento e se compreende a si mesma. Pois o que é oferecido imediatamente em maior proximidade que a intuição sensível da efetividade objetiva de que se deve partir é a mera representação subjetiva de algo que pode permanecer junto a si no representado. Para que a intuição sensível mostre o ente em sua efetividade, carece, por conseguinte, de uma revolução semelhante à que um dia houve na passagem do mundo quimérico

---

5 Ver o que foi dito anteriormente à p.107.
6 Cf. Haym, *Hegel und seine Zeit*, p.368 et seq., 387 et seq., 462.
7 Ver o que foi dito anteriormente à p.95.
8 *Grundsatz*, 24.

oriental para a evidência grega, que pela primeira vez permitiu-nos ver o ente tal como é, sem falsificação.[9] Em contrapartida, a intuição intelectual da especulação hegeliana é um pensamento que se constrói em identidade consigo mesmo, e o que ela alcança não é *este* mundo efetivo, mas somente o ato pelo qual um submundo teológico torna-se imanente. A partir da teologia cristã pode-se explicar também a tese hegeliana da razão.

> A identidade de pensar e ser é [...] somente a expressão da divindade da razão – a expressão de que [...] a razão é a essência absoluta, o conjunto de toda verdade e realidade, que não há oposição alguma à razão, que, pelo contrário, a razão é tudo, tal como na teologia estrita Deus é tudo, isto é, todo o essencial e verdadeiramente existente.[10]

Somente o ser sensível, que é distinto do que se considera em um pensamento, atesta como uma testemunha incorruptível o verdadeiro ser como a efetividade autônoma de um ente. Para o pensador enquanto pensador,[11] não há nenhum ser efetivo e nenhuma existência real, nenhum ser-aí e nenhum ser-para-si, mas apenas para o homem que pensa sensivelmente.[12]

Com essa fixação na efetividade existente sensível, que em cada caso é determinada e plena de conteúdo, Feuerbach renuncia conscientemente à questão ontológica acerca do ser em geral e indistinto, exprimível da mesma maneira para todo ente.[13] Para o puro pensar ontológico, esse "isto" sensivelmente determinado não é essencialmente distinto daquele ser, porque a forma lógica do "isto" em geral é indiferente a toda certeza dos sentidos.[14] A dialética hegeliana da certeza sensível suspende o "isto", singular efetivo no plano lógico do universal, embora este seja uma mera palavra e aquele somente uma coisa. Mas assim como a palavra não é a coisa, tampouco o "isto" pensado ou declarado é um ser sensível-efetivo cuja existência para mim é sempre uma questão "prática". Com efeito, o segredo do ser não se revela ao pensamento do universal, mas à intuição sensível, à sensação e à

---

9 *Grundsatz*, 43.
10 *Grundsatz*, 24.
11 *Grundsatz*, 51.
12 *Grundsatz*, 26.
13 *Grundsatz*, 27.
14 *Grundsatz*, 28.

paixão. "Somente a paixão", diz Feuerbach em acordo com Kierkegaard, "é o signo verdadeiro da existência", porque somente a ela concerne se algo é ou não é; em contrapartida, para o pensar meramente teórico, essa diferença prática é desinteressante.[15] Já a mera sensação tem um significado fundamental e não meramente empírico para o conhecimento do ser. Ao homem com fome, que deseja alimentar-se, revela-se a ele uma compreensão corporal da plenitude de um ser efetivo e existente na sensação do vazio. Para uma existência, ele é, tal como o amor e a paixão, uma "prova ontológica", de fato, trata-se de um "ser". Somente o que é agradável ou doloroso altera meu estado de ânimo, mostrando-me, com isso, que "está" aí ou não. E somente um pensamento que pela intuição, sensação e paixão interrompe-se, ao invés de continuar a mover-se por si mesmo, pode apreender teoricamente o que é a "efetividade".[16]

Marx e Kierkegaard também orientaram sua crítica a Hegel em direção ao conceito da existência efetiva. Ruge dirigiu-se principalmente à existência *ético-política* da *comunidade*, Feuerbach à existência *sensível* do homem corporal, Marx à existência *econômica* da *massa* e Kierkegaard à existência *ético-religiosa* do *indivíduo*. Em Ruge, a existência *histórica* abre-se ao *"interesse"* entendido politicamente; em Feuerbach, a existência *efetiva* em geral abre-se à sensação e à paixão; em Marx, a existência *social* abre-se à *atividade sensível como práxis social*; e em Kierkegaard, a efetividade *ética* abre-se à paixão do *agir interior*.

Os hegelianos russos e poloneses dos anos 1840 também se ocuparam da "efetividade", o motivo existencial de sua disputa com Hegel expressa-se de maneira direta e franca, peculiar aos eslavos. A distinção da *intelligentsia* russa em *ocidentalistas* e *eslavófilos* é filosoficamente determinada pela admissão do partido de Hegel e seus discípulos, ou pela adesão ao combate contra Hegel. No momento em que a exigência de Schelling, de uma filosofia positiva da efetividade, é condicionada pela pretensão hegeliana de conceber a efetividade como o único conteúdo da filosofia, a disputa russa com a filosofia alemã é determinada, em ambos os lados, por Hegel. Testemunham esse fato, sobretudo, as cartas dos russos que naquela altura estudavam na Alemanha e, para os quais, "Alemanha" e "Hegel" significam quase o mesmo.

---
15 *Grundsatz*, 33 e 28 e W. I, 256.
16 *Grundsatz*, 48; cf. II, 258; Marx, III, 161.

Primeira Parte

J. W. Kirejewski[17] (1806-1856), em seu caminho de uma orientação ocidentalizante para uma orientação eslava, desenvolve a tese de que a todo o pensamento ocidental falta um inteiro e completo relacionamento da pessoa espiritual à efetividade. Ele considerava como motivo decisivo para esse fato o relacionamento europeu-ocidental de Igreja e Estado e da fé com o saber, como ocorre desde a separação de Roma e Bizâncio. O resultado da excessiva racionalidade e da dispersão do pensamento europeu e ocidental são as ideias destrutivas do século XVIII e seu falso posicionamento em relação ao cristianismo. Na filosofia de Hegel, a fé europeia e universal alcançou, na capacidade organizadora da ideia e da efetividade, sua realização máxima. A partir da autoconsciência do homem, Hegel levou a construção do mundo espiritual a uma altura insuperável, criando, ao mesmo tempo, a base para a demonstração schellingiana da "negatividade" desse modo de pensar alheio à efetividade viva.

> Assim é hoje a situação da filosofia ocidental, tendo ela consciência da esfera limitada de validez de toda abstração racional, não pode continuar nesse caminho, nem pode encontrar um novo e diferente, porque consumiu todas as suas forças na construção do velho racionalismo abstrato.[18]

> A Rússia, ao contrário, conservou em seus mosteiros e na doutrina dos padres gregos da Igreja a tradição cristã original e, com isso, concentrou toda atividade espiritual sobre o homem considerado integralmente e não fragmentado.

> O homem ocidental é incapaz de conceber uma conexão viva das faculdades espirituais, na qual nenhuma poderia entrar em ação sem a outra. Falta-lhe a compreensão daquele equilíbrio peculiar da alma que caracteriza o homem educado na tradição ortodoxa até mesmo em seus gestos ex-

---

17 Kirejewski teve a oportunidade, em 1830, de escutar o próprio Hegel e se relacionou particularmente com E. Gans. Seus estudos mais importantes apareceram em traduções alemãs: *Drei Essays* [Três ensaios], "Das 19. Jahrhundert" [O século XIX]; "Über den Charakter der Zivilisation Europas und ihr Verhältnis zur Zivilisation Rußlands" [Sobre o caráter da civilização europeia e seu relacionamento com a civilização russa]; "Über die Notwendigkeit und Möglichkeit einer neuen Grundlegung der Philosophie" [Sobre a necessidade e possibilidade de uma nova fundamentação da filosofia].

18 Ibid., p.114.

teriores e conduta. A atitude destes últimos deixa ver, até mesmo [...] nos dias tempestuosos do destino, sempre [...] uma última e profunda calma e moderação, dignidade e humildade, que revelam equilíbrio da alma e profunda harmonia interior do sentimento de vida. O europeu, ao contrário, parece constantemente em êxtase, de conduta agitada e quase teatral, pleno de eterna inquietação em sua atitude interior e exterior, e, com esforço convulsivo, tenta forjar uma simetria artificial para a mesma.[19]

Mas se a Europa alguma vez abandonar os princípios de seu falso cristianismo e retornar ao estágio do pensamento pré-cristão, então talvez tornar-se-á novamente capaz de receber a doutrina verdadeira, que não é nem aliada nem contraposta à razão.

M. Bakunin (1814-1876) interpretou, em primeiro lugar, a filosofia de Hegel como uma "nova religião", na esperança de poder resolver, mediante a plena dedicação à "vida do absoluto", todos os seus problemas; mesmo a vida de seus irmãos e irmãs ele queria determinar de acordo com o ponto de vista da filosofia hegeliana.

Tudo vive e tudo é tornado vivo pelo espírito vivente. Somente para um olho morto a efetividade está morta. A efetividade é a vida eterna de Deus [...] Quanto mais vivo é um homem, tanto mais ele está penetrado pelo espírito autoconsciente, mais viva para ele é a efetividade [...] *O que é efetivo é racional*. O espírito é a potência absoluta, a fonte de todo poder. A efetividade é sua vida, e, por consequência, ela é onipotente [...].[20]

Na introdução, por ele traduzida, dos *Discursos ginasiais*, de Hegel, proclamou a necessidade de uma reconciliação com a efetividade e interpretou a afirmação de Hegel de modo radicalmente otimista; pois revoltar-se contra a efetividade seria a mesma coisa que aniquilar dentro de si toda fonte de vida. "A reconciliação com a efetividade é em [...] todas as esferas de vida

---

19 Ibid., p.121.
20 D. Tschizewskij, *Hegel in Rußland* [Hegel na Rússia], contido na coletânea *Hegel bei den Slaven*, p.193 et seq. Essa notável exposição e análise, cujo uso no que segue agradecemos ao autor, revelou, pela primeira vez, a eficácia histórica de Hegel em toda a sua extensão. Cf. a respeito Jakowenko, *Ein Beitrag zur Geschichte des Hegelianismus in Rußland* [Contribuição à história do hegelianismo na Rússia]; Koyré, *Hegel en Russie. Le monde slave* [Hegel na Rússia. O mundo eslavo], tomo II.

a grande tarefa de nosso tempo; Hegel e Goethe são os representantes principais desta reconciliação, deste regresso da morte à vida."[21]

O ilustrado W. G. Belinskij (1810-1848) pensa em consequências mais vastas. Ele escreve a Bakunin: "Na forja de meu espírito formou-se uma peculiar significação da grande palavra 'efetividade'. Eu considero a realidade antes por mim desprezada e estremeço [...], porque concebi sua racionalidade, porque eu advirto que nada pode-se afastar dela, que nada pode-se censurar [...]"; "Efetividade! Digo ao levantar-me e ao deitar-me, de dia e de noite; a efetividade me rodeia, eu a sinto em toda parte e em tudo, até em mim mesmo, naquela nova transformação que dia a dia torna-se perceptível a mim". "Eu encontro agora diariamente homens práticos, e para mim não é difícil respirar no seu círculo [...]".

> Eu julgo qualquer um, não por alguma teoria antecipadamente elaborada, mas antes conforme os dados fornecidos por ele mesmo, pouco a pouco sei entrar em relações justas com ele, e por isso todos estão satisfeitos comigo e eu estou satisfeito com todos. Comecei a encontrar interesses comuns no diálogo com pessoas que anteriormente jamais pensara ter algo em comum. Eu exijo de cada um somente o que pode-se exigir dele, e por isso recebo dele apenas o bem e nada de mal [...].
> Há pouco experimentei uma grande verdade, que até agora para mim era um mistério [...] Eu reconheci que não há nenhum homem caído, que traiu sua vocação. Agora eu não desprezo mais nenhum homem que se arruinou pelo matrimônio, que extinguiu seu entendimento e seus talentos no trabalho, porque um tal homem não tem culpa alguma. A efetividade é um monstro armado com dentes de ferro: quem não se entrega voluntariamente a ela é capturado com violência e devorado.[22]

Nessa transformação russa da enfática efetividade de Hegel, reside o *pathos* peculiar de Belinskij, que o leva a reconciliar com a estrada da razão a "realidade da cozinha" ao invés do "céu azul" infinito.[23] Ele deixou de ser romântico e queria servir à realidade russa – inclusive, com a consequência de reconhecer sem reservas o absolutismo russo, pelo qual separou-se de

---

21 Tschizewskij, p.196.
22 Ibid., p.222.
23 Cf. a esse respeito *Toten Seelen* [Almas mortas], de Gogol, cap. 7, o hino ao poeta do cotidiano.

todos os seus amigos e, por fim, caiu em uma crise que, sob a influência de Bakunin e Herzen, o levou para o lado dos hegelianos de esquerda e a opor-se à realidade russa. Dois anos após a carta a Bakunin agora citada, amaldiçoou sua vulgar aspiração por uma reconciliação com a efetividade mesquinha. A personalidade humana é mais do que toda a história universal e Heine é mais do que todo "pensador profissional" que defende a efetividade tal como ela é.[24]

> Há tempos eu suspeitava que a filosofia de Hegel era apenas um momento, talvez importante, mas que o caráter absoluto de seus resultados vá ao diabo, que é melhor morrer que aceitá-los docilmente [...] O sujeito não é nele um fim em si mesmo, mas antes um meio para uma expressão momentânea do universal, e o universal é para ele um Moloch, pois nele (no sujeito) passeia e o convence que seja importante e então o joga fora como a uma calça velha. Eu tenho particulares razões para estar zangado com Hegel, pois eu sinto que era fiel a ele (na minha disposição de alma fundamental), quando eu me reconciliei com a efetividade russa [...] Todo palavrório de Hegel acerca da moral é puro disparate, pois no reino objetivo do pensamento não há nenhuma moral, como também não há na religião objetiva. O destino do sujeito, do indivíduo, da personalidade, é mais importante do que o destino do mundo inteiro e da saúde do imperador chinês (quer dizer, da universalidade hegeliana).[25]

Como verdadeira reconciliação com a efetividade, aparece-lhe aquela que Ruge propagava como o tornar-se a teoria em prática.[26] De fato, a filosofia hegeliana lhe valia como o ponto mais alto da cultura, mas, ao mesmo tempo, como o de sua autodissolução na passagem para uma nova figura do mundo, e o afastamento de Hegel tem o significado de uma renúncia da filosofia em geral.

A filosofia do conde polonês A. Cieszkowski (1814-1894),[27] no fundo, não é menos eslava, mas, na disciplina conceitual e na maneira de pôr os

---

24 *Russische Meisterbriefe* [Obras mestras epistolares russas], editadas por Nötzel, p.177 e 179.
25 Tschizewskij, p.226.
26 Ver a correspondência com Ruge, Marx-Engels Ges. Ausg., I/1, 566.
27 Ver no que se segue a monografia de Kühne, que, em particular, trata do relacionamento de Cieszkowski com Michelet e de cujo uso neste lugar agradecemos ao autor.

problemas, quase não se distingue do hegelianismo alemão. Ele estudou, em 1832, na Universidade de Berlim e lá assistiu às preleções de Michelet, Hotho, Werder, Gans, Henning e Erdmann. Sua impressão dos alemães era a de que constituíam o povo mais "sintético" e, ao mesmo tempo, "abstrato".

> Em geral, falta-lhe a *vida concreta*. Tudo na Alemanha encontra uma saudável e enérgica *ressonância*, mas todos estes elementos carecem de um acordo orgânico e harmônico. Tudo se dilui em particularidades, cuja imagem total é ela mesma algo abstrato, uma quimera, um *caput mortuum*. Ciência e vida, idealidade e realidade estão separadas uma da outra. É um constante mais além ou mais aquém.[28]

Cieszkowski tenta superar esse mútuo "alheamento" de teoria e práxis, de ciência e vida, por meio de uma "filosofia da ação", dentro do espírito próprio dos eslavos, que ele, por seu lado, fundava em um "cristianismo" que devia reconduzir o logicismo hegeliano ao logos originário da palavra de Cristo.[29] Ele via na filosofia de Hegel um estado final, que poderia ser superado apenas pela passagem do elemento do pensar ao elemento do querer, porque somente a vontade revela um novo futuro.[30] Por outro lado, a consumação de Hegel motivou o retorno de Cieszkowski às origens filosóficas, aos estados iniciais da filosofia grega,[31] aos quais também referiram-se Marx, Kierkegaard e Lassalle, frente ao fim alcançado por Hegel. Sua disputa com Hegel diz respeito, sobretudo, ao seu conceito de "universalidade". O espírito verdadeiro não é um pensar universal e impessoal, mas antes uma atividade espiritual do "pleno si-mesmo".[32] Hegel, na maior parte das vezes, contrapôs o universal ao particular e suspendeu a ambos na singularidade efetiva; às vezes, porém, também opôs o particular *e* o singular ao universal. Cieszkowski explica essa discrepância terminológica da seguinte maneira, em Hegel, o universal permanece sendo em todos os casos o que domina, de modo que, apesar de sua afirmação a respeito de se chegar ao uno concreto, o singular é abandonado à universalidade e o sujeito à substância. O terceiro momento, no qual a singularidade e a universalidade são passíveis

---

28 Kühne, p.429.
29 Ibid., p.264 et seq.
30 Ibid., p.28, 43, 65.
31 Ibid., p.73.
32 Ibid., p.22, 45, 98.

de suspensão, constitui, de acordo com Cieszkowski, a completa individualização do espírito na pessoa divina. Somente deste modo a substância torna-se, de fato, sujeito.[33] Quer dizer, Cieszkowski deseja, dentro do quadro da filosofia alemã do espírito, alcançar a posição cristã, que Kierkegaard, contra o pensamento do universal, desenvolveu de maneira paradoxal. Seu objetivo é uma filosofia de vida ativa, para a qual Deus é o si-mesmo completo, que cria livremente a partir de si mesmo.[34]

Desse ponto de vista resulta também uma correção decisiva à filosofia da história de Hegel, que Cieszkowski apresentou em seu "Prolegômenos à historiosofia".[35] Em contraste com a divisão de Hegel da história em mundo oriental, mundo greco-romano e mundo cristão-germânico, ele apresenta a divisão tripartite: Antiguidade até Cristo, mundo cristão-germânico até Hegel e, como terceiro, o futuro, que não somente para os profetas, mas também em geral é parte integrante da historicidade, porque a história não segue um curso necessário, mas antes é um agir livre e responsável. A história futura, em cujo começo estamos, deve produzir a síntese entre a figura pré-cristã do mundo e a figura cristã. Em seus escritos trata, como questão concreta do mundo futuro, da reforma do *cristianismo* e da *sociedade política*.[36]

2. As distinções críticas de Marx e Kierkegaard[37]

a) Marx

Em sua *Crítica à filosofia do direito hegeliana*, Marx não contesta o princípio de Hegel, mas sim a realização concreta da, por ele afirmada, unidade

---

33 Ibid., p.93 et seq., 96.
34 Ibid., p.110.
35 Ibid., p.13, 25 et seq.; ver a respeito Croce, *Saggio sullo Hegel*, p.149 et seq.
36 Ibid., p.89 et seq., 251 et seq.; 14, 161, 179 et seq., 347.
37 A seguinte confrontação de Marx com Kierkegaard é, ao mesmo tempo, uma correção àquela de Nietzsche com Kierkegaard, que até agora valia como a única significativa e fecunda. O próprio autor contribuiu para ela ao deixar de ver, em todo o seu alcance, a conexão histórica com Marx. Ver, a respeito, do autor, *Kierkegaard und Nietzsche* [Kierkegaard e Nietzsche]; Jaspers, *Vernunft und Existenz* [Razão e existência], Lição 1; Baeumler, *Studien zur deutschen Geistesgeschichte* [Estudos acerca da história do espírito alemão], p.78 et seq. e 244 et seq.; Wahl, *Études Kierkegaardiennes*, p.207 et seq. e 429 et seq.

da razão com a efetividade e da essência universal com a existência singular. A essência da existência política está no caráter de pólis da coletividade, na "universalidade política". "Não se deve censurar Hegel porque ele descreve a essência do Estado moderno [...], mas sim porque ele expõe a *essência do Estado* por aquilo que ela é."[38] Na medida em que ele mistifica a empiria, torna-se o conteúdo de suas exposições idealistas o "mais crasso materialismo", que justifica filosoficamente o que de fato existe. Suas mediações entre a sociedade civil e o Estado não suspendem efetivamente a contradição entre a existência privada-egoísta e a existência pública-coletiva; ao contrário, elas a mostram, justamente pela mediação, como algo não superado. "O mais profundo em Hegel reside no fato de que ele sente como uma *contradição* a separação entre a sociedade civil e a sociedade política. Mas o que há de falso é que ele se satisfaz com a *aparência dessa resolução*."[39] Em realidade, o "homem efetivo" da sociedade civil é o homem privado da constituição atual do Estado, porque a abstração do Estado como tal e a abstração da vida privada são uma oposição que subsiste conjuntamente.[40]

> Para, portanto, comportar-se como *efetivo cidadão membro do Estado* (*Staatsbürger*), e obter importância e eficácia políticas, ele tem de sair de sua efetividade burguesa, dela abstrair e retirar-se de toda esta organização em direção a sua individualidade; com efeito, a única existência que ele encontra para o seu estatuto de cidadão é sua pura e reluzente *individualidade*, pois a existência do Estado como governo está sem ele consumada, e sua existência na sociedade civil está sem o Estado consumada. Somente em contradição com essas *comunidades singulares existentes*, somente como *indivíduo* pode ele ser *cidadão*. Sua existência como cidadão é uma existência que se localiza fora de suas existências *comunitárias*, e, portanto, é puramente *individual*.[41]

Como cidadão membro do Estado, o burguês é necessariamente algo diferente, exterior, estranho a si mesmo; tão exatamente estranho e exterior quanto, por outro lado, permanece o Estado em relação à sua vida

---

38 I/1, 476.
39 I/1, 492.
40 I/1, 437, 499.
41 I/1, 494.

privada. Seu Estado é um Estado "abstrato", porque ele, como poder burocrático de governo, abstrai-se da vida efetiva, isto é, da vida privada de seus cidadãos, assim como estes, como homens individuais, dele se abstraem. O destino do homem, de ser membro do Estado, permanece necessariamente uma determinação abstrata, enquanto os relacionamentos vitais efetivos pressupõem uma separação do público e do privado.[42] Como homem privado e separado da universalidade pública da vida, ele mesmo é privativamente determinado. Na sociedade comunista é justamente o inverso: nela os indivíduos *como indivíduos* participam do Estado como sua *res publica*. O comunismo, tal como Marx o entendia, enquanto hegeliano, é a verdadeira dissolução de relações inessenciais de existência, a identidade social da razão essencial com a existência efetiva do homem que existe como membro de uma comunidade. Hegel reconciliou ambos apenas em pensamento e, na realidade, tomou como conteúdo de sua exposição a contradição historicamente condicionada entre a existência privada-individualizada e a existência pública-comunitária.

Essa moderna contradição não existiu nem na Antiguidade nem na Idade Média. Pois o homem privado – propriamente dito – na Antiguidade era o escravo, que não participava da coletividade social e, por isso mesmo, não era "homem" em sentido pleno.[43] Na Idade Média, toda esfera da vida privada significava, ao mesmo tempo, uma esfera pública-corporativa; vida popular e vida estatal eram idênticas, não obstante o homem não fosse livre. Somente a Revolução Francesa produziu a abstração da vida privada simultaneamente à abstração do Estado unicamente político, e a liberdade do burguês foi compreendida como a liberdade negativa do Estado. Mas a verdadeira liberdade seria a da comunidade suprema em uma "comunidade dos homens livres". Contudo, o sentido da liberdade abandonou o mundo com os gregos, e com o cristianismo desapareceu o sentido da igualdade em meio ao vapor azul do céu. Somente uma radical revolução das relações de existência subsistentes poderia promover a ampliação de uma pólis em cosmópolis, a "verdadeira democracia" da sociedade sem classes, e realizar a filosofia do Estado de Hegel no elemento da sociedade moderna. Apenas nessa pólis do futuro o mundo poderia, de fato, tornar-se nosso, tornar-se o ser-outro idêntico a nós

---

42 I/1, 538.
43 I/1, 437.

mesmos, ao passo que o homem privado burguês permanece alheio ao seu mundo público.

Em extrema oposição a esse comunismo filosófico, Kierkegaard radicalizou o homem privado, convertendo-o em "indivíduo" e opondo à exterioridade das relações de massa a interioridade do ser-si-mesmo. Para ele, os dois modelos singulares da existência individualizada são Sócrates, na pólis ateniense, e Cristo frente ao mundo inteiro, composto de judeus e pagãos.

b) Kierkegaard

Nas últimas páginas do *Conceito de ironia*, Kierkegaard indicou que a "tarefa da época" consiste em "traduzir os resultados da ciência" – aqui considerada a ciência hegeliana – "para a vida pessoal", apropriar-se dela pessoalmente. Com efeito, seria ridículo se alguém pregasse sua vida inteira que a "efetividade" tem significado absoluto e morresse sem que ela tivesse outra validade além ter tido essa sabedoria proclamada. Podemos utilizar a negatividade da ironia como um caminho para a conservação da efetividade, que ensina a "tornar efetiva a efetividade", ao pôr a devida ênfase sobre a mesma.[44] Quando Kierkegaard, após concluir sua dissertação, empreendeu viagem a Berlim para ouvir Schelling, esperava desta filosofia positiva uma explicação acerca da efetividade que ele não havia encontrado em Hegel. É dito em uma nota do diário:

> Eu estou tão feliz em ter ouvido a segunda lição de Schelling – indescritível. Por tanto tempo havia suspirado e os pensamentos suspiravam em mim; como ele tomava a palavra "efetividade" com respeito ao relacionamento da filosofia com a efetividade, como pulavam de alegria, tal como em Elisabeth, os frutos do pensamento dentro de mim. Eu recordo quase todas as palavras que ele disse nesse instante. Aqui, posso talvez alcançar clareza. Esta palavra única, que me recorda a todos os meus sofrimentos filosóficos e tormentos.[45]

---

44 Sobre o conceito de ironia, ver p.274.
45 *Tagebücher*, I, 169. (= Pap., III A, 179); comparar com a expectativa não menos esperançada de um erudito como Rosenkranz: "O discurso inaugural de Schelling está ali. Eu o devorei. Se ele realizar somente a metade do que promete, sua carreira terminará de um modo infinitamente mais grandioso do que quando ele a começou. A arte de prender a atenção possui ele no mais alto grau. Ele quer 'levar

A dissolução das mediações de Hegel pelas decisões de Marx e de Kierkegaard

A essa expectativa seguiu-se imediatamente o desapontamento: "Meu tempo não me permite ingerir gota por gota aquilo que eu, mal abrindo a boca, engoliria de uma vez. Estou muito velho para ouvir lições, assim como Schelling está muito velho para proferi-las. Toda a sua doutrina das potências revela a mais alta impotência".[46] O epigrama de Ou-Ou constitui uma reminiscência do desapontamento com Hegel *e* Schelling:

> Quando se ouve os filósofos falarem a respeito da efetividade, isto é frequentemente enganador, como quando se lê na placa pendurada à vitrine de uma loja de produtos de segunda mão as seguintes palavras: aqui passa--se roupa. Se quiséssemos levar nossa roupa para passar, então seríamos enganados. A placa pendurada está lá apenas para ser vendida.[47]

Desde este momento, estende-se, mediante os escritos de Kierkegaard, uma mais ou menos explícita polêmica contra a pretensão da filosofia em conceber a efetividade por meio da razão.

Diferente de Marx, Kierkegaard não vê o motivo para o fracasso de Hegel em face da efetividade de uma dedução defeituosa do princípio, mas antes, no fato de que Hegel quer em geral identificar a essência com a existência. Justamente por isso, ele jamais chegou à exposição de uma "efetiva" existência, mas sempre apenas de uma "existência conceitual" ideal. Com efeito, a *essentia* de algo, ou *aquilo que* algo é, diz respeito à essência universal; a *existentia*, ou *o que* algo é, a respectiva existência particular, a minha ou a tua própria existência, para a qual é decisivo ela ser ou não ser.[48] A crí-

---

    a humanidade além de seu atual nível de consciência'. Se consegue tal resultado, então ele é mais do que um filósofo, ele é um fundador de religiões". E, mais adiante, a seguinte nota: "Neste ano Schelling e sempre Schelling. Na verdade, ele merece. Como um grande homem põe tudo logo em movimento! Da região da séria luta pela verdade até a região das baixas paixões [...] tudo é excitado por ele. Quando nomeou-se Gabler como sucessor de Hegel, falou-se dele durante quatro semanas. Em seguida, ele foi para sempre menosprezado. Agora se passam meses e meses e todos os jornais, revistas e folhetos somente falam de Schelling. Todos em Berlim mudam a maneira de pensar. Muitos hegelianos entravam secretamente em negociações diplomáticas consigo próprios para saber se Schelling não teria razão contra Hegel, se não deveriam promover publicamente uma conversão." *Aus einem Tagebüch*, p.79 e 107; cf. Engels, II, 173.

46 *Tagebücher*, I, 176.
47 *Tagebücher*, I, 29.
48 *Tagebücher*, II, 127.

tica de Kierkegaard a Hegel retorna à crítica de *Kant* da prova ontológica de Deus, a fim de justificar essa distinção entre a essência e a existência como o "único modo de pensar honesto acerca da existência".[49] Hegel, contudo, não poderia conceber que a existência "distancia" o pensar do ser, porque ele não pensava como homem, mas como um pensador profissional dotado de um talento particular. O que ele compreendia por ser era um conceito somente seu, mas não sua efetividade, que é sempre individual.[50] A categoria da singularidade não é uma categoria entre outras, mas sim a determinação eminente da efetividade em geral; pois existir efetivamente já é, segundo Aristóteles, sempre apenas "esse algo determinado", o singular, que é aqui e agora.[51] Na doutrina hegeliana do conceito, a singularidade é, de fato, postulada como o único efetivo, mas na indiferente mediação com o particular e o universal.[52] A efetividade singular significa para ele a determinação particular do universal em si refletida, o homem singular, portanto como uma determinação particular do ser universal do homem, cuja essência é o espírito. Essa universalidade do ser do homem, o humano universal, não foi, com efeito, negada por Kierkegaard, mas somente considerada realizável a partir do singular, em contrapartida, o universal do espírito (Hegel) ou a humanidade (Marx) pareciam-lhe existencialmente sem significado.

A polêmica de Kierkegaard contra o conceito hegeliano da efetividade gira, no fundo, em torno de uma ideia central, que um "sistema" da existência não pode captar a efetividade em geral, e que um "parágrafo" que trate da efetividade dentro do sistema constitui um protesto absoluto contra a mesma.[53]

> Intitula-se a última seção da *Lógica* como "a efetividade", então obtém-se a vantagem de suscitar a aparência de se ter chegado ao ponto mais alto na *Lógica*, ou, caso se queira, ao mais baixo. Entretanto, salta aos olhos a desvantagem: pois desse modo não se serve nem à *Lógica* nem à efetividade. Não se serve à efetividade: pois a *Lógica* não pode ultrapassar a contingên-

---

49 *Tagebücher* II, 86; cf. Feuerbach, *Grundsatz* 22 e 25 e a crítica de Hegel: *Logik*, I, 74; XII, 368 et seq.
50 VI, 207; VII, 3, 27 et seq.; cf. Feuerbach, *Grundsatz* 24.
51 VII, 1; cf. Feuerbach, *Grundsatz* 28.
52 *Logik*, II, 238 et seq.; Enc. §112 até §114; *Rechtsphilosophie* §270, Ad.
53 VI, 206.

cia, que pertence essencialmente à efetividade. Não serve à *Lógica*: pois quando ela pensa na efetividade, então ela acolhe em si algo que ela não pode assimilar; antecipa aquilo que ela deve predispor. Como penalidade apresenta-se nitidamente o fato de que se dificulta toda investigação a respeito da efetividade, mesmo, talvez, tendo a tornado impossível, porque tem que se dar tempo à palavra para que, por assim dizer, ela reflita sobre si mesma, e esqueça seus erros.[54]

O propriamente "contingente" ou também o "maravilhoso",[55] que Hegel exclui do conceito de efetividade verdadeira, consiste em *que* em geral algo é, e que eu em geral aí existo.[56] Justamente este mero ser-que constitui o "interesse" absoluto na realidade, enquanto a abstração hegeliana exige que, de fato, se seja desinteressado dela.[57] No interesse da metafísica fracassa a imanência do sistema,[58] no interior do qual o ser e o nada são possibilidades indiferentes do puro e mero pensar. Para o existente mesmo, a existência como tal é de supremo interesse e "o caráter interessado no existir constitui a efetividade". "O que é efetividade não se pode expressar na linguagem da abstração. A efetividade é um interesse entre a unidade abstrata hipotética de pensar e ser."[59]

Com essa elevação do *factum brutum* da existência ao estatuto de efetividade decisiva, desloca-se, em Kierkegaard, o problema universal do ser para a questão acerca da existência humana e como seu problema próprio não diz respeito àquilo que é, mas sim àquilo que em geral aí existe. Igualmente, a filosofia da existência procedente de Kierkegaard não pergunta mais pela *essentia* à diferença da *existentia*, mas antes a existência como tal parece ser o único essencial para ela.

A fundamentação da efetividade no "interesse" é algo comum a Kierkegaard, Feuerbach, Ruge e Marx, ainda que o modo desse interesse em Feuerbach seja determinado sensivelmente, em Ruge, ético-politicamente e, em Marx, de modo prático-social. Kierkegaard caracteriza o interesse como

---

54 V, 3.
55 VI, 196.
56 VII, 15; III, 180.
57 Ver Hegel, *Logik*, I, 74.
58 V, 14, nota.
59 VII, 13; cf. *Kritik der Gegenwart* [Crítica do presente], p.54.

"paixão" ou *pathos* e o contrapõe à razão especulativa.⁶⁰ A essência da paixão é que, à diferença da "conclusão" definitiva do sistema de Hegel, ela impele uma *resolução*,⁶¹ que *decide* desse "ou" daquele modo. Uma decisão por excelência é o *salto*, esse "protesto decisivo contra a marcha inversa do método", da reflexão dialética.⁶² A paixão consequente da decisão pronta para o salto põe um começo imediato, enquanto o começo da *Lógica*, de Hegel, realmente não começa com o "imediato", mas sim com o produto de uma reflexão exterior: o puro ser em geral, abstraído do ser-aí efetivamente existente.⁶³ Com estas determinações de existência, Kierkegaard reduz o reino da efetividade racional, que se conhece a si mesma, à "única efetividade da qual um existente tem mais do que mero conhecimento", ou seja, à efetividade "*do fato de que ele está aí*".⁶⁴ Para o pensamento histórico-universal, isso pode parecer "acosmismo", mas é, contudo, o único caminho para reconduzir o saber enciclopédico e fragmentado da época, a sua origem e para adquirir novamente uma impressão primária da existência.⁶⁵ Caso se quisesse concluir que o existente em geral não pensa e que ataca o saber "como um *lazzarone*" (mendigo napolitano), então seria um mal-entendido. Ele pensa, inversamente, tudo em relação a si mesmo, partindo do interesse na existência que compreende a si mesma, que, de fato, participa da ideia, mas não é ela mesma uma ideia.⁶⁶ Na Grécia, a tarefa era alcançar a abstração do ser, agora, a dificuldade reside, inversamente, nisto, do alto da abstração hegeliana recuperar a existência. O princípio grego, e mais ainda o cristão, consistia em compreender a si mesmo na existência, mas desde a vitória do "sistema" não se ama, acredita e age mais por si mesmo, se quer apenas saber o que é tudo isso.

O conceito polêmico de Kierkegaard acerca da existência efetiva não é dirigido somente contra Hegel, mas ao mesmo tempo também é um corretivo diante das exigências da época. A existência que a si mesmo se sin-

---

60 Lema para Entweder-Oder [Ou-Ou] I; V, 15; VI, 272 et seq.; VII, 3, 47; *Tagebücher* [Diários] I, 170; *Kritik der Gegenwart*, p.5 e 43.
61 VI, 196, 265. Dentro das categorias de Kierkegaard se distinguem a paixão resoluta da ironia indecisa, da alternância entre o tédio e a melancolia profunda.
62 VI, 190.
63 VI, 196 et seq.; V, 10, nota.
64 VII, 15.
65 VII, 41.
66 VII, 16, 25, 27 et seq.

A dissolução das mediações de Hegel pelas decisões de Marx e de Kierkegaard

gulariza é 1. a efetividade *única por excelência* perante o sistema, que abarca todas as coisas do mesmo modo e nivela a diferença (entre o ser e o nada, o pensar e o ser, a universalidade e a singularidade) ao plano de um ser indiferente. Ela é 2. a efetividade *singular* em face da universalidade histórica (da história universal e da geração, da multidão, do público e da época), para a qual o indivíduo não tem nenhum valor. Ela é 3. a existência *interior* do singular em face da exterioridade dos relacionamentos. Ela é 4. uma existência *cristã* perante Deus e diante da exteriorização do ser de Cristo na cristandade propagada de modo histórico-universal. E ela é 5. em meio a essas determinações, sobretudo uma existência *que se decide* a si mesma, ou a favor ou contra o ser cristão. Como uma existência que se decide assim ou assado, ela é a oposição à época "sensata" e ao modo hegeliano de conceber, que desconhece um ou isto ou aquilo.[67]

Pouco antes da Revolução de 1848, Marx e Kierkegaard conferiram à vontade de decisão uma linguagem cujas palavras ainda hoje guardam sua força: Marx no *Manifesto comunista* (1847) e Kierkegaard em um *Anúncio literário* (1846). Um dos manifestos assim conclui: "proletários de todos os países, uni-vos!" e o outro deste modo, que cada um deve trabalhar por si próprio para sua salvação, pois de outro modo, a profecia a respeito do progresso do mundo é tolerável apenas como piada. Essa oposição, porém, historicamente considerada, significa apenas dois lados de uma comum destruição do mundo burguês-cristão. Para a revolução do mundo burguês-*capitalista*, Marx apoiou-se na massa do proletariado, enquanto Kierkegaard, em sua luta contra o mundo burguês-*cristão*, dependia plenamente do individual. Ao que corresponde o fato de que, para Marx, a sociedade burguesa é uma sociedade de "indivíduos isolados", na qual o homem está alienado de seu "ser específico", e, para Kierkegaard, a cristandade constitui um cristianismo propagado em massa, no qual ninguém é sucessor de Cristo. Mas porque Hegel mediatizou essas contradições existentes na essência, a sociedade burguesa com o Estado e o Estado com o cristianismo, a decisão de Marx assim como a de Kierkegaard aponta para o destaque da diferença e da contradição presentes naquelas mediações. Marx dirige-se contra a autoalienação que, para o homem, é o capitalismo, e Kierkegaard, contra aquela que, para o cristão, é a cristandade.

---

[67] VII, 5; cf. a respeito, Hegel, *Schriften zur Politik und Rechtsphil* [Escritos sobre política e filosofia do direito], p.368 e I, 131.

3. A crítica do mundo capitalista e da cristandade secularizada

a) Marx

Marx analisou a autoalienação do homem nos domínios do Estado, da sociedade e da economia. Sua expressão política é a contradição entre *sociedade burguesa e Estado*, sua expressão imediatamente social é a existência do *proletariado* e sua expressão econômica é o *caráter mercadológico* de nossos objetos de uso. O capitalismo como economia privada com propriedade privada é a antítese do comunismo como economia comunal com propriedade comum. Do mesmo modo, a crítica da "economia política" é e permanece orientada para o conjunto do mundo histórico e do ser humano dele correspondente.[68] O homem do mundo capitalista está alienado de si mesmo, porque capital, mercadoria e trabalho assalariado são a expressão objetiva de relações existenciais, nas quais o homem que produz e consome, não está (em sentido hegeliano) "junto de si" ou "livre".

A diferença entre o "sistema das carências" de Hegel e a "crítica da economia política" de Marx mostra-se no fato de que Marx combate como *autoalienação* do homem aquilo que em Hegel ainda é um momento positivo de toda atividade humana, logo, a *exteriorização* de si mesmo. O espírito – esta essência universal do homem – *é* justamente uma interpretação de si mesmo no mundo e, simultaneamente, uma "autorrememoração", quer dizer, um regresso da exteriorização para si mesmo. O resultado desse movimento do espírito é, em todos os seus estágios, uma mediação do ser próprio e alheio, um "ter se tornado igual a si mesmo no ser outro de si mesmo". Com base nessa estrutura universal do espírito que produtivamente se exterioriza ou que "ex-iste"[69] em um mundo, Hegel concebeu o relacionamento determinado do homem com a "coisa" como propriedade, relacionamento que ele

---

68 Essa conexão é expressamente acentuada na *Crítica da economia política*: "Tal como em geral em toda ciência social histórica, na marcha das categorias econômicas há sempre que se insistir que [...] a moderna sociedade burguesa está dada e que as categorias expressam, por conseguinte, formas de existência, determinações existenciais, frequentemente apenas aspectos dessa sociedade determinada [...] e que a economia não começa de nenhum modo, mesmo cientificamente, somente onde se fala dela como tal". [*Zur Kritk der Pol., Ök.*, p.XLIII].

69 Enc., §123 Ad.

determina mais precisamente por "tomada de posse", "uso" e "alienação".[70] Uma coisa realiza sua própria determinação na medida em que é utilizada e usada por outro. Esse uso não é exterior ou estranho à coisa mesma, pois ela *está* aí para ser usada, toda sua existência é um existir-para-algo. O pleno uso de uma coisa é ela mesma, assim como um campo traz à efetividade o ser que lhe é peculiar por seu rendimento. A substância da coisa é, portanto, sua "exterioridade", a exterioridade realizada de seu uso. Quando seu pleno uso me pertence, então eu a tenho como propriedade. O mesmo relacionamento com a coisa também é a totalidade de minha exteriorização *pessoal* e o uso total das forças humanas, idêntico à vida da personalidade que se exterioriza.[71] Daí resulta para Hegel a seguinte visão da alienação da atividade humana.

> Das *minhas habilidades particulares, corporais e espirituais* e das minhas possibilidades de atividade, posso *alienar* produções individuais e um uso *limitado no tempo* a um outro, porque isso, de acordo com essa restrição, conserva um relacionamento exterior à minha *totalidade* e *universalidade*. Mediante a alienação pelo trabalho de *todo* o meu tempo concreto e da totalidade de minha produção, eu tornaria propriedade de um outro o substancial da mesma, ou seja, minha atividade *universal* e minha efetividade e personalidade.[72]

Hegel ilustra essa diferença ao comparar um escravo antigo e a moderna criadagem. "O escravo ateniense teria talvez afazeres mais leves e mais trabalho intelectual do que, via de regra, nossos criados, mas ele era, todavia, escravo, porque o inteiro âmbito de sua atividade fora alienado ao seu senhor." De modo contrário, Marx conclui a partir das relações de produção efetivamente existentes que justamente uma atividade "particular" pode alienar o homem *inteiro*, mesmo que ele possa juridicamente dispor de si mesmo, na medida em que ninguém o obrigue a vender sua força de trabalho. Contudo, na sua existência real, o trabalhador assalariado "livre" é menos livre do que o escravo antigo, pois mesmo quando ele é proprietário de sua força de trabalho, tem os mesmos direitos que o possuidor dos meios de produção e somente aliena um trabalho específico por um tempo

---

70 *Filosofia do direito*, §41 et seq.
71 Ibid., §61.
72 Ibid., §67 e Ad.

limitado, torna-se, contudo, dessa maneira completamente escravo do mercado de trabalho, porque sua força de trabalho vendável é a única que ele de fato possui e precisa alienar para poder existir.[73] Para Marx, o assalariado personifica o problema geral da sociedade burguesa, cujo caráter econômico consiste na produção de um mundo coisificado de mercadorias. O caráter mercantil de todos os nossos objetos de uso e o correspondente consumo humano não constitui apenas uma especialidade econômica, mas, ao contrário, determina todo o caráter de manifestação da vida humana e de seus modos de produção como alienação. Mesmo a produção intelectual torna-se mercadoria, o livro como um artigo do mercado livreiro.[74]

> Há um grande fato que para o século XIX é característico e que nenhum partido pode negar. Por um lado, as forças industriais e científicas alcançaram uma vida que nenhuma época anterior da história poderia pressentir. Por outro lado, se fazem perceptíveis sinais de decadência, que colocam à sombra os famosos horrores dos últimos tempos do Império Romano. No nosso tempo, cada coisa parece prenhe de sua oposta. A máquina está dotada da maravilhosa força que reduz o trabalho humano e o torna fecundo, mas vemos como ela conduz à fome e ao excesso de trabalho. As novas forças da riqueza que foram desencadeadas por um estranho jogo do destino tornaram-se fontes de privação. Os triunfos da arte parecem comprados com a perda do caráter. A humanidade torna-se senhora da natureza, mas o homem torna-se escravo do homem ou escravo de sua própria infâmia [...]. O resultado de todas as nossas invenções e de nossos progressos parece consistir no fato de que as forças materiais são dotadas de vida espiritual e a existência humana se embrutece como força material. Esse antagonismo, entre indústria e ciência modernas por um lado, e miséria e decadência modernas por outro lado; essa oposição entre as forças produtivas e as relações sociais de nossa época é um fato palpável, dominante e incontestável. Muitos partidos podem lamentar semelhante situação; outros podem desejar livrar-se das capacidades modernas a fim de livrarem-se também dos conflitos modernos. Ou eles podem imaginar que um progresso tão reconhecível, rumo ao aperfeiçoamento da economia, precise de um retrocesso, igualmente reconhecível, na política. Nós, por

---

73 *Kapital*, I, p.130 et seq. e I/1, 251 et seq.
74 Cf. a respeito K. Hecker, *Mensch und Masse* [Homem e massa], p.62.

nossa parte, não desconhecemos o espírito astuto, que avança com vigor na produção destas oposições. Sabemos que as novas forças da sociedade apenas necessitam de *novos homens* para realizar um bom trabalho [...].[75]

Uma análise fenomenológica desse problema geral é fornecida pela primeira parte de *O capital*, em que Marx aponta o caráter mercantil de nossas produções. Na mercadoria revela-se para ele a estrutura ontológica fundamental de nosso pleno mundo objetivo, sua "forma mercantil". Ela designa do mesmo modo a alienação do homem em relação a si mesmo e a alienação das coisas a ele relacionadas.[76] O sentido crítico-social e, portanto, humano desta análise econômica aparece em *O capital* somente em meio à discussão de outros problemas e em notas; em contrapartida, ele se apresenta abertamente no relato aos *Debates acerca da lei concernente ao roubo de lenha* (1842).[77] Ele contém o primeiro descobrimento exemplar daquela inversão fundamental entre "meio" e "fim", ou entre "coisa" e "homem", na qual se afirma a autoalienação do homem. Relacionar-se a si mesmo como se fosse a algo outro e estranho – essa suprema "exterioridade" –, é o que Marx já havia caracterizado na sua dissertação como "materialismo" – em relação a si próprio, considerava-se um "idealista" que pretendia superar a alienação. Uma *auto*alienação é, por isso, a exteriorização numa coisa, porque o homem não é para a coisa, mas essa é para ele. O que Marx quer mostrar é o seguinte: a madeira, que pertence a um possuidor da madeira e pode ser roubada, não é em geral uma mera madeira, mas sim uma coisa com significado econômico e social, portanto, humano. A madeira que existe nesta conjuntura não é para o possuidor da madeira, enquanto proprietário privado, o mesmo que para o não possuidor, que a rouba. Uma punição humanamente justa e não apenas juridicamente correta não pode, por conseguinte, realizar-se enquanto um se sabe como mero possuidor da *madeira*, tendo como homem essa autoconsciência "limitada" de si, se o outro não for considerado como homem, mas somente como ladrão de *madeira*. Em ambos os casos, a coisa morta é um "poder objetivo", algo que não é humano, que determina o homem e o "subordina",

---

[75] *Die Revolution von 1848 und das Proletariat* [A revolução de 1848 e o proletariado] (1856).
[76] Cf. para o que segue G. Lukács, *Geschichte und Klassenbewusstsein* [História e consciência de classe], Berlim, 1923, p.94 et seq.
[77] I/1, 266 et seq.

quando este não é capaz de dominar os produtos sociais do trabalho. Mas o homem pode ser determinado pela simples madeira, porque esta mesma é a expressão objetiva de relações "políticas". Por isso podem "os ídolos de madeira triunfar e as vítimas humanas perecer".

Quando, portanto, madeira e possuidor da madeira fazem leis, então estas leis não se diferenciam mediante nada, a não ser pelo ponto geográfico e a língua na qual elas são feitas. Esse *materialismo depravado*, esse pecado contra o espírito sagrado dos povos e da humanidade, é uma consequência imediata daquela doutrina que o jornal do Estado prussiano predica ao legislador: em relação a uma lei acerca da madeira, pensar apenas na madeira e na floresta, e resolver de maneira *não política* o problema material específico, quer dizer, não em conexão com a inteira racionalidade e moralidade estatal.[78] Quando, por motivo de determinadas relações sociais, algo como a madeira torna-se critério para o ser e para o comportamento da autoconsciência humana, com a coisificação da autoconsciência humana torna-se a própria coisa medida do homem.

Na *Ideologia alemã*, Marx levanta a mesma questão que nos debates. Também aqui ele pergunta: de onde vem a "estranheza" com a qual os homens lidam com seus próprios produtos, de modo que eles não dominam mais "o modo de suas relações mútuas", "relações que se tornam autônomas perante eles", e "o poder de sua própria vida torna-se superior a eles"? Como pode acontecer que, no interior da involuntária "autonomização dos interesses pessoais em interesses de classe, o comportamento pessoal dos indivíduos se coisifique, aliene e, simultaneamente, como um poder independente do indivíduo, [...] subsista sem ele"?[79] A resposta é: mediante a divisão do trabalho. Todo modo do trabalho, até agora existente, precisa ser superado e chegar a uma total "autonomia". Essa transformação não significa somente uma superação da divisão do trabalho em intelectual e corporal, mas também uma superação da oposição entre cidade e campo, que é a "expressão mais crassa da subsunção do indivíduo à divisão do trabalho".[80]

---

78 I/1, 304.
79 V, 25 et seq.
80 V, 21 et seq., 39 et seq.; cf. Engels, *Anti-Dühring*, p.312 et seq.

A dissolução das mediações de Hegel pelas decisões de Marx e de Kierkegaard

Ela pode ser efetivamente superada, mas apenas em uma comunidade que transforme a propriedade e o ser do homem, respectivamente.

Do mesmo modo, *O capital* não significa uma mera crítica da economia política, e sim uma crítica do homem da sociedade burguesa tendo como guia a economia capitalista, cuja "célula econômica" é a forma mercantil do produto do trabalho. Esta forma consiste em que aquilo que é produzido para o *uso*, conforme sua finalidade originária, não é imediatamente trocado como coisa utilizável, segundo a necessidade, mas antes chega ao mercado como *valor mercantil* tornado autônomo, para somente por esse desvio passar da mão do vendedor, para o qual ela tem valor de troca, à mão do consumidor como comprador de mercadoria. Essa autonomização do objeto de uso em "mercadoria" exemplifica, por sua vez, a relação universal que no mundo burguês-capitalista faz que o produto domine o homem. Para a descoberta do processo desta inversão, Marx empreende a análise da "aparência objetiva" das modernas relações sociais de trabalho no "caráter fetichista" das mercadorias. Como mercadoria, uma mesa qualquer é uma coisa "sensível-suprassensível". O que nela é manifesto é somente aquilo que não o é como mercadoria, mas sim como coisa a ser usada. O que ela é, em contrapartida, como mercadoria que custa dinheiro – porque ela mesma custa trabalho e tempo de trabalho – é, à primeira vista, uma relação social oculta. Desta maneira, ela não está "apenas com seus pés sobre o chão, mas coloca-se, diante das outras mercadorias, sobre sua cabeça e de sua cabeça de madeira desenvolve caprichos, muito mais estranhos do que se ela começasse, cada parte sua individualmente, a dançar".

> O mistério da forma mercadoria consiste simplesmente no fato de que ela reflete nos homens o caráter social de seu próprio trabalho como caráter objetivo dos produtos do trabalho, como propriedades naturais e sociais dessas coisas, por conseguinte, também a relação social dos produtores em relação ao trabalho total, enquanto uma relação social de objetos existentes e exterior a eles. Por meio do *quid pro quo* tornam-se mercadorias os produtos do trabalho, coisas sensíveis-suprassensíveis ou coisas sociais [...] É somente a relação social determinada dos homens que os faz supor aqui a forma fantasmagórica de uma relação de coisas. Assim, para encontrar uma analogia, nós precisamos fugir para a região nebulosa do mundo religioso. Aqui, os produtos da cabeça humana parecem estar dotados de vida própria, figuras independentes que estão em relação umas com as

outras e com os homens. O mesmo ocorre no mundo das mercadorias com os produtos fabricados pela mão humana. Isso eu denomino de fetichismo, que adere aos produtos do trabalho tão logo eles são produzidos como mercadorias, e que por isso é inseparável da produção de mercadorias.[81]

Mas porque os produtores de mercadorias, isto é, de objetos de toda espécie em forma de mercadoria, relacionam-se somente objetivamente uns com os outros, por meio da troca de suas mercadorias *enquanto mercadorias*, as relações que fundamentam as mercadorias não aparecem aos produtores como relações de trabalho entre homens, mas antes estas relações sociais lhes aparecem mesmo como puras relações "objetivas" entre produtores de mercadorias, e, por outro lado, as relações materiais entre mercadorias adquirem o caráter de relações *quasi* pessoais entre corpos automáticos de mercadorias em um mercado que obedece a leis próprias.[82] Os homens não têm, à primeira vista, nenhuma consciência desta inversão; pois também sua autoconsciência já está, na mesma medida, condicionada.

O caráter condicionado e histórico desta inversão está encoberto objetivamente, em primeiro lugar, pela definida e acabada *forma do valor* da mercadoria na forma de dinheiro,[83] de tal modo que parece que seria possível modificar somente o preço da mercadoria, mas não o caráter mercadológico dos objetos de uso como tais. Para ver que uma tal ordem econômica, na qual o produto do trabalho como mercadoria torna-se independente perante os produtores, é algo totalmente absurdo, é preciso compará-la a outras formas históricas sociais e econômicas. Pois, qualquer que seja o juízo que se emita a respeito da "sombria" Idade Média e suas relações de dependência, as relações sociais das pessoas em seus trabalhos aparecem aqui igualmente como suas próprias relações pessoais e não estão "disfarçadas na forma de relações sociais entre coisas".[84] Porque, neste caso,

---

81 *Kapital* [O capital], I, 38s.
82 Do ponto de vista estético, Simmel procurou desenvolver o problema referente a essa objetivação como a "tragédia da cultura": *Philosophische Kultur*, 3. ed., p.236 et seq.
83 A respeito do caráter fetichista do capital lucrativo, ver *Kapital*, III/1, 339 et seq.
84 Que isso seja somente uma "máscara de caráter", atrás da qual esconde-se em todos os casos o domínio das condições de produção, é algo evidente para Marx: *Kapital*, III/2, 326s.

relações de dependência pessoal formam o fundamento social dado, e trabalhos e produtos não necessitam admitir uma figura fantástica diversa de sua realidade. A forma natural do trabalho, sua particularidade, e não, como acontece sobre a base da produção mercantil, sua universalidade (*sc.* abstrata), constitui sua forma social imediata.[85]

Essa perspectiva histórica corresponde à possibilidade de uma futura ordem social comunista, que Marx desenvolve para opor a inversão opaca do moderno mundo mercantil à "transparência" de suas relações sociais em relação aos próprios produtos do trabalho. O mundo mercantil pode, portanto, ser superado somente por uma transformação fundamental de todas as relações de vida concretas do homem que existe em sociedade.[86] O recuo do caráter mercantil para o caráter de uso corresponde à necessidade de um recuo do homem reificado para o "homem natural", cuja natureza consiste no seguinte, que ele, desde o princípio, é um homem social. "Se o homem é social por natureza, então ele desenvolve sua verdadeira natureza somente na sociedade e não se tem de medir o poder de sua natureza pelo poder do indivíduo singular, mas antes pelo poder da sociedade."[87] A partir dessa pressuposição fundamental resulta o socialismo proletário de Marx em correspondência com o modelo aristotélico de Hegel: a pólis, na qual o homem é um *zoon politikon* e cuja liberdade é estar-junto-de-si-mesmo no ser-outro.

b) Kierkegaard

Kierkegaard protestou apaixonadamente contra essa ideia da existência comunitária, porque, "em nossa época", toda forma de união – no "sistema", na "humanidade" e na "cristandade" – pareceu-lhe um poder nivelador.

Está fora de questão que a ideia do socialismo e de comunidade venha a tornar-se a salvação da época [...] O princípio de associação (que quando

---

85 *Kapital*, I, 43 et seq.
86 Ver a respeito a carta de Marx a Engels de 22 de junho de 1867.
87 III, 21, 117, 307.; *Zur Kritik der pol. Ök.*, p.XIV; 10. *These über Feuerbach* [Décima tese sobre Feuerbach]. Para a crítica do "homem genérico" ver, além disso, Stirner, *Der einzige und sein Eigentum* [O único e sua propriedade], Bauer, *Vollständige Geschichte der Parteikämpfe* [...], v. II, cap. 4 e v. III, 30 et seq., 185.

muito pode ter validade em relação aos interesses materiais) não é em nosso tempo afirmativo, mas antes negativo, é um subterfúgio [...], um engano dos sentidos, cuja dialética é: à medida que ele fortifica os indivíduos, ele os enerva, pois os fortalece através do numérico em união, mas isso, eticamente, é um enfraquecimento.[88]

O grande erro do socialismo foi que ele pensava poder resolver o problema da igualdade na esfera mundana, cuja essência é a diversidade.

A própria preocupação de Kierkegaard não era a igualdade humana, mas sim a individualidade cristã diante da "multidão". Em oposição às "teorias fantásticas a respeito da sociedade", ele queria novamente decifrar o desbotado "original das relações existenciais individuais e humanas", pois somente deste modo pode-se combater a confusão da época, ao se fornecer à existência humana o "lastro" necessário, a fim de subsistir, na corrente do tempo, perante a eternidade. Também Kierkegaard tratou da alienação do homem, mas não no mundo, antes, na cristandade existente, que se misturou com o mundo e o Estado.

Nos panfletos, que ele intitulou *O instante*, porque neles se deveria decidir entre cristandade ou mundanidade, Kierkegaard extraiu as últimas consequências de sua vontade de atuação.[89] Com imensa ironia ele protesta contra a "mediocridade protestante" dos cristãos nacionais que conciliam o mundo com Cristo e, simultaneamente, contra a mediação de Hegel entre o Estado e o cristianismo. A primeira frase do primeiro número começa com uma interpretação irônica da tese de Platão, segundo a qual os filósofos deveriam governar o Estado. "Como é sabido, em algum lugar na *República,* Platão diz: que somente pode-se esperar algo justo quando chegam ao

---

[88] *Kritik der Gegenwart*, p.54; cf. *Tagebücher*, I, 315 et seq.: "A 'massa' é propriamente isto o que eu tomei como objetivo polêmico." Cf. em Immermann, *Memorabilien* [Memoráveis], I: "Verdadeiramente, a época oferece um estranho espetáculo em relação à energia. Recorde-se um conhecido dístico de Schiller sobre o espírito dos indivíduos e o de suas associações. Poder-se-ia agora, parodiando-o em sentido inverso, dizer que onde muitos atuam juntos, aparece um gigante, que, caso se considere isoladamente os indivíduos que agem, o gigante fragmentar-se-ia em meros anãozinhos. Aqui aparece propriamente um dos pontos em que acontece a passagem do período subjetivo para o período objetivo."

[89] Ver a respeito Fischer, *Die Nullpunkt-Existenz* [A existência ponto zero], p.203 et seq.

poder aqueles que não têm vontade para isso [...] Essa observação também vale para outras relações, nas quais se deva começar algo (aqui se pensa no cristianismo) autenticamente sério". O verdadeiro político e o verdadeiro cristão podem não ter nenhum desejo em governar, porque sabem o que é, por um lado, o Estado e o que é, por outro, o cristianismo. No assim chamado Estado cristão, o humano "protege" o divino. "Como em todo o mundo", diz Kierkegaard com alusão a Hegel, "algo de tal modo absurdo veio ocorrer a um ser tão racional como o Estado?": querer proteger o divino?

> Pois bem, isso é uma longa história; mas relaciona-se a isso, principalmente, o fato de que o cristianismo, ao longo do tempo, serviu cada vez menos ao seu verdadeiro caráter: o divino. Pense em um homem de Estado contemporâneo à aparição do cristianismo no mundo e lhe pergunte: *Quid tibi videtur?* [Que te parece?] Tu não acreditas que seria uma religião para o Estado? Ele provavelmente considerar-te-ia um louco e não se dignaria a te dar uma resposta. Mas se o cristianismo é servido do mais covarde temor dos homens, da mediocridade e dos interesses temporais, então a coisa parece ser diferente. Pode verdadeiramente mesmo parecer que o cristianismo (que pelo modo de sua prática pouco a pouco [...] tornou-se uma criatura lastimável) tenha de ser grato ao Estado pela proteção, visto que somente assim é honrado.[90]

O humano não pode proteger o divino, pois o verdadeiro cristianismo não é nada mais nem nada menos do que o sucessor de Cristo, que renuncia decididamente a tudo que é mundano. O mundano, porém, existe para o homem principalmente como Estado e, assim, dirige-se *O instante* contra a reconhecida mentira acerca do acordo aparente entre cristianismo e Estado.

> Suponhamos que o Estado empregue mil funcionários, que assim como suas famílias [...] vivessem a impedir o cristianismo, isso seria uma tentativa de, se possível, impossibilitar o cristianismo. E, contudo, não seria esta tentativa [...] tão perigosa como aquilo que acontece de fato: que o Estado empregue mil funcionários, que como "pregadores do cristianismo" [...] têm um interesse pecuniário, primeiramente no fato de que as pessoas *denomi-*

---

90 XII, 17 et seq.; cf. a respeito a não menos sarcástica crítica de Feuerbach, I, 98 et seq.

nem-se cristãs, [...] em segundo lugar, que permaneçam nisto sem chegar a saber, portanto, o que em verdade é o cristianismo [...]? E a atividade desse estamento não seja classificada sob a rubrica: que seja impedido o cristianismo e em troca mil funcionários com família recebam seus salários; não, eles "pregam" o cristianismo, eles "propagam o cristianismo", eles "trabalham pelo cristianismo"! [...] Não é isto pois o mais perigoso, que se possa imaginar, para fazer impossível, na medida do possível, o cristianismo?[91]

Esse cristianismo eclesiástico-estatal ou também eclesiástico-popular, tal como representado na Dinamarca por Grundtvig,[92] é contrário àquilo que o Novo Testamento anuncia como o verdadeiro. Na moderna cristandade, o cristianismo foi abolido por sua divulgação. A conciliação hegeliana de Igreja e Estado transforma-se na revolta religiosa de Kierkegaard e na revolta social de Marx.

Marx caracterizou a época da revolução burguesa, no *18 Brumário de Luis Bonaparte*,[93] como tendo paixões sem verdade e verdades sem paixão; seu mundo tornado completamente prosaico somente se sustenta por plágios, seu desenvolvimento é uma constante repetição das mesmas tensões e relaxamentos, suas oposições se impelem ao cume somente para embotar-se e sucumbir, sua história é sem acontecimentos, seus heróis desprovidos de heroísmo. Sua "lei suprema" é a "falta de decisão". Com quase as mesmas palavras Kierkegaard, na sua *Crítica do presente*, concebeu este mundo sem

---

91 Ibid., 5 et seq.
92 "O palavrório de Grundtvig acerca da nacionalidade é [...] um retorno ao paganismo. É inacreditável a loucura com que podem ser servidores candidatos fanatizados por Grundtvig. Fenger diz, por exemplo, que ninguém pode ser um verdadeiro cristão fora de sua nacionalidade. E o cristianismo, que justamente quis abolir a idolatria pagã das nacionalidades!" "Essa 'participação no todo' é, no fundo, uma quimera." "Em seus anos de juventude ele representava o cristianismo antigo, dos velhos padres, o cristianismo primitivo e originário; agora, em sua velhice, ele se adorna como um puro aristocrata que segue a moda." "Alcançou-se, de todas as maneiras, aquilo que se denomina agora cristianismo, justamente é o que Cristo veio reprimir. Isso se alcançou, especialmente, no Protestantismo, particularmente entre os partidários de Grundtvig. Eles são, em sentido estrito: judeus [...] eles têm uma autêntica superstição judia acerca da ascendência. Além disso: eles se imaginam o povo eleito por Deus [...] Isto é o otimismo judeu [...] e deve ser o cristianismo do Novo Testamento!" (*Buch des Richters* [Livro do juiz], p.177 et seq.)
93 Para o estudo de Marx, ver de Frantz, *Louis Napoleon*, 1852, nova edição de Kemper.

A dissolução das mediações de Hegel pelas decisões de Marx e de Kierkegaard

paixão e decisão sob o signo do "nivelamento"[94], e ao aplanamento de suas diferenças distintivas opunha a acentuação das mesmas. Como modos concretos de nivelamento, ele analisa o aplanamento da disjunção apaixonada entre o falar e o calar, reduzida a palavreado irresponsável, entre o privado e o público, reduzida a publicidade privado-pública, entre forma e conteúdo, reduzida a uma carência de forma sem conteúdo, entre a reserva e a notoriedade, reduzida à representação, entre o amor profundo e a devassidão, reduzida a flerte sem paixão, entre saber objetivo e convicção subjetiva, reduzida a raciocínio sem compromisso. À bancarrota desse "mundo envelhecido", Marx contrapôs o proletariado e Kierkegaard a existência individualizada perante Deus. As desordens econômicas lhe pareciam ter apenas significado sintomático: "Elas indicam que a constituição europeia [...] se modificou totalmente. Nós teremos no futuro desordens interiores – *secessio in montem sacrum*."[95] Mais decisiva que a bancarrota econômica, social e política que vai de encontro à Europa é a sua decadência espiritual, sua "confusão de línguas", produzida pelo trabalho acelerado da imprensa. Melhor seria poder silenciar o carrilhão do tempo por uma hora, e visto que isso presumivelmente não daria bom resultado, ele gritaria com os financistas aos seus contemporâneos: "Economizar, enérgicas e profundas medidas de economia!",[96] quer dizer, redução às questões elementares da existência humana, à pura e simples questão da existência como tal, que para Kierkegaard constituía a contraparte interior do que Marx denominava como "a questão terrena em tamanho natural". E assim, baseado na mesma cisão com o subsistente, à crítica mundana de Marx ao mundo burguês-capitalista, corresponde igualmente a crítica radical de Kierkegaard ao mundo burguês-cristão, que é tão alheio ao cristianismo originário quanto o Estado burguês à *polis*. Que Marx coloque as relações *exteriores* de existência das *massas* diante de uma decisão, e Kierkegaard coloque a relação *interna*[97] de existência do *indivíduo*

---

94 Cf. Hecker, *Mensch und Masse*, p.96 e 113 e Immermann, *Epigonen* [Epígonos], I, 10.
95 *Tagebücher*, I, 328. [A tradução literal seria "levantamento do monte sagrado [Aventino]". Referência ao episódio ocorrido em 494 a.C., quando a plebe abandonou em massa Roma em consequência das péssimas condições de vida. – N. E.]
96 *Tagebücher*, I, 64.
97 Sobre o relacionamento da exterioridade com a interioridade, ver Hegel, *Logik*, II, 150 et seq., 156, 169; Enc., §139 et seq. – Kierkegaard, I, 3s., 21; IV, 253, 409, 444s. – Marx, III, 160 et seq.; V, 26 et seq.

em relação a si mesmo, que Marx filosofe *sem* Deus e Kierkegaard *diante de* Deus, estas evidentes oposições têm em comum sua separação de Deus e do mundo. A assim chamada existência não é mais para ambos aquilo que era para Hegel: o simples *"ex-istere"*, como surgimento e saída da essência interior à existência que lhe é adequada.[98] Em Kierkegaard, ela é um regresso à existência do indivíduo que se decide no âmbito da consciência moral, e em Marx uma partida em direção à decisão política concernente a circunstâncias de massas. Com base na mesma desavença com o mundo racional de Hegel, eles novamente separam o que aquele unira. Marx decide-se por um mundo humanitário e "humano", e Kierkegaard por um cristianismo sem mundo, que, "considerado do ponto de vista humano", é desumano.

Uma vez que se tenha compreendido a evolução espiritual entre Hegel e Nietzsche em sua lógica sistemática e histórica, então torna-se evidente que a análise econômica de Marx e a psicologia experimental de Kierkegaard coincidem conceitual e historicamente, constituindo *uma* antítese a Hegel. Elas concebem "o que é" como um mundo determinado por mercadorias e dinheiro, uma existência que está atravessada pela ironia e pelo "cultivo alternado" do tédio. Em um mundo do *trabalho* e do *desespero*, o "reino do espírito" da filosofia hegeliana torna-se um fantasma. Em Marx, a "ideia" de Hegel, que é em si e para si, converte-se em "ideologia alemã" e, para Kierkegaard, a "autossatisfação" do espírito absoluto em "enfermidade mortal". A consumação hegeliana da história torna-se para ambos um encerramento da pré-história, anterior a uma revolução extensiva e a uma reforma intensiva. Suas mediações concretas convertem-se em decisões abstratas a favor do antigo Deus cristão e de um novo mundo terreno. No lugar do espírito ativo de Hegel, entra em cena, em Marx, uma *teoria* da *práxis* social e, em Kierkegaard, uma *reflexão* do *agir* interior, de modo que ambas, assim, se apartam, conscientemente, da teoria como a suprema atividade humana. Por mais distantes que estejam um do outro, mais próximos eles estão no comum ataque ao existente[99] e no afastamento de Hegel. O que sempre os distingue confirma também sua afinidade no que diz respeito à igual fixação àquela total cisão do terreno e do divino, que na virada para o século XIX

---

98 *Enc.*, §123, Ad.
99 Ver a respeito Kierkegaard, IX, 74 et seq.

o jovem Hegel tomou como ponto de partida para sua restauração do absoluto como a suprema reunião dos opostos.

4. A origem da reconciliação de Hegel a partir da cisão

A reconciliação de Hegel com "o que é" nasceu daquilo de que ela mesma havia procedido: uma cisão fundamental com o subsistente. Hegel viveu essa crise juntamente com Hölderlin e a tácita ruptura com o amigo de juventude é o começo de uma reconciliação com o mundo tal como ele é. Na última afirmação de seu primeiro esboço de sistema, com data precisa de 14 de setembro de 1800, Hegel abandona sua "juventude", cuja essência é a individualidade e uma mera universalidade ideal, e se resolve por uma viril *"reconciliação com a época"*, a fim de não permanecer em cisão consigo mesmo e com o mundo. *Se*, porém, uma tal união fosse "vil e infame" – confessa Hegel nesse ponto de virada decisivo de sua vida –, então restaria apenas o "um absoluto" da individualização e fixação, quer seja a subjetividade nua da existência interior, quer seja a obstinada objetividade do mundo exterior. A autocisão da vida una e inteira em um "finito absoluto oposto a um infinito absoluto" seria, então, a última e absoluta. Para a cisão como tal, não há diferença alguma se o homem se sabe como indivíduo absolutamente independente ou absolutamente dependente de um Deus distante, se ele se compreende como indivíduo isolado ou como existência *en masse*, se ele está totalmente exteriorizado ou totalmente interiorizado, pois um extremo implica o outro e, "quanto mais independente e separado torna-se o interior, mais independente e separado torna-se o exterior".

Pouco depois da conclusão do primeiro esboço de sistema, Hegel escreve a Schelling[100] que o "ideal de juventude" nele transformou-se em um "sistema" e ele tinha o desejo de tornar-se professor universitário, de modo que poderia voltar a intervir na vida dos homens. Com a escolha de uma profissão civil, insere-se no sistema do mundo existente. Porém, na primeira época de Frankfurt, oscila entre a satisfação dolorosa da cisão e a força da reconciliação, e não somente não queria entrar em "vínculo com o mundo", mas também queria mesmo "impedi-lo".[101] E, ainda na idade de 40 anos,

---

[100] Br., I, 26 et seq.
[101] Fr. Rosenzweig, *Hegel und der Staat* [Hegel e o Estado], I, 73 et seq.

aspirava a uma noiva "reconciliadora" de seu "verdadeiro interior com a maneira como – frequentemente – eu sou contra o efetivo ou a favor do efetivo".[102] Em princípio, já na virada do século XIX, Hegel tinha se decidido pela realidade do mundo como o "elemento da coisa".[103] Desde então se tornou implacável, a ponto de chegar à ira e ao escárnio, contra todas as belas almas infelizes, romanticamente dilaceradas, acometidas de "tísica espiritual", cindidas nelas mesmas e com o mundo. Frente ao destino de Hölderlin e dos românticos, ele se convenceu de que, quando o homem não sabe "encontrar-se" e nem "sentir-se em casa" em nenhum mundo, mais do que infelicidade pessoal, é "inverdade" e é o mais duro "destino, não se ter um destino".

A cisão, entretanto, permanece como um "pressuposto" da filosofia.[104] O outro é a unidade como meta posta de antemão. No período de Berna e de Frankfurt, Hegel experimentou essa dupla pressuposição do absoluto como a "fonte de necessidade da filosofia", na virada da época de Frankfurt, explicada em conexão com a condição geral do mundo, e, nos primeiros ensaios ienenses, pensada conceitualmente como a "identidade da identidade e da não identidade".[105]

A crise de Hegel não se manifesta na reflexão sobre si mesma, mas sim na análise da "crise mundial" em uma época de transição.[106] A decidida tendência à união com a época exterioriza-se, em primeiro lugar, em uma crítica do subsistente, porque essa crítica é a pressuposição para uma possível unificação com aquilo que é. Nessa caracterização da crise mundial existente, que naquele momento permaneceu não publicada, Hegel antecipou traços decisivos daquela crítica que Marx novamente realizou, e, em contrapartida, as contradições que Marx pretendia descobrir nas mediações de Hegel são as mesmas que Hegel reconciliou. *A origem das análises mediadoras da* Filosofia do direito, *a partir de uma crítica do subsistente, que descobre pela primeira vez as contradições, possibilitou a Marx a crítica à justificação hegeliana do*

---

102 Br., I, 321.
103 XVI, 171.
104 I, 168 et seq., 173; XIII, 66; cf. XVI, 47.
105 I, 246; *Theolog. Jugendschr.*, p.348; *Vorlesungen über die Philosophie der Religion* [Lições sobre a filosofia da religião], I, 240 et seq.
106 Rosenkranz, *Hegels Leben*, p.88 et seq. e Haym, *Hegel und seine Zeit*, p.62 et seq.; cf. Dilthey, *Ges. Schr.*, IV, 122 et seq.

subsistente. Sem poder ter um conhecimento da crítica de Hegel,[107] o jovem Marx de 1841 recorre, no Hegel de 1821, ao jovem Hegel de 1798 – assim como a religião do amor de Feuerbach e a crítica do cristianismo de Bauer retornam, do ponto de vista objetivo, aos primeiros escritos teológicos de Hegel. A crítica dos jovens hegelianos repete a crise que o próprio Hegel havia atravessado, antes de ele superá-la em seu sistema. Não é, portanto, nada casual que Marx, frequentemente, caracterize a crise da sociedade burguesa do mesmo modo como Hegel já a descrevera, antes que ele pensasse em "dominar" os "extremos perdidos" da moral em um Estado determinado por Platão e Rousseau e que, empiricamente, era o Estado prussiano.

De acordo com a caracterização hegeliana da crise mundial, todos os fenômenos da época mostram que a satisfação não é mais encontrada na vida antiga. Mas para "suspender o negativo do mundo subsistente, para poder nele se encontrar e viver", é necessária a passagem da "ideia" para a "vida", da razão à efetividade. No império alemão em particular, a "universalidade que detém o poder" desapareceu como a fonte de todo direito porque isolou-se e tornou-se algo particular. O homem individual também não é mais um todo quando ele, tal como no desacordo existente entre a Igreja e o Estado, está "despedaçado" em dois "fragmentos", em um "*homem* de um *Estado* particular e um *homem* de uma *Igreja* particular".[108] A universalidade da vida existe somente como "pensamento". O propósito de Marx foi dar ao proletariado "consciência" de classe, posto que se a opinião pública,[109] pela perda de confiança, decidiu algo, pouco se necessitava para tornar geral uma clara consciência. A "universalidade" perdida do todo precisa ser novamente produzida. E Hegel procura mostrar na *Filosofia do direito* que o pensamento da universalidade existe aí somente como efetividade. Em primeiro lugar, ele descobriu as contradições. Como uma tal contradição, ele considerou o restringir-se a um mundo pequeno e submisso da propriedade, no qual meras "coisas" se tornam algo absoluto – o mundo do "pequeno-

---

107 Marx poderia ter formado uma ideia indireta disso, mas apenas depois de 1844, a partir da monografia sobre Hegel de Rosenkranz. Em uma conferência de Frankfurt em 1932, mas não publicada, Lukács tentou uma reconstrução marxista do comentário de Hegel citado (p.86-7) acerca da economia política de Stewart.
108 Rosenkranz, p.88; cf. Marx, I/1, 585 et seq.
109 Cf. a apreciação posterior de Hegel da opinião pública na *Filosofia do direito*, §315 et seq. e Rosenkranz, p.416.

-burguês"¹¹⁰ e das "mercadorias" – e, correspondente a isso, um elevar-se "no pensamento até o céu" – seu "complemento solene" através do "espírito de condições carentes de espírito", na terminologia de Marx. Além disso, ele analisou a oposição correlata entre pobreza e luxo,¹¹¹ um tema constante de Marx. O homem superior desdenha, com direito, essa vida restrita por todos os lados, como se ela lhe fosse "oferecida" e "permitida", mas não basta apenas "representar-se" perante si mesmo a verdadeira natureza e fazer do representado seu companheiro, assim como ocorre no *Hyperion*, de Hölderlin. O homem "precisa também encontrar o representado como algo vivente", mediante a resolução efetiva das contradições subsistentes. Mas essa somente tem lugar quando se chega ao cume, "quando a vida subsistente perdeu sua potência e toda a sua dignidade". Segundo Hegel e também Marx, apenas se ataca e destrói o subsistente, não pela violência externa e interna, contra si mesmo e contra o mundo, mas sim pela sua "própria verdade". Essa verdade nele escondida que o vai aniquilando, é a pretendida universalidade jurídica, que, para subsistir, tem de ser atribuída também àquela vida restrita, embora ela esteja desintegrada em particularidades abstratas, até que, mediante uma vida melhor, lhe seja negado o direito vivo a essa pretensão. E a época já fornecia um sopro de uma tal vida. "Seu impulso alimenta-se do agir de grandes homens individuais, dos movimentos de povos inteiros, da apresentação da natureza e do destino pelos poetas. Através da metafísica, as restrições adquirem seus limites e suas necessidades na conexão com o todo."¹¹²

No escrito acerca da situação de Württemberg, Hegel demonstra, com o *pathos* revolucionário da justiça, a necessidade de uma transformação. A cisão consciente de si mesma é ela mesma uma consequência do fato de que se pode, perante "o que é", também representar e descrever, esperar e promover tempos melhores. Portanto, isso, "o que é", não é nenhum "*eterno presente*", em tempos de cisão, mas sim uma existência passageira, algo ainda subsistente e sem verdadeira efetividade. "*Conceber*" significa aquilo que também significava para Marx: nenhuma mera compreensão, mas antes crítica e transformação.

---

110 Ver a respeito *Jenenser Realphilosophie*, II, 249, nota à margem; cf. *Philosoph. Propädeutik*, §56.
111 Cf. a suspensão dessa contradição na *Filosofia do direito*, §190 et seq., §241 et seq.; cf. IX, 200, onde a emigração é considerada para sua resolução.
112 Rosenkranz, p.90.

A dissolução das mediações de Hegel pelas decisões de Marx e de Kierkegaard

Universal e profundo é o sentimento de que o edifício estatal, assim como subsiste agora, esteja insustentável, universal é o temor de que ele desmorone e em sua queda todos sejam feridos. Com essa convicção no coração, esse temor deve tornar-se tão poderoso que se deixe depender da sorte o que pode ser derrubado, o que pode ser conservado, o que sustentar ou cair? Não se deve querer abandonar o insustentável? Com calma investigar o que pertence ao insustentável? Nessa avaliação, justiça é o único critério; a coragem em exercer a justiça é o único poder que pode, com honra e glória, eliminar completamente o que é vacilante e pode promover uma condição segura. Quão cegos são aqueles que podem acreditar que instituições, constituições e leis que não mais concordam com os costumes, as necessidades e as opiniões dos homens, dos quais o espírito se evadiu, ainda continuem a subsistir; que formas, nas quais o entendimento e o sentimento são desinteressantes, sejam poderosas o suficiente para continuar a constituir o vínculo de um povo! Todas as tentativas de restituir a confiança a relações, partes de uma constituição, nas quais não se crê mais, todas as tentativas de dissimular com belas palavras o coveiro não somente cobrem de vergonha os inventores astutos, mas preparam uma explosão muito mais terrível, na qual a vingança se alia à carência de melhoramento e a multidão, sempre enganada e oprimida, vingar-se-á da desonestidade [...] Mas se uma transformação deve ocorrer, então algo tem de ser feito. Uma verdade tão evidente deve ser dita, a angústia, distingue-se deste modo da coragem, pois os homens impulsionados pela primeira de fato sentem e concedem a necessidade de uma transformação, mas, quando se deve começar, exibem a fraqueza de querer conservar tudo quanto possuem, tal como o pródigo, que está necessariamente constrangido a restringir suas despesas, mas que considera indispensável todo artigo de suas carências anteriores, de cuja redução já foi alertado, e nada quer abandonar, até que finalmente lhe são tomados tanto o indispensável quanto o supérfluo. Um povo, o povo alemão, não deve dar o espetáculo de uma tal debilidade. Convencido friamente de que uma transformação é necessária, eles não devem temer conduzir uma investigação detalhada, aquilo que considerem injusto, quem sofre dessa injustiça deve exigir sua supressão, e aqueles que possuem algo injustamente devem sacrificá-lo voluntariamente.[113]

---

113 Ibid., p.92 et seq. (= *Schr. zur Politik und Rechtsphilos.*, p.151 et seq.).

A falta de concordância da vida íntima e externa, da vida privada e pública, constitui o todo "sem espírito", ou como diz Marx a partir do ponto de vista de Feuerbach, é "inumano". Por isso, a tendência positiva da crítica do subsistente é, tanto para Hegel quanto para Marx, a restauração de uma unidade espiritual, de uma unidade humana no todo da vida efetiva.

Apesar do chamado a uma transformação, a crítica de Hegel não é nenhum manifesto marxista. Também como escritor político, ele quer *conceber* o que é. Uma tal concepção constitui o fim expresso de seu posterior escrito crítico acerca da *Constituição da Alemanha*, que está por uma resignação melancólica. A despeito da agudeza crítica, quer apenas compreender melhor aquilo que é, e mesmo fomentar uma "moderada tolerância". Hegel encobre a ambiguidade presente nessa passagem da crítica à compreensão, eliminando a diferença entre o ideal e a efetividade no conceito da ideia e isso, o que deve ser, em contraste com aquilo, tal como é, suspende no é-preciso--ser como "destino".[114] Ele explica a proposição concernente ao compreender da seguinte maneira:

> Os pensamentos, que este escrito contém, não podem, na sua manifestação pública, ter outro objetivo ou efeito do que a compreensão daquilo que é, e, com isso, fomentar tanto uma calma visão quanto uma adequada tolerância do mesmo, no contato efetivo e em palavras. Com efeito, não é isso que nos faz impetuosos e nos faz sofrer, mas antes o que não é, tal como deveria ser; mas nós reconhecemos que ele é, tal como deve ser, quer dizer, não conforme ao arbítrio e ao acaso, e reconhecemos, portanto, também que ele deve ser assim.[115]

Mas como Hegel reconhece o que deve ser e, por isso, também é, tal como deve ser? Enquanto ele acredita saber o que quer o "espírito do mundo".[116]

A audácia com a qual Hegel baseia sua intelecção naquilo tal como deve ser, a partir do espírito autoconsciente da história, deve, contudo, ser corri-

---

114 Em 1795, Hegel esperava a transformação do subsistente mediante a "difusão das ideias, tal como todas as coisas devem ser" (Br., I, 15), ele ainda entendia, portanto, a ideia como ideal oposto à "indolência das pessoas acomodadas", que eternamente tomam tudo "tal como é" (cf. Br., I, 194 e a poesia "Eleusis").
115 *Schr. zur Politik und Rechtsphilos.*, p.5.
116 Ver XV, 95s.

gida por meio de seu próprio julgamento dos alemães, no contexto da passagem citada há pouco e com relação às supostas necessidades da política. Ele diz dos alemães que eles, "em virtude de seu conceito", justamente por serem tão filosóficos, parecem tão desonestos, em nada aceitar, tal como é.

> Em eterna contradição entre aquilo que eles exigem e aquilo que não acontece de acordo com suas exigências, eles não parecem apenas particularmente inclinados a criticar, mas também mentirosos e desleais, quando apenas falam de seus conceitos, porque eles põem a necessidade nos seus conceitos do direito e do dever, mas nada acontece conforme essa necessidade e eles mesmos estão bastante acostumados a que, em parte, suas palavras contradigam sempre seus atos, e que, em parte, procurem fazer dos acontecimentos algo inteiramente diferente do que realmente são, e a explicação dos mesmos gira em torno de certos conceitos. Mas aqueles que quisessem conhecer o que costuma acontecer na Alemanha, de acordo com o conceito do que deve acontecer, ou seja, conforme às leis estatais, erraria no grau supremo. Com efeito, se reconhece a dissolução do Estado principalmente quando tudo se passa diferentemente das leis. Do mesmo modo, ele equivocar-se-ia, se a forma pela qual são tomadas essas leis lhe parecesse, em verdade, o fundamento e a causa das mesmas. Pois precisamente em virtude de seus conceitos, os alemães parecem tão desonestos em não admitir nada tal como é, nem por apresentar algo por mais ou por menos do que efetivamente jaz na força das coisas. Eles permanecem fiéis [...] a seus conceitos, mas os acontecimentos não costumam concordar com eles, e assim se esforça aquele lado, que tem vantagem nisso, em adaptar um ao outro mediante palavras e com a força dos conceitos.

A mesma deslealdade, que Hegel denuncia naquela exigente inclinação à crítica de seus compatriotas, também está contida na sua reconciliação. Não é casual que ao término de sua crítica se encontre uma acomodação problemática. Tanto a exigência em sobrepujar o subsistente quanto a acomodação a ele são encobertas pela ambiguidade presente no conceber aquilo "que é", pois este pode corresponder tanto ao *ainda subsistente* quanto ao *verdadeiramente efetivo*. Utilizando como ponte a ambiguidade fundamental do conceito de efetividade[117] como aquilo "que é", Hegel percorre o caminho que vai

---

117 Haym, p.368 et seq., 387 et seq., 462.

da cisão à união, da juventude à velhice e da Revolução Francesa ao domínio de Napoleão e à supremacia da Prússia.

O mesmo caminho que percorreu em relação ao Estado Hegel percorreu em relação à religião cristã. À justificação filosófica dos dogmas cristãos precede uma crítica da teologia e do cristianismo, que foi recuperada somente por seus discípulos. Uma carta a Schelling de 1795 manifesta uma sincera e maliciosa alegria relacionada ao embaraço da teologia protestante, que acredita poder impedir o "incêndio da dogmática".

> O que tu me dizes da marcha teológico-kantiana (*si diis placet*) da filosofia em Tübingen não é de se admirar. A ortodoxia não se comoverá enquanto sua profissão, vinculada a vantagens mundanas, estiver entrelaçada ao todo estatal. Este interesse é muito forte para que deva ser abandonado tão rapidamente [...] se essa tropa ler algo que vá contra sua convicção (caso se queira fazer honra a esse palavrório, chamando-o assim), e cuja verdade sentiram, eles diriam: sim, é bem verdade, então deitar-se-iam e, de manhã, beberiam café e lhe serviriam outro, como se nada tivesse acontecido. Além disso, eles tomam com gosto aquilo que se lhes é oferecido e que os conserva no sistema da rotina. Mas eu creio que seria interessante perturbar tanto quanto possível os teólogos, que em seu trabalho de formiga vão buscar o material crítico para a consolidação de seu templo gótico, a eles tudo dificultar, açoitá-los, sem deixar-lhes escapatória, até que não encontrem mais nenhuma e sejam obrigados a mostrar sua nudez à plena luz do dia.[118]

Poucos anos depois, Hegel distinguiu o espírito do judaísmo e do cristianismo daquele dos gregos, romanos e germânicos de uma maneira que não se podia tolerar a ideia de uma mediação dialética. O cristianismo destruiu a sagrada floresta, a fantasia popular, religiosamente arraigada no próprio país, considerou como vergonhosa superstição e nos deu em retorno a fantasia de um povo "cujo clima, legislação, cultura e interesses nos são alheios, e cuja história não tem nenhuma relação conosco".

Na imaginação de nosso povo vive um David, um Salomão, mas os heróis de nossa pátria dormitam nos livros de história dos estudiosos, e para este

---
118 Br., I, 11s.

povo um Alexandre, um César etc. tem tanto interesse quanto a história de um Carlos Magno ou Frederico Barbarossa. Exceto Lutero entre os protestantes, quais poderiam ser nossos heróis, a nós que não fomos jamais uma nação?[119]

Mas também a Reforma, este único acontecimento alemão de significado nacional *e* religioso, não vive mais na memória do povo, restando somente na leitura anual da Confissão de Augsburgo, que entendia a todo ouvinte.[120]

Assim, sem imaginação religiosa crescida sobre nosso solo nem vinculada com nossa história, completamente desprovidos de imaginação política, sobrevive aqui e ali entre o nosso povo um resto de fantasia original sob o nome de superstição, que como crença em fantasmas é capaz de conservar a lembrança de uma colina, na qual uma vez cavaleiros fizeram suas artimanhas, ou de uma casa, onde monges e freiras vagavam [...] miseráveis e tristes restos de uma autonomia e de uma originalidade ensaiadas, cuja extirpação completa é apresentada como dever de todas as classes ilustradas da nação [...].[121]

Diante disso estavam as festividades religiosas e políticas de Atenas, das quais podiam participar tanto os homens cultos quanto os incultos, porque bastava viver um ano entre os muros de Atenas para se familiarizar com sua história e cultura por meio dos ritos, jogos e festas da pólis. E diante disso, as histórias bíblicas, em virtude de seu conteúdo dogmático e histórico, deveriam permanecer alheias à livre imaginação atendo-se antes a um contexto local. Mas o pouco que seria possível aproximar "Judeia" dos alemães atuais também seria fazer de "Acaia" a pátria dos que pertencem a "Tuisco". Os deuses, altares, sacrifícios e festas dos gregos e romanos não tinham nenhum sentido "positivo", quer dizer, um sentido exteriormente fixo e capaz de ser ensinado; mas eles santificavam toda a vida cotidiana, enquanto nós somos obrigados a introduzir um sentido moral nas histórias

---

119 *Theolog. Jugenschr.*, p.215s.; cf. Lagarde, *Deutsche Schriften*, Göttingen, 1892, p.183.
120 Trinta anos depois, Hegel pronunciou um discurso em latim, por ocasião da comemoração da Reforma.
121 *Theolog. Judenschr.*, p.215s.; cf. para o que segue: Rousseau, *Contrat social*, IV, 8.

bíblicas, que, na maioria das vezes, contradizem nossos princípios efetivamente exercidos. Como poderia o cristão ter um motivo para lamentar os "cegos pagãos"?

> Uma das mais agradáveis sensações dos cristãos consiste em comparar sua felicidade e ciência com a infelicidade e as trevas dos pagãos, sendo um dos lugares-comuns para onde os pastores espirituais mais gostam de conduzir suas ovelhas a pastagem da autossatisfação e da orgulhosa humildade – colocar-lhes diretamente diante dos olhos, de modo vivo, essa felicidade que faz os cegos pagãos habitualmente sentirem-se muito mal [...] Mas nós podemos logo nos aperceber do fato de que podemos nos poupar de sentir piedade, pois não encontramos entre os gregos aquelas carências que a nossa razão prática tem, e para a qual se imputa efetivamente muito.[122]

Mas como se pode esclarecer que a religião de fantasia enraizada na vida popular da *polis* possa ser suplantada pela doutrina positiva cristã?

> Como poderia cessar a fé em deuses, aos quais as cidades e reinos atribuem sua origem, aos quais diariamente sacrifícios eram oferecidos pelos povos, cuja bênção sobre seus negócios invocavam, se apenas sob seu estandarte os exércitos eram vitoriosos, aos quais se agradeciam por suas vitórias, aos quais dedicavam a alegria de suas canções e a seriedade de suas preces, cujos templos, altares, tesouros e estátuas constituíam o orgulho dos povos e a glória das artes, cujos cultos e festas eram ocasiões para alegria universal; como poderia a crença nos deuses, entrelaçada por mil fios no tecido da vida humana, ser separada dessa conexão? [...] quão forte teve que ser o contrapeso que superou aquele poder.[123]

A resposta que o jovem Hegel forneceu para esta questão coincide com aquela que mais tarde Bauer e Nietzsche deram: a penetração do cristianismo somente pode-se explicar a partir da decadência do mundo romano.[124] Somente quando a liberdade da vida pública e de suas virtudes decaiu,

---
122 Ibid., 219s.
123 Ibid., 220.
124 Cf. Gibbon, *Declínio e queda do Império Romano*, cap. 15.

e os romanos seguiam apenas uma vida privada,[125] podia entrar em cena uma religião para a qual não tem valor algum a autonomia política e a liberdade, porque ela mesma provinha de um povo de "grande depravação".

No seio dessa humanidade depravada, que, no aspecto moral, tinha ela mesma de desprezar-se, mas que, por outro lado, considerava-se a favorita dos deuses, tinha de se engendrar e ser aceita de bom grado a doutrina da depravação da natureza humana; por um lado, ela concorda com as experiências, por outro lado, ela satisfazia o orgulho, livrando-se da culpa e encontrando no sentimento da miséria um motivo de orgulho. Prestava homenagem ao que era desonroso, santificava e eternizava aquela incapacidade, ao converter em pecado a crença na possibilidade de uma força.[126]

Para os romanos decadentes, que se esquivavam do perigo da morte pela fuga, suborno e automutilação, e que não tinham nenhum respeito próprio, tinha de ser bem-vinda uma atitude religiosa, que, sob o nome de obediência passiva, convertia a impotência e a desonra em nobreza e virtude suprema – "operação pela qual os homens, com alegre admiração, viram transformar-se o desprezo dos outros e o sentimento que eles mesmos tinham da própria desonra em orgulho e glória".

Assim vemos agora Santo Ambrósio ou Santo Antonio acompanhados de um povo numeroso, em uma cidade da qual se aproximava uma horda de bárbaros, e ao invés de correrem às muralhas para sua defesa, ajoelham-se

---

[125] *Theolog. Jugendschr.*, p.71, 223, 229s.; cf. *Schr. zur Politik und Rechtsphilos.*, p.472s. Nesta caracterização da vida privada, para a qual a segurança da propriedade e da pessoa tem importância suprema e a morte é o mais abominável, já está contido o gérmen da posterior análise da sociedade burguesa. Acerca da importância essencial do temor da morte para o espírito da sociedade burguesa, ver Leo Strauss, *The Political Philosophy of Hobbes* [A filosofia política de Hobbes], p.57s., 105s., 122s.

[126] *Theolog. Jugendschr.*, p.225 e, também, ainda na *Geschichte der Philosophie*, XV, 116s.; cf. a distinção que Welhausen estabelece entre a antiga Israel e o judaísmo da época posterior ao exílio, que permitiu a Welhausen fornecer uma imagem da Antiguidade israelita semelhante àquela que Hegel esboçara da pólis grega. Ver a tese de Boschwitz em Marburgo, Welhausen, *Motive und Maßtäbe seiner Geschichtsschreibung* [Motivos e critérios de sua historiografia], p.26 e 35 et seq.

nas igrejas e nas ruas para suplicar à divindade que os desvie de sua temida infelicidade. E por que eles haveriam de querer morrer lutando?[127]

Isto é o que se diz em concordância com a tese de Bauer e de Nietzsche acerca da origem do cristianismo, a partir do ressentimento de uma moral de escravos.

Mediante essa "inversão da natureza", a divindade recebeu uma "positividade" ou "objetividade", que se opõe inconciliavelmente a uma relação viva com ela.

> Desse modo, por seu Deus objetivo revela-se esse espírito, quando os homens começaram a saber de maneira admirável muito acerca de Deus, muitos segredos de sua natureza em variadas fórmulas, e não era como os segredos ditos pela boca de alguém na orelha de seu vizinho, mas antes como se fossem gritados para o mundo todo, e as crianças os soubessem de cor. O espírito do tempo revela-se na objetividade de seu Deus, quando ele foi posto não de acordo com sua medida na infinitude, mas antes em um mundo alheio a nós, em cujo âmbito não temos participação nenhuma, onde não podemos construir mediante nossa ação, mas, quando muito, mendigar um lugar ou obtê-lo por uma fórmula mágica, quando o homem mesmo era um não eu e sua divindade um outro não eu. Do modo mais claro Deus revelava-se pela quantidade de milagres que produz, que, com respeito ao decidir e à convicção, entrava no lugar da própria razão. Mas o mais monstruoso foi que, em nome desse Deus, combateu-se, assassinou-se, caluniou-se, queimou-se, roubou-se, mentiu-se e enganou-se. Em um tal período, a divindade tinha de deixar de ser algo subjetivo para, antes, converter-se completamente em objeto; e aquela inversão das máximas morais foi fácil e logicamente justificada pela teoria.[128]

A capacidade de uma tal crença objetiva pressupõe a perda da liberdade e da autodeterminação. Hegel interpreta o espírito legalista do judaísmo[129] como o caso extremo de uma tal perda, a qual Jesus quis superar com sua

---
127 *Theolog. Jugendschr.*, p.229.
128 Ibid., 228, cf. na Parte 2 desta obra, no cap. V, a interpretação de Bauer acerca da filosofia da religião hegeliana a partir do princípio da subjetividade.
129 Ibid., 245 et seq.

religião do amor. Mas também essa luta contra a "positividade" não trouxe nenhum pleno "sentimento do todo", ainda que a relação viva do amor tenha reduzido a separação entre o "espírito" e o "efetivo" e entre Deus e o homem. Ainda se necessita de um outro desenvolvimento, para efetuar-se uma "aliança" do divino com o humano, para satisfazer-se a nostalgia dessa aliança e fazer da religião uma vida completa. Com efeito, todas as formas históricas da religião cristã conservam o caráter fundamental da oposição. Não apenas a união do místico com Deus, como também o vínculo da Igreja católica e protestante com o destino do mundo, não foi capaz de identificar o serviço religioso e a vida real.

> [...] entre esses extremos que se encontram dentro da oposição de Deus e do mundo, do divino e da vida, a Igreja cristã percorreu o círculo para frente e para trás, mas é contra seu caráter essencial encontrar a paz em uma beleza viva e impessoal; e é seu destino que Igreja e Estado, culto religioso e vida, piedade e virtude, atividade espiritual e atividade mundana, jamais possam fundir-se em uma unidade.[130]

Justamente essas uniões que Hegel considerou como consumadas na sua filosofia do espírito, cuja verdade é o "todo".[131]

Após Hegel ter se afastado da nostalgia de Hölderlin pela condição grega de uma bela concordância entre a vida religiosa e a vida política, iniciou a tentativa de construir filosoficamente o "reino de Deus"[132] no seio da realidade subsistente e elevar o cristianismo dogmático a uma existência filosófica, para assim conceder ao espírito humano aquele sentimento de pertencer ao mundo histórico, que ele via como a essência peculiar do helenismo. Já nos seus escritos de juventude, Hegel considerava como tarefa reservada aos "nossos dias" a reivindicação – "pelo menos em teoria" – da propriedade, para o homem, dos tesouros malbaratados no céu, mas naquele momento, ainda a partir da dúvida acerca de qual época teria a força para fazer valer este direito e se pôr na posse do mesmo.[133] Essa dúvida mais do que justificada emudeceu no instante em que Hegel se resolveu pela reunião

---

130 Ibid., 342.
131 Enc. §552.
132 Br. I, 13 e 18.
133 *Theolog. Jugendschr.*, p.225 e 71.

com o tempo, de modo que o "dever", sob a dureza da realidade, perdeu suas ambições. Mediante esse resignar-se ao mundo subsistente, mesmo quando não se "encontre nele", Hegel abandonou a crítica revolucionária de sua juventude. A mediação especulativa torna-se, a partir de então, o padrão de medida de sua crítica. E como ele jamais poderia ter partilhado da vontade marxista de uma transformação radical, então ele também teria recusado com desgosto a exigência de Kierkegaard por um "pensador existente", pois para ele isso não era problema. Ele uma vez denominou o pensamento existencial de maneira antiquada como "vida e opiniões" e distinguiu três espécies de conexão entre ambos os termos: "Alguns homens têm uma *vida* e nenhuma opinião; outros, somente *opiniões* e não vida; finalmente há aqueles que têm ambos, *vida e opiniões*. Os últimos são os mais raros, depois vêm os primeiros; os mais comuns são, como sempre, os que estão no meio."[134] Nesse equilíbrio entre vida e opiniões, Hegel se sabia superior, tanto aos extremistas quanto aos medíocres, enquanto Marx e Kierkegaard iam aos extremos, em sua total cisão com o subsistente.

Mas uma tal cisão entre ser-si-mesmo e ser-outro não pode, segundo Hegel, querer que ela permaneça o que ela é, pois, como tal, já é uma cisão de algo que originariamente era uno e novamente quer tornar-se uno. O homem justamente tem de poder sentir-se em casa no outro e no estrangeiro, a fim de não ser estranho a ele mesmo no ser-outro do mundo aí-existente. Como o grande modelo para uma tal "familiaridade com o existente", Hegel interpretou a existência grega, mesmo quando o reconhecimento viril daquilo que é proibia-lhe a nostalgia por uma condição passada.[135] O que faz o europeu cultivado sentir-se em casa entre os gregos é o fato de que eles fizeram de seu mundo uma pátria, da qual eles não estavam nem "além" e nem "acima". Eles elaboraram, transformaram e inverteram a tal ponto os começos substanciais estrangeiros de sua cultura religiosa e social que essa cultura tornou-se sua. E a filosofia é justamente isso: "sentir-se em casa junto de si – que o homem está em casa em seu espírito, e nele está na sua pátria".

Para Marx e Kierkegaard o mundo no qual Hegel se sentia "em casa" tornou-se estranho; eles estavam acima e além, ou eram "absurdos" e "transcendentes", como Goethe denominava o espírito do século por vir.

---

134 Rosenkranz, p.557.
135 XIII, 171 et seq., XVI, 139.

A dissolução das mediações de Hegel pelas decisões de Marx e de Kierkegaard

E Nietzsche não estava em parte alguma em casa, tudo era "transição" e "decadência", na existência grega não reconhecia mais a familiaridade com o existente e o sentido plástico, mas apenas o *pathos* trágico e o espírito da música nele inspirado pela modernidade de Wagner.

A transformação da filosofia do tempo histórico no anseio pela eternidade

IV. Nietzsche como filósofo de nosso tempo e da eternidade

"Jamais se vai além quando não se sabe para onde se vai."

Goethe (Máximas 901).

O caminho que conduz de Hegel a Nietzsche está marcado pelos nomes da jovem Alemanha e dos jovens hegelianos, que trouxeram um efeito histórico ao sistema hegeliano na medida em que o desintegraram. Por outro lado, pode-se medir a eficácia histórica de Nietzsche pelo fato de que somente agora se começa a reunir seus aforismos aparentemente gratuitos sistematicamente segundo um plano metódico.[1] Em ambos os casos não se restringe seu efeito à filosofia como tal, mas antes penetra inteiramente na vida espiritual e política. Hegel fora então o que Nietzsche é hoje, uma palavra de ordem que não tomamos de modo literal.

---

1 Ver a respeito Baeumler, *Nietzsche der Philosoph und Politiker* [Nietzsche, o filósofo e o político]; do autor, *Nietzsches Philosophie der ewigen Wiederkunft des Gleichen* [A filosofia nietzschiana do eterno retorno do mesmo]; Jasper, *Nietzsche, Einführung in das Verständnis seines Philosophierens* [Nietzsche, introdução à compreensão de sua filosofia]; Hildebrant, *Über Deutung und Einordnung von Nietzsches System* [Acerca da interpretação e ordenação do sistema de Nietzsche].

Primeira Parte

Na maioria das vezes, mede-se a posição histórica de Nietzsche de acordo com sua relação com *Schopenhauer* e *Wagner*, desconsiderando a diversidade de localização histórica de ambos. O juízo moral de Schopenhauer e sua concepção não histórica do mundo ainda estão enraizados no *Ancien Régime*, enquanto o *pathos* literário de Wagner deriva do hegelianismo revolucionário dos anos 1840. O efeito que cada um tem sobre Nietzsche também precisa ser distinguido. O que é assumido positivamente na filosofia de Nietzsche, do pensamento de Schopenhauer, é a concepção filosófico-natural do eterno retorno do essencialmente mesmo na mudança aparente do mundo histórico. Em contraste, os planos reformadores de Wagner tiveram efeito sobre a vontade temporal nietzschiana direcionada para o futuro. Mas Nietzsche não se encontra em um relacionamento com a crítica revolucionária da esquerda hegeliana somente por meio da relação de Wagner com *Feuerbach*, antes sua inteira atividade literária começa com um ataque a *D. F. Strauss*, que, por consequência lógica, termina no *Anticristo*. Na crítica do cristianismo ele se encontra com *B. Bauer*, cuja crítica da religião origina-se da filosofia da religião de Hegel. E por mais que o acaso de no ano de nascimento de Nietzsche aparecer o livro de Stirner possa ser considerado historicamente, isso parece tão necessário quanto a conexão da tentativa nietzschiana de um novo começo com o nada que é alcançado em Stirner. Nietzsche foi informado de *Kierkegaard* por meio de G. Brandes, mas já era muito tarde para que ele pudesse conhecê-lo profundamente. Parece que Nietzsche jamais se ocupou de Marx. Uma comparação entre ambos é, apesar disso, justificada, porque Nietzsche é o único que, após Marx e Kierkegaard, fez do declínio do mundo burguês-cristão o tema de uma análise fundamental. A antítese entre a doutrina do eterno retorno com a "reiteração" do cristianismo kierkegaardiana é por si mesma convincente; já a conexão histórica da crítica da cultura de Nietzsche com a crítica do capitalismo de Marx[2] é menos manifesta, pois ela é, à primeira vista, encoberta pelo próprio caráter burguês[3] de Nietzsche e sua pouca consideração pelas questões sociais e econômicas. Podemos contar, num

---

2 Indicações a respeito da conexão histórica entre Nietzsche e Marx estão contidas em Fischer, *Nietzsche apostata*, p.13; ver também Troeltsch, *Der Historismus und seine Probleme* [O historismo e seus problemas], p.26 e 497 e Schubart, *Europa und die Seele des Ostens* [A Europa e a alma do Oriente], p.195.

3 Ver a observação de Overbeck em *Christentum und Kultur* [Cristianismo e cultura], p.287.

sentido estendido, *Heine* entre os jovens hegelianos, cuja importância era tão alta para Nietzsche que não hesitava em colocá-lo ao lado de Hegel e de si mesmo.[4] O que separa por um abismo a filosofia anticristã de Nietzsche da teologia filosófica de Hegel, e o "martelo" nietzschiano da "especulação" de Hegel, é superado por uma ponte feita de uma série consequente de revoltas contra a tradição cristã e a cultura burguesa. Hegel e Nietzsche encontram-se no começo e no final desta ponte e a questão é se – para além de Nietzsche – haveria um caminho possível.

1. O juízo de Nietzsche acerca de Goethe e Hegel

Por causa de seu desejo por uma decisão entre Antiguidade e Cristianismo, Nietzsche viu em Hegel um insidioso teólogo e em Goethe um sincero pagão. Mas ao mesmo tempo ele tinha consciência do parentesco entre seus espíritos e disposições de ânimo.

> O modo de pensar de Hegel não é muito distante daquele de Goethe: em relação à opinião de Goethe acerca de Spinoza. A vontade de divinizar o todo e a vida, para que na sua contemplação e pesquisa encontre paz e felicidade; Hegel procura a razão em toda parte, perante ela tem de render-se e resignar-se. Em Goethe uma espécie de fatalismo quase feliz e confiante, que não se revolta, que não se cansa, que procura a partir de si formar uma totalidade na crença de que somente na totalidade se resolve tudo parecendo bom e justificado.[5]

Juntamente com Napoleão, Hegel e Goethe lhe significam um acontecimento totalmente europeu e uma tentativa de superar o século XVIII.[6]

A imagem que Nietzsche fazia de *Goethe* não se mantém sem as reservas críticas, que, porém, ficaram mais e mais em segundo plano. Na terceira consideração extemporânea, após uma caracterização do século XIX, ele questiona: quem nesse tempo de desmoronamentos e explosões ainda conservará a "imagem do homem"? Três figuras determinaram a humanidade

---

4 X, 253 e 264; XV, 35.
5 XV, 211s.
6 XV, 218; cf. XIV, 178; X, 279.

dos novos tempos: o homem de Rousseau, o homem de Goethe e o homem de Schopenhauer, em cuja "vida heroica" Nietzsche interpreta a si mesmo. De Rousseau parte uma força popular, que impele a revoluções; Goethe não é um poder tão ameaçador, sendo contemplativo e organizado, mas não alguém que impulsiona uma mudança revolucionária.

> Ele odeia qualquer violência, qualquer descontinuidade, ou seja, toda ação; e assim Fausto, o libertador do mundo, torna-se apenas um viajante no mundo. Todos os domínios da vida e da natureza, todos os passados, artes, mitologias e todas as ciências veem passar junto de si o espectador insaciável, o mais profundo desejo se agita e se acalma, mesmo Helena não o detém por muito tempo – e então deve vir o momento aguardado pelo seu irônico companheiro. Em um lugar qualquer da Terra termina o voo, as asas caem e Mefistófeles está à mão. Quando o alemão cessa de ser Fausto, nenhum perigo é maior do que aquele de se tornar um filisteu e ficar à mercê do diabo – somente poderes celestes podem salvá-lo. O homem de Goethe é [...] o homem contemplativo em alto estilo, que sobrevive na Terra somente assim, que recolhe tudo de grande e memorável [...] e desse modo vive, como se fosse uma vida que segue de desejo em desejo; ele não é o homem ativo: pelo contrário, quando se insere em qualquer lugar na ordem existente dos homens ativos, então se pode estar certo de que nada de bom daí virá [...], sobretudo, que nenhuma "ordem" será derrubada. O homem de Goethe é uma força conservativa e conciliadora [...], tal como o homem de Rousseau pode facilmente se tornar um Catilina.[7]

De modo semelhante, é dito na consideração sobre Wagner que Goethe é, na verdade, um grande aprendiz e um grande sábio, mas sua rede de rios com múltiplas ramificações não parece levar ao mar as suas forças reunidas, e sim que perde muito nos seus caminhos e curvas. Reside algo de nobre e esbanjador no caráter de Goethe, enquanto a corrente e a violência torrencial de Wagner (isto é, Nietzsche) podem assustar e intimidar.[8] No entanto, quando mais tarde Nietzsche alcançava uma espécie de consumação no *Zaratustra*, silenciou suas reservas de juventude a fim de reconhecer de modo

---

[7] I, 426; cf. III, 264 e XIII, 335.
[8] I, 510.

mais decidido a existência goethiana. Pois não fora culpa de Goethe se a cultura alemã se estabelecera fundamentada em Schiller e Goethe, como se estivesse deitada sobre um sofá.[9] O Nietzsche maduro compreendeu por que Goethe, que não queria ser nem "um escritor, nem um alemão por profissão", jamais poderia tornar-se popular como Schiller, mas antes, a despeito de sua fama, permaneceu isolado defendendo-se e disfarçando-se de seus admiradores.[10]

> Ele pertence a um gênero alto de literatura, que são as "literaturas nacionais": por isso, em relação a sua nação, não se encontra nem em um relacionamento de vida, nem de inovação e nem de passadismo. Apenas para poucos ele viveu e ainda vive: para a maioria ele é apenas uma trombeta de vaidade que de tempos em tempos sopra para além das fronteiras alemãs. Goethe, não somente um bom e grande homem, mas antes uma cultura, é na história alemã *um incidente sem consequências*: quem seria capaz de apontar algo de Goethe na política alemã dos últimos setenta anos! (Ao passo que certamente um pouco de Schiller e talvez mesmo um pouquinho de Lessing estivessem em atividade.)[11]

Goethe – diz-se em outra passagem – escreveu por cima da cabeça dos alemães, porque estava em toda e qualquer relação acima deles. "Como poderia qualquer povo estar à altura da *espiritualidade* goethiana *do bem-estar e do bem-querer?*".[12] Segue-se a ele um pequeno grupo de homens "altamente cultivados e educados pela Antiguidade, pela vida e viagens, elevados sobre o caráter alemão: ele mesmo não queria outra coisa". Muito distante do "idealismo", ele observava este impulso da cultura alemã a seu modo: "mantendo-se à parte, resistindo suavemente, silencioso, fortificando-se mais e mais em seu próprio e melhor caminho", ao passo que o resto do mundo acreditava que os alemães haviam "descoberto com toda calma uma ponta do céu", até que eles mesmos começaram a trocar sua cultura idealista por empreendimentos industriais, políticos e militares.[13]

---

9 X, 250; VIII, 129.
10 VIII, 13.
11 III, 128 e 265.
12 III, 89.
13 IV, 179; VIII, 111.

O que elevava Goethe além de todos os espíritos menores era que não somente desejava a liberdade, mas antes estava em sua plena posse. A partir dessa liberdade *alcançada* ele podia permitir a si mesmo promover aquilo que lhe repugnava e ser plenamente um advogado da vida, de sua verdade aparente e de sua aparência verdadeira.

> Goethe era um realista convicto, em meio a uma época disposta para o irreal: ele dizia sim a tudo que lhe era familiar, não tinha nenhuma experiência maior do que aquele *ens realissimum* denominado Napoleão. Goethe concebera um homem forte, altamente educado, fisicamente hábil, que sabe dominar-se, respeitoso dele mesmo, que arrisca permitir o inteiro âmbito e riqueza da natureza para si, que seja forte o suficiente para esta liberdade; os homens da tolerância, não por fraqueza, mas por força, porque ele sabe utilizar a seu favor aquilo que destruiria uma natureza medíocre; os homens para os quais nada mais há de proibido, exceto a fraqueza, seja ela chamada de vício ou virtude. Um tal *espírito que se tornou livre* encontra-se no centro de tudo com um fatalismo alegre e confiante, na crença de que somente o singular é recusável, que tudo resolve-se e afirma-se na totalidade – *ele não nega mais*.[14]

Mas isto é ao mesmo tempo a fórmula de Nietzsche para "a posição dionisíaca da existência" e, de fato, parece que o último aforisma da *Vontade de potência* provém do mesmo espírito daquele de Goethe no *Fragmento acerca da natureza*.

Contudo, a vontade de potência de Nietzsche é tão diferente da natureza de Goethe quanto o extremo do moderado, o poder fervilhante do cosmos ordenado, o querer do poder e a agudeza aniquiladora do ataque da ironia benevolente.[15] Esta diferença se expressa de modo especialmente nítido em sua posição acerca do cristianismo. Nietzsche, na verdade, notou uma vez que tem de se sentir a "cruz" assim como Goethe a sente,[16] mas ele mesmo a sentia de modo diferente: ao invés do sofrimento, ele queria ensinar o riso e falava de modo sagrado de sua risada. Zaratustra zombava da

---

14 VIII, 163 e a descrição do bem realizado, XV, 12.
15 Ver carta a Zelter de 25 de dezembro de 1829; cf. acerca da ironia de Goethe: Franz, *Goethe als religiöser Denker* [Goethe como pensador religioso], p.62.
16 XV, 272; VIII, 50 e 165.

coroa de espinhos de Cristo, enquanto ele mesmo se coroava com rosas.[17] Estas rosas não têm uma relação humana e nem uma relação racional com a cruz; a "coroa de rosas" de Zaratustra é puramente polêmica frente àquela do crucificado. Essa inversão é o ponto a que chegou a transformação do símbolo da coroa de rosas vinda desde Lutero! Goethe não era nenhum anticristo e por isso mesmo o mais genuíno pagão; seu "Deus" não tinha necessidade de se opor a um outro, porque ele, conforme sua natureza positiva, era em geral avesso a toda negação. Mas visto que sua liberdade plenamente madura não teve sucessores na cultura alemã, é algo tão fatal quanto compreensível. "Os [...] alemães acreditam ter somente espírito, quando eles são paradoxais, quer dizer, injustos."[18] Eles, com efeito, acreditam em ideias, mas não veem os fenômenos,[19] e por isso sua "visão de mundo" é uma construção ideológica. Essa falta de uma intuição pura do mundo fez que, no século XIX, os discípulos de Hegel – sobre os de Goethe – reinassem, fazendo-se deles os "verdadeiros educadores dos alemães pertencentes a esse século".[20]

Uma tal ideia, a partir da filosofia de Hegel, era a do "desenvolvimento" ou do "vir a ser". "Nós, alemães, somos hegelianos mesmo se jamais houvesse um Hegel, porque nós (em oposição a todos os latinos) atribuímos instintivamente um sentido mais profundo e um valor mais rico do que àquilo que 'é'."[21] O alemão é, por natureza, hegeliano, na medida em que não se satisfaz com o imediatismo dos fenômenos, antes "dá volta em torno das aparências" e acredita apenas na justificação do conceito de "ser". A esse respeito, nota Nietzsche, também Leibniz e Kant eram "hegelianos". Antes do que nas regras da lógica, a filosofia alemã acredita no *credo quia absurdum*,* com o qual a lógica alemã já se apresenta na história do dogma cristão.

Mas ainda hoje, após um milênio, nós, alemães de hoje, pressentimos [...] algo da verdade, da possibilidade da verdade, por trás do famoso princípio

---

17 VI, 428; cf. XII, 383; VII, 315 e o poema de juventude *Vor dem Kruzifix* [Ante o crucifixo].
18 Carta a Zelter de 27 de julho de 1828.
19 *Gespräche*, III, 504.
20 Nietzsche, III, 90.
21 V, 330.
  * Trad.: Creio, mesmo que seja absurdo. (N. E.)

dialético-real, com o qual Hegel ajudou o espírito alemão a alcançar a vitória sobre a Europa –, "a contradição move o mundo, todas as coisas são em si mesmas contraditórias" – nós somos, inclusive no interior da lógica, pessimistas.[22]

E ao esboçar seu próprio paradoxo do eterno retorno a partir da autossuperação do niilismo, Nietzsche, conscientemente, deu um passo a mais no avanço da lógica da contradição e desenvolve novamente um *credo* a partir do *absurdum*.[23]

Contudo, a lógica pessimista de Nietzsche se distingue por meio da moral cristã e da teologia de sua crítica radical, cuja dominação ele reconhecia na filosofia da história de Hegel.[24] Por essa teologia insidiosa, Hegel arruinou sua grande iniciativa, que consistia em que ele já estivesse a caminho de incluir o negativo – o erro e o mal – no caráter total do ser. "Conforme a tentativa grandiosa, que ele empreendeu, de nos convencer acerca da divindade da existência, sobretudo com ajuda de nosso sexto sentido, o 'sentido histórico'", tornou-se ele *o* grande obstáculo para uma liberação do cristianismo e de sua moral.[25] Esse historismo filosófico teve a mais perigosa influência sobre a cultura alemã, pois ele tinha de ser "terrível e devastador", quando uma tal crença no sentido da história conduzia a uma idolatria do positivo. "Se cada resultado contém em si uma necessidade racional, se todo acontecimento constitui a vitória [...] da 'ideia' – então depressa nos ajoelhamos e descemos ao mesmo nível da inteira série dos 'acontecimentos'."[26] Para a posteridade, Hegel fez a história (*Historie*), como crença no sentido da história (*Geschichte*), de substituto da religião.[27] Justamente esse *historismo*, originado da metafísica da história do espírito hegeliana, tornou-se, porém, *mais prenhe de futuro* do que a visão de mundo não histórica de Goethe, que deduzia as formas do desenvolvimento e de vida da humanidade a partir da intuição da natureza.

---

22 IV, 7.
23 Ver o livro do autor sobre Nietzsche, p.81; Jaspers, *Nietzsche*, p.317 e 325.
24 XV, 439 e 442.
25 V, 301.
26 I, 353.
27 Sobre a influência de Hegel em Taine, VII, 225, e Rosca, *L'influence de Hegel sur Taine* [A influência de Hegel sobre Taine].

2. A relação de Nietzsche com o hegelianismo da década de 1840

O fato de Nietzsche ter partido das ciências histórico-filológicas colocou-o de antemão numa perspectiva diferente daquela de Schopenhauer, para cuja concepção filosófica do mundo era essencial o estudo das ciências da natureza. A avaliação que Nietzsche, apesar de toda crítica feita ao sentido histórico, fez de Hegel não é, em última instância, condicionada por essa oposição à cultura não histórica de Schopenhauer. Este, por meio de sua "raiva não inteligente contra Hegel", levou a separar toda a última geração de alemães de sua conexão com a cultura alemã, "cultura que [...] consistia num elevado e divinatório refinamento do *sentido histórico*". Mas Schopenhauer, justamente a esse respeito, foi pobre em genialidade, insensível e pouco alemão.[28]

Quando Schopenhauer começou a exercer influência no interior da filosofia alemã, o sentido histórico era representado de modo mais prestigioso por K. Fischer. Com relação a sua *História da filosofia moderna*, Schopenhauer observa:

> Corrompido sem salvação pelo hegelianismo, *construiu* a história da filosofia de acordo com seus padrões *a priori*, e eu, como pessimista, sou o oposto necessário de Leibniz, o otimista; e isso se deduz do fato de que Leibniz vivera em uma época *plena de esperança*, eu, porém, numa época *desesperada* e infeliz; pois tivesse eu vivido em 1700, teria sido um Leibniz refinado e otimista, e este seria eu caso ele vivesse agora![29]

Dessa maneira amalucada age o hegelianismo, quer dizer, o sentido histórico dialeticamente formado. Acrescentando a observação de que seu pessimismo nasceu entre 1814 e 1818, e nesse ano – aquele da publicação do primeiro volume de *O mundo como vontade e representação* – já havia "aparecido de modo completo". Mas os anos de 1814 a 1818 foram a época mais esperançada da Alemanha e, por consequência, a explicação de Fischer era absurda. Esta rejeição do sentido histórico não contradiz, porém, o fato de que a influência histórica de Schopenhauer começara efetivamente apenas quando

---

28 VII, 145.
29 *Schopenhauers Briefe* [Correspondência de Schopenhauer], p.300.

a inteligência alemã, após o fracasso da revolução, estava para ele madura. As cartas de Feuerbach, as memórias de A. Herzen e a autobiografia de R. Wagner fornecem uma imagem nítida do grau de resignação que naquele momento o sucesso de Schopenhauer provocara. Já em 1843, Schopenhauer compreendera como tirar proveito dessa conexão entre seu sucesso tardio com o espírito da época. Ele escreve a seu editor que decidira republicar sua obra, aumentada em um segundo volume, com a finalidade de atrair a atenção que merecia do público. Isso é de se esperar "sobretudo agora",

> que as ilusões por tanto tempo exercidas pelos heróis de cátedra são cada vez mais desmascaradas e reconhecidas em sua nulidade; enquanto, simultaneamente à diminuição da fé religiosa, a carência da filosofia é sentida mais forte do que nunca, por isso o interesse por ela tornou-se mais vivo e universal, e em contrapartida, não existe nada que satisfaça aquela carência.[30]

Esse é, entretanto, o momento mais propício para a renovação de sua obra, que por um feliz acaso coincide com a finalização da mesma. Com satisfação ele constata que mesmo hegelianos como Rosenkranz e os colaboradores dos *Anais de Halle* não podiam deixar de reconhecê-lo.[31] Em contrapartida, a ideia de uma vinculação da sua filosofia com a música de Wagner estava tão longe dele que, ao contrário, saudou a polêmica contra Wagner: "o doutor Lindner enviou-me dois cadernos muito interessantes do *Eco musical* [...] O crítico de arte Kossak serve-se de modo muito conveniente e com grande justiça de minhas afirmações contra R. Wagner. Bravo!".[32] E quando, apesar da sua resposta negativa a dois "curiosos escritos de homenagem" do círculo wagneriano de Zurique, recebeu do próprio "mestre", "em soberbo e grosso papel", o *Anel dos Nibelungos* com dedica-

---

30 Ibid., p.77.
31 Ibid., p.78, nota e p.82. O comentário aparece no 4º ano, 2ª parte, p.29ss. Schopenhauer menciona aqui um artigo aparecido em maio de 1841 no *Pilot*, intitulado "Jüngstes Gericht über die Hegelsche Philosophie" [O dia do juízo final da filosofia hegeliana], cujo autor dele fala "o elogiando da maneira como merece". Presumivelmente, se trata de um artigo acerca da *Trombeta*, de Bauer. Como uma outra "muito correta" apresentação de sua doutrina por um hegeliano, Schopenhauer menciona o escrito de De Sanctis, *Schopenhauer und Leopardi* [Schopenhauer e Leopardi], 1858/9.
32 *Schopenhauers Briefe*, p.266; cf. 128.

tória, notou ele laconicamente: "é uma série de quatro óperas que ele quer um dia compor, provavelmente a verdadeira obra de arte do futuro: parece completamente fantástico; li somente o prólogo veremos o que segue".[33]

Dezessete anos depois, Nietzsche, juntamente com Wagner, declarou-se como schopenhaueriano e a ele dedicou, enquanto "precursor sublime", *O nascimento da tragédia*, que, de fato, procede do espírito da música de R. Wagner. Ela acolhe as reminiscências gregas e as mais modernas tendências revolucionárias do escrito de Wagner sobre *A arte e a revolução* (1849), e, no fundo, quando Nietzsche se declarou "contra Wagner", continuou à mercê do inimigo, cuja maestria consistia, e não em pouca medida, no fato de que ele sabia "dirigir" e atuar. Já a primeira experiência de Wagner com a música não fora propriamente musical; a impressão que ele, como criança, recebeu da apresentação de Weber do *Freischütz* foi a seguinte: "Nem imperador e nem rei, mas estar ali e dirigir!"[34] Dominar uma orquestra, fascinar a multidão e poder exercer influência sobre ela, isso era e permaneceu a ambição de sua carreira teatral. Depois de virar as costas para o "ator" e ter visto o "mágico" com a perspicácia da veneração desiludida, Nietzsche denominou Wagner como um artista capaz de mandar numa época das massas democráticas.

Na introdução ao escrito sobre *A arte e a revolução*, Wagner cita um trecho da caracterização de Carlyle acerca da Revolução Francesa como o terceiro ato da história universal:

> Se a segunda parte começou há 1800 anos, então eu acredito que isso será a terceira parte. Isto é, o [...] acontecimento celestial-infernal: o mais estranho que aconteceu em 1000 anos. Com efeito, assinala a irrupção da humanidade em anarquia, na [...] práxis da ausência de governo, a saber, [...] numa insurreição invencível contra os governantes e professores mentirosos – o que eu interpreto filantropicamente como uma [...] busca por verdadeiros soberanos e professores. Esse acontecimento gerado pela irrupção da autocombustão [...] todos os homens devem observar e investigar [...] como o mais estranho, que jamais havia acontecido. Séculos assim ainda nos esperam, muitos deles tristes, séculos de agitação obscena [...]

---

33 Ibid., p.285.
34 Ver K. Hildebrandt, *Wagner und Nietzsche im Kampf gegen das 19. Jahrhundert* [Wagner e Nietzsche em luta contra o século XIX], p.9.

antes que o antigo seja completamente extinto e o novo apareça numa figura reconhecível.[35]

A incitação de Wagner à revolução da arte estava em completo acordo com a exclamação do velho Carlyle e era concomitante à consciência de crise dos jovens hegelianos, que, por outro lado, prenunciava a consciência épica de Nietzsche acerca da crise na história do niilismo. Ele descreve, além disso, o quanto os escritos de Feuerbach o cativaram e determinaram os conceitos de sua filosofia da arte. Ele acreditava encontrar na concepção do ser humano de Feuerbach uma prefiguração do "homem artístico" por ele mesmo pensado. "Daqui surge certa confusão apaixonada, que manifesta-se como precipitação e falta de clareza no emprego de esquemas filosóficos." Esse "mal-entendido" somente se lhe fez claro mais tarde. Do mesmo modo como Nietzsche podia depois dizer que arruinou seus "pressentimentos dionisíacos" por meio de fórmulas schopenhauerianas e por "coisas mais modernas", na medida em que ele se vinculava a esperanças de Wagner, das quais nada era de se esperar; do mesmo modo também Wagner podia lamentar que seu primeiro escrito se tornara confuso com a introdução de fórmulas de Feuerbach. Em ambos os casos, a correção posterior confirmava a dependência originária – em R. Wagner, do *pathos* revolucionário dos anos 1840, em Nietzsche, de R. Wagner. No prefácio ao *Nascimento da tragédia*, do ano de 1886, Nietzsche chama a atenção para o fato de que esse escrito, apesar de seu aparente helenismo, constitui, entretanto, uma peça anti-helenista, embriagadora e nebulosa como a música de Wagner, "uma confissão romântica de 1830, sob a máscara do pessimismo de 1850" –, uma autocrítica que contém mais verdade do que a conclusão do prefácio com o Zaratustra dançando e rindo. Mas enquanto Nietzsche não submeteu sua vontade de uma revolução espiritual à prova de nenhuma realidade política, Wagner tomou parte pessoalmente desse espetáculo embriagador, primeiro em Leipzig em 1830, onde, conforme sua própria declaração, participou como um louco nas destruições. Do mesmo modo, lançou-se em 1849, com Röckel e Bakunin, na corrente dos acontecimentos de Dresden, que saudava também literariamente numa fraseologia própria de Feuerbach e Marx:

---

35 Cf. a aprovação de Engels a *Past and Present* [Passado e presente], de Carlyle (1843), Marx-Engels, *Ges. Ausg.*, II, p.405.

> Eu quero destruir a dominação de um sobre os outros, dos mortos sobre os vivos, da matéria sobre o espírito; eu quero quebrar a violência dos poderosos, da lei e da propriedade. Que a *própria* vontade seja o senhor do homem, o *próprio* prazer seja sua única lei, a *própria* força seja toda a sua propriedade, pois *somente o homem livre é sagrado, e nada há de mais alto do que ele* [...] E veja, as multidões sobre as colinas, elas permanecem silenciosas e de joelhos, [...] entusiasmo se irradia de seus rostos enobrecidos, um brilho luminoso sai de seus olhos, com gritos que comovem o céu: *"eu sou um homem!"*, milhões, a revolução viva, *o homem que se tornou Deus*, precipitam-se nos vales e planícies e anunciam ao mundo inteiro o novo Evangelho da felicidade![36]

Nesse tempo, Wagner era política e espiritualmente tão "espírito livre" quanto Heine. Tal como os princípios para a "filosofia do futuro" de Feuerbach, queria ele também projetar uma "obra de arte do futuro"[37] e também Nietzsche tratou do "futuro dos nossos estabelecimentos de ensino" em conferências nas quais se podia ter ante os olhos a ressonância "da desesperada vida estudantil" da jovem Alemanha.[38]

O grande senso de realidade encontrava-se decididamente em Wagner. Ele compreendera a problemática da arte como aquela da vida pública e explicara o declínio da tragédia grega a partir da dissolução da pólis grega, assim como, por outro lado, considerou o espírito dos empreendimentos industriais de nossas grandes cidades como a essência do moderno impulso artístico. As formulações pelas quais ele apresenta o relacionamento originário e decadente da arte com a vida pública são literalmente tomadas da escola hegeliana – poder-se-ia destacar em pormenores os conceitos que procedem de Hegel e Marx. A arte nasceu originalmente da "universalidade autoconsciente" da vida – o "Deus dos cinco por cento" é hoje o senhor e organizador de todo empreendimento artístico. Os "heróis da bolsa" dominam o mercado da arte moderna, enquanto a tragédia grega consistia na "livre expressão de uma livre universalidade". As tragédias de Ésquilo e

---

36 Citado por Hildebrandt, p.44; cf. Huch, *Bakunin*, p.103, 113, 116, 119.
37 Wagner, que naquele momento vivia como emigrado político, tentava chamar Feuerbach para lá e lhe dedicou *Das Kunstwerk der Zukunft* [A obra de arte do futuro] (1850); cf. a crítica de Nietzsche a Wagner em *Musik ohne Zukunft* [Música sem futuro], VIII, 191.
38 IX, 412; cf. a observação de Ruge, segundo a qual se lhe disse "muito secamente" que toda a sua atividade de escritor derivava do fato de que ele não tivera sorte na universidade (*Br.*, I, 289).

Sófocles foram "a obra de Atenas" – o teatro moderno é "uma flor que brota do pântano da moderna burguesia". A arte genuína do presente tem de ser necessariamente revolucionária porque ela existe somente em oposição ao que está vigente. "A partir de sua condição de barbárie civilizada, a verdadeira arte pode elevar-se à dignidade que lhe é própria, somente sobre os ombros de nossos grandes movimentos sociais: ela tem com ele uma finalidade comum, e ambos podem apenas alcançá-la, quando se reconhecem mutuamente." Em relação ao lema de Carlyle, Wagner exige, na conclusão, que a revolução da arte seja tão radical quanto a subversão do paganismo pelo cristianismo.

> Pois assim Jesus nos mostrou que nós homens somos todos iguais e irmãos; Apolo, porém, teria dado a essa grande aliança fraternal o selo da força e da beleza, ele teria levado o homem da dúvida em seu valor à consciência de seu supremo poder divino. Deixe-nos erguer o altar do futuro, tanto na vida quanto na arte vivente, as duas sublimes mestras da humanidade: Jesus, que sofreu pela humanidade, e Apolo, que a elevou a sua dignidade plena de alegria!

Em oposição a Wagner, que imediatamente traduziu o deus grego numa forma pseudogermânica, Nietzsche colocou Dionísio no lugar de Cristo em *O nascimento da tragédia* e, finalmente, expôs os heróis cristãos-germânicos de Wagner como um caso típico de falsidade alemã. Originalmente, ele planejara se pôr a serviço de Wagner como uma espécie de chefe propagandista de Bayreuth. Seu posterior ataque a Wagner tem de ser compreendido somente a partir dessa admiração pelo mesmo.

Obedecendo ao estímulo de Bayreuth, Nietzsche escreveu sua primeira consideração extemporânea sobre D. F. Strauß, uma crítica ao "filisteu da cultura", que já havia sido mencionada na *Obra de arte do futuro*, de Wagner. Esse ataque se dirige contra a "nova crença" de Strauß e ao mesmo tempo é um passo a mais a caminho daquela libertação, que Strauß mesmo já produzira em seus primeiros escritos contra a velha crença na consciência universal do tempo. Até mesmo Nietzsche não recusava seu respeito pela "natureza erudita e crítica, no fundo sólida e profunda" do jovem Strauß.[39] No *Ecce homo*, Nietzsche gabava-se de ter exprimido sua própria libertação

---

39 I, 250.

através da crítica do "primeiro espírito livre alemão". Assim, o autor de uma resenha havia compreendido seu escrito, ao considerar como tarefa sua promover "uma espécie de crise e suprema decisão quanto ao problema do ateísmo". Por isso Nietzsche podia, mais do que seus adversários, sentir-se alheio aos *libres-penseurs* preocupados em melhorar o mundo, que não sentiam esse ponto decisivo da libertação. A diferença entre o ateísmo religioso de Strauß e o anticristianismo de Nietzsche é, no fundo, a mesma apresentada por Nietzsche ao conceito de "sensibilidade" de Wagner: este o formulou seguindo o caminho de Feuerbach, mas então "muda de orientação", para finalmente predicar uma extasiada "castidade".[40] O "ateísmo" de Nietzsche também mudou de orientação e, ao final, proclama uma nova crença. Contudo, o que diferencia ambas as transformações é o fato de que Nietzsche jamais fora desprovido de caráter, tal como ele censurava Wagner em relação à sua atitude diante do "império" e do cristianismo.[41] Wagner não podia ser inequívoco porque sua música queria "significar" algo que ela, como tal, não era. "O que significa Elsa? Sem nenhuma dúvida: Elsa é 'o *espírito* indeterminado *do povo*'!" Wagner foi durante toda a sua vida o comentador de uma "ideia" sem clareza lógica. Que essa seja entre os alemães uma objeção, a saber, contra a "profundidade", isso depende, segundo a concepção nietzschiana, da influência de Hegel. "Lembremo-nos que Wagner era jovem no tempo em que Hegel e Schelling seduziam os espíritos; que ele adivinhou, apanhou com as mãos aquilo que os alemães tomavam a sério – 'a ideia' quer dizer algo que é obscuro, incerto, cheio de pressentimentos." Wagner compreendeu este gosto, inventou para si um estilo que significava o "infinito", concebia a música como "ideia" e tornou-se herdeiro de Hegel.

> A mesma espécie de homem que se entusiasmava por Hegel entusiasma-se hoje por Wagner; na sua escola *escreve-se* ao modo hegeliano! Assim, sobretudo, o entenderam os jovens alemães. As palavras "infinito" e "significado" já bastam: de um modo incomparável lhe davam uma sensação de bem-estar, [...] é o gênio wagneriano de uma cultura nebulosa, seu propagar-se, vaguear, errar pelos ares, seu por toda parte e lugar nenhum,

---
40 VIII, 197; cf. VII, 403.
41 XIV, 168.

justamente o mesmo com o que [...] Hegel, em seu tempo, seduzira e atraíra.[42]

Nietzsche tivera um contato direto com a escola hegeliana por meio de seu relacionamento com B. Bauer. Nele, olhando retrospectivamente para o *Ecce homo*, Nietzsche tivera, desde seu ataque a Strauss, um de seus mais atentos leitores. Em cartas a Taine, Brandes e Gast, elogiava Bauer como sendo seu único leitor, e mesmo como "todo seu público", ao lado de Wagner, Burckhardt e G. Keller.[43] Até agora não se pôde determinar se Nietzsche, com exceção do escrito de Bauer *Para uma orientação na era bismarckiana* (1880),[44] tivera conhecimento também dos escritos teológicos dos anos 1840. Mas a probabilidade não pode ser rejeitada; além disso, Overbeck seguiu os trabalhos de crítica religiosa de Bauer e os resenhou, em parte.[45] Seja como for, as correspondências entre o *Anticristo*, de Nietzsche, e o *Cristianismo descoberto*, de Bauer, são tão óbvias que elas indicam, pelo menos, uma marcha subterrânea no curso do século XIX e não menos sugestivas são as concordâncias entre a crítica do cristianismo de Bauer e aquela dos escritos teológicos de juventude hegeliana.[46]

Stirner não é mencionado em nenhum lugar nos escritos de Nietzsche, mas que ele o conhecera, não somente pela *História do materialismo*, de Lange, está testemunhado por Overbeck.[47] Com frequência comparou-se Stirner a Nietzsche, e até chegou-se a afirmar que Stirner constitui o "arsenal de ideias" de que Nietzsche tomava suas armas,[48] enquanto outros

---

42 VIII, 33.
43 *Ges. Br.* III, 201, 274; do mesmo a P. Gast, *Br.*, IV, 81s. Ver acerca da primeira *Consideração extemporânea*, de Nietzsche, o escrito de Bauer *Philo, Strauss und Renan und das Urchristentum* [Philo, Strauß, Renan e o cristianismo primitivo], em particular p.16. Sobre o relacionamento de Keller e Feuerbach e a recusa aí fundada do ataque de Nietzsche a Strauß, cf. Kohut, *Feuerbach*, p.230.
44 *Ges. Br.*, IV, 54; cf. 94 e as cartas de P. Gast a Nietzsche, 1923/4, I, 220, 225; II, 162.
45 Cf. Bernoulli, *Overbeck und Nietzsche* [Overbeck e Nietzsche], I, 441.
46 Ver na segunda parte deste trabalho o cap. V, 5; cf. também Tchijewsky, "Hegel et Nietzsche" [Hegel e Nietzsche], *Revue d'histoire de la philosophie*, p.338ss.; Benz, "Nietzsches Ideen zur Geschichte des Christentums" [As ideias de Nietzsche acerca da história do cristianismo], *Zeitschr. Für Kirchengesch.*, v. LVI, cad. 2/3.
47 Bernoulli, I, 135, 148, 238, 427, cf. Andler, *Nietzsche*, IV, 166.
48 Por exemplo, Barnikol em sua nova edição do *Entdeckten Christentum* [Cristianismo descoberto] de Bauer, p.79.

julgavam Stirner como um frasista, cuja mediocridade pequeno-burguesa não podia ser comparada à posição aristocrática de Nietzsche. Tais avaliações não afetam a questão histórica. Ambos podiam estar separados por um mundo e, todavia, relacionarem-se pela coerência interior de sua crítica radical à humanidade cristã. E assim é fácil imaginar que Nietzsche fosse justamente por isso tão "econômico", como Overbeck o denominava, em seu conhecimento de Stirner, porque este o atraía e, ao mesmo tempo, repelia e não queria ser confundido com ele.

Comum a ele é, sobretudo, a consciência épica relacionada ao cristianismo e a ideia daí derivada de uma "superação do homem". Não é coincidência que o conceito de "além-do-homem" apareça num sentido filosoficamente determinado, primeiro no círculo de Stirner.[49] O além-do-homem, que originariamente era o homem-Deus ou o homem-Cristo,[50] modifica seu significado a partir da orientação antropológica de Feuerbach: em relação ao humano universal, ele se torna, por um lado, *não* humano e, por outro lado, mais do que meramente humano. Nesse sentido M. Hess[51] empregou as palavras além-do-homem e não homem, referindo-se primeiro a Bauer e depois a Stirner. A tese de Bauer, segundo a qual o homem, na religião cristã, venera a "inumanidade" como sua essência,[52] corresponde à tese de Stirner, que, enquanto Cristo seja o além-do-homem, o homem não é ainda nenhum eu. Por isto a superação do cristianismo é idêntica à superação do homem. A esta conexão entre o homem-Deus, o Cristo, ou seja, o homem entendido à maneira cristã, e aquele que é para si mesmo um eu singular, que em relação àquele primeiro é um "não homem", corresponde em Nietzsche a não menos coerente conexão entre a morte de Deus e a superação do homem com o além-do-homem, que vence a Deus e ao nada. Desde o momento em que Nietzsche concebeu a plena importância do grande "acontecimento" de que Deus está morto para a humanidade do homem, ele, ao mesmo tempo, reconheceu que a morte de Deus é, para o homem que se quer a si mesmo, a liberdade para a morte.[53]

---

49 Ver Tchijewsky, "Hegel et Nietzsche", p.331.
50 *Zeitschr. für die Deutsche Wortforschung*, I, 1, p.3 e 369.
51 Hess, *Sozialistische Aufsätze* [Artigos socialistas], p.149 e 188.
52 *Das entdeckte Christentum*, §12.
53 Ver o livro do autor sobre Nietzsche, p.36.

Primeira Parte

A observação ocasional de Nietzsche, de que os verdadeiros educadores dos alemães do século XIX foram discípulos de Hegel, alcançou um significado que sobrepassa em muito o que Nietzsche poderia supor.[54] O caminho, que conduz de Hegel a Nietzsche através dos jovens hegelianos, pode-se caracterizar de maneira mais nítida em relação à ideia da morte de Deus: Hegel fundamentou na origem da fé cristã a partir da morte de Cristo na cruz sua consumação da filosofia cristã como a "verdade" do "ateísmo";[55] Nietzsche fundava sua tentativa de superar a "mentira de milênios" no cristianismo decadente por meio de uma nova apresentação da origem da filosofia grega. Para Hegel, a encarnação de Deus significa a reconciliação definitiva da natureza humana e divina; para Nietzsche e Bauer significava que havia se quebrado a verdadeira natureza do homem. Hegel eleva a doutrina cristã de que Deus é "espírito" a uma existência filosófica; Nietzsche afirma que quem diz que Deus é espírito dá um grande passo para a incredulidade,[56] que somente pode ser novamente reparada pelo renascimento de um Deus carnal.

3. A tentativa nietzschiana de uma superação do niilismo

> "Este é o novo silêncio que aprendi: seu barulho em torno de mim estende um manto sobre meu pensamento."

Quando se afirma que Nietzsche é o filósofo de "nosso tempo", então se tem, sobretudo, de perguntar o que é o tempo para ele mesmo. Três coisas podem ser ditas com referência a sua relação com o tempo: 1. Que Nietzsche, como um destino europeu, é o primeiro filósofo de nossa *época*; 2. Que ele, como *filósofo* de nossa época, é *tanto atual quanto inatual*; 3. Que ele, como um último admirador da "sabedoria", o foi também da *eternidade*.

---

54 Do estudo da correspondência de Ruge também se revela uma relação de parentesco do fato de que a mulher de Ruge era nascida Agnes Nietzsche e, assim como Nietzsche, descendia da terceira geração de Gotthelf Engelbert Nietzsche (1714 a 1804). Ver Ruge, *Br.*, I, 19, 23, 43.
55 Hegel, I, 153; *Phänomenologie*, 483; XI, 352.
56 VI, 456.

1. No último capítulo de seu último escrito, Nietzsche explicou ao mundo porque ele é um "destino" e um "homem da fatalidade".

> Conheço minha sorte. Um dia meu nome se ligará à recordação [...] de uma crise, tal como nunca houve na Terra, da mais profunda colisão de consciência, de uma decisão provocada contra tudo que até então se acreditara, exigira e santificara. Eu não sou um homem, sou dinamite [...] Eu contradigo, tal como jamais se contradisse, e, apesar disso, sou o oposto de um espírito negador [...] Com tudo isso, sou necessariamente também um homem da fatalidade. Logo, se a verdade entra em luta com a mentira milenar, nós teremos abalos, um espasmo de terremotos [...], como jamais se sonhou. Então o conceito de política será inteiramente dissolvido numa guerra de espíritos, e toda a estrutura de poder da antiga sociedade irá pelos ares – elas todas repousavam juntas na mentira; haverá guerras tal como nunca existiu na Terra. Somente comigo começa sobre a Terra a *grande política*.

Este *Ecce homo*, que leva impresso o destino europeu, pode parecer a megalomania de um doente mental, ou também um saber profético, ao mesmo tempo loucura e intelecção profunda. Dentro de sua profundidade delirante, Nietzsche, como professor aposentado de filologia, converteu-se em Deus Dionísio crucificado, que tem de sacrificar-se para determinar espiritualmente o destino da Europa. Ao mesmo tempo, porém, ele tem o sentimento de ser, em última instância, somente um "zombador de eternidades".

Consciente de ser o primeiro filósofo da época e "qualquer coisa de decisivo e fatal" "entre dois milênios", Nietzsche podia dizer que sua obra exigia tempo. Ele escreve, em 1884, de Veneza:

> Minha obra exige *tempo* – e não quero de nenhum modo ser confundido com aquilo que este presente tem como *sua* tarefa resolver. Dentro de cinquenta anos, talvez alguns [...] abram os olhos para isso *que foi feito por mim*. Mas no momento não somente é difícil, mas inteiramente impossível [...] falar publicamente de mim, sem ficar infinitamente distante da verdade.

Para o propósito filosófico de Nietzsche, o verdadeiro tempo não é o seu próprio, dominado por Wagner e Bismarck, mas sim o que Nietzsche, como descobridor experimentado da "modernidade" e anunciador de uma antiquíssima doutrina, via, aquilo que era visto de uma perspectiva de longo alcance.

Nietzsche, ao olhar para trás, via antecipadamente o advento do "niilismo europeu", que dizia que após o declínio da fé cristã em Deus, e por conseguinte, também da moral, *nada mais era verdadeiro* e *tudo permitido*. "O que eu narro" – diz ele no prefácio de *A vontade de potência*:

> é a história dos próximos dois séculos. Descrevo o que vem, aquilo que não pode vir de modo diferente: *o advento do niilismo*. Esta história pode agora ser narrada: a necessidade mesma está aqui em ação. Este futuro fala por mil signos, este destino se anuncia por toda parte; para esta música do futuro estão aguçados todos os ouvidos. Toda a nossa cultura europeia move-se já há muito tempo sob a tortura de uma tensão que cresce de decênio em decênio, como que se aproximando de uma catástrofe; inquieta, violenta, precipitada: semelhante a uma corrente que quer alcançar seu *fim*, que não reflete mais, que teme refletir. Aquele que, ao contrário, aqui toma a palavra nada fez até agora além de apenas *refletir*: como um filósofo e solitário por instinto, que encontrou [...] sua vantagem no isolamento, em estar fora, na paciência, no retardar; como um espírito capaz e explorador, que alguma vez se perdeu no labirinto do futuro; [...] que olha para trás quando narra o que virá; como o primeiro niilista acabado da Europa, que viveu dentro de si mesmo e até o fim o niilismo – que o tem atrás, abaixo e fora de si.

Com maestria psicológica, Nietzsche fez visível este niilismo europeu na sua origem histórica e em seus modos de aparição na ciência, na arte, na filosofia e na política. O resultado de seus quinze anos de reflexão foi a *Vontade de potência*, que também inclui a doutrina do eterno retorno.

O niilismo como tal pode significar duas coisas; ele pode não apenas ser o sintoma de uma decadência definitiva e má vontade com a existência, mas pode também ser um primeiro sintoma de fortalecimento além de uma nova vontade de existir – um niilismo dos fracos ou dos fortes. Essa *ambiguidade do niilismo* como a origem da modernidade é própria de Nietzsche:

> A felicidade da minha existência, sua unicidade talvez, reside em seu destino: para expressá-lo de forma enigmática, eu já estou morto como meu pai e vivo e envelheço como minha mãe. Essa dupla origem, como que do mais

alto e do mais baixo degrau da escada da vida, ao mesmo tempo *décadent* e começo – então se há alguma explicação para aquela neutralidade, aquela liberdade de partido, que me caracteriza talvez com relação ao problema total da vida, é isto. Eu tenho um olfato mais refinado do que qualquer outro homem jamais teve para os sinais de começo e de decadência, eu sou neste ponto o mestre *par excellence*, pois conheço ambas as coisas e sou ambas.

Por isso no Zaratustra deixou aberta a questão acerca do que ele propriamente seria: um homem de promessas ou um realizador, um conquistador ou um herdeiro, um outono ou uma relha, um enfermo ou um convalescente, um poeta ou um profeta, um libertador ou um repressor – porque Nietzsche sabia que ele não era nem um nem outro, mas antes ambos simultaneamente. Esta ambiguidade da existência filosófica de Nietzsche caracteriza também sua relação com o *tempo*: ele é de "hoje e de ontem", mas também de "amanhã, de depois de amanhã e de alguma vez futura". Por esse saber a respeito de ontem e do amanhã, ele pôde interpretar filosoficamente o presente. Como um "fragmento da história da posteridade (cristã)", sua filosofia é, ao mesmo tempo, um rudimento do mundo grego primitivo. Desse modo, Nietzsche não é somente o filósofo do tempo mais recente, mas também o de um tempo mais antigo e nesse sentido de uma época "antiga".

2. Porque Nietzsche era um "extemporâneo" em seu relacionamento com a época e com a filosofia contemporânea, e extemporâneo permaneceu, ele era e também é "atual", um critério filosófico de julgamento da época. Assim ele pelo menos entendeu a atualidade de sua extemporaneidade. O prefácio à segunda edição das *Considerações extemporâneas* termina com a afirmação de que alcançara tão "extemporâneas experiências" somente como o "pupilo de épocas mais antigas", sobretudo dos gregos, nos quais a filosofia ocidental teve sua origem, e como uma "criança de seu próprio tempo". Como filólogo clássico ele não sabia qual sentido devia ter o conhecimento da Antiguidade grega, com exceção deste: atuar contra o tempo, e deste modo sobre o tempo e assim talvez em favor de um tempo futuro.

Na sua última *Consideração extemporânea*, de 1888, no "caso Wagner", Nietzsche esclareceu sua relação com a época de modo ainda mais determinado e como "autossuperação" da mesma:

O que um filósofo exige de si em primeira e última instância? Superar em si mesmo seu próprio tempo e tornar-se atemporal. Contra o quê há de sustentar sua mais dura batalha? Contra aquilo justamente pelo qual ele se constitui filho de seu tempo. Muito bem! Eu sou a criança desse tempo tanto quanto Wagner, quero dizer, um *décadent*: somente eu compreendo isso, somente eu me defendo contra. O filósofo em mim se defende contra isso.

Ele superou em si mesmo o mero contemporâneo da época, e somente assim Nietzsche tornou-se *filósofo* de seu tempo, resistiu à "prova", sem deixar-se desviar de sua "tarefa principal" "nem pelo grande movimento político da Alemanha, nem pelo movimento artístico de Wagner e nem pelo movimento filosófico de Schopenhauer".[57] Dominando a ascensão e a decadência cultural do homem europeu, de Ésquilo até Wagner e de Empédocles até ele mesmo, na totalidade do tempo histórico, ele estava apto a contemplar com profundidade seu próprio tempo.

Diferente dessa conformidade extemporânea ao tempo, que Nietzsche possui como o filósofo de sua época, é a *atualidade* que ele recebe na visão cambiante dos sucessores literários. Se abrangemos com o olhar os diversos modos da atualidade, que Nietzsche, no curso dos anos 1840, experimentou na perspectiva de P. Gast, G. d'Annunzio e A. Gide, de R. Pannwitz e O. Spengler, de Th. Mann e R. Musil, de G. Benn e R. Thiel,[58] então resulta daí uma imagem bastante significativa da problemática espiritual do tempo posterior ao dele. A mesma transformação se reflete na literatura filosófica acerca de Nietzsche, que vai de Riehl até Simmel e de Bertram até Jaspers. Mas isso tudo já não é mais muito "atual", caso se entenda por isso que as tendências da própria época são o critério válido para a compreensão das intenções filosóficas. Então somente seria atual, conforme o "progresso" irresistível do tempo que desvanece, o Nietzsche dos últimos e mais recentes tempos, cujos intérpretes foram, principalmente, Klages e Baeumler.

---

57 XIV, 348.
58 D'Annunzio, *Per la morte di un distruttore*; Gide, *Nietzsche*, Jahrbuch der Nietzsche-Gesellschaft; Pannwitz, *Einführung in Nietzsche* [Introdução a Nietzsche]; Benn, *Nach dem Nihilismus* [Após o niilismo]; Thiel, *Generation ohne Männer* [Geração sem homens] (em particular o capítulo sobre Mann e St. George). Ver Deez, *Die Entwicklung des Nietzschebildes in Deutschland* [O desenvolvimento da figura de Nietzsche na Alemanha], tese de doutorado.

Nietzsche como filósofo de nosso tempo e da eternidade

Quando Klages, em sua engenhosa aversão à vontade e ao espírito, divide Nietzsche em dois, e explica o Nietzsche da filosofia dionisíaca, à custa da vontade de potência e da vontade de nada, como um filósofo "orgástico" do "corpo" e da "alma", e quando Baeumler, à custa da filosofia dionisíaca do eterno retorno, e conforme sua vontade de luta, interpreta o Nietzsche da vontade de potência e da vontade de nada como um "realista heroico" e um filósofo político, essas são apenas duas variantes opostas de uma e da mesma parcialidade exercida no espírito de uma época hostil ao espírito, e ambas estão igualmente distantes da *inteira* filosofia de Nietzsche acerca da vontade de nada *e* da vontade de eternidade.

Ainda mais distante da luta nietzschiana contra o seu e contra todo "tempo" está aquela interpretação de Nietzsche segundo a qual ele não é nem um filósofo da vontade de potência, nem um filósofo do eterno retorno, mas antes uma escolha qualquer de proposições atraentes a determinada época. Exatamente porque Nietzsche desenvolveu seu pensamento em mil aforismas, e não como um sistema, pode-se encontrar nele em *detalhe* aquilo que se quer encontrar: atualidade espantosa e inatualidade assombrosa. Alguns exemplos podem elucidar isso com brevidade: Nietzsche diz ao final de *Ecce homo* que somente com ele a guerra do espírito se identifica com a "grande política"; mas diz também, logo no começo de *Ecce homo*, que é o "último alemão antipolítico" e mais alemão do que qualquer alemão atual "do Império". Ambas as afirmações parecem se contradizer, mas na verdade é um único e o mesmo pensamento; justamente porque Nietzsche representa o pensamento de uma grandiosa política europeia ele pode, em relação à política imperial contemporânea, considerar-se o último alemão antipolítico e dizer que, para entendê-lo, tem de se dominar o "deplorável palavrório da política e do egoísmo nacional". Nietzsche diz que a guerra e a coragem fizeram coisas mais grandiosas no mundo do que o amor ao próximo; mas ele também diz: os "grandes acontecimentos" não são os mais ruidosos, mas sim nossas "horas mais silenciosas". Ele combate o espírito de "liberdade de imprensa" próprio do liberalismo, e em igual medida qualquer "consciência partidária"; já a mera ideia de pertencer a algum partido, "mesmo quando ele fosse o próprio", causava-lhe asco. Ele critica o espírito democrático da sociedade burguesa; mas também diz, sob o título *Dos novos ídolos*, que o Estado é o mais frio dos monstros e da sua boca surge a mentira: "Eu, o Estado, sou o povo." Ele acreditava na necessidade de um retorno à barbárie e à "masculinização" da Europa e para isso cunhou a expressão "besta loura"; ele caracteriza também os heróis de Wagner como monstros de sensibilidade extasiada e seus "germanos" se definiam pela "obediência e longas pernas". Ele fala em favor de uma educação e uma disciplina da raça, mas não menos contra a mentirosa autoadmiração presente no delírio racista dos antissemitas.[59] Ele zomba da "terra da cultura" e do "conhecimento imaculado", e deixa de lado o "homem cultivado"; mas constata também, enquanto propriamente homem cultivado, a universal "vulgarização do gosto" e o advento da barbárie. Ele reclama uma ordem hierárquica entre aqueles que "mandam" e aqueles que "obedecem"; mas, ao mesmo tempo, nega "ser o pastor e o cachorro de um rebanho", e afirma que a "alma servil alemã" se idealiza na virtude soldadesca da obediência incondicionada. Ele se refere à necessidade de uma "casta dominante"; mas também sabe que a "adestrabilidade" dos homens crescerá monstruosamente, porque eles não têm justamente nada a dizer para si mesmos. Finalmente, ele desenvolve a "vontade de verdade" como "vontade de potência"; mas diz também que jamais devemos nos perguntar se a verdade nos é útil ou é uma fatalidade, e a "vontade de potência" é um livro exclusivo para aqueles que ainda têm prazer em pensar; os alemães de hoje não são mais pensadores, alguma outra coisa os impressiona e lhes fornece prazer.[60] Quem, como objetivo, quer apoiar em Nietzsche uma filosofia "para o nosso tempo" deve se ater às palavras de Zaratustra: "Eu sou um corrimão que detém a corrente – agarre-se a mim quem puder se agarrar – mas não serei vossa muleta". Para se compreender um filósofo, se tem, sobretudo, de apreender seus pensamentos, e para isso Nietzsche deseja leitores que tenham tempo para pensar.[61]

---

59 *Fröhl. Wiss.* [A gaia ciência], af. 377; Cf. carta a Overbeck de 24 de março de 1887: "Aqui um fato cômico, do qual eu tomo cada vez mais consciência. Eu tenho pouco a pouco uma 'influência' muito subterrânea, como é evidente. Em todos os partidos radicais (socialistas, niilistas, antissemitas, cristãos-ortodoxos, wagnerianos) gozo de uma consideração maravilhosa e quase misteriosa [...]. Na 'correspondência antissemita' (que é enviada somente privadamente, apenas a 'partidários de confiança'), meu nome aparece em quase todo número. Zaratustra, o homem divino, encantou os antissemitas; há propriamente uma interpretação antissemita para isso, e que me faz rir muito. A propósito: eu fiz em 'lugar devido' a proposta de apresentar um cuidadoso registro dos intelectuais, artistas, escritores, atores, virtuosos de origem completa ou meio judia. Seria uma boa contribuição à história da cultura alemã, como também de sua crítica".
60 XIV, 420; cf. *Ges. Br.*, I, 534.
61 *Br.*, I, 515.

3. Com efeito, o pensamento de Nietzsche é um pensamento sistemático, em cujo começo encontra-se a morte de Deus, no centro o niilismo e ao final a autossuperação do niilismo no eterno retorno. A essas três etapas corresponde a tripla transformação do espírito no primeiro discurso de Zaratustra. O "tu deves" da fé cristã transforma-se no espírito que se tornou livre do "eu quero"; no "deserto da liberdade" em direção ao nada acontece a última e mais difícil transformação do "eu quero" na eterna existência que se repete eternamente no jogo infantil da destruição e da criação – do "eu quero" em "eu sou", a saber, na totalidade do ser. Com essa última transformação da liberdade em nada e na necessidade livremente desejada de um eterno retorno do mesmo, realiza-se para Nietzsche seu destino temporal como um "destino *eterno*"; seu *ego* torna-se um *fatum*. E *Ecce homo*, esse acaso da existência, deve mostrar que somente nos "tornamos" aquilo que já "somos", porque o supremo astro do ser é a necessidade, na qual coincidem o acaso e o ser-si-mesmo.

Escudo da necessidade!
Supremo astro do ser!
– que nenhum desejo alcança,
que nenhuma negação contamina
eterno sim do ser,
eternamente eu sou teu sim:
pois eu te amo, oh eternidade!

Sob o "escudo da necessidade", isto é, do antigo destino, a contingência da existência se reintegra na totalidade do ser.

Qual significado compete à eternidade na filosofia de Nietzsche, e, por conseguinte também, o decisivo "instante" no qual ela se mostra de uma vez por todas, resulta do fato de que a terceira e a quarta parte do *Zaratustra* se encerram com uma canção dedicada à eternidade e também o *Ecce homo* deveria terminar com o poema "Glória e eternidade". O *problema* da eternidade, tal como ele considera o eterno retorno, se encontra no *caminho* pelo qual Nietzsche, simultaneamente, ultrapassa o "tempo" e o "homem". Ele é uma escapatória a partir da história do cristianismo e é caracterizado por Nietzsche como "autossuperação do niilismo", que, por sua vez, origina-se da morte de Deus. Zaratustra é o "vencedor de Deus e do nada". Fundamentado nesta conexão essencial entre a "profecia" do eterno retorno com a "profecia" do niilismo,⁶² a doutrina de Nietzsche assume um aspecto duplo: ela é uma autossuperação do niilismo, na qual "vencedor e vencido" são uma só coisa.⁶³ Eles são unidos tal como a "dupla vontade" de Zaratustra, o "duplo olhar" dionisíaco sobre o mundo e o "duplo mundo" dionisíaco constituem *uma* vontade, *um* olhar e *um* mundo.⁶⁴ Essa unidade de niilismo e retorno resulta do fato de que a vontade nietzschiana da eternidade constitui a *conversão* da sua vontade no nada.

Mas como se pode ainda querer a necessidade antiga do ser-assim-e--não-diferente conjugada com a liberdade da vontade nascida da existência cristã – a não ser mediante um *querer ser obrigado*, que unifica ambas? Do ponto de vista temporal, dupla é essa vontade sobre-humana, porque ela ainda quer aquilo que sempre precisa, porque ela força, paradoxalmente, a união da vontade de futuro com a vontade de passado. Todo o problema da "última" vontade de Nietzsche está encerrado sistemática e historicamente nessa vontade duplicada. Acerca da solução desse problema trata, no *Zaratustra*, o capítulo "Da redenção", a saber, do passado.

Zaratustra vê de dois modos a renúncia de todo passado: alguns o reduzem a um presságio precursor de um presente decaído, para outros, o tempo passado cessa com o "avô".⁶⁵ Nenhum deles liberta do passado.

> Libertar o passado e transformar todo "foi" em um "assim eu o queria" – isso seria para mim uma redenção! Vontade, assim chama-se o libertador e o portador da alegria; dessa maneira eu os ensinei, meus amigos! Mas agora se aprenda também isso: a vontade mesma é ainda um prisioneiro. Querer liberta; mas como se chama o que acorrenta o libertador? "Foi": esse é o nome do ranger de dentes da vontade e da sua mais solitária tristeza [...] Que o tempo não retrocede, esta é sua ira; "isso o que foi" – desse modo chama-se a pedra que ela não pode rolar.

Mas porque a vontade ávida de futuro é incapaz de vingar-se do que já é, do que já foi querido e feito, a existência que deseja – e o homem *é* vontade, desde que nenhum Deus lhe diga o que ele "deve" – torna-se "culpa" e

---

62 Ver para o que se segue o livro do autor sobre Nietzsche, p.36.
63 XVI, 422.
64 VI, 203, 210; XV, 80; XVI, 515 e 401.
65 VI, 295.

"castigo". A existência torna-se, "de novo e eternamente, ato e culpa", justamente porque ele mesmo *não* é culpado do acaso de seu ser-aí, que sempre lhe coube e que aí está antes que o quisesse, mas como vontade existente *quer* ser culpável e, contudo, não o *pode* ser. E, por isso, a vontade como repugnância rola "pedra por pedra" contra o peso da existência que lhe cabe, até a loucura, finalmente, predicar: tudo perece, por conseguinte tudo é digno de perecer. O desgosto a respeito do tempo que se passou, da ação já acontecida, o desvaloriza a ponto de convertê-lo em algo transitório – a menos "que a vontade se redima a si mesma", assim como na metafísica de Schopenhauer, na qual o "querer tornou-se um não querer". A vontade criadora de Zaratustra diz, em sentido contrário à pedra, que constitui o peso da existência que em vão se projeta: *"Mas eu o queria assim"* e o quero de novo eternamente! Porém, quando ele falou desse modo? E quando ocorre que a vontade criadora de futuro se interessa pelo passado? E quem lhe ensinou o querer para o passado ao invés do não querer, e o trazer prazer no lugar do trazer a dor? Zaratustra, como o mestre do ser eterno, responde esta questão. Pois no querer do círculo que eternamente retorna do tempo e do ser, a vontade torna-se, justamente a partir de um movimento infinito e sem fim, um círculo que quer ir tanto adiante quanto retornar. Nietzsche chama de *amor fati* essa dupla vontade que sempre quer aquilo que ela já tem de ser. Nele a totalidade do tempo e do ser se encadeiam no futuro que já se foi de um ser que sempre vem a ser.[66] A alma de Zaratustra é, portanto, "a mais necessária" que "se lança ao prazer do acaso", porém, algo que ela pode somente porque nela, como "o supremo modo de todo ente",[67] "todas as coisas têm sua corrente e sua contracorrente, sua maré baixa e sua maré alta" – mas "esse é o conceito do dionisíaco", cuja fórmula não é a mera vontade de destino, mas sim no destino mesmo como *fatum*, "um destino que está por sobre um destino".[68]

Em relação a isso, Nietzsche diferenciou sua doutrina acerca da redenção da crença dos antigos no destino que tem poder sobre os deuses e os homens e da crença dos modernos na liberdade do querer: "Anteriormente acreditava-se em adivinhos e astrólogos. E por isso acreditava-se que 'tudo é

---

66 VI, 206; cf. XVI, 201 e 409; XIV, 219; *Wille zur Macht* [Vontade de potência], Af. 617 e 708.
67 VI, 18, 304; XV, 96.
68 XV, 48 e o poema *Letzter Wille* [Última vontade].

destino! Tu deves, pois estás obrigado!' Então novamente desconfiou-se de todo adivinho e astrólogo: e por isso acreditava-se que 'tudo é liberdade: tu podes, pois tu queres!'".[69] Em oposição a essa alternativa, Nietzsche queria unir o próprio querer à necessidade cósmica.

Mas como deveria ser possível recapturar, com a liberdade moderna do poder-querer, aquela antiga confiança naquilo que tem de ser e não pode ser diferente, de modo que o *fatum* uma vez escrito nas estrelas se transformasse no seu próprio *fatum* por meio de um querer do dever ser, para, por fim, poder dizer: "Eu mesmo sou o *fatum* e há eternidades condiciono a existência", "eu mesmo pertenço às causas do eterno retorno"? Para isso, não teria de ser a nova profecia ela mesma a unidade, primeiramente daquilo que procede das estrelas do céu e, em segundo lugar, daquilo que provém do nada, que constitui a última verdade no deserto da liberdade do próprio poder? É, portanto, o todo que ela declara um *nada celestial*? E também não corresponde a esse cruzamento o duplo caminho pelo qual a dupla vontade chega a sua dupla verdade, a saber, mediante uma *resolução* e uma *inspiração*, pelas quais este é tão verdadeiro quanto aquele? Uma decisão da vontade, que no extremo final da liberdade ainda prefere "querer nada do que nada querer", e uma inspiração na qual o ser dá a si mesmo ao decidido – elas formam em conjunto o acesso problemático à dupla verdade nietzschiana que, como uma doutrina acerca da autossuperação do niilismo, é seu *credo quia absurdum*.[70] Nisto consiste a verdadeira "extemporaneidade" de Nietzsche, porque a doutrina do tempo e do ser ultrapassa o tempo em geral. Depois de Nietzsche, ninguém mais alcançou esse ponto extremo da transformação. Os poucos que ainda perguntaram pela eternidade converteram-se às verdades "eternas" da Igreja Católica, falaram "do eterno no homem", embriagaram-se com as "imagens" perdidas da vida cósmica e evocaram as "cifras" do ser,[71] enquanto a maioria obedeceu às exigências do tempo, que lhes ofereceu os produtos racistas de uma zoologia política em substituição à eternidade.

---

69 VI, 294.

70 Prefácio ao *Morgenröte*, 3º e 4º parágrafos; cf. a respeito da doutrina do retorno, o notável paralelo presente no filósofo russo Strachow, referido em: Tschizewskij, *Hegel bei den Slaven*, p.327.

71 Ver Ball, *Die Flucht aus der Zeit* [A fuga do tempo]; Haecker, *Schöpfer und Schopfung* [Criador e criatura]; Scheler, *Vom Ewigen im Menschen* [Do eterno no homem]; Klages, *Der Geist als Widersacher der Seele* [O espírito como adversário da alma], 1929; Jaspers, *Philosophie* [Filosofia], v. III.

Quando, "para além do homem e do tempo", Nietzsche quis superar todo "fato humano" com o tempo, para subtrair-se ao abandono do mundo moderno, acontecia exatamente isso que ele mesmo narrara acerca do sofredor que "levou suas cinzas à montanha" e "com *um* salto queria alcançar o mais supremo": "Foi o corpo que desesperou do corpo – que tocou os últimos muros com os dedos do espírito fascinado [...]".[72]

Um outro, que não pretendia alcançar o supremo com um "salto", mas antes elogiou a "sequência", não projetou a eternidade como uma "possibilidade" da vida,[73] mas a viu como algo presente em todo instante de sua existência corporal. Por isso Goethe pôs a questão do querer e da obrigação de modo diferente de Nietzsche. Na medida em que efetivamente vivia no todo do ente e não ultrapassava a si mesmo, ele podia chegar à intelecção de que o círculo inteiro do conhecimento fechava-se na união do querer e da obrigação. "Lessing, que sentia aversão a restrições, fez que um de seus personagens dissesse: ninguém deve dever. Um homem espirituoso e alegre disse: 'Quem quer deve'. Um terceiro, certamente uma pessoa culta, acrescenta: 'Quem compreende também quer'",[74] a saber, isso o que ele deve. À intelecção do pensador correspondia a experiência da vida: quando Goethe recebeu a notícia da morte de seu único filho e teve que suportar duplamente o peso de sua idade, ele escreveu a Zelter: "Eu não tenho nenhum outro cuidado, a não ser manter-me em equilíbrio físico; todo o resto vem por si mesmo. O corpo deve, o espírito quer, e quem vê prescrito para o seu querer o caminho mais necessário não precisará refletir muito".[75]

Goethe desenvolveu essa ideia basicamente em relação ao cristianismo e à Antiguidade. Por ocasião da celebração da Reforma, ele escreve a Zelter que o fundamento e a base do luteranismo consistia na oposição decisiva entre *lei* e *Evangelho* e na mediação desses extremos. Coloquemos no lugar destes termos as palavras *necessidade* e *liberdade*, com tudo que as afasta e aproxima, então se vê nitidamente que neste círculo "está contido tudo aquilo que pode interessar ao homem". Lutero viu no Antigo e no Novo Testamento o símbolo da grandeza da essência do mundo que sempre se renova: "Ali a lei, que aspira ao amor, aqui o amor, que tende para a lei e a

---

72 VI, 42.
73 X, 233; ver no livro do autor sobre Nietzsche, p.83.
74 *Maximen und Reflexionen*, n.542; cf. o final e o começo das cartas a Zelter de 15 de janeiro de 1826 e de 21 de janeiro de 1826.
75 Carta a Zelter de 21 de novembro de 1830.

realiza, mas não a partir do próprio poder ou da violência, senão mediante a crença, e pela crença exclusiva no Messias, que tudo anuncia e em tudo atua".[76] Deste pouco podemos convencer-nos que o luteranismo não se opõe à razão quando esta decide considerar a Bíblia um espelho do mundo. O poema acerca da Reforma, planejado por Goethe, devia começar com o *tu deves* do trovão sobre Sinai e terminar com a ressurreição de Cristo e o *tu tornar-te-ás*.

Livre da consideração na crença "exclusiva" da verdade dogmática da Bíblia, Goethe, no artigo "Shakespeare e nenhum fim", discute o mesmo problema relativo ao dever e querer, mas agora com relação à Antiguidade.[77] Ele assinala as seguintes oposições entre a Antiguidade e a época moderna: antigo e moderno, pagão e cristão, necessidade e liberdade, dever ser e ter de ser. Da desproporção entre os dois últimos membros explicam-se os maiores e mais numerosos tormentos a que o homem pode estar exposto. Se o "embaraço" que daí resulta é pequeno e solucionável, então ele dá ocasião a situações ridículas, mas se é algo supremo e insolucionável, então produz situações trágicas. Na poesia antiga predomina a desproporção entre o *dever* e a realização, já na poesia moderna, entre o *querer* e a realização. O dever é imposto ao homem, o querer se impõe por si mesmo; em um caso tudo parece ser *destino*, no outro, parece ser *liberdade*. O dever inevitável, que é aguçado e apressado somente por um querer que atua contra ele, se encarna nas velhas leis e costumes da cidade antiga, assim como nas leis do cosmos; ele visa ao bem-estar do todo. O querer, em contrapartida, é livre e favorece o indivíduo. "Ele é o Deus da época moderna" e aqui reside o motivo pelo qual nossa arte e modo de sentir permanecem eternamente separados daqueles dos antigos. O caráter único de Shakespeare baseia-se no fato de que vinculava o antigo e o novo de modo "entusiástico", ao pôr o dever e o querer em equilíbrio no caráter individual. Os personagens de seus dramas "devem", mas como homens eles "querem". Essa unificação teve êxito porque o querer imoderado não nasce de dentro, mas é provocado

---

76 Carta a Zelter de 14 de novembro de 1816.
77 Cf. também o discurso sobre Shakespeare de 1772, no qual se diz, acerca das peças de Shakespeare, que elas "giram em torno de um ponto secreto e que nenhum filósofo viu e determinou – no qual a singularidade de nosso eu, a pretendida liberdade de nossa vontade, se choca com o curso necessário do todo" (*Weimarer Ausg.* I/37, p.133).

por um motivo exterior. "Deste modo, ele torna-se uma espécie de dever e se aproxima dos antigos." Em seus heróis, Shakespeare combina, para nossa alegre admiração, o mundo antigo e o novo. E esse é também o ponto que nós temos de estudar em sua escola: ao invés de exaltar de forma exagerada nosso "Romantismo", quer dizer, a modernidade, deveríamos tentar unificar em nós aquela aparentemente inconciliável oposição, tal como um grande e único mestre que já realizara esse milagre.

O quanto a consideração de Goethe acerca de Shakespeare também era aplicável a ele mesmo pode-se deduzir do fato de que mesmo um romântico via a grandeza de Goethe na medida em que ele vincula o "essencialmente moderno" ao "essencialmente antigo".[78] Schlegel só se equivocou ao considerar Goethe o primeiro "de um período artístico completamente novo", que começara a aproximar-se desta meta. Ao contrário, na história do século XIX, ele foi provavelmente o último que não sentiu a diferença entre antigo e moderno, entre paganismo e cristianismo como sendo um problema de "decisão" Ao tomar esta decisão, Nietzsche estava obrigado, no ponto mais alto de uma modernidade, "que não sabe onde vai dar", a querer repetir a concepção fechada do mundo grego e a forçar seu eu a unir-se com o *fatum*, enquanto a natureza de Goethe atualiza a Antiguidade no seio do novo. Goethe representa a oposição entre antigo e moderno não somente nas grandes tragédias, mas também na vida cotidiana:

> Considerando-se o jogo de cartas como uma espécie de poesia, ele também é composto daqueles dois elementos. A forma do jogo, vinculada ao azar, representa aqui a posição do dever, justamente como os antigos o conheciam, sob a forma do destino; o querer, vinculado à capacidade do jogador, atua contra o outro elemento. Nesse sentido, eu gostaria de denominar como antigo o jogo de *whist*. A forma desse jogo limita o acaso, e mesmo o próprio querer. Eu preciso, uma vez dados certos parceiros e adversários de jogo, e com as cartas que me chegam à mão, direcionar uma longa série de acasos, sem poder evitá-los; no *Hombre* e em jogos semelhantes acontece o contrário. Neste caso, muitas portas se abrem ao meu querer e à minha ousadia; eu posso recusar as cartas que por acaso recebo, posso dar valor e significados diferentes, descartá-las em parte ou em sua totalidade,

---

78 Carta de Schlegel a seu irmão de 27 de fevereiro de 1794.

Primeira Parte

apelar por ajuda da sorte, e mesmo por um procedimento inverso, tirar a maior vantagem das piores cartas, e, assim, tal espécie de jogo assemelha-se muito ao modo moderno de pensar e poetizar.

Não é possível imaginar em Nietzsche uma reflexão tão "fácil" como essa. A magia, que lutava por ele, era, como ele sabia, *"a magia do extremo, a sedução que todo extremo exerce"*,[79] mas não o encantamento suave do equilíbrio, que é invisível. Para os radicais Goethe é um compromisso, porque o radical – contrariamente à etimologia – é desarraigado.

O "espírito alemão", cuja história perseguimos de Hegel a Nietzsche, foi educado em Nietzsche por uma geração medida segundo o que este havia negado ou desejado. Inumeráveis são os folhetos, livros e discursos nos quais o terceiro *Reich* se fez valer como a "realização" de Nietzsche. Porém, quem não apenas "interpreta" a obra de Nietzsche, mas antes a toma seriamente, não pode desconhecer que Nietzsche é tão alheio aos "nacionalistas" e aos "socialistas" assim como, por outro lado, o espírito de "Bayreuth" não é somente afinado aos instintos do império de Bismarck. É suficiente ler, sem cortes ou seleções, os escritos de Nietzsche contra Wagner, suas observações sobre a questão judaica, e a sua réplica à pergunta sobre o que é "alemão", para se ver o abismo que separa Nietzsche de seus últimos proclamadores. Algo que não contradiz o fato evidente de que Nietzsche foi um fermento do "movimento" e que o determinou ideologicamente e de modo decisivo. A tentativa de exonerar Nietzsche desta "culpa" espiritual, ou mesmo de tomá-lo em consideração *contra* isso que ele produz, é tão infundada como os esforços inversos, tendentes a fazê-lo advogado de uma causa da qual é juiz. Ambas as tentativas desvanecem perante a intelecção histórica segundo a qual aqueles que "preparam o caminho" sempre indicam *outros* caminhos que *eles mesmos* não percorreram. Mais importante do que a questão se a influência histórica de Nietzsche fala em favor ou contra ele é a distinção dos espíritos conforme sua relação com o tempo em geral. Por mais que Nietzsche tentasse eternizar o tempo, era ele – do escrito contra Strauß até aquele contra Wagner – adequado à sua própria época mais do que gostaria, justamente porque se relacionou com ela de modo polêmico, como um extemporâneo. Como antagonista de

---

[79] *Wille zur Macht*, Af. 749; cf. a autocrítica de Nietzsche: *Br.* IV, 75.

Bismarck e Wagner, ele se movia no âmbito *de sua* "vontade de potência", e também sua atualidade durante o terceiro *Reich* baseava-se na circunstância de que este foi o herdeiro do segundo.

Nietzsche não pôde apreender uma eternidade que fosse imanente ao tempo, pois quando a contemplou por um instante e em êxtase estava ele "a 6 mil pés para além do homem e do tempo".[80] O *Werther*, de Goethe, foi certamente atual, mas *Ifigênia* e *Tasso* não o eram, e quanto mais denso e amplo se tornou o círculo vital de Goethe, tanto mais se lhe transformaram todas as relações com o tempo nas universalidades concretas de sua visão espiritual. Goethe jamais pôde tornar-se atual ou inatual, pois ele foi para sempre uma pura fonte da verdade no relacionamento do homem consigo e com o mundo.

---

80 XV, 85.

Segunda Parte

*Estudos sobre a história
do mundo cristão burguês*

I
O problema da sociedade burguesa

> "O mesmo cuida de si e de sua família [...] e da mesma forma também trabalha para o universal.
> [...] de acordo com o primeiro aspecto, ele se chama *bourgeois*, segundo o outro, *citoyen*. Burguês e cidadão, tanto um como o outro são formalmente burgueses."
>
> Hegel

Os escritos de Rousseau contêm a primeira e mais clara caracterização da problemática humana da sociedade burguesa. Ela consiste no fato de que o homem da sociedade burguesa não é um ser uno e total. Ele é, por um lado, *homem privado* e, por outro, *cidadão*, pois a *sociedade* burguesa existe em uma relação problemática com o *Estado*. A disparidade entre os dois é desde Rousseau um problema fundamental de todas as teorias modernas sobre o Estado e a sociedade; os Estados totalitários do presente procuram responder à pergunta posta por Rousseau: como pode o homem, que por natureza já é uma totalidade por si mesmo, concordar com um todo bem diferente da *"société politique"*? Parece que uma verdadeira concordância entre ambos não é possível, e por isso se deve decidir se, tratando-se da educação de um homem, se quer formar um *"homme"* ou um *"citoyen"*, um homem ou um cidadão:

Celui qui dans l'ordre civil veut conserver la primauté des sentiments de la nature ne sait ce qu'il veut. Toujours en contradiction avec lui-même, toujours flottant entre ses penchants et ses devoirs, il ne sera jamais ni homme ni citoyen; il ne sera bon ni pour lui ni pour les autres. Ce sera un de ces hommes de nos jours, un François, un Anglois, un bourgeois: ce ne sera rien.[1]

A problemática do homem "de nossos dias" consiste em que o burguês moderno não é nem um cidadão, no sentido da antiga *polis*, nem um homem completo. Ele é, em uma só pessoa, duas: por um lado pertence a si mesmo, por outro, à *"ordre civil"*. Essa diferença tem sua origem no cristianismo, o que se expressa no apelo de Rousseau à "natureza" não corrompida do homem que se move na representação cristã do paraíso e do pecado original. O *Emílio* começa com a distinção entre o que o homem era quando saiu das mãos do criador de todas as coisas e aquilo que ele se tornou quando saiu dessa ordem originária e entrou na sociedade.

1. Rousseau: *bourgeois* e *citoyen*

"Le patriotisme et l'humanité sont deux vertus incompatibles [...]"*

(Lettres de la montagne)

No *Contrat social*, Rousseau exigiu uma *"aliénation totale de chaque associé avec tous ses droits à toute la communauté"*,** uma alienação completa do indivíduo ao ser comum, cujo modelo era para ele a antiga *polis*. Mas em suas confissões, o mesmo Rousseau, seguindo o exemplo de Agostinho, afirma sua personalidade bem peculiar. Essa oposição característica para toda cul-

---

1 *Émile* [Emílio], cap. 1. [Trad.: "Aquele que na ordem civil quer conservar a primazia dos sentimentos da natureza não sabe o que quer. Sempre em contradição consigo mesmo, sempre flutuando entre suas inclinações e seus deveres, não será jamais nem homem nem cidadão; não será bom para ele nem para os outros. Será um desses homens de nossos dias, um francês, um inglês, um burguês: não será nada". – N. T.]

* Trad.: "O patriotismo e a humanidade são duas virtudes incompatíveis". (N. T.)

** Trad.: "Uma alienação total de cada associado com todos seus os direitos a toda a comunidade". (N. E.)

tura europeia entre a tradição cristã e a antiga se expressa em Rousseau na alternativa entre a *"humanité"* (cristã) e o *"patriotisme"* (antigo), na contradição própria ao moderno *bourgeois* entre o *"homme"* e o *"citoyen"*.

O primeiro e o segundo "Discours"[2] de 1750 e 1754, respectivamente, constituem ambos uma crítica à civilização moderna, porém, se opõem completamente pela tarefa positiva que perseguem. O primeiro tratado esboça a imagem da cidadania completa e total, de acordo com o modelo do patriotismo espartano e romano; o segundo, a imagem de uma época de ouro em analogia com o mito cristão do paraíso. Um glorifica o autêntico *"citoyen"*, o outro o *"homme"* originário, ambos como modelos originais de uma humanidade não burguesa. O *Discours sur l'économie* [Discurso sobre a economia] contém a primeira tentativa de solução dessa antinomia. Mas tampouco aqui os direitos do homem são idênticos aos deveres do cidadão. A possibilidade de sua concordância é o problema do *Contrat social* e do *Émile* (1762). Para a realização do acordo, a vontade própria de todos os indivíduos (*volonté de tous*) deveria se tornar idêntica à vontade comum do todo (*volonté générale*), que é outra coisa diferente da vontade da maioria. Ao mesmo tempo, porém, a *"volonté générale"* [vontade geral] deve tornar-se idêntica à *"conscience divine"* [consciência religiosa] do indivíduo. A unidade do ser comum político com a religião cristã e do patriotismo com a humanidade deveria ser garantida por meio de uma *"religion civile"* [religião civil].[3]

A agudeza com a qual Rousseau tratou antinomicamente o problema desde o início o obrigou a buscar a solução lá onde ele se originava: na relação do Estado com a religião. No *Contrat social*,[4] diz o seguinte: originalmente todo domínio político se fundamenta religiosamente e, por sua vez, cada religião determinada é limitada pelo Estado, em cujos limites vive seu culto. O destino do Estado coincide com o de seus deuses. Essa relação

---

2 Cf., no 1º Discurso, o elogio das virtudes romanas por Fabrício; o 2º Discurso já esboça o problema do *Contrat social*, ainda que seja um encômio do estado pré--político. Rousseau o dedicou ao Conselho de Genebra, assembleia de dirigentes de uma verdadeira *polis*, à qual ele mesmo se submete ao se tornar protestante para preservar sua nacionalidade política.
3 Ver, para o que se segue, a dissertação de Ermam, *Das verhältnis Von Staat und Religion nach der Sozialphilosophie Rousseaus* [A relação entre Estado e religião segundo a filosofia social de Rousseau].
4 IV, 8; o quinto livro do *Émile* e a sexta carta das *Lettres de la montagne* [Cartas da montanha] contêm um resumo do *Contrat social*.

de concordância se modifica com o surgimento do cristianismo no mundo antigo. Ele separou a religião da política e proclamou um reino celestial que estaria acima de todo domínio terreno. E desde que o mesmo cristianismo, na forma da igreja católico-romana, se tornou político, a Europa vive na cisão de Estado e Igreja, de império e papado. O homem pertencente a alguma igreja cristã não pode ser um cidadão pleno e íntegro, pois sua consciência religiosa contradiz a do cidadão. Por isso, Rousseau distingue dois tipos de religião: primeiro a religião do "homem", que carece de limitação nacional e de um culto particular, e que corresponde à profissão de fé do *Émile*; e em segundo lugar, as religiões de Estado, nacionais e politeístas. Ele julgava que a igreja católica constituía um compromisso entre ambas; ao contrário, a religião do homem deveria ser o verdadeiro protestantismo. A relação do Estado com a religião se decide por sua utilidade, a do homem com a religião, pela verdade. O resultado é: a religião universal do homem é verdadeira, mas inútil; as religiões de Estado, particulares e pagãs, são úteis, mas não verdadeiras. Rousseau procurou solucionar essa contradição na *religion civile*. Ela não é nem uma religião cristã da revelação em sentido dogmático nem uma religião estatal pagã, mas a religião do cidadão humano ou do homem civil. Contudo, Rousseau conseguiu também aqui uma conciliação apenas aparente. Apelou ora à religião da humanidade, que rebaixa todas as peculiaridades nacionais, ora à educação e à religião nacionais absolutamente exclusivas. A religião civil, que deveria reunir as vantagens de ambas, segue sendo um mero programa e um compromisso. E quando Rousseau foi atacado por suas posições a respeito do cristianismo e obrigado a defender seu posicionamento nas *Lettres de la montagne* [Cartas da montanha], ele teve necessariamente que fracassar: "*Le patriotisme et l'humanité sont deux vertus incompatibles dans leur énergie et surtout chez un peuple entier*".* Quem quer os dois ao mesmo tempo não conseguirá nem um nem outro. Da mesma forma, desesperou da possibilidade de uma "*conformité*" entre a "*volonté générale*" e o poder público. Ele compara a solução desse problema com a quadratura do círculo e a descreve como o "*abîme de la politique dans la constitution de l'état*".**

---

* Trad.: "O patriotismo e a humanidade são duas virtudes incompatíveis em sua energia e sobretudo em um povo inteiro". (N. T.)
** Trad.: "abismo da política na constituição do Estado". (N. T.)

O problema da sociedade burguesa

Em seus projetos constitucionais para a Córsega e a Polônia, Rousseau retomou mais uma vez a ideia de uma cidadania antiga plena para a qual a *polis* era tudo e o indivíduo, nada. Ele não recomendou para esses povos jovens e periféricos o *contrat social* e a *religion civile*, mas o antigo sentido civil. Quando falava, porém, das grandes e antigas nações europeias, o fazia com um tom de resignação e permanecia sem resolução a questão inicial do *Émile*: como se pode converter o moderno *bourgeois* em alguém justo e completo? Enquanto expressava, no projeto para a Polônia, seu anseio por uma humanidade sagrada, ele próprio afundava nos abismos de sua existência privada para concluir finalmente com os desesperados *Rêveries d'un promeneur solitaire* [Devaneios de um caminhante solitário].

Como nenhum outro escritor, Rousseau já havia feito escola onze anos depois de sua morte: na Revolução Francesa, que ele previu, mas não quis favorecer. Pois aqueles a quem seus escritos encorajavam antes o haviam causado temor. Suas verdades lhe pareciam funestas, porque seria vão pretender estancar as fontes do mal e reconduzir os homens à igualdade original se seus corações estivessem corrompidos de uma vez por todas. Ele escreveu ao rei da Polônia: "Não há outro meio de salvação a não ser uma grande revolução, que seria quase tão temível como o mal que ela poderia curar e seria digno de castigo aquele que a desejasse". No *Émile* era dito:

> Confias na ordem atual da sociedade, sem pensar que essa ordem está submetida a inevitáveis revoluções [...] Aproximamo-nos de um estado crítico e de um século de revoluções. Considero impossível que as grandes monarquias da Europa tenham larga duração.

Esse temor não impediu que Robespierre, na casa que havia sido habitada por Rousseau, preparasse um grande discurso em que declarava como religião nacional a religião da humanidade civil descrita no *Émile*. Da mesma forma, Marat, em 1788, em um jardim público de Paris, explicou o *contrat social* que se tornou então a bíblia da convenção: *"C'est la faute à Rousseau"* [é culpa de Rousseau], disse Napoleão sobre a Revolução Francesa, cujo abismo ele queria encerrar.[5]

---

5 Ver, sobre isso, as conversações de Napoleão organizadas por Kircheisen, v. III, p.195 et seq., 256, 262.

Imediatamente antes da revolução surgiu o escrito polêmico de Sieyès, com o provocativo título de *Qu'est-ce que le tiers état?* [O que é o terceiro estado?] (1789). A expressão "terceiro estado" já indica a problemática da sociedade de onde ela surgiu: em comparação com as duas primeiras classes, a dos nobres e a do clero, faltava a essa designação numérica todo o conteúdo peculiar. Tratava-se apenas da negação das classes privilegiadas do sistema feudal. Um crítico contemporâneo de Sieyès o definia por isso como "a nação menos a nobreza e o clero!". O objetivo positivo da negação de toda a tradição até então vigente havia sido a produção de uma constituição baseada na vontade comunitária e soberana de cidadãos com os mesmos direitos. Diferentemente de Rousseau, Sieyès não queria uma democracia absoluta, mas representativa, apoiada no princípio da maioria e sobre uma assembleia legislativa de representantes do povo. A *"volonté générale"* se tornou para ele a *"volonté commune"*. Pela primeira vez a massa da classe média, à qual Sieyès pertencia, se atribuiu todo o poder político.

Seu escrito começa com três perguntas, para as quais ele dá três curtas respostas: 1. O que é o terceiro estado? – Tudo! 2. O que ele foi até agora? – Nada! 3. O que ele exige? – Tornar-se algo! – Explica, a partir daí, os meios revolucionários que se deve empregar para que esse nada se torne tudo. O terceiro estado tem direito a isso, porque realiza a totalidade dos "trabalhos úteis", enquanto o clero e a nobreza são usufrutuários inúteis do trabalho realizado por aquele. Ele abarca o trabalho dos camponeses no campo, a elaboração de matérias-primas executada por trabalhadores manuais, o trabalho dos comerciantes, que permite o uso e consumo dos produtos e os ramos superiores da cultura (professores, funcionários, advogados etc.). Já constitui uma "nação completa", pois Sieyès entendia por *"la nation"* o mesmo que Rousseau chamava *"le peuple"* [o povo]. A comunidade dos homens reunidos no terceiro estado repousava na comunidade de seus "interesses", que também fundamenta os mesmos direitos políticos. Com isso se caracteriza o caráter econômico da sociedade burguesa, que desde então – em Stein, Hegel e Marx – até o presente determina seu conceito.

No mesmo ano foi proclamada a *Déclaration des droits de L'homme et du citoyen* [Declaração dos direitos do homem e do cidadão]. Ela constitui até hoje o fundamento de todos os Estados democráticos. Curioso o fato de que já no título reaparece a distinção entre *homme* e *citoyen*. Significa que o homem é pensado distintamente de suas relações civis e que se trata menos de deveres do cidadão do que de direitos do homem diante do Estado. A declaração dos direitos do homem é, portanto, mais liberal do que o *contrat social*, que exige uma alienação completa de todos os direitos do homem ao ser comum. O modelo dessa formulação dos direitos do homem à liberdade e à igualdade é – como G. Jellinek mostrou[6] – a ideia cristã de que todos os homens, enquanto criaturas de Deus, nasceram iguais e que ninguém tem privilégios sobre seus semelhantes, já que todos são imagem de Deus. A Revolução Francesa foi uma consequência tardia da reforma e sua luta pela liberdade de crença. A *civitas Dei* na Terra se converteu em contrato social, o cristianismo em religião da humanidade, a criatura cristã em homem natural, a liberdade de cada homem cristão em liberdade burguesa dentro do Estado, e a consciência religiosa em *"libre communication des pensées et des opinions"* [livre comunicação de pensamentos e opiniões]. Por consequência dessa origem cristã, o primeiro artigo (*"Les hommes naissent et demeurent libres et égaux en droits"**) é inteiramente incompatível com a doutrina pagã do Estado que pressupunha que "por natureza" havia livres e escravos. E por outro lado, o Estado totalitário, para levar a cabo sua ambição de formar o homem, deve agora combater, ao mesmo tempo que os direitos do homem, também o cristianismo e de modo consequente, porque constitui um obstáculo para a fusão do *homme* com o *citoyen*. De fato, porém, já desde a ditadura de Napoleão restou do direito à liberdade e à igualdade apenas a igualdade diante da lei, e a sociedade burguesa logo engendrou uma nova desigualdade entre o terceiro e o quarto estados.

2. Hegel: sociedade burguesa e Estado absoluto

> "O princípio dos Estados modernos tem essa força monstruosa e profundidade que consiste em realizar o princípio da subjetividade até o extremo autônomo da particularidade pessoal e ao mesmo tempo remetê-lo à unidade substancial e, assim, conservá-la nele mesmo."
>
> (*Filosofia do direito*, §260)

---

  6 Jellinek, *Die Erklärung der Menschen- und Bürgerrechte* [O esclarecimento dos direitos do homem e do cidadão].
  * Trad.: "os homens nascem e permanecem livres e iguais em direitos". (N. T.)

Segunda Parte

Hegel vivenciou três grandes acontecimentos políticos: em sua juventude, a Revolução Francesa; como homem maduro, o domínio mundial de Napoleão; e por fim, a guerra de libertação da Prússia. Esses acontecimentos determinaram também as transformações de seu pensamento político: de uma radical crítica da situação vigente até a justificação do Estado burocrático da Prússia, passando pelo reconhecimento de Napoleão. Sua *Filosofia do direito* de 1821 contém uma doutrina da sociedade burguesa (*homme* como *bourgeois*) e do Estado (*citoyen* como cidadão) que se apoia, assim como o *Contrat social*, de Rousseau, em duas tradições: na antiga *polis* e na ideia de liberdade do cristianismo protestante. O Estado de Platão e o contrato social de Rousseau (do qual Hegel considerava apenas a ideia dos direitos do homem, mas não a dos deveres civis) são os dois pressupostos a partir dos quais Hegel elevou a realidade efetiva do Estado prussiano à existência filosófica. O meio pelo qual ele consumou essa reunião foi a mediação dialética do princípio individualista da sociedade burguesa com o princípio total do Estado, isto é, da particularidade própria de cada um com a universalidade política.

O princípio da Revolução Francesa é, para Hegel, a liberdade do querer racional que constrói o mundo como se fosse seu. Na *Filosofia da história*[7] ele caracterizou o poder revolucionário das ideias da Revolução Francesa com as patéticas frases: "desde que o Sol está no firmamento e os planetas giram ao seu redor não se havia visto isto, a saber, que o homem se baseava na cabeça, isto é, nos pensamentos, e a realidade efetiva [*Wirklichkeit*] é construída por meio deles. Anaxágoras foi o primeiro a dizer que o *nous* rege o mundo; agora porém o homem chegou a reconhecer que o pensamento deve reger a realidade espiritual. Essa foi uma magnífica aurora. Naquela época prevaleceu uma sublime emoção, um entusiasmo do espírito atravessou o mundo, como se houvesse se dado pela primeira vez a reconciliação efetiva do divino com o mundo". E enquanto filósofo do Estado da Prússia, Hegel festejava anualmente o acontecimento da revolução.

Na *Filosofia do direito* ele analisa os limites dessa reconciliação: Rousseau teve o grande mérito de ter convertido o querer racional em princípio do Estado, mas desconheceu a relação verdadeira entre Estado e sociedade. Ele não conseguiu superar positivamente a contradição entre a *"volonté de tous"* e a *"volonté générale"*, porque compreendeu a vontade geral apenas

---

7 IX, p.438 et seq. Cf. XV, p.543 et seq.; *Phänomenologie*, p.378 et seq.

como vontade comunitária dos cidadãos individuais, e não enquanto vontade verdadeiramente universal.[8] Como consequência disso, da reunião no Estado surge um mero contrato social, cujo fundamento segue sendo a adesão arbitrária dos indivíduos. Daí resultam consequências destrutivas para a totalidade autônoma do Estado, em si e para si racional. Por isso, a Revolução Francesa teve razão ao destruir um Estado que já não correspondia à consciência da liberdade, mas não lhe deu novas bases. Efetuou uma enorme revolução, mas por causa de seu princípio defeituoso não organizou nenhuma comunidade nova. Ela confundiu o Estado com a sociedade burguesa ao colocar como sua destinação a mera proteção da propriedade privada e a segurança pessoal. Como finalidade última do Estado foi posto o interesse particular de seus membros singulares e não os interesses verdadeiramente universais do Estado. Parece então que depende do arbítrio do *bourgeois* ser membro do Estado.

A crítica de Hegel à sociedade burguesa diz respeito, portanto, à concepção liberal do Estado como um mero meio para alcançar certo fim, tal como havia sido compreendida na Alemanha de maneira clássica por W. von Humboldt. Na sociedade burguesa, que consiste em relações recíprocas ou em um "sistema" de "necessidades" e cujo princípio é o individualismo, cada cidadão é antes de tudo fim para si mesmo. Todos os outros seriam nada para ele, na medida em que não podem se tornar meio para *seus* fins. Cada um é livre e ao mesmo tempo dependente de todos os outros, pois o bem-estar ou o mal de cada um se entrelaça com o de todos os demais e os indivíduos só encontram segurança nessa conexão econômica. Para a sociedade burguesa, o Estado é um mero "Estado de necessidade" ou de "entendimento", isto é, sem uma significação própria substancial; constitui apenas uma unidade "formal" e uma universalidade que está *acima* dos interesses particulares dos indivíduos.

Apesar disso, a essência do Estado já transparece na constituição da sociedade burguesa porque, em virtude de seus fins particulares, essa sociedade já está em conexão com o todo universal do Estado.[9] Sem saber nem querer isso, o indivíduo da sociedade burguesa é levado pelas costas à formação para a universalidade de seus interesses particulares. Aquilo para o qual a sociedade burguesa se forma contra sua vontade, perdida em seus

---

8 *Enc.*, §163, Ad. 1.
9 *Filosofia do direito*, §184.

extremos (por exemplo, da pobreza e da riqueza), é o verdadeiro Estado, entendido como ser comum incondicionado. E como o Estado já é em si mesmo o substancial, ou seja, a plenitude espiritual objetiva e o ético, também o indivíduo só terá substância, objetividade e eticidade enquanto levar uma vida "universal", ou seja, política.[10]

Essa ideia de Estado que constitui o padrão de medida da análise de Hegel da sociedade burguesa é apenas aparentemente o resultado de um desenvolvimento dialético da sociedade moderna.[11] Ela deriva na realidade de uma fonte inteiramente outra: é a *polis* da *antiguidade* que serviu de modelo para Hegel, pois nela a comunidade pública era de fato também a substância da vida e do destino pessoais. Essa inserção da antiga ideia da *polis* na essência da sociedade moderna não apenas leva Hegel a uma negação do princípio da sociedade burguesa, mas à sua "superação" [*Aufhebung*]. A ideia antiga de Estado lhe serve como medida para a crítica da sociedade burguesa, mas o princípio individualista da mesma se lhe ofereceu também como o critério da mera substancialidade da comunidade antiga. Hegel queria unir principalmente *ambos* os momentos da liberdade – o indeterminado "eu quero" e o querer limitador "de algo" determinado, ou seja, os fatores do arbítrio e da substância.[12] *À sua crítica ao contrato social de Rousseau corresponde, portanto, uma crítica inversa ao Estado de Platão.* Comparado à sociedade moderna, o Estado antigo tem, pois, a vantagem da universalidade substancial, mas ele é "apenas" um Estado substancial no qual a pessoa individual ainda não foi "desligada" e "liberada" ou emancipada.[13] A ideia do Estado platônico contém a injustiça contra a "pessoa" ao não deixar-lhe liberdade alguma,[14] pois Platão exclui toda particularidade privada do Estado para manter os antigos costumes.

O novo princípio ao qual o Estado platônico não pode se opor por lhe ser mais elevado e ao qual se submeteu a cidade antiga é de origem *cristã*. É o princípio da "personalidade infinitamente livre" de cada homem em particular, ao qual o cristianismo pela primeira vez deu validade histórico-

---

10 Ibid., Prefácio (2. ed., p.7), §268, Ad.
11 Cf., sobre isso, Freyer, *Einleitung in die Soziologie* [Introdução à sociologia], p.63 et seq.
12 *Rechtsphilosophie*, §4 até §7, e a aplicação da análise do querer a Rousseau e à Revolução Francesa, §258.
13 Ibid., §260, Ad.
14 Ibid., §185, cf. Prefácio (2. ed., p.16); §46; §260, Ad. Ver também Rosenzweig, *Hegel und der Staat* [Hegel e o Estado], p.77 et seq.

-mundial ao colocar cada homem do mesmo modo em relação com Deus.[15] Nesse princípio cristão se apoia também, para Hegel, a "força irresistível" da ideia de liberdade da Revolução Francesa.

> De nenhuma outra ideia se sabe de modo tão geral que [...] é capaz dos maiores equívocos aos quais está realmente exposta como da ideia de "liberdade", e nenhuma outra ideia é seguida com tão pouca consciência. Já que o "espírito livre" é o espírito "efetivo", então os equívocos sobre isso têm as mais terríveis consequências práticas [...] Partes inteiras do mundo, como a África e o Oriente, nunca tiveram essa ideia e ainda não a têm; os gregos e romanos, Platão e Aristóteles, assim como os estoicos, nunca a tiveram; pelo contrário, eles só sabiam que o homem era realmente livre por nascimento [...] pela força de caráter, a cultura, a filosofia. Essa ideia chegou ao mundo por meio do cristianismo, segundo o qual o indivíduo como tal tem um valor infinito, pois é objeto e finalidade do amor de Deus e com isso está destinado a ter uma relação absoluta com Deus como espírito e acolher esse espírito em si.[16]

A consequência política desse princípio é o Estado europeu moderno, cuja tarefa consiste em reconciliar o princípio da *polis* – a universalidade substancial – com o princípio da religião cristã – da individualidade subjetiva. Nessa união dialética de dois poderes opostos Hegel vê não tanto a fraqueza peculiar, mas a força dos Estados modernos! A universalidade da *polis* não tem valor algum sem o querer e o saber particulares dos indivíduos, e estes não têm valor se não querem a universalidade. O Estado moderno permite que a subjetividade se desenvolva até o extremo autônomo da singularidade, porque ele pode, por outro lado, reconduzi-la à unidade substancial do Estado (§260). Essa síntese Hegel via não apenas como possível, mas como efetiva no Estado prussiano de então. A oposição entre a vida civil e a política, assim como a que existia entre o *bourgeois* e o *citoyen*, lhe parecia reduzida e superada por uma diferença derivada da totalidade abarcada por ela própria da "classe universal".

Hegel acreditava que posse, propriedade, família e matrimônio estavam assegurados no sentido da sociedade burguesa. Só às margens da *Filosofia*

---

15 *Rechtsphilosophie*, §185 e Ad.
16 *Enc.* §482; cf. §163, Ad. 1, e XIV, 272 et seq.

do direito afloraram os problemas que determinaram o desenvolvimento futuro da sociedade burguesa: a questão sobre como refrear a pobreza originada pela riqueza (§244 et seq.), a progressiva divisão do trabalho (§198), a necessidade de uma organização das massas que aspiram elevar-se (§290 e §301 et seq.) e – "depois da farsa de quinze anos", a restauração da monarquia francesa – a colisão com o "liberalismo", com a ambição crescente da vontade "dos muitos" e de sua universalidade empírica, que agora quer governar como tal.

Os discípulos e sucessores de Hegel voltaram a separar aquilo que ele havia tão artificiosamente unido e exigiram uma decisão diante de suas mediações. Enquanto Hegel buscava em toda parte um meio, os jovens hegelianos se tornaram radicais e extremistas. Os extremos da sociedade burguesa, que no sistema hegeliano de necessidades ainda se reduziam a momentos de um todo, se tornaram autônomos e levaram a uma dialética que não poderia mais se deter nos âmbitos da dialética hegeliana. Marx se decidiu contra o Estado da sociedade burguesa e por uma comunidade comunista; Kierkegaard se colocou contra a relação vigente entre Estado e Igreja e por uma restauração do cristianismo primitivo; Proudhon contra o Estado vigente e por uma nova ordem democrática; Donoso Cortés contra a democracia ateia e por uma ditadura estatal cristã; Stirner contra toda a história da humanidade até aqui e por uma "união" dos egoístas.

Entre Hegel e Marx está Lorenz von Stein, cuja doutrina da sociedade burguesa constitui uma análise histórica desprovida de originalidade. Seu conceito de Estado é ainda bastante orientado por Hegel, seu conceito de sociedade, porém, já é determinado pelo advento das massas industriais. Desde que o Estado perdeu sua autoridade legítima na Revolução Francesa, ele só pode alcançar seus próprios fins, poder e liberdade, por meio do fomento de finalidades sociais fundadas sobre o lucro. Ele teve que se intrometer assim no movimento social e teve que tratar de estender a cidadania à classe trabalhadora. Seu fim próprio pode até ser o desenvolvimento de todos os cidadãos para se tornarem pessoas livres e iguais; mas como a participação na administração do Estado era condicionada por posse e cultura, o próprio Estado se tornou uma manifestação da ordem social dominante, que, por sua vez, era a "fonte de toda liberdade e falta de liberdade". É certo que ainda subsiste a unidade política, mas ela não está acima, e sim em meio à sociedade burguesa que a realiza. Sua vida consiste em um desenvolvimento constantemente progressivo e na superação da contradição entre as forças sociais e as estatais. A etapa por enquanto última dessa dialética, posterior à "sociedade estatal burguesa" da época da restauração, é a "sociedade industrial" surgida desde 1840. Como, por um lado, Stein se atém à ideia hegeliana de que a história é um progresso rumo à liberdade e, por outro, reconhece que o princípio da sociedade moderna, dividida em classes desiguais, estava na mútua dependência, conclui perguntando se a liberdade em geral estaria em contradição com o Estado e a sociedade.[17]

3. Marx: *bourgeoisie* e proletariado

> "A abstração do Estado como tal só pertence à época moderna, pois a abstração da vida privada só pertence a ela."
>
> (W. I, 1, 437)

Marx e Hegel analisam ambos a sociedade burguesa como um sistema de necessidades, cuja eticidade se perdeu em extremos e cujo princípio é o egoísmo. A diferença de suas análises críticas consiste em que Hegel manteve na superação a diferença entre os interesses particulares e os gerais, enquanto Marx quer superá-la no sentido de *colocar de lado*, a fim de instaurar uma comunidade absoluta com economia e propriedade comuns. De acordo com isso, sua crítica à filosofia do direito de Hegel se dirige sobretudo à relação entre o Estado e a sociedade. Hegel tinha razão ao notar como uma contradição a separação entre a existência civil e a política; mas não a tinha quando pensava ter efetivamente superado a contradição, isto é, a colocado de lado. Suas mediações apenas ocultavam a oposição vigente entre a existência privada e egoísta e a público-estatal do *bourgeois*. Como *bourgeois* o cidadão moderno não é *zoon politikon* algum, e como cidadão ele abstrai de si mesmo sua pessoa privada. Ao mostrar em todas as partes dentro da *Filosofia do direito*, de Hegel, essa contradição e ao levar ao cume o problema contido nela, Marx ultrapassa Hegel, por um lado, e, por outro, volta à distinção estabelecida por Rousseau (entre *homme* e *citoyen*). Ele é um sucessor de Rousseau educado por Hegel, para quem a classe universal

---

17 Stein, *Der Begriff der Gesellschaft* [O conceito de sociedade], p.52 e 502 et seq.; ver, sobre isso, Landshut, *Kritik der Soziologie* [Crítica da sociologia], p.82 et seq.

não era a dos pequeno-burgueses (Rousseau) nem a dos cidadãos estatais tornados funcionários (Hegel), mas a classe do proletariado.[18]

Marx descobriu graças aos movimentos sociais que tiveram lugar desde a Revolução Francesa que os *"droits de l'homme"* [direitos do homem] não são de modo algum direitos do homem, mas privilégios burgueses.

> Os *droits de l'homme*, os direitos do homem, são *como tais* diferentes dos *droits du citoyen*, dos direitos do cidadão. Quem é o *homme* diferente do *citoyen*? Nenhum outro além do *membro da sociedade burguesa*. Porque este último se torna homem, homem simplesmente, porque seus direitos são chamados *direitos do homem*. Como explicar esse fato? A partir da relação do Estado político com a sociedade burguesa, da essência da emancipação (apenas) política.[19]

A declaração dos direitos do homem pressupõe o homem privado da sociedade burguesa, isto é, o *bourgeois*, como o próprio e verdadeiro *homme*, pois ela ainda estava presa à luta contra a ordem feudal. "Longe de conceber o homem como ser genérico, nela aparece a própria vida genérica, a sociedade, como um quadro externo para os indivíduos, como limitação de sua autonomia original. A necessidade e o interesse privado constituem

---

18 O "homem" propriamente dito para Rousseau não era o proletário, mas o *roturier* [plebeu], que ele por assim dizer enobreceu. Ele o exalta em relação às classes superiores dos ricos e aristocratas. *Le peuple* [o povo], isto é, a classe média dos pequenos artesãos e camponeses às margens de Genebra, o homem simples e comum, que se alimenta do trabalho de suas mãos, cujo modelo ideal era para ele seu próprio pai. Justamente como filho de um pequeno artesão, ele tinha a orgulhosa consciência de ter nascido bem (Dedicação do 2º *Discurso* e Carta a D. Hume de 4 de agosto de 1766). Assim também compreendeu a convenção, que durante a procissão que levava os restos de Rousseau ao Panteão fez que os representantes dos artesãos portassem uma placa na qual estava escrito: "Ao que honrou os ofícios da utilidade comum". Precisamente esse homem "natural" e "bom", cuja realidade social era a do pequeno-burguês, é o constante objeto dos ataques de Marx, que queria indicar ao "socialismo burguês" que tal classe média não constituía de modo nenhum a nação inteira, nem tampouco a melhor parte dela, mas representava a massa reacionária do medíocre *petit-bourgeois* [pequeno-burguês]. Ver, sobre isso, Seillière, *Der Demokratische Imperialismus* [O imperialismo democrático], 2. ed., p.357 et seq. e 163 et seq.

19 I/I, p.593.

O problema da sociedade burguesa

[...] o único laço que os une [...]."[20] A emancipação "política" da Revolução Francesa ainda deveria ser completada por uma emancipação "humana". Esta tem que fazer que o homem individual como tal se torne ser genérico e social. Então desaparecerá ao mesmo tempo o Estado que abstrai do homem, e por isso é abstrato, e também a pessoa privada da sociedade burguesa que abstrai do Estado, e poderia então chegar à verdade a frase de Hegel de que a "suprema liberdade" é a "suprema comunidade".

O portador de semelhante emancipação é o quarto estado, do qual Marx afirma exatamente o mesmo que Sieyès reivindicava para o terceiro: ele é nada e tem que se tornar tudo. Mas sua nulidade não resulta de sua referência à nobreza, mas à *bourgeoisie* que chegou ao poder e que é "chefe dos exércitos industriais". Ante ela se encontra a massa do proletariado, ou seja, simplesmente a "classe universal", que não tem interesses particulares, mas representa interesses universais. Aquilo que para Hegel ainda era aquela parte do povo que "não sabe o que quer" e que ele expressamente distinguiu de "todos" ao compreendê-la como "muitos", justamente a esta Marx deu a autoconsciência de querer ser um todo. Do ponto de vista do proletariado, ele caracterizou o *bourgeois* como representante dos interesses de classe, como empreendedor capitalista e proprietário dos meios de produção com os quais ele mantinha os trabalhadores assalariados em dependência. Mas ao mesmo tempo Marx destacou a força revolucionária da *bourgeoisie* empreendedora.[21] Somente ela criou em um século forças produtivas mais massivas e colossais que todas as gerações anteriores. Por meio da exploração da natureza, da técnica maquinal, ferrovias, navegação, indústria, física e química, ela conquistou e civilizou partes inteiras do mundo e produziu um aumento formidável da população. Entretanto, Marx pensava que a classe média inferior da pequena burguesia estaria condenada necessariamente a decair para o proletariado, porque não poderia manter o passo da grandiosa produção capitalista.[22] Tinha um decidido respeito pela grande burguesia, já a pequena burguesia ele desprezava como utópica e reacionária.

---

20 I/I, p.595 et seq.; cf. V, 175 et seq. e 388 et seq.; *Das kommunistische Manifest* [O manifesto comunista], 9. ed., p.28.
21 Cf., sobre isso, Sorel, *Réflexions sur la violence* [Reflexões sobre a violência], p.114; *Les illusions du progrès* [As ilusões do progresso], p.65.
22 *Das kommunistische Manifest*, p.33, 35, 47.

4. Stirner: o eu único como ponto de indiferença entre o homem burguês e o proletário

> "O princípio da burguesia não está na nobreza de nascimento nem no trabalho comum, mas no meio-termo: um pouco dado por nascimento e outro tanto logrado pelo trabalho; ou seja, seu princípio é o de uma posse que produz interesses."
>
> (*Der Einzige und sein Eigentum* [O único e sua propriedade])

O quanto já estava desvalorizada a *Declaração dos direitos do homem* na Alemanha na época de Marx o mostra com a máxima clareza o livro de Stirner *Der Einzige und sein Eigentum* [O único e sua propriedade], de 1844. Nele não apenas o homem da sociedade burguesa chega ao ponto zero, mas o homem enquanto tal perde todo o valor. Stirner reduz a ideia da humanidade burguesa ao eu para o qual tudo de que ela pode se apropriar torna-se sua propriedade. A Revolução Francesa não libertou a sociedade burguesa, mas, pelo contrário, criou um cidadão submisso e ávido de proteção. Esse burguês médio vive da seguridade e da legalidade. Tão limitado quanto esse "liberalismo político" da burguesia é também o "liberalismo social" da classe trabalhadora proletária. A diferença é apenas que o primeiro está submetido ao Estado e à posse, e o outro à sociedade e ao trabalho. A última forma da fé na humanidade está no "liberalismo humano", tal como defendia Bruno Bauer. Este não reconhecia nem a burguesia nem a classe trabalhadora, mas criticou decididamente toda fixação em qualquer particularidade. O homem dotado dessa consciência crítica só se vestirá em farrapos, mas não nu como o mero eu livre do todo.

Com esse seu "Eu" único Stirner acreditou ter se elevado acima de toda determinação social, tanto a proletária quanto a burguesa. Na *Ideologia alemã*, Marx lhe demonstrou, porém, que a verdade social de seu único é a burguesia decadente.

> Seu único mérito foi involuntário e sem o saber: o mérito de ser a expressão do pequeno-burguês alemão de hoje, que se esforça para se tornar burguês. Era perfeitamente natural que esses burgueses que na prática pareciam tão pequenos, tímidos e acanhados assumissem a forma baru-

lhenta, fanfarrona e bisbilhoteira com que "o Único" foi apresentado ao mundo por seus representantes filosóficos. É bem conveniente para esses burgueses que não queiram saber nada sobre seus bravateadores teóricos assim como ele nada queira saber deles quando diz que essas pessoas estão em desacordo umas com as outras e que ele tem o dever de apregoar o egoísmo em acordo consigo mesmo; Sancho talvez veja agora por meio de qual cordão umbilical *sua* "união" se liga à união aduaneira.[23]

Stirner torna absoluto o egoísmo burguês e converte o homem privado e a propriedade privada à categoria *do* egoísmo, *do* único e *da* propriedade. Ele é, sociologicamente considerado, o mais radical ideólogo da sociedade burguesa, que como tal é uma sociedade de "indivíduos isolados". Stirner não se libertou de relações efetivas da existência, mas somente de relações de consciência que ele mesmo não percebia, pois estava preso ao egoísmo privado como o princípio da sociedade burguesa. Seu pensamento, assim como sua existência fática, se movia entre os limites mais extremos de seu mundo, que havia se tornado vazio e desiludido.

5. Kierkegaard: o si mesmo cristão e burguês

> "Imperadores, reis, papas, jesuítas, generais e diplomatas puderam até hoje governar o mundo em um momento decisivo; mas a partir da época em que o quarto estado tomar o poder mostrar-se-á que só os mártires poderiam governar o mundo."
>
> (*O único necessário*)

Kierkegaard coincide com Stirner como antípoda de Marx: ele reduz, como aquele, todo o mundo social ao seu "si mesmo". Ao mesmo tempo, porém, encontra-se na mais extrema oposição a Stirner, pois ao invés de colocar o indivíduo sobre o nada criador, o colocou diante de Deus como criador do mundo. Sua crítica do presente que surge no mesmo ano de aparição do *Manifesto comunista* se dirigia tanto contra a "humanidade" emanci-

---

23 V, p.389.

pada elevada a princípio por Marx como contra a "cristandade" emancipada pelos seguidores de Cristo. Seu conceito fundamental de indivíduo é um corretivo contra a "humanidade" social democrata e contra a "cristandade" de formação liberal. Pois o princípio de associação não é positivo, mas negativo, porque debilita o indivíduo ao fundi-lo com a massa. Apenas como si mesmo individual poderá o homem realizar agora o universalmente humano, e não ao tornar-se ser genérico (Marx), ou, ao contrário, ao abstrair-se de toda a sua concretude (Stirner). Em um caso, diz Kierkegaard, todos os homens seriam iguais a trabalhadores em uma fábrica, vestidos do mesmo modo e comendo o mesmo em uma só panela, e no outro, o homem perderia em geral toda concretude ao ser despojado até a completa nudez.[24] Em nenhuma das duas formas de existência ele próprio realiza como indivíduo a essência universal do homem.

Kierkegaard apresentou esse caráter "universal" do si mesmo humano como exigência sem poder realizá-la. Ao longo de sua vida, ele permaneceu um excêntrico à margem da sociedade burguesa, pois não pôde se decidir a abraçar uma profissão e tampouco quis "instalar-se no finito" por meio do casamento. Apenas literariamente ele deu uma existência social à interioridade do si mesmo na figura do "assessor Wilhelm", que representa o elemento "ético". A esse ético cabia a tarefa de justificar a universalidade da vida normal diante do esteta. O concreto si mesmo do assessor Wilhelm é expressamente determinado como um burguês.

> Ainda que ele mesmo seja sua meta, tal meta é, porém, ao mesmo tempo um outro, pois o si mesmo que constitui seu objetivo não é um si mesmo abstrato que se adapta a tudo e por isso a nada, mas um si mesmo concreto, que está em uma interação vívida com esse ambiente determinado, com essas relações vitais e essa ordem mundial: não é um mero si mesmo pessoal, mas social, burguês.[25]

Esse si mesmo vinculado ao mundo se realiza em uma profissão burguesa e em um casamento burguês, mas de tal modo que todas as relações externas devem ser interiorizadas. À objeção do interlocutor esteta de que

---

24 *Das eine, was not tut* [O único necessário], p.5; II, p.224; cf. VI, p.204 e 208.
25 II, p.225.

haveria limites objetivos dados pelas relações externas ante os quais semelhante interiorização fracassaria, lhe é respondido que mesmo a necessidade ou a pobreza tampouco poderiam afetar o homem ético – "mesmo que ele morasse em três pequenos cômodos". "Com a ajuda de Deus", mesmo nessa limitação (baseada em um *minimum* da existência burguesa), o homem conseguirá transformar o exterior em interior e, como Lutero afirmou com razão, nenhum cristão jamais morreu de fome.

A justificação de uma existência cristã-burguesa, que oscilava entre a seriedade ética e a ironia estética, é relativizada pela concepção crítica de Kierkegaard da dissolução tanto do mundo cristão quanto do cristão. A responsabilidade por toda a atual situação (1848) do mundo europeu é carregada por uma "burguesia presunçosa, semicultivada", desmoralizada pelas adulações da imprensa e que pretendia poder reinar como "público".

> Mas talvez nunca tenha acontecido na história uma réplica de Nêmeses tão imediata; pois no mesmo momento em que havia soado a hora para que a burguesia se decidisse a tomar o poder, levantou-se o quarto estado. Então se dirá certamente que ele é o culpado, mas isso não é verdade: ele é apenas a vítima inocente que será perseguida, fuzilada e maltratada; e isso ocorrerá por legítima defesa, e em certo sentido é isso mesmo: é legítima defesa porque a burguesia abateu o Estado.[26]

Enquanto nos tempos antigos as autoridades reconhecidas podiam governar o mundo, agora que *todos* querem ser iguais entre si se tornou impossível governar, no sentido pleno da palavra, com meios mundanos. O que Kierkegaard exige politicamente é que só se governasse com uma autoridade incondicional. O governo propriamente dito do mundo ocorre em tais momentos, mas não por meio de ministérios mundanos, e sim por meio de mártires que triunfaram ao deixar-se matar pela verdade. O modelo originário e prévio do mártir cristão é o Cristo crucificado pela multidão, ou seja, o homem-deus verdadeiramente "individual". Somente por ele se poderá resolver o problema da igualdade humana, mas não no mundo, cuja essência está na maior ou menor diversidade.

---

26 *Das eine was not tut*, p.7; cf. *Kritik der Gegenwart*, p.57; *Tagebücher*, I, p.327; *Angriff auf die Christenheit*, p.15.

6. Donoso Cortés e Proudhon: a ditadura cristã de cima e a nova ordem ateia da sociedade de baixo

> "Proudhon [...] é o oposto daquilo que ele parece: ele surge a favor da liberdade e da igualdade e fundamenta na verdade um despotismo."
>
> (Cortés, *A cidade de Deus*)

> "*L'homme est destiné à vivre sans religion.*"*
>
> (Proudhon, *De la création de l'ordre dans l'humanité* [Da criação da ordem na humanidade])

À reação radicalmente protestante de Kierkegaard contra a democracia niveladora das massas corresponde na mesma época a reação radicalmente católica levada a cabo por Donoso Cortés na Espanha contra os movimentos socialistas da França. Cortés, que era um proeminente homem de Estado da antiga nobreza católica, caracterizava a sociedade burguesa do mesmo modo que Kierkegaard e Marx: como uma indecisa *"clase discutidora"* sem verdade, paixão e heroísmo. Ela eliminou a nobreza de sangue, mas não fez nada contra a aristocracia do dinheiro. Aceitou tampouco a soberania do rei quanto a do povo. Por ódio à aristocracia, ela se inclinou à esquerda, e por temor ao socialismo radical, para a direita. O oposto dessa indecisão discutidora é o socialismo ateísta de Proudhon. Diante dele, Cortés representa a teologia política da contrarrevolução, segundo a qual a Revolução Francesa – que considerava o homem e o povo como soberanos – aparecia como um ato de rebelião contra a ordem da criação. Como porém a época dos reis cristãos havia chegado ao fim e ninguém mais tinha a coragem de governar de outro modo que não com a vontade do povo, só haveria *um* meio de salvação: a ditadura do governo desde cima para impedir a ditadura da rebelião que provém de baixo.

Caso se trate de escolher entre a liberdade, por um lado, e a ditadura, por outro, não haveria diferença alguma de opinião [...]. Mas essa não é

---

* Trad.: "O homem é destinado a viver sem religião". (N. T.)

a questão. Na realidade, a liberdade não existe na Europa [...] Trata-se de escolher entre a ditadura da rebelião e a ditadura do governo.[27]

Cortés escolheu a ditadura do governo, pois ela seria menos nefasta, já que vem de esferas mais puras e porque a ditadura do sabre é preferível, por ser mais nobre que a do punhal. Resumiu a experiência da revolução com estas palavras:

> Olhei ao redor e vi que as sociedades burguesas estavam enfermas e debilitadas, todas as relações humanas eram intricadas e confusas; vi que os povos se excitavam com o vinho da revolta e a liberdade desaparecia da Terra. Vi tribunos coroados e reis destronados. Jamais havia existido um espetáculo de transformações e revoluções tão poderosas, de elevações e abaixamentos. Então me coloquei esta questão: toda essa confusão não seria proveniente do esquecimento dos princípios fundamentais dos costumes e da ordem defendidos e possuídos só pela igreja de Cristo? Minha dúvida se transformou em certeza quando reconheci que apenas a Igreja oferece, nos dias de hoje, a imagem de uma sociedade ordenada; que só ela, dentro da agitação geral, constitui um elemento pacificador; que a igreja é a única instituição interiormente livre; que nela o súdito obedece com amor à autoridade legítima e esta, por sua parte, se mostra em seus mandatos plena de justiça e doçura; que só ela é a escola que formou os grandes cidadãos, já que possui a arte da vida e da morte: da vida que cria o sagrado e da morte que engendra os mártires.[28]

Também Proudhon era um opositor da burguesia, mas por razões diferentes das de Cortés: ele a odiava com a raiva própria do arrivista que quer reformular novamente o mundo; Cortés a desprezava com a paixão daquele que a via como o túmulo de toda tradição digna de nobreza. Proudhon declarava que a época da teologia e do cristianismo havia passado; já Cortés considerava que não havia qualquer salvação social e política fora da Igreja católica, porque só o Deus cristão revela universalmente o homem e com isso também funda uma sociedade humana.[29]

---

[27] Discurso de 4 de janeiro de 1849 sobre a ditadura, citado no artigo de H. Barth sobre D. Cortés, *Schweizerische Rundschau*, agosto de 1935, p.401.
[28] *Der Staat Gottes* [A cidade de Deus], p.58, Introdução.
[29] Ibid., cap. 4.

Por outro lado, porém, apenas um mundo fundado *cristianamente* poderia ser radicalmente *ateísta* e fazer a tentativa de constituir-se por sua própria força e governar-se a si mesmo. Cortés viu tal presunção do homem na Revolução Francesa e sua "civilização filosófica", e contra isso ele recomendava uma ditadura desde cima. Ainda que de outra maneira, também Proudhon, seu grande opositor, confirmava a construção histórica cristã. Na conclusão de sua *Crítica da religião*,[30] de 1843, ele se lembra, nesta "última hora", da religião cristã, de seus benefícios e altas inspirações. Ela teria cimentado o fundamento da sociedade humana, dado às nações modernas sua unidade e personalidade, sancionado as leis do Estado e, ainda no século XIX, promovido nas almas de grande coração o zelo pela verdade e pela justiça. E quando Proudhon constatou em 1860 a *"dissolution sociale"* [dissolução social], ele compreendeu essa crise incomparável da história europeia como uma crise que põe um fim ao acontecimento do cristianismo.

> *Toutes les traditions sont usées, toutes les croyances abolies; en revanche, le noveau programme n'est pas fait, je veux dire qu'il n'est pas entré dans la conscience des masses; de là ce que j'apelle la dissolution. C'est le moment le plus atroce de l'existence des sociétés. Tout se réunit pour désoler les Hommes de bien: prostitution des consciences, triomphe des médiocrités, confusion du vrai et du faux, agiotage des principes, bassesse des passions, lâcheté des moeurs, oppression de la vérité, récompense au mensonge... Je me fais peu d'illusions et je ne m'attends pas, pour demain, à voir renaître dans notre pays, comme par un coup de baguette, la liberté, le respect du droit, l'honnêteté publique, la franchise de l'opinion, la bonne foi de journeaux, la moralité du gouvernement, la raison chez le bourgeois et le sens commun chez le plébéien [...].*
> *Les tueries viendront et la prostration qui suivra ces bains de sang sera effroyables. Nous ne verrons pas l'oeuvre du nouvel âge; nous combattrons dans la nuit; il faut nous arranger pour supporter cette vie sans trop de tristesse en faisant notre devoir. Aidon-nous les uns et les autres; appelons-nous dans l'ombre et chaque fois que l'occasion s'en présente, faisons justice [...].*[31]

---

30 *De la création de l'ordre dans l'humanité*, p.73 et seq.
31 Tomo X, p.205 et seq. e 187 et seq. [Trad.: "Todas as tradições estão ultrapassadas, todas as crenças abolidas; entretanto, o novo programa não está pronto, quero dizer que ele não entrou na consciência das massas; daí aquilo que eu chamo a dissolução. É o momento mais atroz da existência das sociedades. Tudo se reúne para as-

7. A. de Tocqueville: o desenvolvimento da democracia burguesa em despotismo democrático

> "Três homens com os quais eu estou junto diariamente: Pascal, Montesquieu e Rousseau."

Tocqueville, cuja obra sobre a democracia americana foi publicada entre 1830 e 1840 e cuja análise histórica do antigo regime estatal e da Revolução Francesa apareceu em 1856, pessoalmente via com perfeito equilíbrio os acontecimentos de sua época. "Cheguei ao mundo ao fim de uma longa revolução que destruiu o mundo antigo e nada fundou de duradouro. Quando eu comecei a viver, a aristocracia já havia morrido e a democracia ainda não havia nascido. Logo, meu instinto não podia me determinar cegamente a eleger uma ou outra [...] Como, porém, eu pertencia à antiga aristocracia de minha pátria, não a odiava nem a invejava e tampouco a amava de modo particular quando ela foi destruída; pois só gostamos de nos vincular ao que vive. Estava suficientemente próximo dela para conhecê-la bem e distante o bastante para poder julgá-la sem paixão. Sobre a democracia poderia dizer o mesmo". Por causa dessa posição neutra entre as épocas, ele tinha pelas instituições democráticas um *"goût de tête"* [gosto intelectual] e ao mesmo tempo contra ela um *"instinct aristocratique"* [instinto aristocrático].[32] Ele não era, como Burke e Gentz, um opositor decidido da Revolução Francesa, nem seu amigo. Como, porém, ele tinha no *Ancien Régime* um critério para o julgamento, ele pôde ter da revolução uma clareza incomum.

---

solar os homens de bem: prostituição das consciências, triunfo das mediocridades, confusão entre o verdadeiro e o falso, agiotagem de princípios, baixeza de paixões, fraqueza de costumes, opressão da verdade, recompensa pela mentira [...]. Eu não tenho mais ilusões e não espero mais até amanhã para ver renascer em nosso país, como um golpe de mágica, a liberdade, o respeito ao direito, a honestidade pública, a franqueza de opinião, a boa-fé dos jornais, a moralidade do governo, a razão no burguês e no senso comum, no plebeu [...]. Os massacres virão e a prostração que se seguirá desses banhos de sangue será assustadora. Nós não veremos a obra da nova época: combateremos na noite; é preciso nos virar para suportar essa vida sem muita tristeza, fazendo nosso dever. Ajudemo-nos uns aos outros; chamemo-nos na sombra e, cada vez que a ocasião se apresentar, façamos justiça [...]. – N. T.]

32 Tocqueville, *Autorität und Freiheit* [Autoridade e liberdade], p.193 et seq. e p.15; cf. p.51 e 207.

Segunda Parte

O grande problema de suas investigações é *a desproporção entre liberdade e igualdade*. A emancipação do terceiro estado nivelou e igualou, mas a questão é saber se a democracia burguesa também liberta. Por liberdade Tocqueville entende não apenas independência, mas a dignidade do homem responsável por si mesmo, sem a qual não existe nem verdadeiro domínio, nem verdadeira servidão. A Revolução Francesa originalmente não apenas se entusiasmou por igualdade, mas também por instituições livres, mas muito logo se perdeu a paixão pela liberdade e restou apenas a paixão por igualdade. Ambas não têm a mesma idade e nem sempre aspiraram ao mesmo fim, ainda que por um instante pareçam igualmente corretas e poderosas. A aspiração à igualdade é mais antiga e constante. Para a igualdade já haviam tendido muito antes a Igreja cristã, o comércio e as comunicações, a economia monetária, a invenção da imprensa e das armas de fogo, a colonização da América e, finalmente, o iluminismo literário. Mais jovem e inconstante é a crença que se poderia chegar à igualdade apenas por meio da liberdade. Quando Napoleão se assenhoreou da revolução, ele suspendeu a liberdade em favor da igualdade. Ele tinha que se haver com uma nação na qual todas as leis, usos e costumes haviam se dissolvido. Isso o permitiu conduzir o despotismo em uma forma muito mais racional do que antes havia sido possível. "Depois de haver suprimido, com idêntico espírito, todas as leis que deveriam ordenar as milhares de relações dos cidadãos entre si e com o Estado, ele pôde, ao mesmo tempo, criar todos os poderes executivos e subordiná-los de tal modo que todos eles juntos só apresentavam uma grandiosa e simples máquina de governo, cuja força motriz estava só e unicamente nele." Enquanto cada indivíduo superestimava seu valor e sua independência, a vida pública aspirava a um "panteísmo político" que arrebataria a existência individual. Uma excelente administração assegurou a Napoleão seu poder no interior do país e seu gênio militar seu poder no exterior. Mas os homens foram indiferentes a seu destino, alheios como estavam do grande sentido cívico que havia caracterizado os antigos estados democráticos, pois nestes a coação da *polis* expulsava, justamente, as individualidades mais extremadas. Tanto nas antigas *polis* como nas classes estatais da Idade Média, com suas múltiplas corporações e direitos, como nas tiranias do renascimento italiano, existia maior liberdade pessoal e política que nas modernas "democracias despóticas". Uma democracia perde, porém, todo o valor quando ela iguala sem produzir liberdade. Pois numa democracia a liberdade é o único contrapeso do nivelamento, da uniformização e da centralização. Na América e na Inglaterra a democracia conseguiu realmente criar instituições livres,[33] mas as democracias do continente europeu, por causa de sua origem inteiramente diferente, não conseguiram fazer nenhum uso da liberdade; de acordo com sua própria origem completamente diferente, seu destino foi o despotismo.[34] A antiga aristocracia havia tecido uma grande cadeia entre os cidadãos, cujos diversos membros iam do camponês ao rei. A democracia destruiu essa trama legítima de classes e direitos particulares, os isolou uns dos outros, igualou a todos e os tornou maduros para a submissão a *um* poder central despótico. A revolução teve então a habilidade para converter o *citoyen* "livre" em "algo menor que um homem".

Porém, ao mesmo tempo que reúne todas as forças sociais, o despotismo surgido da democracia burguesa reage contra o isolamento dos indivíduos que ele fortalece. Ele impede toda ação e pensamento livres realizados em comum. "Já que em tais sociedades os homens não se encontram ligados por classes, castas, corporações ou estirpes, estão demasiadamente inclinados a cuidar de suas próprias preocupações [...] e se limitar a um surdo egoísmo que sufoca toda virtude pública. O despotismo, longe de combater essa inclinação, a torna irresistível, pois retira dos cidadãos qualquer aspiração comum, todas as relações recíprocas, toda necessidade de conselho em comum, toda oportunidade de agir socialmente. Eles já estavam inclinados a separar-se: e o despotismo os deixa sós, os amuralha na vida privada".[35] O principal malefício do despotismo democrático não é tanto a submissão a um poder central nivelador, mas na incorreção dessa submissão. Pois os homens se tornaram, por meio da Revolução Francesa, independentes demais, ilustrados e céticos para poderem acreditar ainda no *direito* de um poder absoluto, mas ilegítimo. O que Sieyès não compreendeu foi que a luta contra a nobreza e a Igreja não destruiu apenas seus privilégios, mas a tradição em geral, essa "mãe do direito". A consequência dessa destruição da tradição é a "doutrina da necessidade", que põe lá no alto a unidade da nação e lá embaixo o homem individual.

---

33 Ibid., p.132, 130, 50 et seq.; cf. p.232, 213, 134; 44, 230; *Das alte Staatswesen und die Revolution* [O antigo regime e a revolução], p.94 e 318.
34 Cf. Goethe, *Gespräche*, II, p.20: "o puro e verdadeiro despotismo desenvolve-se a partir do senso de liberdade; ele mesmo é o senso de liberdade mais a conquista".
35 *Das alte Staatswesen...*, p.XI.

Segunda Parte

Por volta do fim de sua vida, o aristocrata Tocqueville teve o sentimento de ter permanecido um "envelhecido adorador da liberdade, enquanto os seus contemporâneos democratas queriam ter um senhor e fizeram da "prontidão para a escravidão" um "elemento fundamental da virtude". Na Alemanha, J. Burckhardt continuou no mesmo sentido as ideias de Tocqueville sobre a democracia e traçou linhas com maior nitidez para levar *seus contemporâneos* a "pensar, ao menos em sua subordinação, ainda criticamente".

Tocqueville era da opinião de que a democracia burguesa visava essencialmente à segurança e ao bem-estar, a uma condição medíocre sem grandeza humana. Por volta de 1830, afirmava em suas *Memórias* que o triunfo da classe média, com a exclusão da nobreza e do baixo povo, já era completo e definitivo. Ela invade todos os cargos, habituando-se a viver da indústria e dos dinheiros públicos. A consequência foi um rápido desenvolvimento do bem-estar médio. A peculiaridade da classe média se manifestou na atitude espiritual adotada pelo governo do primeiro rei burguês. "Era um espírito ativo, zeloso, com frequência desonesto, às vezes por vaidade e egoísmo; um temperamento intrépido e ousado, moderado em todas as coisas a não ser no prazer de viver bem – em uma palavra, medíocre. Um espírito como o seu, engrandecido pelo do povo ou da nobreza, poderia ter feito coisas maravilhosas, mas sozinho jamais poderia fazer algo além de um governo sem virilidade e grandeza. Senhora da comunidade como nunca, a nobreza chegou a ser [...], ao chegar ao governo, a classe média logo assumiu o aspecto de uma empresa privada. Entrincheirou-se em seu poder e depois em seu próprio egoísmo. Seus representantes se ocupavam mais dos seus assuntos privados do que dos negócios de Estado, mais de suas comodidades pessoais do que da grandeza da nação."[36] Junto a essa privatização ocorre uma enérgica nivelação, dentro de certo plano médio, na qual a utilidade privada se mesclava de maneira inextricável com a utilidade comum. Pouco brilho e pouca miséria, mas um bem-estar médio; pouco saber original e pouca ignorância grosseira, mas um conhecimento geral médio; pouco ódio e pouco amor, mas hábitos relativamente duradouros – confirmando a previsão de Goethe da generalização da cultura média, Tocqueville descreve assim os homens ordenados, mas medíocres, medrosos e egoístas da classe média que chegou ao poder político.[37] Em um tal mundo, um anão poderia chegar

---

36 *Autorität und Freiheit*, p.154.
37 *Das alte Staatswesen...*, p.138; cf. a carta de Goethe a Zelter de 6 de junho de 1825.

ao topo de uma montanha, se fosse levado pela onda da massa democrática, enquanto um gigante, com os pés secos na margem, jamais poderia escalá-la. A classe média da democracia burguesa impossibilita qualquer grandeza verdadeiramente histórica. E por isso, em uma tal época, tudo quanto sirva para levantar a ideia da individualidade ou da pessoa responsável de si mesma seria salutar e danoso, pelo contrário, tudo quanto aumente o poder do universal, do gênero e da espécie.[38]

No fim do século XIX, nesse sentido assinalado por Tocqueville, Sorel queria atuar sobre o operariado, dentro da democracia, mas contra seu caráter burguês. Enquanto Tocqueville, impressionado com a América, opinava que à democracia fazem falta as paixões viris e as virtudes guerreiras, Sorel queria vinculá-las justamente com a social-democracia. A intenção geral de seus trabalhos filosóficos e históricos poderia ser caracterizada com a seguinte pergunta: como é possível renovar a sociedade moderna depois da queda dos ideais e ilusões burgueses?

8. G. Sorel: a democracia antiburguesa do operariado

> *"Plus je réfléchis à ces questions, plus je me persuade que le travail peut servir de base à une culture qui ne ferait pas regretter la civilisation bourgeoise. La guerre que le prolétariat doit conduire contre ses maîtres est propre [...] à développer en lui des sentiments de sublime que font aujourd'hui complètement défaut à la bourgeoisie."**
>
> Les illusions du progrès [As ilusões do progresso]

Sorel concluiu as *Réflexions sur la violence*, com as quais ele se tornou mestre de Mussolini, com um *pour Lenin* [para Lenin]. Suas últimas frases são: "Eu sou apenas um velho cuja existência depende das mais ínfimas causalidades; mas antes de descer ao túmulo, que eu possa ver humilhadas

---

38 *Autorität und Freiheit*, p.197; cf. Weber, *Politische Schriften* [Escritos políticos], p.152.

* Trad.: "Quanto mais eu reflito sobre essas questões, mais eu me convenço de que o trabalho pode servir de base a uma cultura que não faria a civilização burguesa lamentar. A guerra que o proletariado deve conduzir contra seus mestres é apropriada [...] para desenvolver neles sentimentos sobre o sublime que hoje fazem falta completa para a burguesia". (N. T.)

as orgulhosas democracias burguesas, que hoje (1919) triunfam tão cinicamente" – tão grande era seu desprezo pela sociedade burguesa da democracia moderna. Em contrapartida, ele estimava a velha burguesia que realizou trabalho produtivo em concordância com suas reais condições de vida. Mas da classe média produtiva proveio e chegou ao poder uma classe superior de consumistas que, ao invés de cultivar as virtudes viris da disciplina e da renúncia, prefere ilusões humanitárias e desordens intelectuais, e por isso ele negava à burguesia todas as virtudes que ele atribui ao operariado dotado de consciência de classe.

Quatro etapas podem ser assinaladas no desenvolvimento da burguesia segundo as exposições de Sorel: 1. A burguesia pré-revolucionária do século XVIII: ela se encontrava em situação de dependência, pois consistia principalmente de agentes e funcionários reais; como uma classe subalterna, ela não desenvolveu nenhuma aptidão para o governo. Sorel a denomina uma *"classe de commis"* [classe de empregados]. 2. A burguesia revolucionária do fim do século XVIII: ela defende as *"illusions du progrès"* e é formada por diletantes, que não aprenderam nada e nem podiam. Seus porta-vozes eram literatos e enciclopedistas politizados que podiam falar de tudo e de nada, pois não eram trabalhadores ou pesquisadores intelectuais. Seu caráter é *"arbitraire"* e sua audácia (*audace*) uma temeridade (*témérité*) irresponsável. Eles não tinham nenhum respeito pela tradição histórica, eram desprovidos de cultivo espiritual e no fundo eram sentimentais. 3. A burguesia desiludida depois de 1850, sob Napoleão III e Bismarck. Seu mito revolucionário se esvaneceu, os novos capitães da indústria são realistas e grandes capitalistas, eles assumem a direção nessa época industrial da burguesia conquistadora. 4. A burguesia "culta" do fim do século XIX. Seus representantes são os epígonos da literatura revolucionária: poetas políticos como P. Claudel, G. d'Annunzio e M. Barrès. Essa mesma burguesia hipercultivada, que é *"ultra-policée"* e aspira viver em paz, é capaz de se entusiasmar literariamente com a guerra. *"Les cochonneries viennent tout naturellement sous la plume des écrivains qui prétendent introduire des imitations de la tragédie et de l'épopée mythologiques dans les aventures de la vie bourgeoise."*[39] Como artistas, eles não devem ser levados a sério nem por suas ações políticas nem por suas conversões reli-

---

39 Carta a B. Croce, *La critica* XXVIII (1930), p.44. [Trad.: "A porcaria vem naturalmente da pena de escritores que fingem introduzir as imitações da tragédia e da epopeia mitológica nas aventuras da vida burguesa". – N. E.]

giosas. Diante dessa burguesia decadente sem energia capitalista, Sorel atribui à energia revolucionária da associação de trabalhadores conscientes de sua classe a tarefa histórica que aquela não pode mais cumprir. Ele não vê o proletariado como digno de compaixão ou indignação, mas como um reservatório de instintos saudáveis e forças criativas, aos quais bastariam reta escolha e orientação para se tornarem capazes de fundar instituições livres e de comandar, e para formar uma *"classe de mitres"*. As ideias de Nietzsche sobre a moral dos senhores,[40] aplicadas a Marx e Proudhon, caracterizam historicamente seu pensamento. Ele queria oferecer virtudes militares às associações de trabalhadores, em vez das ilusões de progresso do terceiro estado. As virtudes do exército moderno de trabalhadores são guerreiras, pois elas exigem, como a guerra, a concentração de todas as forças, tensão máxima, resistência e abnegação. A elite dos trabalhadores cria uma *"civilisation de producteurs"*. Ela constitui o heroísmo de nossa época, em marcha rumo à dominação racional do mundo. Não é nada vulgar, mas sim algo sublime,[41] pois ela conhece dor e esforço, enquanto a burguesia quer um divertimento sem dor. Seu intelecto paira, desligado de tudo, acima das condições materiais da vida; o espírito dos produtores, pelo contrário, como o espírito de uma boa arquitetura, está tecnicamente ligado aos fins e exigências da vida efetiva.

Nas *Reflexões sobre a violência*, Sorel expressou sua convicção de que só uma grande guerra capaz de reavivar todas as energias daria poder aos homens que têm vontade de dominar e a capacidade de governar, ou também uma grande expansão da violência do proletariado poderia descartar as *"platitudes humanitaires"* próprias da burguesia e do socialismo parlamentar. Entretanto, quando a filosofia da violência triunfou na realidade, entre 1914 e 1918, Sorel não viu na guerra uma confirmação de suas reflexões, mas a vitória dos ideais democráticos, da indústria e da plutocracia. *"Jamais on ne vit une telle soif de carnage chez les gouvernements et autant de servilisme chez les peuples qui se laissent entraîner dans des guerres, dont la fin s'éloigne chaque jour"*,* escreve ele em 1915 a B. Croce. E no que se refere ao espírito burguês, ele

---

40 *Réflexions sur la violence*, p.355 et seq.
41 Ibid., p.345 et seq.; *Les illusions du progrès*, p.285.
  * Trad.: "Nunca se viveu tal sede de carnificina entre os governos e tanto servilismo entre as pessoas que se deixaram atrair pelas guerras, cujo fim se elogia a cada dia". (N. E.)

se revela invencível, pois se apega a tudo o que há de baixo nos instintos dos homens. Quando Sorel morreu, em 1922, resignado como Flaubert e Proudhon diante do "triunfo da mediocridade",[42] e da baixeza das paixões, estava profundamente convencido de que o movimento natural de toda a história era a decadência e de que o movimento contrário para a grandeza do homem era forçado e oposto à marcha do declínio. Porém, não menos que a democracia, ele combateu também o Estado, transformado em uma "Igreja" que domina a consciência por meio do poder público, vigia o espírito e aplaina os homens.[43]

9. Nietzsche: o homem de rebanho e o animal condutor

> "As mesmas condições novas pelas quais [...] se formará no médio prazo a mediocridade do homem, ou seja, um animal de rebanho [...] útil, trabalhador e hábil, são apropriadas, em altíssimo grau, para originar homens de exceção, dotados das qualidades mais perigosas e atraentes [...]. A democratização da Europa constitui, ao mesmo tempo, uma voluntária organização para educar tiranos."
>
> (VII, 207)

Como crítico do mundo vigente, Nietzsche significou para o século XIX o que Rousseau havia sido para o século XVIII. Ele é um Rousseau ao contrário: um Rousseau por uma crítica tão penetrante quanto a deste último contra a civilização europeia; e ao contrário, porque suas pautas críticas são diametralmente opostas à ideia de homem em Rousseau. Consciente dessa conexão, Nietzsche reconheceu na imagem de homem traçada por Rousseau "a maior força revolucionária da época moderna", que impregnou de

---

[42] *Les illusions du progrès*, p.336, nota 2, e p.378 et seq.
[43] O mesmo problema já era apresentado no primeiro escrito de Sorel, *Le procès de Socrate* [O processo de Sócrates] (1889), quando ele se colocava contra Sócrates e Platão e do lado de Aristófanes. Pois Sócrates destruiu a velha sociedade sem criar o fundamento para uma nova e, no Estado ideal de seu discípulo, o Estado se tornou uma Igreja, pois ele defende, como na Revolução Francesa, uma única visão de mundo.

maneira decisiva o espírito alemão em Kant, Fichte e Schiller;[44] ao mesmo tempo, porém, ele o caracteriza como um "aborto produzido no umbral da época moderna", como "idealista e *canaille*" em uma só pessoa. Seu conceito de igualdade havia igualado o desigual e levado ao poder uma moral de escravos. Suas ideias democrático-humanitárias falsificaram a verdadeira natureza do homem, que não é humana, mas uma "vontade de potência".

A democracia burguesa não tem substância, ela é a "forma histórica da decadência do Estado", enquanto o socialismo radical conduz ao despotismo. Ambos os movimentos produziram juntos o apequenamento do homem, convertendo-o em animal de rebanho. Tanto os cultos das classes possuidoras como a classe inculta dos trabalhadores despossuídos são afetados por esse nivelamento e por isso não resta nenhum fundamento para a renovação da cultura. Uma curta nota do ano de 1873 esclarece nitidamente a situação tal como Nietzsche a via, em meio à euforia nacional após a vitória sobre a França: as classes cultas e ilustradas foram abandonadas, já que o interesse por dinheiro e por prazer das classes possuidoras as havia tornado vis e desprezíveis, estúpidas e despojadas de pensamento, até o ponto de não ter pressentido o risco representado pela classe trabalhadora. Por outro lado, porém, também as classes incultas estavam contaminadas pela escória da cultura geral do presente e muito longe de uma autêntica cultura popular. Se a classe trabalhadora alcançou a convicção de poder superar facilmente em habilidade a classe dos cultos e possuidores, então, diz Nietzsche, "passou para a gente", e continua: "mas se isso não ocorresse, teria passado para a gente com razão".[45]

No *Zaratustra*, Nietzsche escarneceu a totalidade desse mundo próprio de uma humanidade decadente e esboçou a imagem do "último homem". Sua réplica é o "além do homem". Como uma concepção filosófica para a superação do niilismo, essa ideia não tem nenhum teor imediatamente social nem algum sentido político; mas aos poucos ela se tornou concreta nas reflexões históricas de Nietzsche sobre o "homem de exceção" eminente e em sua ideia de futuros "homens dominadores" que têm a tarefa de oferecer uma meta à existência dos homens gregários da democracia.

---

44 Ver, sobre isso, Gurwitsch, *Kant und Fichte als Rousseau-Interpreten* [Kant e Fichte como intérpretes de Rousseau], p.138 et seq.; Cassirer, *Das Problem J. J. Rousseau* [O problema J. J. Rousseau], p.177 et seq. e p.479 et seq.

45 X, p.290.

Ambos, a nivelação democrática das massas, que apequena o homem, assim como o cultivo de uma casta de senhores que conduz à elevação de indivíduos isolados, estão correlacionados como o anverso e o reverso de uma medalha. Em uma anotação póstuma, é dito que o ódio de Zaratustra ao sistema democrático de nivelação é "apenas um primeiro plano". Na realidade, ele está contente de que finalmente se chegou "tão longe", pois só agora ele pode realizar sua tarefa, a saber, a educação de uma casta de senhores que renunciem à própria felicidade e ao bem-estar em benefício dos que ocupam o posto mais baixo dentro da escala da nova hierarquia.[46] A "mediocridade" da maioria constitui a primeira condição para que possam existir "excepcionais" e para que surja o *"animal condutor"* junto com o *"animal de rebanho"*.

> E por acaso não seria para o movimento democrático uma espécie de meta, de redenção e de justificação que chegasse alguém que se *servisse* dele com o fim de que se abrisse o caminho, na mera [...] configuração da escravidão [...] para aquela espécie superior de espíritos dominadores e cesáreos que se apoiariam, se sustentariam e se elevariam sobre ela? [...] O aspecto do atual europeu me enche de esperança: se está formando uma ousada raça dominadora estendida sobre uma massa gregária extremamente inteligente [...]. As mesmas condições que fazem avançar o desenvolvimento do animal de rebanho também impulsionam o desenvolvimento do animal condutor.[47]

E com referência a Napoleão e Bismarck, diz:

> Quem tiver conservado e educado em si mesmo uma *forte* vontade, unida a certa amplitude de espírito, terá melhores chances que nunca. Pois a *capacidade de adestramento* dos homens se tornou muito grande nesta Europa democrática; homens que aprendem facilmente, facilmente se submetem, são a regra; já o animal de rebanho, mesmo o extremamente inteligente, já está preparado. Quem pode mandar encontrará aquele que *terá* que obedecer.[48]

A democracia engendra uma massa disposta a entregar-se nas mãos da "grande política". Nietzsche entendia por esses termos uma planificação

---
46 XII, p.417; cf. XIV, p.411.
47 XVI, p.336.
48 XV, p.234.

de toda a Europa no sentido mais amplo, orientada pela busca aos futuros senhores da Terra. Para isso, ele pensava sobretudo na Rússia e na Alemanha, mas não no mundo anglo-americano. Os novos senhores da Terra devem "substituir Deus" entre a massa tornada incrédula. Serão homens do povo, como Napoleão, e ao mesmo tempo colocar-se-ão acima dele em completa segurança de si, como legisladores e homens violentos simultaneamente. As massas de trabalhadores aprenderão, sob sua condução, a ter sentimentos militares e realizarão aquilo que se lhes ordena.

Porém, não menos rica de consequências do que essa ideia dos futuros senhores da Terra, que se servem do nivelamento como de um meio para um fim, é a predição inteiramente diferente de que o governo do mundo cairá nas mãos dos "medíocres", já que estes, em uma "época mesquinha", serão os sobreviventes do futuro.

> Em um tal movimento extremo, com relação ao ritmo e aos meios, tal como se apresenta em nossa civilização, o centro de gravidade humano se deslocará [...] Em tais circunstâncias, o centro de gravidade cai necessariamente sobre os *medíocres*: contra o domínio da plebe e da excentricidade (quase sempre ambas estão unidas), a mediocridade se consolida como garantia e portadora do futuro. Daí surge um novo inimigo para o homem de exceção – ou então uma nova tentação. Supondo que eles não se adaptem à plebe e ao não entoar canções agradáveis ao instinto dos deserdados, eles terão que se tornar "medíocres" e "sérios" [...] Mais uma vez [...] todo o mundo do ideal *esgotado* ganhará um advogado talentoso [...] Resultado: a mediocridade se torna espírito, chiste, gênio, ela se torna divertida, ela seduz.[49]

---

49 XVI, p.283; cf. XIV, p.204; XV, p.349 et seq.; XVI, p.420.

II
O problema do trabalho

Trabalho e cultura se tornaram no século XIX a substância da vida da sociedade burguesa. Nenhum século anterior havia propagado uma tal quantidade de cultura geral e ao mesmo tempo desenvolvido semelhante energia de trabalho como aquele que Burckhardt denominou ironicamente de "século da cultura" e cujo processo de trabalho Marx submeteu à crítica. O trabalho se tornou a forma de existência do "trabalhador assalariado" e a "possessão" da cultura, privilégio dos "cultivados". Todavia, essa divisão entre o trabalho e a cultura em duas classes diferentes manifesta seu vínculo essencial na medida em que o esforço dos trabalhadores estava voltado a apropriar-se dos privilégios da cultura burguesa, enquanto os homens pertencentes à classe culta não podiam deixar de chamar-se "trabalhadores espirituais", a fim de que o privilégio de que desfrutavam não parecesse como injusto. A perplexidade da inteligência burguesa se mostrou com a máxima clareza na Alemanha depois da guerra, quando – segundo o modelo dos conselhos de trabalhadores russos – fundaram um conselho de trabalhadores "espirituais", que se propunha à tarefa de salvar a ruptura existente entre o trabalho proletário e a cultura burguesa. Reduzir seu contraste foi uma das tarefas mais fundamentais do nacional-socialismo, que pôs em contato – por meio dos campos de trabalhadores – a juventude dos estudantes com o povo e impregnou a massa de trabalhadores assalariados com uma "concepção de mundo" política, derivada da cultura burguesa. Tanto a polarização de trabalho e cultura em dois extremos que se condicionam reciprocamente como seu nivelamento em uma "cultura popular" média comprovam por dois lados distintos que o trabalho encontra-se numa condição em que ele não forma mais o homem como tal.

A naturalidade com a qual hoje em dia cada um – seja comerciante, médico ou escritor – designa sua atividade como "trabalho" nem sempre se deu. O trabalho só recebeu validade social gradualmente. De acordo com a concepção cristã, ele não era originariamente uma atividade em si mesma meritória, mas a consequência do pecado e do castigo.[1] O homem tem que trabalhar com o suor de seu rosto, pois está condenado ao trabalho por sua culpa. Como obrigação dura, maldita, o trabalho é essencialmente penúria, fadiga e sofrimento. O homem bíblico não saboreia os "frutos" da "bênção" do trabalho, mas expia com ele o fato de ter se apoderado dos frutos do paraíso. Pascal ainda sustentava que o trabalho só mostrava a vacuidade do curso mundano, realizado de modo aparentemente industrioso e por meio de cuja dispersão se esquece da miséria da existência.[2] Somente com o protestantismo surgiu aquela avaliação cristã positiva do trabalho mundano, tal como B. Franklin defendeu de maneira clássica. Porém, mesmo a mundanização decisiva da tradição cristã, tal como se produziu no século XVIII, se deu em contradição com a doutrina da Igreja. Ela legitimou a valorização burguesa do trabalho desde então vigente como uma atividade que preenche de sentido a vida humana. Doravante se desfruta ciente e voluntariamente dos frutos do trabalho realizado.[3] Ele se transformou no meio preferível para atingir a satisfação e o sucesso, a fama, o gozo e a riqueza.[4] O homem da época burguesa não apenas deve, mas quer trabalhar, pois uma vida sem trabalho não parecia digna de ser vivida, porquanto seria "vã". O trabalho não seria para ele uma mera atividade ascética, que o afasta dos vícios do ócio e da dissolução ao obrigá-lo a uma atividade regulada, mas enquanto algo pleno de consequências e resultados adquire uma

---

1 Cf. Weber, *Wirtschaft und Gesellschaft* [Economia e sociedade], p.800: "é simplesmente uma fábula que ele (o trabalho) tenha no Novo Testamento, por exemplo, adquirido uma nova dignidade".
2 *Pensées*, p.390 et seq.
3 Ver, sobre isso, B. Groethuysen, *Die Entstehung der bürgerlichen Welt- und Lebensanschauung in Frankreich* [O surgimento da visão burguesa de mundo e de vida], v. II, p.80.
4 Ver o artigo "trabalho" no *Dicionário filosófico*, de Voltaire.

significação autônoma e construtiva. Ele se transforma na fonte de toda habilidade mundana, virtude e alegria. Nessa avaliação puramente mundana do trabalho, a valoração cristã só aparece por meio do acento posto em sua dureza meritória, o qual implica sempre a representação de uma maldição, assim como a liberação causada pelo trabalho é um estado *quase* paradisíaco, ainda que o ócio *contínuo* produza no homem destinado a trabalhar um tédio mortal. Ambos os significados fundamentais de trabalho, entendido como necessidade e fadiga (*molestia*) e, ao mesmo tempo, como realização (*opus, opera*), também estão presentes na história da significação do vocábulo. "*Labor*" caracteriza originalmente sobretudo o trabalho duro do cultivo nos campos e, portanto, um trabalho de submissão servil. Ao mesmo tempo, porém, o trabalho que pesa sobre o servo e se cumpre por um salário diário é também uma realização criadora, semelhante àquela que produz outras obras.[5]

Essa dupla significação não é, porém, decisiva para a caracterização de toda a sua essência. O trabalho pertence ao ser do homem, na medida em que ele é um ser ativo no mundo. Nesse sentido pleno e originário ele foi pela última vez concebido por Hegel. Segundo ele, o trabalho não é uma atividade econômica particular,[6] diferente por exemplo do ócio ou do jogo, mas o modo fundamental pelo qual o homem produz sua vida e então configura o mundo. E como Hegel compreende esse movimento entre o ser-si-mesmo e o ser-outro a partir do conceito bem geral de espírito, o trabalho para ele não é nem corporal nem espiritual em sentido estrito, mas plenamente espiritual num sentido absolutamente ontológico. Por outro lado, somente a partir da filosofia hegeliana do espírito é possível compreender por que Marx e Engels, ao se contraporem a ele, chegaram à afirmação paradoxal de que o movimento dos trabalhadores constituía a herança da filosofia clássica alemã.

---

5 "Enquanto nas línguas mais antigas o significado de *molestia* e trabalho pesado dominava, o significado de *opus, opera* ficou para trás, hoje em dia, ao contrário, este último se sobressai e aquele raramente aparece. Um e outro estão implicados na palavra; mas como a atividade humana se tornou progressivamente menos servil e mais livre, foi natural que o conceito de trabalho fosse estendido para ocupações mais leves e nobres", Grimm, *Deutsches Wörterbuch* [Dicionário alemão].

6 Cf. Marcuse, *Über die philosophischen Grundlagen des wirtschaftswissenschaftlichen Arbeitsbegriffs* [Sobre os fundamentos filosóficos do conceito econômico de trabalho], Archiv für Sozialwiss. Und Sozialpol., cad. 3.

Segunda Parte

1. Hegel: o trabalho como exteriorização de si mesmo na formação do mundo

> *"Ora et labora!* Reze e maldiga! Amaldiçoar é um ato vão quando se diz um sacramento, mas na religião todas essas coisas, que de outro modo estariam separadas, se unificam. Que a Terra seja maldita e tu comerás o pão com o suor do teu rosto! *Trabalhar significa aniquilar ou maldizer* o mundo."
>
> Hegel (Rosenkranz, *Hegels Leben*, 543)

Hegel tematizou o trabalho em três oportunidades: nas *Preleções de Jena*, na *Fenomenologia* e na *Filosofia do direito*. Nas *Preleções* de 1803/4[7] ele determinou seu caráter espiritual primeiramente como "relação negativa" diante da natureza. O trabalho não é instinto, mas "racionalidade", um "modo do espírito". O animal não trabalha com o suor de seu rosto, ele satisfaz suas necessidades imediatamente pela natureza, enquanto o homem se distingue justamente pelo fato de produzir seu próprio pão de maneira mediata, empregando a natureza apenas como um meio.[8] Essa mediação entre as necessidades e sua satisfação ocorre por meio do trabalho, que por sua vez é mediado por utensílios e máquinas. O trabalho é um "meio" entre o homem e seu mundo.[9] Como um movimento de mediação, ele não é apenas negativo, no sentido meramente destrutivo, mas enquanto um aniquilar da natureza do mundo subsistente, num sentido elaborador e "formador", portanto positivo. Diferentemente do impulso animal que satisfaz seus desejos simplesmente ao devorar o objeto e fazê-lo desaparecer, pelo que sempre tem que voltar a "começar desde o início", sem produzir algo permanente – uma obra –, o trabalho humano espiritual configura algo por meio do utensílio e através dessa configuração produz um objeto constante, ou seja, em si mesmo independente.[10]

---

[7] *Jenenser Realphilosophie*, v.I, 197, 220, 236; v.II, 197, 213; cf. *Schr. Zur Politik und Rechtsphilosophie*, p.422 et seq. e p.478.

[8] Cf. XII, 218.

[9] *Jenenser Realphilosophie*, I, 203, 221.

[10] Do mesmo modo, Hegel, na *Fenomenologia*, ao analisar a consciência do "senhor e do escravo" distingue o trabalho do desejo, o trabalho sendo um "desejo inibido" que detém a desaparição do objeto desejado, porque o configura ou lhe dá uma

O problema do trabalho

Para poder cumprir semelhante trabalho, não bastar possuir uma habilidade natural e individual, mas o indivíduo deve se fazer apto para o trabalho mediante o aprendizado das regras universais do mesmo, com o que ele supera sua "natural inabilidade". O trabalho faz da atividade subjetiva do indivíduo "algo diferente" do que inicialmente parece ser, isto é, algo "universal", pois foi ensinado a trabalhar de acordo com regras universais. Toda nova invenção de melhores utensílios e modos mais adequados de trabalhar não apenas se faz contrariando hábitos e regras já existentes, mas engendra um novo bem universal, capaz de produzir vantagem para todos. Mas do mesmo modo que o trabalho pertence à essência característica do homem, também ele desdobra, como uma atividade multifacetada e dividida, uma problemática peculiar somente ao espírito.

Já o *utensílio*, com o qual o homem atua contra o outro e como um "meio existente e racional" entre o trabalhador e a coisa trabalhada é o elemento permanente no processo de trabalho, tem a função de afastar o homem da conexão vivente com a natureza ao impedir a aniquilação imediata do objeto. O utensílio, porém, é ainda algo em si inerte com o que sou apenas formalmente ativo e me converte a mim mesmo "numa coisa".[11] Somente a *máquina*, que é um utensílio independente, mediatiza completamente o tra-

---

forma. O trabalhador reconhece o objeto elaborado precisamente por se comportar negativamente em relação a ele. Nessa atividade formadora, que é uma "mediação negativa", porque mediatiza o ser-si-mesmo com o ser-outro por meio de um ato de negar positivo, a consciência do escravo se torna um "puro ser-para-si" que, no objeto exterior, elaborado para seu senhor, se apresenta no elemento da permanência. "A consciência trabalhadora chega à intuição do ser autônomo como uma intuição de si mesma", ou seja, ao elaborar algo, o escravo objetiva seu próprio em algo de outro, e chega a ser tanto mais autônomo quanto mais o trabalhador se insere na coisa elaborada. Na imagem de um objeto, o ser para si do sujeito se torna objetivo para ele mesmo. E na medida em que o escravo, ao contrário de seu senhor que apenas se aproveita dos frutos do trabalho realizado por outro, forma o mundo, ele adquire, ao reencontrar a si mesmo no objeto de seu trabalho, um sentido próprio, autônomo, uma "teimosia própria" [*Eigensinn*] e, portanto, uma espécie de liberdade em meio a sua servidão. A consciência servil se torna "autoconsciente", ela termina por alcançar a si mesma por meio do trabalho servil, ainda que não consiga apropriar-se de modo pleno do objeto de seu trabalho ao deixar que seu senhor desfrute de seu trabalho. Por outro lado, o senhor "consome" o objeto, mas de modo incompleto, pois, ao desfrutar dele, ele adere apenas à falta de independência da coisa e deixa o aspecto independente apenas ao servo que a elabora. Gozo e trabalho estão mediados de forma incompleta nesse estágio da consciência.

11 *Jenenser Realphilosophie*, II, p.197.

balho. Por meio dela, o homem engana a natureza, fazendo que ela trabalhe para ele. Mas aquela que foi enganada se vinga do que a enganou e, quanto mais ele subjuga a natureza, tanto mais ele se rebaixa.

Ao preparar a natureza [...] por meio de máquinas, ele não suprime a necessidade de seu trabalho, mas a protela, a afasta da natureza e não se dirige a ela de modo vívido como algo vivaz; pelo contrário, lhe escapa essa vivacidade negativa, e o trabalho que lhe resta se torna ele mesmo *maquinal*. Ele o diminui apenas para o todo, mas não para os indivíduos; pelo contrário, ele o aumenta muito, pois quanto mais maquinal se torna o trabalho, menos ele tem valor, e desse modo mais ele tem que trabalhar.[12]

Esse trabalho mediado por máquinas se tornou o destino geral no século XIX. Ao lado da *especialização* [*Vereinzelung*] do trabalho, aumentou também a *quantidade* dos produtos, enquanto o valor do trabalho diminuiu na mesma medida em que havia aumentado a quantidade produzida.

O trabalho se torna algo cada vez mais absolutamente morto [...] a habilidade do indivíduo cada vez mais infinitamente limitada e a consciência do operário de fábrica se rebaixa ao último grau de embotamento; a conexão entre os modos particulares de trabalho e toda a massa infinita de necessidades escapa à vista e degenera em dependência cega, o que frequentemente pode fazer que uma operação longínqua subitamente paralise o trabalho de toda uma classe de homens que dele extrai a satisfação de suas necessidades, tornando-o supérfluo e inútil. E assim como a assimilação da natureza se realiza mais comodamente pela intervenção dos elementos intermediários, também os graus dessa assimilação se tornam infinitamente divisíveis, e a quantidade de comodidades se transforma em algo absolutamente incômodo.[13]

---

12 Ibid., I, p.237; cf. *Enc.*, §526.
13 Ibid., I, p.239, com referência ao famoso exemplo da fabricação de alfinetes dado por A. Smith; cf. *Rechtsphilosophie*, §190, Ad.: "A carência de moradia e vestimenta, a necessidade de não se contentar com o alimento cru, mas torná-lo adequado e destruir sua característica natural, faz que o homem tenha uma vida menos cômoda que a do animal e que, enquanto ser espiritual, não deva levar uma vida tão simples. O entendimento, que compreende as diferenças, multiplica essas ca-

O problema do trabalho

O trabalho, que a princípio servia às carências imediatas do indivíduo, torna-se *abstrato-universal*; isto é, ninguém elabora mais aquilo que ele mesmo necessita, mas cada um trabalha não para a satisfação de suas carências efetivas determinadas, mas para a possível satisfação geral. Cada um só pode satisfazer suas próprias carências na medida em que colabora para a totalidade da satisfação das carências, de todos os outros, com a abstração de suas próprias. Se ele trabalha, por exemplo, em um artigo de luxo, para atender suas mais imperiosas carências, como as de alimentação e vestimenta, ele não trabalha por sua carência concreta, mas pela "abstração" de uma carência geral. O valor do trabalho já não reside imediatamente em sua produção, mas em algo que, de maneira mediada, ou seja, por meio da dependência geral e recíproca de todos os trabalhos, permitirá a satisfação das próprias carências. O reverso dialético dessa universalização dos trabalhos, que constitui um sistema de trabalho, é sua especialização; do mesmo modo que a simplificação dos trabalhos, sua especialização em uma atividade particular conduz à sua multiplicação. O trabalho se torna mais simples, monótono e especializado, pois cada um fabrica apenas uma coisa particular, mas também se torna mais complicado, porque essa divisão do concreto e do todo em um processo de trabalho dividido em muitas partes conduz a uma infinidade de singularidades. Quanto mais o homem se livra da concreção natural e se submete à natureza, tanto mais se torna dependente dela, pois enquanto cada um só sabe elaborar uma particularidade abstrata, tanto mais incapaz ele será de satisfazer todas as demais carências.[14]

A realidade concreta, o "conceito materialmente existente", o trabalho cada vez mais abstrato e universal, mas ao mesmo tempo *"mais espiritual"*, é o *dinheiro* – "uma grandiosa invenção". Ele é a "possibilidade de todas as

---

rências e, na medida em que o gosto e a utilidade se tornam critérios do juízo, as necessidades também são influenciadas por eles. Não é mais a carência que precisa ser satisfeita, mas a opinião, e pertence antes à cultura a capacidade de analisar o concreto em suas particularidades". Cf. §191, Ad.

14 Cf. *Rechtsphilosophie*, §192, Ad. Mesmo uma carência tão natural como a de alimentação não pode mais ser satisfeita de um modo qualquer, mas somente em certas horas de almoço geralmente determinadas, levando em conta os horários de trabalho. Cada um é assimilado ao outro nesse contexto e, ao mesmo tempo, surge a intenção de se destacar por meio das singularidades, o que faz que, para a satisfação das necessidades, o trabalho seja particularizado e, ao mesmo tempo, se torne mais abstrato, isto é, mais espiritual.

coisas próprias da carência", que torna efetivo o valor abstrato de todas as mercadorias. O dinheiro tem o significado de todas as carências, pois é uma abstração de todas as singularidades e, graças à sua unidade espiritual e universalidade, nivela tudo.

> A carência e o trabalho, elevados a essa universalidade, formam para si [...] um imenso sistema de comunidade e dependência recíproca, uma vida que se move por si mesma de algo morto e cujo movimento oscila de um lado para o outro de forma cega e elementar, e como um animal selvagem precisa de controle e adestramento constante e severo.[15]

Segundo a espécie de trabalho que realiza, os *costumes* e a *mentalidade* das classes trabalhadoras se diferenciam. Hegel distingue três: a classe dos camponeses, a dos artesãos e a dos comerciantes.[16] O trabalho do camponês ainda não é espiritual e abstrato, mas está submerso no elementar e concreto. Ele cresce junto com as condições naturais das carências elementares da vida. Ainda que o trabalho do camponês, como qualquer outro, seja uma relação negativa, ele só o é, porém, de modo condicionado, pois o camponês ainda deixa a natureza trabalhar por si mesma e de maneira imediata, já que aceita o céu e a terra, o calor e o frio, a chuva e a seca como meios de ajuda dados naturalmente para a preparação do solo. Sua mentalidade é assim mais condicionada pela confiança na natureza e nas forças de trabalho de sua família do que pela confiança nas instituições jurídicas da sociedade civil-burguesa. Como a prosperidade de seu trabalho depende essencialmente dos dons e acasos da natureza, o trabalho de suas mãos não cria nenhuma obra autônoma, como ocorre com o trabalho do artesão. O ofício civil deste último configura a transição ao trabalho abstrato e ao "saber do universal". Como o artesão forma a natureza, ele a transforma em uma obra consistente em si mesma, cuja forma possui, graças ao trabalho

---

15 *Jenenser Realphilosophie*, I, p.239 et seq.; Cf. *Rechtsphilosophie*, §63, Ad. Somente G. Simmel realizou uma análise filosófica do dinheiro depois de Hegel e Marx: *Philosophie des Geldes* [Filosofia do dinheiro].

16 Ibid., II, p.254: Na *Filosofia do direito*, §201, Hegel engloba os artesãos, os fabricantes e os comerciantes no "estamento da indústria"; sua base é o estamento "substancial" do camponês e seu ápice é o estamento "universal" que se consagra aos interesses gerais do Estado e é dispensado do trabalho por suas carências, seja por meio do patrimônio privado ou compensação por parte do Estado.

de suas mãos, uma autonomia fundada na peculiaridade do trabalho formativo. O que do objeto de seu trabalho provém da natureza se limita ao elemento natural, que é mais ou menos utilizável e adequado à obra. Por sua autonomia diante do mundo natural, se desenvolve na classe dos artesãos uma consciência do direito que é positiva, diferentemente do que ocorria na consciência do campesinato, que não queria se ver estorvado pelo direito. Ainda mais afastada da natureza das coisas está a classe comercial, que não forma absolutamente nada, mas troca com o meio abstrato do dinheiro aquilo que já foi formado pelos outros. Nesse movimento de troca de mercadorias acabadas o caráter "espiritual" do trabalho chega a sua mais pura expressão. O tipo de trabalho da classe comercial está livre de qualquer vínculo imediato com a necessidade e o uso. O objeto de seu trabalho se cinde em duas abstrações espirituais: a do artigo comercial e a do dinheiro. O objeto já não vale por si mesmo, mas segundo a "significação" que possa ter para alguém, ou seja, segundo o valor abstrato dado pela "moeda sonante". O meio de troca do dinheiro é algo mais que o meio de trabalho, ele constitui um "princípio formal da razão", algo espiritual porque é abstratamente universal, pois a essência do espírito consiste em sua capacidade de fazer abstração de tudo aquilo que é imediato, mesmo o próprio ser.[17] A mentalidade do comerciante é, portanto, essa "dureza do espírito", cuja expressão jurídica se encontra no estrito direito comercial. Ele funda fábricas sob a miséria de toda uma classe, sem levar em conta quem se arruína.

Aquilo que Hegel esboçou nesses manuscritos não destinados a publicação em concepções originais sobre a essência e a problemática do trabalho foi em parte fixado conceitualmente nas obras tardias. A *Filosofia do direito* toma o trabalho como o primeiro momento no "sistema das necessidades". Preparar às carências divididas de modo múltiplo e abstrato os meios também particularizados de sua satisfação, esse é o trabalho da sociedade civil-burguesa.[18] Nele se torna evidente o que sempre esteve na essência do trabalho: que o homem só "é" enquanto se produz, que ele tem que produzir a si mesmo e a seu mundo, porque toda a sua existência é, desde o fundo, mediadora e mediata. Nesse processo produtivo do trabalho se desenvolve, tanto teórica quanto praticamente, a *"formação"*: conheci-

---

17 Veja, sobre isso, *Filosofia do direito*, §4 e §5, Ad., assim como as "notas marginais" a eles pertencentes, p.7 et seq.
18 *Filosofia do direito*, §196.

mentos diversos, mobilidade de representações dos meios apropriados para determinados fins, a compreensão das relações mais confusas e universais: tudo isso nasce como consequência das carências, dos meios e dos trabalhos diferenciados. O trabalho já forma pelo hábito de dedicação a uma ocupação em geral[19] e pela consideração da vontade do outro. Ele educa para a atividade objetiva e concreta e para as habilidades universais; ele cultiva o homem e o forma para a universalidade do espírito. Diferentemente do bárbaro, que é essencialmente preguiçoso, *o trabalhador* é, *ao mesmo tempo, o cultivado* que forma suas carências produtivamente. O trabalho só pode ser formador do homem porque, como uma atividade formativa ou instrutiva, já é ele mesmo de tipo espiritual e dotado da capacidade de abstrair.

Diferentemente das *Lições de Jena*, na *Filosofia do direito*,[20] composta vinte anos mais tarde, Hegel não expôs mais a problemática peculiar do trabalho – que se mostrava particularmente na mediação proporcionada pelas máquinas – como um problema insolúvel da época, mas aludiu à conexão positiva com o progresso espiritual que carrega em si a crescente abstração da divisão do trabalho. Do mesmo modo, reconheceu o problema de uma organização das "massas"[21] recém-surgidas e a questão de saber como dominar os extremos da pobreza e da riqueza[22] como "pontos cruciais" no desenvolvimento da sociedade moderna, mas os relegou à margem de suas considerações, indicando as possibilidades ainda muito promissoras de uma emigração para a América.[23]

Quão extraordinariamente realista e com que visão ampla Hegel manteve-se dentro de sua intenção por mediar as contradições mostra o primeiro parágrafo do sistema de necessidades, no qual ele leva a recém-surgida ciência da economia política filosoficamente tão a sério como antes apenas Marx. Assim como na filosofia da história, Hegel reconhece também na ciência da economia a capacidade de conhecer na confusão aparentemente contingente entre o arbítrio e a mera carência as necessidades racionais. Por isso é uma ciência que honra o pensamento. E se Marx tivesse conhecido as exposições críticas das *Lições de Jena* e o comentário à economia política

---

19 Ibid., §197, Ad.; cf. *Enc.*, §525.
20 Ibid., §198; cf. *Enc.*, §526.
21 Ibid., §290, Ad.; §301 até §303.
22 Ibid., §195, e §240 até §245.
23 Ibid., §246 até §248.

de Stewart,[24] então ele poderia ter desenvolvido sua problemática de modo muito mais imediato do que a partir da contraposição à colocação do problema na *Fenomenologia* de Hegel. Uma posição intermediária entre o conceito de trabalho fundado economicamente, mas em princípio filosófico, de Marx e o especulativo de Hegel se encontra nos hegelianos Rößler e Ruge.

2. C. Rößler e A. Ruge: o trabalho como apropriação do mundo e libertação do homem

Apoiando-se em Hegel, *Rößler*[25] compreende o trabalho como um processo de "apropriação" que surge da liberdade do espírito ativo; pertence à determinação ética do homem que se propõe fins. Ele distingue um duplo modo de apropriação. Um se assimila imediatamente à natureza, como na assimilação de alimentos. Limita-se aos seres vivos individuais sem poder ser transmitido à generalidade. Esse tipo de apropriação é comum ao homem e ao animal. O outro tipo é mediado, realizado por meio de órgãos de segunda potência, por ferramentas e máquinas. Esses órgãos mediatos de apropriação podem ser aplicados da mesma forma por qualquer indivíduo: eles são intercambiáveis e comunicáveis. Transformam a natureza em um mundo objetivo, próprio do homem. Rößler denomina preferencialmente trabalho a essa produção dos meios empregados para essa apropriação do mundo. Ele ultrapassa todas as carências individuais e sua energia reside na superação contínua do impulso natural, diante do qual o trabalho é a disciplina essencial. Sua satisfação não consiste em proporcionar um gozo separado dele, mas na realização da própria força de apropriação, cuja livre atividade transcende qualquer fim já alcançado e qualquer grau do domínio do mundo. O desdobramento histórico do trabalho enquanto poder de

---

24 Veja, sobre isso, Rosenkranz, *Hegels Leben*, p.86.
25 Rößler, *System der Staatslehre* [Sistema da doutrina do Estado], p.155 et seq., e o comentário que dele faz Rosenkranz, *Neue Studien* [Novos estudos], IV, p.353 et seq. Cf., sobre o problema do trabalho, Stein, *Gesellschaftslehre* [Doutrina da sociedade], p.99 e *Der Begriff der Gesellschaft* [O conceito de sociedade], reeditado por G. Salomon, p.17 et seq. F. Lassalle, *Ges. Reden und Schriften* [Discursos e escritos completos], reeditado por E. Bernstein, v. V, p.31 et seq.

apropriação ético-espiritual só ocorreu com o cristianismo. Todas as religiões pré-cristãs conheceram o trabalho apenas como um meio subordinado a outros fins e não como algo referido a si mesmo, ou seja, enquanto fim em si. Mas também no cristianismo foi apenas o protestantismo que o liberou, convertendo-o em uma "produtividade infinitamente progressiva" e fazendo dele um momento ético e digno de toda honra na totalidade da vida humana. Seu desenvolvimento completo acontece na "comunidade do trabalho", que é a sociedade civil. O resultado do trabalho livre e comunitário é constituído pelos "valores gerais de troca", que apesar de seu caráter material não se encontram em nenhuma contradição com a determinação espiritual do homem, o qual se mostra justamente no fato de que o espiritual penetra o material.[26] Em contraste com as conexões individuais próprias da família, a sociedade civil funda por meio do trabalho uma "apropriação da personalidade", ou seja, determina a cada um (ainda que não em sua totalidade) a participação nas finalidades comuns da produção social. Rößler dela esperava, apesar de sua polêmica contra a "ridícula confusão do socialismo", uma "liberdade e cultura gerais" baseadas no trabalho recíproco.

Em sua exposição da história da filosofia,[27] Ruge tomou de forma ainda mais decidida o trabalho como resultado da história do espírito. Platão, Aristóteles e Hegel até realizaram as maiores revoluções, mas por temor diante das consequências práticas que surgiriam da libertação do espírito que sustentaram, opuseram diques à dialética progressiva do pensar recorrendo a castas sociais, guardiães e estamentos. A história factual do espírito e da libertação dissolveu esses limites e fez do trabalho o princípio geral. Ele se identifica com a cultura, pois ele mesmo é essencialmente formativo.

> Agora sabemos que nenhum trabalho desonra, que somente ele fomenta a humanidade e a liberta. E Hegel mesmo [...] mostrou como, por meio do trabalho, o escravo se torna senhor do seu senhor. Para enobrecer qualquer trabalho só é preciso desenvolver os conceitos a fim de ver o que é e o que produz o trabalho. Ele cria novamente a humanidade diariamente.

---

26 Cf. Stein, *Der Begriff der Gesellschaft*, p.88 et seq., sobre a relação entre produção de bens materiais e cultura.
27 *Aus früherer Zeit*, v. IV, p.70 et seq., p.101, 359. Ver também as cartas de Ruge a Rößler, *Br.*, I, p.426, 440; II, p.6, 12.

O problema do trabalho

Ele é um "Deus que gera a si mesmo" e que faz "do homem, homem".[28] Ruge explica a história da filosofia do ponto de vista do trabalho tornado universal: o ponto mais elevado que ela alcançou é a *Politeia* aristotélica, compreendida porém como sociedade civil democraticamente organizada. A república dos Estados Unidos da América constituía para ele a última realização dessa ideia de uma *polis* na qual cada cidadão é autônomo enquanto trabalhador. Essa característica criadora do trabalho foi compreendida de maneira muito limitada por Hegel e de modo algum por Aristóteles:

> Apesar de Aristóteles ter visto a necessidade do trabalho para o Estado, desconheceu seu caráter criador e sua nobreza formadora e libertadora do mundo. Ele desconheceu o fato de que ele realiza a superação e a configuração do mundo externo e do mundo humano e que não faz isso como mera vida, mas com espírito pensante e como autolibertador. O trabalhador não é um animal, mas um homem pensante. O conceito de vulgar não se aplica mais ao trabalho, uma vez que é compreendido e concebido como atividade criadora, capaz de penetrar em tudo. Por meio do trabalho dos artesãos e dos artistas, o espírito chega a si mesmo em seu ser-outro e por meio da ciência se encontra em seu próprio elemento. Aristóteles, porém, eliminou ambos os fatores do Estado: para ele, o trabalho da sociedade civil estava *abaixo* do Estado, enquanto o trabalho estava *acima* dele, mas na verdade um é seu coração e o outro, sua cabeça.[29]

Em Aristóteles nem todo homem, mas apenas o cidadão pleno de direitos, é homem no verdadeiro sentido.

O Estado aristotélico ainda não era a comunidade de todos os seus membros capazes de conquistar a liberdade por meio do trabalho, mas estava formado pela camada superior de cidadãos que não trabalhavam, mas fazem os outros trabalhar para eles a fim de poderem se dedicar à guerra, à arte, à ciência e aos assuntos do Estado. *Escravidão* e *trabalho* são ainda sinônimos para ele; ainda falta o conceito altamente civilizador e honrado do *trabalho* que supera a natureza. Ele foi gerado pela época, mas ainda

---

28 Ibid., p.84.
29 Ibid., p.101; cf. p.356.

não fora disseminado. A grande dificuldade está em constituir o Estado de necessidade da sociedade civil com um Estado de liberdade e transformar a infraestrutura em superestrutura, isto é, transformá-la numa única estrutura. Enquanto o Estado, como domínio da liberdade, continua oposto ao Estado de necessidade, como a submissão à produção e ao ganho, faltará o princípio para a totalidade: que o todo seja o fim de cada trabalho e que o fim deste se encontre em cada trabalho, em suma, que só existam trabalhadores e mais nenhum zangão, pois "só o ativo é livre".[30]

Como atividade libertadora do homem pensante, o trabalho é a mais essencial confirmação do ser próprio do homem: "o único que salva e beatifica". Sobre ele se funda em particular a sociedade civil, que é então propriamente humana. "O trabalhador converte a sociedade civil em sociedade humana, toda cultura da natureza e do espírito é sua obra, ele é o *pai do homem*."[31] Um trabalho que é também trabalho do conceito ou do pensamento, no qual o homem está junto a si.

Em oposição ao estreitamento do conceito econômico de trabalho, Ruge ressalta seu significado universal. Pois o princípio da economia só se encontra no valor e em sua forma, ou seja, o dinheiro, enquanto o princípio da sociedade do trabalho, não é o da mera produção de valor, mas justamente o da *"produção do homem* e de si próprio no mundo *natural"*. "Todo valor produzido pelo trabalhador só se realiza para efetuar [...] corporal e espiritualmente o homem." A justificação do socialismo diante da economia política consiste em que essa última se atém ao sistema das necessidades egoístas, enquanto o primeiro faz a mediação entre os interesses particulares e os interesses gerais, e coloca o espírito comum como meta. A economia descuida o aspecto espiritual e humano da sociedade civil, porque só desenvolve as relações externas que se efetuam entre capitalistas e trabalhadores. Mas também Hegel desconheceu da mesma maneira o espírito da sociedade civil quando, em sua doutrina dos três estamentos, descartou a classe verdadeira e universal. O estamento dos trabalhadores compreende tanto o primeiro quanto o terceiro, "pois tanto a ciência quanto a agricultura se subsumem ao conceito de trabalho".

---

30 Ibid., p.105.
31 Ibid., p.360.

3. Marx: o trabalho como autoalienação do homem em um mundo que não lhe pertence

Marx concentrou a análise do trabalho nos problemas da *economia* como a expressão das relações reais da existência e ao mesmo tempo consolidou criticamente essa análise no conceito universal de trabalho da *filosofia* hegeliana. Disso resultou uma dupla crítica: à economia política clássica e à filosofia hegeliana. O que permanecia em Ruge um programa humanista foi desenvolvido por Marx com profundidade científica. A fonte principal para a compreensão da conexão originária de sua teoria econômica com a filosofia hegeliana é o manuscrito de 1844 sobre economia política e filosofia.[32] Ele é, junto com a *Ideologia alemã*, o acontecimento mais significativo na história da filosofia pós-hegeliana.

a) A crítica do conceito abstrato de trabalho da economia política clássica

A crítica de Marx à economia política clássica (A. Smith, J. B. Say, Ricardo, Mill)[33] parte da tese de que essa nova ciência da economia é a expressão teórica do movimento factual e da energia do capital e da indústria moderna. Porém, por outro lado, ela acelerou e justificou o desenvolvimento da indústria, dando-lhe consciência de si mesma. A grande descoberta de Smith, esse "Lutero da economia política", consistiu em ver que a essência aparentemente objetiva da propriedade privada é o trabalho humano como criador de toda riqueza. Quanto mais radical e cinicamente reduziu todos os valores ao trabalho que os cria, e analisou o trabalho assalariado do ponto de vista do capital empregado e explorado, tanto mais necessariamente essa teoria conduziu a uma crítica cujo padrão de medida, ao invés de ser o capital autônomo e o trabalhador, passa a ser o homem que trabalha socialmente. Do ponto de vista feuerbachiano sobre o homem,[34] que Marx interpreta como um ser que no fundo existe e produz socialmente,[35]

---

32 III, p.33-172.
33 Ibid., p.139 et seq.
34 Ibid., p.151 et seq. As teses e os princípios de Feuerbach condicionam todo o ensaio de Marx, mas seu verdadeiro problema é determinado pelo confronto com Hegel.
35 Ibid., p.116.

mostra-se que no sistema do capitalismo o trabalhador é apenas um homem que se perdeu e se tornou alienado de si mesmo, pois vive somente como mercadoria e capital. Tão logo ocorra a este último, devido, por exemplo, a uma diminuição da demanda, não ser mais "para o trabalhador", este também não será mais "para si"; ele fica sem trabalho e sem salário, pois existe apenas enquanto trabalhador. "A existência do capital constitui *sua* existência, sua *vida*, pois ele determina o conteúdo de sua vida em uma forma indiferente para ele."[36] Em vez de alcançar sua própria existência no trabalho que realiza, o trabalhador alienado de si produz ao mesmo tempo que a mercadoria também a si mesmo na forma da reificação. Mas esse é, porém, o paradoxo necessário do mundo capitalista, que consiste em que ele produz uma valorização do mundo das coisas que corresponde a uma desvalorização do mundo humano, reduzindo a maior parte da humanidade ao trabalho abstrato. Para Marx, o trabalho é "abstrato" não mais no sentido hegeliano de uma positiva universalidade do espírito, mas no sentido negativo de uma abstração da totalidade do homem concreto que no trabalho quer se realizar como total. O extremo dessa abstração é que o trabalhador, em vez de *exteriorizar* sua vida de modo produtivo, é forçado, para encontrar algum trabalho, a *alienar-se* nele.[37] Toda a sua vida é transformada em *meio* de vida, quando o trabalho impede a perda de sua existência nua. Enquanto o animal é imediatamente toda a sua atividade vital, o homem que produz com sabedoria e vontade um mundo recai para um nível abaixo do ser humano, quando ele se sente como homem apenas nas funções animais de comer, beber e procriar, e como animal quando está obrigado ao trabalho.[38] Seu ser espiritual, a livre atividade autônoma, é rebaixado, como atividade servil, a um mero meio para a satisfação das necessidades elementares da existência física. Em vez de ser algo para si no trabalho, o trabalhador só está em si ou livre quando não está em regime de trabalho.

---

36 Ibid., p.97. Que também o capital constitui um "sistema de trabalho", e na verdade o único de seu tipo, K. Dunkmann assinalou expressamente em sua *Sociologie der Arbeit* [Sociologia do trabalho] (p.71). Dunkmann teve que considerar em sua crítica ao conceito "abstrato" de trabalho seu sentido *original* para poder compreendê-lo corretamente.

37 Sobre isso, ver Parte I, cap. III, seção 3. No *Manifesto comunista*, segunda parte, se diz: "na sociedade burguesa o trabalho vivo é apenas um meio para aumentar o trabalho acumulado. Na sociedade comunista, o trabalho acumulado é apenas um meio para alargar, enriquecer e promover o processo de vida dos trabalhadores".

38 Ibid., p.85.

O problema do trabalho

O que o trabalhador é fora de seu trabalho é algo ignorado pela economia política; ela deixa esse resíduo humano para os médicos e tribunais, para a religião e a política. As necessidades do trabalhador são para ela apenas a necessidade de mantê-lo apto ao trabalho, a fim de que ele produza mercadorias. O trabalho assalariado pertence aos custos necessários do capital e não deve ultrapassar suas exigências. A economia política, essa ciência da riqueza, é ao mesmo tempo uma ciência do ato de poupar ou, dito brevemente, da "economia". Seu princípio ascético fundamental consiste em renunciar a todas as necessidades que não servem ao aumento do capital. Substitui o que o homem *é* e *pode ser in concreto* pelo abstrato *"poder"*[39] e *"haver"*,[40] que vale no sistema da propriedade privada como a única forma de apropriação. Essa pobreza das carências é a consequência da riqueza alienada da economia que rebaixou o ser humano ao produzir necessidades não essenciais. Mas esse sentido perverso que a produção tem para quem possui só se mostra de modo manifesto em relação a quem nada tem, pois no alto a exteriorização é sempre fina, ambígua e oculta, enquanto no baixo ela é grosseira, direta e manifesta. De fato, porém, a indústria especula sobre o refinamento das necessidades e, ao mesmo tempo, as embrutece. Ela engendra dentro da civilização avançada uma avançada barbárie.[41] A controvérsia entre os dois partidos da economia política, um dos quais (Malthus) prega o luxo e condena a poupança, enquanto o outro (Ricardo) ao invés do luxo quer a poupança, atesta o vínculo entre trabalho e capital, assim como entre pobreza e riqueza. Essa contradição se resolve na medida em que um confessa que quer o luxo para fomentar o *trabalho* e o outro que defende a poupança para elevar a *riqueza*. No fundo, ambos provam que capital e trabalho se pertencem como irmãos-inimigos. E como o próprio trabalhador representa o capital, também o capitalista é escravo de seu trabalho, posto a serviço do aumento do lucro. A moral da economia política é, segundo ambos os aspectos, a utilidade do ganho e da produção incondicionais e sua virtude é o trabalho ascético.

O modo capitalista de produção da vida mostra sua plena coerência no *dinheiro*.[42] Na medida em que este tem a propriedade de ser um meio

---

39 Ibid., p.129 et seq.; cf. M. Heß, *Sozialistische Aufsätze* [Artigos socialistas], p.140.
40 Ibid., p.118.
41 Ibid., p.132 et seq.
42 Ibid., p.145 et seq.; cf. *Kapital*, I6, 59 et seq.; II, 1 et seq.; III/1, 250 et seq.; III/2, 1-153.

universal de apropriação de tudo aquilo que ainda não se possui, o dinheiro será o alcoviteiro indiferente entre as necessidades e sua satisfação, entre a vida e seus meios, o mediador por excelência. Mas como ele é *o* meio de vida, ele deixa de ser meio e passa a ser fim. O dinheiro não é demasiado bom ou demasiado mau para nada; ele altera e transforma todas as relações naturais ao convertê-las a seu valor monetário. "O dinheiro é o espírito *efetivo* de todas as coisas", enquanto a lógica de Hegel apresenta apenas o "dinheiro do espírito",[43] o valor conceitual de todo ente. Enquanto patrimônio alienado da humanidade, constitui o meio mais universal de vinculação e separação de um mundo alienado de si mesmo. Ao invés de fazer atuar e de enriquecer as forças humanas essenciais, cada um especula para conduzir o outro à ruína econômica com a criação de novas necessidades. Cada novo produto é uma nova potência para o engano mútuo e a pilhagem. Mas quanto mais pobre se torna o homem enquanto tal, tanto mais ele precisa de dinheiro para poder se apoderar do ser alienado. A necessidade de dinheiro é a verdadeira e única que a economia política produz.[44] E esse movimento da produção é necessariamente desmedido, pois a única qualidade do dinheiro é sua quantidade, que segundo sua essência não conhece nenhum limite. O que se mostra com maior clareza no dinheiro, que segundo sua natureza é abstrato, já reside na base do trabalho realizado pelo dinheiro: como uma atividade que abstrai o homem, ele inverte a exteriorização da vida em alienação, a objetivação em desobjetivação e a realização em desrealização. Ele perverte todo sentido humano.

    A tarefa que se coloca a partir desse sistema do capital e do trabalho é a reapropriação do ser humano por meio da *supressão da autoalienação*, cujos dois lados são o mundo objetivo e o homem que se objetiva no trabalho. Ela diz respeito não apenas ao aspecto econômico, mas à vida multilateral do homem – sua vista e sua audição, seu sentir e pensar, seu querer e amar –, pois toda conduta do homem em relação a algo é uma forma determinada de apropriação do mundo humano.[45] O projeto de Marx para uma solução desse problema é total e completamente determinado por seu confronto com Hegel.

---

43 Ibid., p.154.
44 Ibid., p.127.
45 Ibid., p.118.

b) A crítica do conceito abstrato de trabalho da filosofia hegeliana

Hegel não pôde resolver o problema da alienação, pois abstraiu do *modo determinado* da produção e se contentou apenas em falar, de maneira geral, de "carências" comuns. Conforme sua origem teológica, a filosofia do espírito não tomou nenhum conhecimento das ciências naturais e da indústria surgida a partir dela, e desconheceu que no trabalho industrial o homem se reifica sem exteriorizar-se positivamente. E é justamente a indústria o "livro aberto" das forças essenciais do homem que se tornaram objetivas e alienadas de si mesmas. Ela é a antropologia mais patente e o âmbito mais acessível da história, ainda que até agora só tenha sido vista superficialmente e sem conexão com o ser efetivo do homem.[46] Uma vez que Hegel compreende o homem como "espírito" e a natureza como o mero ser-outro da ideia, também o trabalho ele pôde determinar apenas como uma relação formal e espiritual.[47] À sua abstração idealista do homem que trabalha corporalmente corresponde, por outro lado, a abstração materialista da economia política, que prescinde do homem ao tomá-lo como um mero ser que trabalha. Ambos ignoram a humanidade total do homem sensível e natural.

Ao partir da atividade absoluta do *Logos*, Hegel concebe também as categorias das partes específicas de seu sistema como categorias ontológicas, que determinam a essência universal, por exemplo, do trabalho, à custa de sua forma real de existência. Como categorias simplesmente gerais, elas são indiferentes a todo conteúdo determinado e por isso aplicável a qualquer um.[48] Para compreender o ponto de vista a partir do qual Hegel concebeu o trabalho, a *Fenomenologia* ocupa um lugar central, pois em suas diferentes figuras aparece sempre um único e mesmo movimento: a dialética da consciência e da autoconsciência. Por meio desses "seres de pensamento" [*Gedankenwesen*], cujo princípio motor é a dupla negação, Hegel conseguiu evitar engenhosamente a exteriorização humana e o alheamento, a objetivação e a alienação. Assim, o movimento da *Fenomenologia* termina com o saber absoluto: "toda a história do alheamento e toda a retratação do alheamento nada mais são, portanto, que a história de produção do pensamento abstrato, isto

---

46 Ibid., p.121.
47 Ibid., p.155 e p.170 et seq.
48 Ibid., p.168.

é, absoluto".⁴⁹ A alienação, que constitui todo o interesse propriamente dito do alheamento e de sua supressão, é compreendida como a diferença entre o "em si" e o "para si", da consciência e da autoconsciência, do sujeito e do objeto, com o que as oposições efetivas, sensíveis, desaparecem.

> Todas as demais oposições e os movimentos dessas oposições são apenas a *aparência*, o *invólucro*, a figura *exotérica* dessas oposições, as únicas que interessam que formam o *sentido* das demais oposições profanas. Como essência da alienação que deve ser superada ao ser posta, vale não o fato de que o ser humano se *objetive* em oposição a si mesmo, de modo *inumano*, mas que se *objetive diferenciando-se* e em *oposição* ao pensar abstrato.

A objetividade como tal rege, do ponto de vista do espírito, como uma atitude inadequada diante da essência espiritual do homem.⁵⁰

E da mesma forma que a alienação, também a *apropriação* das forças essenciais do homem convertidas em objetos estranhos constitui um mero movimento do pensamento. A reapropriação da essência objetiva do homem engendrada sob a determinação da alienação suprime a objetividade, mas não a alienação.

> A reivindicação do mundo objetivo para o homem [...], essa apropriação, ou a inteligência desse processo, aparece para Hegel de tal modo que a sensibilidade, a religião, o poder estatal etc. são seres *espirituais* – pois apenas o espírito é a verdadeira essência do homem e a verdadeira forma do espírito é o espírito pensante.⁵¹

Correspondentemente a essa desrealização ou espiritualização da apropriação, assim como da alienação, tampouco *aquilo* de que o homem se apropria pelo trabalho e *pelo qual* ele se torna estranho a si mesmo constitui algo real e independente, mas uma coisidade [*Dingheit*] que faz abstração de todo objeto preciso e é indiferente diante dele, que a autoconsciência por si mesma produz. O que esta sabe é a nulidade do mundo de coisas que se mantêm por si próprias e que se coloca positivamente diante do

---

49 Ibid., p.154.
50 Ibid., p.155 e 157.
51 Ibid., p.155.

homem. Neste negar da positividade a autoconsciência comprova a falta de objetividade de seu próprio ser. O homem vale como um ser não objetivo, espiritual. Ao invés de restituir ao homem nosso mundo autocriado historicamente determinado de objetos efetivos, Hegel unificou dialeticamente o objeto da consciência com a autoconsciência. A autoconsciência vale para ele como a verdadeira essência do homem e por isso a reapropriação do ser objetivo alienado aparece como um retorno de si a si mesmo, o que se cumpre sem grandes despesas depois que a "hostil alienação" do mundo objetivo foi reduzida a uma "indiferente estranheza". A autoconsciência de Hegel se adula com a ilusão de ser já em si no ser-outro pelo saber ativo, pois desconhece completamente uma exterioridade efetiva, mas apenas uma exteriorização [*Entäußerung*] revogável de si mesma.[52] Que porém a autoconsciência em seu ser-outro permanece em si mesma significa que o homem possui sua essência humana verdadeira no direito vigente, na política e na economia, pois a mera superação teórica da alienação [*Entäußerung*] deixa praticamente o mundo objetivo tão alienado como ele é. O criticismo aparente de Hegel que chega a negar os poderes vigentes segundo a forma, mas os mantém segundo o conteúdo, é na verdade um falso positivismo,[53] uma dissolução filosófica e reposição do empirismo vigente. Hegel pôde compreender a autoalienação como autoconquista, pois ele admitiu apenas formalmente todo o processo de negação da negação e apreendeu o movimento de sair de si e de retornar a si como um círculo que tem o fim em si mesmo. O que ele expôs não foi absolutamente um processo humano, mas um processo divino no homem cujo sujeito na verdade é a ideia absoluta.[54]

---

[52] A superação do objeto da consciência na autoconsciência que a abarca se realiza em três momentos: "1. O objeto da consciência como tal se apresenta à consciência como evanescente; 2. A alienação [*Entäußerung*] da autoconsciência é aquela que coloca a coisidade; 3. Essa alienação não tem significado apenas negativo, mas também positivo; 4. Ela o tem não apenas para nós ou em si, mas para si mesma; 5. Para si, o negativo do objeto, ou sua autossuperação, tem significado positivo ou conhece essa nulidade do próprio objeto porque aliena [*entäußert*] a si, pois nessa alienação coloca-se como objeto ou coloca o objeto em si mesmo em virtude da indivisível unidade do ser para si. 6. Por outro lado, nessa circunstância reside ao mesmo tempo outro momento pelo qual ela supera essa alienação e objetividade e retorna a si, e assim permanece em si em seu ser-outro como tal" (ibid., p.158).

[53] Ibid., p.155 e 164.

[54] Ver ibid., p.169 et seq., a crítica da transição hegeliana da "ideia" à "natureza" e do "abstrair" ao "intuir".

Segunda Parte

Que um homem corporal "que expira e aspira todas as forças naturais" se relaciona com um mundo de objetos reais, essa visão "materialista" da história como a verdadeira "história natural", tudo isso Marx desenvolveu sobre a base dessa crítica do "espiritualismo" hegeliano. O conceito "material" não alude a nenhuma "base econômica", mas à existência *objetiva* de coisas e homens reais.[55] A primeira formulação do materialismo histórico como um "humanismo naturalista" é determinada pela crítica que toma como ponto de partida a "natureza antropológica", ao invés do espírito absoluto.[56] Dentro desse mundo próprio de nossos sentidos naturais o homem também é um ser objetivo. E apenas como um ser natural e corpóreo ele tem como objeto de seu ser objetos reais sensíveis para neles exteriorizar sua vida.

> Um ser que não tem sua natureza fora de si não é um ser *natural*, não participa da natureza. Um ser que não tem nenhum objeto fora de si não é um ser objetivo. Um ser que não é ele mesmo objeto para um terceiro ser não tem nenhum ser como seu *objeto*, isto é, não se relaciona objetivamente, seu ser não é objetivo. Um ser não objetivo é um *não ser*.[57]

Portanto, quando o homem objetiva e coloca para fora de si as forças naturais de vida, também e do mesmo modo ele estará sempre já posto pelo mundo objetivo existente e suas forças. E por isso uma superação da autoalienação tampouco pode se dar de modo não objetivo ou espiritualista, mas apenas por meio de um "ação objetiva", que transforma as atuais condições existentes.

Apesar dessa rejeição inicial do "ponto de vista" da *Fenomenologia*, a crítica de Marx é positiva, pois reconhece as distinções de Hegel, as mantém e as prossegue em vista de sua realização.

> A *Fenomenologia* [...] é a crítica oculta, em si mesma ainda obscura; mas enquanto se atém à *alienação* do homem – ainda que o homem apareça apenas na figura de espírito –, nela já aparecem implicitamente *todos* os elementos da crítica e com frequência, de um modo que excede largamente o ponto

---

55 Ibid., p.159 et seq.
56 Ibid., p.121 et seq., 160 et seq.
57 Ibid., p.161.

de vista hegeliano, tais elementos já estão *preparados* e *elaborados*. A "consciência infeliz", a "consciência honesta", a luta entre a "consciência nobre e a consciência servil" etc., essas partes específicas contêm os elementos *críticos* – ainda que numa forma alienada – de esferas inteiras, tais como a religião, o Estado, a vida burguesa etc.[58]

A grandeza da *Fenomenologia*, de Hegel, consiste em que ela compreendeu a "autocriação do homem"[59] como um processo, a objetivação como alienação [*Entäußerung*] e a apropriação como superação dessa alienação [*Entäußerung*], em suma, apreendeu a essência universal do trabalho e o mundo humano como seu resultado. "Hegel se coloca no ponto de vista da economia política moderna. Ele compreende o *trabalho* como a *essência* [...] do homem",[60] ainda que conheça apenas o lado positivo da alienação [*Entäußerung*] e efetue uma superação meramente idealista do negativo. O trabalho aparece para Hegel como o "tornar-se para si" do homem, mas no interior da alienação [*Entfremdung*]. A despeito desse positivismo da especulação idealista, Hegel compreendeu conceitualmente a ação essencial do homem que se produz no mundo e no interior da especulação fez as "distinções que penetram na coisa".[61] Ele teve uma "compreensão alienada" sobre a objetivação efetiva, a alienação [*Entfremdung*] e a reapropriação do homem. Mas uma efetiva reapropriação só pode acontecer por meio da "aniquilação"[62] das determinações alienadas de nosso mundo objetivo. Por meio dessa modificação incidental do "superar" em um aniquilar, Marx se diferencia de Hegel metodicamente, mas também por princípio, porém de resto retomou suas categorias e as manteve em uma forma mais sensível até no *Capital*.[63]

Também o comunismo foi construído com conceitos da filosofia hegeliana. Ele deve ser a realização da unidade dialética entre *autoatividade* e *ob-*

---

58 Ibid., p.156.
59 Ibid., p.156; cf. p.124, a crítica seguinte à teoria da criação.
60 Ibid., p.157.
61 V, 531.
62 Ibid., p.166. Essa interpretação unilateral da negação dialética como simples aniquilação caracteriza o radicalismo de toda a esquerda hegeliana. A mesma simplificação acontece em relação a Nietzsche ao transformar a "superação" [*Überwindung*] do niilismo em sua recusa, quando em Nietzsche o niilismo, mesmo superado, permanece verdadeiro.
63 Cf. a análise do processo do trabalho no *Capital* I6, 139 et seq.

jetivação que é o resultado da filosofia da história de Hegel.[64] É a maneira prática pela qual o homem socialmente existente tem em seu poder toda a objetividade como autocriada e está em si mesmo no ser-outro. Na concepção de Marx, ele é não apenas a expropriação da propriedade privada, mas a "reivindicação da vida humana efetiva como sua propriedade",[65] uma total reconquista de si do homem tornado estranho a si no mundo objetivo criado por ele. A expropriação da propriedade privada é apenas uma consequência da apropriação geral do mundo. Marx diferencia então um falso de um verdadeiro comunismo.[66] Ele criticou as teorias (de Proudhon e outros)[67] que atacavam as relações de propriedade vigentes tratando de equilibrar suas diferenças pelo aumento de salário, ou tornar a propriedade universal por meio de uma distribuição igual. Tal reforma parcial nada muda, porém, no que tange ao essencial da conduta do homem no mundo, na desvalorização do mundo humano por meio da valorização do mundo das coisas. Tal teoria aniquilaria tudo aquilo que não poderia ser possuído por todos e da mesma maneira como propriedade privada. A determinação do homem como um "trabalhador" não apenas não seria superada, mas seria estendida a todos os homens e o capital permanece a potência geral sobre a sociedade. O verdadeiro comunismo é, pelo contrário, e tal como Marx como hegeliano pensa, uma reapropriação do ser humano no estágio de desenvolvimento que a civilização alcançou no capitalismo. Dentro dele, o comunismo é a "verdadeira dissolução do conflito entre [...] existência e essência, entre a objetivação e a autoatividade, entre liberdade e necessidade, entre indivíduo e espécie. Ele é o enigma decifrado da história".[68] O comunismo totalmente compreendido não apenas muda as relações sociais e econômicas vigentes, mas, do mesmo modo, as condutas políticas, jurídicas, religiosas, morais e científicas

---

64 Hegel, XV, p.689.
65 Ibid., p.16; cf. a segunda parte do *Manifesto comunista* e *Der Bürgerkrieg in Frankreich* [A guerra civil na França], p.69, onde se diz da comuna de Paris que com a expropriação se quis converter em uma "verdade" a propriedade individual ao transformar os meios de produção, a terra e o capital em meros instrumentos do trabalho livre e associado.
66 Ibid., p.111 et seq.; cf. M. Heß, *Sozialistiche Aufsätze*, p.150 et seq. e p.200 et seq.
67 Cf. III, p.212 contra a ideia de Proudhon que negava a desigualdade da propriedade "dentro da alienação da economia política", por isso a reconquista do mundo objetivo se cumpre na forma da possessão e não se modifica a modalidade de tal apropriação.
68 Ibid., p.114.

do homem. O homem enquanto ser comum possui a realidade objetiva não na forma do possuir privado e capitalista, mas em que para ele todos os objetos são uma objetivação positiva de si mesmo. Ele é o homem que chega a possuir de fato o mundo, porque seu modo de produção não o aliena, mas o confirma.[69]

Esses pensamentos que Marx desenvolveu nos *Manuscritos* de 1844 não foram publicados em sua época, e mesmo na forma que assumiram no *Capital* permaneceram sem influência sobre a filosofia alemã. Não obstante, fizeram história como nenhuma outra teoria: o marxismo de Lenin e o Estado russo de trabalhadores se apoiaram espiritualmente no confronto de Marx com Hegel. Na ulterior elaboração da análise da apropriação e da alienação, Marx concebeu o problema do trabalho de uma maneira cada vez mais exclusivamente econômica e o definiu em conexão com o salário e o lucro,[70] como a substância social das mercadorias. Esse conceito de trabalho, fixado economicamente e especializado,[71] que calcula a "quantidade de trabalho" e determina a "mais-valia" a partir de sua relação com o capital, não nos deve fazer desconhecer que o fundamento originário dessa teoria econômica tão discutida é a tão pouco considerada contraposição com a filosofia do espírito de Hegel.

Depois de Hegel e Marx, a filosofia alemã não desenvolveu mais o tema do trabalho em sua plena e inteira significação. A análise do trabalho se tornou um privilégio primeiro da economia política e depois da sociologia, que vasculhou ilimitadamente as diversas relações do trabalho com todos os fenômenos possíveis, como o saber,[72] por exemplo, e apesar de seu vín-

---

69 Ibid., p.119. Cf., para a consciente renúncia a uma possível solução do problema posto por Marx, Simmel, *Der Begriff und die Tragödie der Kultur* [O conceito e a tragédia da cultura], *Philosophische Kultur*, p.236 et seq., e Weber, *Der Sozialismus, Ges. Aufsätze zur Soziologie und Sozialpol.*, p.492 et seq., e *Ges. Politische Schriften*, p.139 et seq. (Ver, do autor, M. Weber e K. Marx, *Archiv f. Sozialwiss. e Sozialpol.*)
70 *Lohn, Preis Und Profit* [Salário, preço e lucro].
71 Cf. Engels, *Anti-Dühring*, II, 6, sobre o "trabalho simples e composto", e III, 3, sobre a divisão do trabalho.
72 Scheler, *Schriften zur Soziologie und Weltanschauungslehre* [Escritos sobre sociologia e doutrina das visões de mundo], de 1923/4; *Versuche zu einer Soziologie des Wissens* [Ensaio de uma sociologia do saber], de 1924; *Die Wissensformen und die Gesellschaft* [As formas do saber e a sociedade], de 1926; Mannheim, *Wissenssoziologie* [Sociologia do saber]. In: *Handwörterbuch der Soziologie* [Dicionário de bolso da sociologia]; Dunkmann, *Soziologie der Arbeit* [Sociologia do trabalho], de 1933.

culo com Marx, perdeu de vista sua conexão com Hegel. Fora E. Dühring, ninguém mais fez a tentativa de colocar o problema econômico e social do trabalho em fundamento e bases filosóficas. Por fim, ainda Engels no *Anti-Dühring* e na conclusão de seu escrito sobre Feuerbach, seguindo Hegel e Marx, deduziu que o movimento dos trabalhadores era o legítimo herdeiro da filosofia alemã, pois apenas ela compreendeu que o trabalho é o "criador de toda cultura e formação" e sua história é a chave de toda a história da humanidade. Por mais extravagante que pudesse parecer essa afirmação para a filosofia burguesa, não lhe faltava, porém, fundamento. Pois esta foi de fato a fraqueza da formação burguesa do fim do século, que ela enquanto formação de intelectuais, ao mesmo tempo que se separou socialmente da classe trabalhadora, também perdeu o horizonte para o problema universal do trabalho.[73]

4. Kierkegaard: o significado do trabalho para o devir de si mesmo

Kierkegaard colocou o trabalho em questão ao mesmo tempo que Marx, mas de tal modo que manteve sua problemática no quadro da ética cristã-burguesa. Ele trata do trabalho em conexão com o devir da "personalidade", mas não se deve entender mal esse individualismo do ser-de-si. Pois embora cada um como indivíduo tenha em si mesmo sua própria teleologia, não se deve separar o indivíduo de sua relação com a vida burguesa, como se devesse e pudesse satisfazer-se em "sentido abstrato". Seu si é antes absolutamente concreto e, por isso, ao mover-se para si mesmo, não pode se comportar negativamente em relação ao mundo ao redor. Ele movimenta-se "a partir de si mesmo, através do mundo e para si mesmo de volta".[74] A realidade cristã desse movimento hegeliano de extrusão [*Entäußerung*] e rememoração consiste em que ele é um "fato da liberdade" pelo qual o indivíduo se coloca *acima* das relações – por exemplo, as do casamento e do trabalho, *nas quais*, porém, ainda se encontram. Como indivíduo concreto, todo homem tem que antes de tudo comer e beber, vestir-se e morar numa

---

73 Uma espécie de equivalente do conceito de trabalho é o cuidado do qual fala Heidegger em *Ser e tempo*, no duplo significado de cuidar-se e cuidar de algo. Contudo, esse "cuidado" ontológico e existencial, conforme a sua origem teológica derivada do conceito de "*cura*" de Agostinho, não tem nenhum sentido formador do mundo.
74 II, p.236.

casa, ou em uma palavra, "existir". Para existir, porém, se necessita certa quantidade de dinheiro por esse *nervus rerum gerendarum*. "O dinheiro é e continuará sendo a condição absoluta da vida", argumenta o esteta diante do "ético". Este, no entanto, não se dá por satisfeito, pois suponha-se que não se tenha renda nem capital, nem eira nem beira, o que fazer então? O esteta dá de ombros e diz: "isto é outra coisa; aí não resta nada além de trabalhar". Mas que sentido tem dar existência a uma criatura destinada ao domínio do mundo se ela terá que esfalfar-se trabalhando para garantir o pão de cada dia? "Significa isso tratar um homem como homem?" Só se vive então para garantir o estritamente necessário e depois para melhorar as condições e sempre assim até finalmente morrer – pouco antes de enriquecer?

> Essa consideração poderia servir para uma prova da imortalidade do homem. A saber, cada homem tem a destinação de conseguir riqueza, e se ele morre antes, então não conseguiu cumprir sua destinação e terá que (como cada um pressente em seu íntimo) cumpri-lo em um outro mundo; se ele teve um rico ordenado e assim cumpriu sua destinação, então esta não poderia consistir em abandonar a riqueza alcançada, mas tem que ser antes em gozar dela: *ergo*, o homem é imortal. Pode-se denominar essa prova de demonstração popular ou a prova dos rendimentos e dos meios.[75]

Em oposição a essa ironia do estético, a ética pensa: trabalhar é dever do homem e como tal não é um mero fardo, mas tem um peso ético. Não é nem uma coação opressiva nem é mérito e entretenimento. Também não é uma imperfeição da existência humana, mas antes uma espécie de perfeição peculiar do homem em oposição aos animais e às plantas, que nem precisam, nem podem, trabalhar.

Quanto mais baixa é a vida humana, tanto menor é a necessidade de trabalhar; quanto mais alta ela é, tanto maior será essa necessidade. O dever de trabalhar para viver expressa o que há de universal no homem – também no sentido de que esse dever constitui uma manifestação da liberdade. Pelo trabalho o homem se faz livre; pelo trabalho ele se torna senhor da natureza; pelo trabalho ele mostra que é mais do que natureza.[76]

---

75 Ibid., p.241; cf. I, p.255 et seq., sobre a "economia de troca" entre trabalho e tédio.
76 Ibid., p.243.

Segunda Parte

Mais belo que ver crescer um lírio no campo[77] é a visão do homem que adquire por seu próprio trabalho seus proventos e mesmo preocupando-se com a nutrição, conserva sua dignidade humana.

O que dá a essa luta um valor formativo tão alto é que a ela se vincula um prêmio ínfimo, ou mesmo prêmio algum: luta-se apenas pela possibilidade de continuar a luta. Quanto maior e mais manifesta for a recompensa para o combatente, tanto mais certo ele abandonar-se-á a todas as paixões equívocas que habitam no homem: ambição, vaidade, orgulho, ou seja, motivos de força extraordinária que podem impulsionar o homem à frente. Quem se preocupa com a nutrição verá logo que essas paixões o abandonam [...] como o salário poderia estimulá-lo, uma vez que com grande esforço só consegue satisfazer as necessidades mais prementes? Se não dispõe de outras forças está perdido. Veja então que as preocupações nutritivas formam e enobrecem o homem e não lhe deixam nenhuma oportunidade de enganar-se a si mesmo. Se não vê nada de mais elevado nessa luta, então seria algo realmente miserável e digno de compaixão ter que lutar para comer o pão com o suor de seu rosto. Mas essa luta obriga o homem a ver outra coisa. Quem não quiser aviltar-se terá que advertir nessa luta uma honra que tanto mais o enaltece quanto menor for a recompensa. Assim, ao lutar para garantir seus próprios recursos, luta-se na verdade por si mesmo.[78]

Portanto, não é apenas a necessidade vital que obriga o homem a trabalhar, mas antes ele faz o trabalho necessário porque ele como homem quer trabalhar. Ele procura então um "nome mais nobre" para seu trabalho, um nome que determine a relação deste com sua vida e com os demais e, ao mesmo tempo, caracterize sua dignidade e alegria.

Concebido e realizado desse modo, o trabalho que alimenta cada um tem ao mesmo tempo um significado profundo para a personalidade: ele é a vocação do homem, em cujo cumprimento encontra satisfação e pelo qual alcança uma relação essencial com o próximo. O trabalho comum a todos os homens e seu sentido humano universal desfaz a diferença entre os distintos talentos, pois tanto os maiores como os menores se mantêm fiéis a

---

[77] Cf. *Drei fromme Reden* [Três discursos beatos], p.8 et seq., e *Ausgewählte christliche Reden* [Discursos cristãos escolhidos], p.19 et seq.
[78] Ibid., p.245.

si mesmos. O trabalho profissional normatiza a vida do homem e o impede de emancipar-se do universal, eximindo o homem do esforço de constantemente determinar-se a si mesmo como faz o homem sem profissão. O homem que trabalha regularmente não precisa de um talento específico para produzir algo no mundo. Cada um pode fazer o seu e nessa medida, e isso vale enquanto "essencialmente cada homem realiza algo equivalente".[79] Quem de tal maneira vive psíquica e espiritualmente de seu próprio trabalho está muito longe da visão estética de "não querer subjugar o Pegasus", e gostaria de transformar o trabalho em um divertimento por meio do desenvolvimento de um talento particular. O esteta, que só vê no trabalho o destino trivial das massas, é cego para seu sentido formativo e humano.

Kierkegaard, que viveu de patrimônio herdado, estava ciente do caráter problemático de sua existência excepcional condicionada por esse fato.

> Tu não precisas te lamentar por não ser obrigado a trabalhar para viver com recursos; não gostaria de te aconselhar a abrir mão de seus bens para se colocar essa necessidade: todo experimento é mera torpeza e não conduz a nada. Aliás, tu estás em minha opinião destinado a conquistar em outro sentido as condições de tua vida. Para poder viver, tens que chegar a dominar sua melancolia inata. Nesse sentido, posso aplicar a ti também as palavras daquele velho homem: "foste levado em boa hora à escola onde terias que aprender a trabalhar para viver".[80]

Se o homem não pode viver apenas pelo simples dinheiro, tampouco se pode viver apenas da melancolia e Kierkegaard sabia muito bem, por sua "arte de existir", que a interioridade de sua "existência espiritual" melancólica estava ligada a algo tão externo como o dinheiro.

> Que existam editores, ou seja, homens cuja inteira existência consiste em converter livros em mercadorias e autores em comerciantes, isto é algo completamente imoral. Se em uma relação espiritual (como a de ser autor) intervém o fator pecuniário, quando ele [...] recebe honorários etc., aqueles que constituem a relação espiritual terão também que estar em uma relação fundada no dinheiro; terão que aceitar o fator pecuniário não

---

79 Ibid., p.255 e 264.
80 Ibid., p.249; cf. *Buch des Richters*, ibid., p.97.

porque perseguem as maiores vantagens pecuniárias possíveis [...], mas pode ter algo de vergonhoso nisso. Se a relação econômica é de tal modo constituída que ela é a fonte de renda de um inteiramente outro homem [...], logo ela se torna impudente. A impudência consiste na completa falta de reserva e limite em considerar as produções espirituais como mercadorias. O público adquire assim, por meio do dinheiro, poder sobre o editor, e este, pela relação econômica, adquire poder sobre o autor [...].[81]

Graças a essa concepção sobre o vínculo entre o dinheiro e o espírito, Kierkegaard pôde fazer sobre si mesmo o seguinte comentário, tão sério quanto paradoxal: "Que eu tenha me tornado escritor se deve essencialmente à minha melancolia e a meu dinheiro".[82] Sua inata melancolia o isolou, o conduziu à interiorização e o colocou nos marcos do estado religioso – seu dinheiro, porém, lhe possibilitou a existência de uma vida particular e privada.[83] Pouco antes de sua morte se lhe tornou clara a concordância entre o consumo de sua existência espiritual e de seus meios materiais, pois alguns meses antes de despencar na rua, ele havia retirado do banco as últimas cotas de seu patrimônio depositado isento de juros.[84] Assim, esse antípoda de Marx confirmou a opinião deste último sobre a conexão que se estabelece entre o capital e o trabalho como o todo da existência humana.

5. Nietzsche: o trabalho como dissolução do recolhimento e da contemplação

Nos pensamentos ocasionais de Nietzsche sobre o lugar do trabalho na vida do homem, ele não aparece mais como um poder modelador e formativo do mundo, mas é sentido apenas como pressa e fardo. Se, porém, o caráter essencial do trabalho está no peso e se, apesar da vontade de rendimento, ele não tem mais nenhum fim em si mesmo, então o homem alijar-se-ia do fardo e da seriedade do trabalho e entregar-se-ia ao divertimento

---

81 *Tagebücher*, I, p.248.
82 Ibid., p.373; cf. *Buch des Richters*, p.85.
83 Para uma interpretação sociológica da "interioridade" de Kierkegaard, ver T. Wiesengrund [Adorno], *Kierkegaard*, Tübingen, 1933, p.44 et seq.
84 Ver *Tagebücher*, p.23.

fácil tão logo não tivesse mais que trabalhar. No repouso o homem busca fugir do trabalho e se entregar ao entretenimento; a pressa para realizar o trabalho e a busca por divertimento são apenas dois lados de uma mesma coisa. Diante disso, Nietzsche defende a contemplação que implica tempo livre e ócio.

> É algo digno de índios, de tipo selvagem, como os americanos se esforçam por dinheiro: sua pressa sem fôlego em trabalhar – o verdadeiro vício do novo mundo – começa, por contágio, a embrutecer a velha Europa e a propagar uma impressionante falta de espiritualidade. Envergonhamo-nos do repouso e a reflexão prolongada nos causa remorso. Pensa-se com o relógio na mão assim como ao meio-dia se come com os olhos dirigidos ao boletim da Bolsa; se vive como alguém que está sempre perdendo alguma coisa. Antes fazer algo que não fazer nada – tal princípio é a corda que serve para estrangular de vez toda alta cultura e todo gosto superior. E da mesma forma como nessa pressa do trabalhador sucumbem visivelmente todas as formas, também o sentimento pela própria forma [...] sucumbe. Não se tem tempo nem forças para dedicar-se ao cerimonial, para a cortesia e seus rodeios, para todo *esprit* de conversação, e em geral para todo *otium*. Pois viver na busca pelo ganho obriga continuamente a consumir o espírito até o esgotamento por meio de constantes dissimulações, ou logros ou prevenções: a virtude propriamente dita consiste agora em fazer alguma coisa em menos tempo que os outros. E, assim, restam poucas horas de probidade *permitida*; nelas estamos, porém, cansados e gostaríamos não apenas de chegar a elas, mas nos *deitar* longa, larga e pesadamente. De acordo com essa inclinação é que agora escrevemos cartas; seu estilo e espírito seguirão sendo o verdadeiro sinal da época. Se ainda existe algum prazer na sociedade e nas artes, trata-se de um prazer semelhante ao que se proporcionam os escravos fatigados pelo trabalho. Oh, o que dizer então da sobriedade na alegria entre nossos cultos e incultos? O *trabalho* recebe sempre mais a boa consciência para seu lado; o pendor para a alegria já é chamado de necessidade de repouso e começa a envergonhar-se diante de si mesmo. Faz-se isso pela saúde – é o que diz alguém ao ser surpreendido numa festa no campo. Em breve chegará o tempo em que não se poderá ceder à tendência pela *vita contemplativa* sem autodepreciação e má consciência.[85]

---

85 *Fröhliche Wiss.* [Gaia ciência], Af. 329; cf. Af. 42 e 280; I, p.229 et seq. e 344 et seq.

A inclinação para a contemplação teve suas raízes tanto no *ethos* antigo como no cristão. Na Antiguidade, dedicar-se ao ócio era algo digno e nobre, e enquanto a Igreja determinava a avaliação da vida, a *vita contemplativa* estava fundamentada no predomínio que a meditação e o recolhimento possuíam diante de toda atividade mundana. Somente com a ativa e infatigável laboriosidade do mundo moderno foi dissolvida a hierarquia entre *otium* e *labor* e entre o recolhimento cristão e a atividade terrena, até o ponto em que o domingo se converteu em um dia de tédio porque nele não há nada a fazer. A "consumidora de tempo" e "estúpida e orgulhosa" laboriosidade moderna engendrou, mais do que qualquer outra, a incredulidade, e com isso dissolveu a vida religiosa.

> Entre aqueles que, por exemplo, agora na Alemanha vivem apartados da religião, encontro homens de muitos tipos [...] principalmente, porém, uma maioria formada por pessoas a quem a laboriosidade foi dissolvendo, de geração a geração, os instintos religiosos: de modo que já não sabem para que serve a religião e só registram [...] sua existência no mundo com uma espécie de estúpido assombro. Sentem-se já suficientemente absorvidos [...] seja por seus negócios, seja por suas distrações, sem falar na pátria e nos jornais [...].[86]

O mesmo que vale para os extremamente ocupados serve também para os cultos,[87] pois a pesquisa científica também se converteu em parte da engrenagem do trabalho incessante.

O trabalho perdeu o caráter de maldição desde que o mundo cristão-burguês – para usar o título de uma antologia bem conhecida de Carlyle – realiza o "trabalho" para "não ter que desesperar" e fala da "bendição do trabalho".

> Na glorificação do trabalho, no incansável discurso sobre a "bendição de trabalho", eu vejo o mesmo pensamento de fundo que no elogio às ações impessoais e voltadas para a utilidade comum: aquele do temor diante de tudo que é individual. No fundo, sente-se agora [...] que um tal trabalho é a melhor maneira de subjugar a todos e impedir, pelo uso da força,

---

86 *Jenseits von Gut und Böse* [Além do bem e do mal], Af. 58.
87 *Fröhl. Wiss.*, Af. 348, 349, 373.

o desenvolvimento da razão, da avidez, do prazer proporcionado pela independência.[88]

Um apologista clássico do trabalho na década de 1890 foi É. Zola, que proclamou em um discurso para a juventude:

> Eu tinha apenas uma fé, uma força: o trabalho. Só aquele trabalho imenso que eu me propus realizar me manteve [...]. O trabalho de que falo para vocês é o trabalho regrado, uma lição, um dever que eu me coloquei para que minha obra avançasse diariamente, nem que fosse um passo. Trabalho! Pensem, meus senhores, que ele constitui a única lei do mundo. A vida não possui qualquer outro sentido, qualquer outra razão de existência; todos nascemos para cumprir nossa parte no trabalho e então desaparecer.

Apenas raros espíritos como Nietzsche e Tolstoi reconheceram o falso *pathos* e o niilismo oculto que caracterizavam essa avaliação do trabalho.[89]

O trabalho que no século XIX foi elevado à categoria de um fim em si mesmo de modo algum caracteriza apenas a "sociedade industrial" da época burguesa, mas antes, e ainda mais, o "povo" do Estado totalitário, que lhe propõe um fim aparente que na realidade só pode ser a guerra. A "frente de trabalho" alemã que empregava até mesmo o tempo livre a fim de intensificar a força de trabalho com o mote "força pela alegria" criou uma organização do trabalho total, que só se deixa comparar com a do exército. A finalidade política dessa "frente" de trabalho era a construção de uma força militar totalitária por meio de uma completa militarização da vida. Também esse processo foi previsto pelo autor de *Vontade de potência*. "Sobre o porvir do trabalhador: os trabalhadores deveriam aprender a sentir como *soldados*: um honorário, um soldo, mas nenhum pagamento."[90] Como Nietzsche entendia o "adestramento" das massas apenas como um meio para os mais elevados fins, ele também pôde perguntar em relação à "escravidão do presente": "Onde estão aqueles *para* os quais eles trabalham?".

---

88 *Morgenröte* [Aurora], Af. 173; cf. *Zur Genealogie der Moral* [Genealogia da moral], III, Af. 18.
89 Ver a resposta de Tolstoi a Zola no caderno Tolstoi da *Neuen Bücherschau* de setembro de 1928, e *Que fazer*, cap. 38.
90 XVI, p.197 e 196.

III
O problema da cultura

> "De que ainda seria possível para um homem cultivar-se puramente a partir de seus próprios impulsos, disso não se fala mais. A penúria da época é grande demais e não se pode mais deixar que os homens ajam; eles precisam de um selo geral para que cada um se adapte, em todo caso, ao monstro que se chama vida moderna."
>
> Burckhardt (a Kinkel, 1846)

O ideal humanista de cultura foi esboçado na Alemanha por W. von Humboldt e foi realizado nas universidades. Hoje não está mais na posição de defesa. Mesmo a questão tão discutida se a cultura deve ser política ou humanista perdeu há muito tempo sua atualidade. Os cultivados pressentiram que sua cultura apolítica não podia resistir ao ataque do Estado enquanto este se vangloriava de poder prescindir dos "intelectuais", o que certamente não impedia que a cultura política do império por ele propagada se sustentasse como "cultura" por meio da evocação aos restos da cultura antiga, tal como atestam cada frase e todo o vocabulário de seus manifestos, discursos e escritos. Para Hegel, o problema da escolha entre uma finalidade humanista ou política não se colocava de modo algum, pois para ele era evidente que a cultura "humanista" educava precisamente o indivíduo para a *polis*.

1. O humanismo político de Hegel

Os cinco discursos que Hegel pronunciou como reitor do Ginásio de Nuremberg entre 1809 e 1815 dão, de forma breve e simples, uma imagem completa de sua ideia de cultura.[1] Está tão longe de uma politização extorquida de fora da cultura como do individualismo aristocrático da cultura de Humboldt. Para ele, que o homem só possa cultivar-se *a si mesmo* era o pressuposto para que ele tenha que se formar para a participação na *comunidade*, em conexão com a linguagem e os costumes tradicionais, que não são apenas meus, mas gerais. Para o indivíduo, cultivar-se é um elevar-se pela cultura à essência universal do espírito. Esse princípio determina todos os cinco discursos. O primeiro trata especialmente do estudo da antiguidade e do significado dos estudos gramaticais e linguísticos para a cultura como tal; o segundo desenvolve o conceito de disciplina e trata da conexão da cultura ética com a científica; o terceiro coloca a escola no meio entre a vida familiar da criança e a vida pública do homem; o quarto focaliza o estudo da Antiguidade com vistas à formação do homem para a totalidade; o quinto caracteriza a situação problemática da cultura no presente por meio da luta entre o antigo e o tradicional e o moderno.

Como uma tarefa da escola superior, a cultura se limita, em primeiro lugar, ao estudo erudito. O estudo autêntico é diferente do aprendizado meramente passivo e do raciocinar teimoso. O professor tem que ensinar o aluno para que este aprenda a pensar por si mesmo a partir do *outro*. "Reprimir o palavrório é uma condição essencial de toda cultura e todo aprendizado. Para isso se tem que começar a entender os pensamentos dos outros e renunciar a suas próprias representações." Essa união do aprendizado com a atitude de pensar por si próprio é o primeiro passo para alguém estudar. Mas se alguém captou algo por si mesmo no ato de aprender, então terá que

---

[1] *Werke* [Obras], XVI, p.133; cf. *Philosophische Propädeutik*, §41 et seq. *Rechtsphilosophie*, §187 e §268, Ad. Cf., sobre a concepção de cultura de Hegel, Thaulow, *Hegels Ansicht über Erziehung und Unterricht* [A visão de Hegel sobre educação e ensino], e Rosenkranz, *Die Pädagogik als System* [A pedagogia como sistema].

se verificar se ele pode aplicar isso a casos novos e diversos.[2] Alcançar isso é a tarefa pedagógica da aula, que tem que ser já educativa em si mesma e por isso não precisa de nenhuma pedagogia vinda de fora.

A vantagem de ser reitor em uma instituição de ensino *nova* é esclarecida por Hegel no fato de que ela é fundada em outras *mais antigas* e por isso segue uma tradição que garante sua duração. O princípio das antigas instituições é porém a cultura humanista, e são elas que fundam a confiança nas novas. "Já há alguns milênios este foi o solo do qual surgiram todas as culturas; dele elas brotaram e com ele estiveram em constante relação." "Por importante que seja a manutenção desse solo, também é essencial a mudança da relação na qual ele outrora surgiu." O antigo tem que se colocar em uma nova relação com o todo para conservar, mediante uma renovação, o que lhe era essencial. Hegel exemplificou isso ao referir-se ao estudo do latim. Ele caiu em descrédito, porque desconsiderou importantes conhecimentos concretos da vida civil; mas isso não significa que o mero conhecimento das coisas atuais possa substituir o conhecimento dos gregos e romanos. Pois o que cultiva de modo algum é o conteúdo material, nem no mero estudo do latim, nem na ocupação com as coisas cotidianas, mas apenas aquilo que nele mesmo já está formado e que já é em si substancial e excelente. "Se admitimos que se deve partir do que é excelente, então a base do estudo superior terá que ser e seguir sendo a literatura, primeiro a dos gregos e então dos romanos." Só com o estudo de suas obras completas o homem recebe o "batismo profano" que dá "à alma o primeiro e inesquecível tom e a tintura do gosto e da ciência". É necessário, porém, que "se habite e se viva" entre os antigos, para respirar seus ares, adentrar suas representações e costumes e mesmo seus erros e preconceitos, para se familiarizar com este mundo, que é o mais belo que já existiu.[3] O mundo antigo oferece à cultura o mais nobre alimento na forma mais nobre e nenhum povo produziu tantas coisas originais, excelentes e multiformes como os gregos, cuja virtude plástica estava livre da "ambiguidade moral" do mundo cristão.

A riqueza da Antiguidade está impressa em sua linguagem e por isso o estudo dos antigos tem que ser preferencialmente estudo de línguas. Uma apropriação real de línguas estrangeiras não se dá direta e simplesmente.

---

2 XVI, p.153 e aí a aplicação desse princípio ao ensino de filosofia: XVII, p.342 e 353.
3 Ibid., p.134-139.

A *aproximação de algo alheio* exige uma *alienação do que é próprio*. Tem-se que poder alienar-se de si próprio para se aproximar do que é alheio e diferente. A cultura não apenas necessita de um objeto que ela configura ou forma, mas deve ter algo estranho que se nos opõe. "Para a alienação, que é condição da cultura teórica, se exige [...] a ocupação com algo não imediato, algo estranho".[4] Essa "exigência de separação" manifesta-se no impulso que é particularmente próprio da juventude: separar-se do familiar e buscar-se no longínquo, pois justamente o distante e estranho é o estimulante para a força pessoal de apropriação.

> Nesse impulso centrífugo da alma se fundamenta [...] a necessidade de lhe oferecer a separação que ela busca de sua condição e essência naturais e ter que instalar o jovem espírito em um mundo novo e distante. A divisória pela qual [...] se realiza essa separação para a cultura é o mundo e a linguagem dos antigos; mas ela, que nos separa de nós mesmos, contém, ao mesmo tempo, todos os pontos de partida e os fios que nos reconduzirão a nós mesmos, à amizade com tal mundo e ao reencontro conosco, mas se trata de um nós segundo a essência verdadeira e universal do espírito.[5]

Portanto, a verdadeira apropriação não é uma assimilação que atrai para si o que é alheio sem reservas, mas exige um sair de si mesmo, pois só será cultivado aquele que se apropria do outro *em sua alteridade*. Disso se segue que também aquilo que há de "mecânico" no aprendizado de uma língua que nos é estranha é mais que um mal necessário. "Pois o mecânico é aquilo que é alheio ao espírito, pelo qual este tem interesse em ingerir o alimento indigesto que a ele chegou, em compreender e apropriar-se do que nele ainda está desprovido de vida." O mesmo vale para os estudos gramaticais, que justamente por seu caráter abstrato constituem um meio adequado para a formação do espírito. Assim como o conceito de "ser" já está em geral contido em todo "é" gramatical, do mesmo modo, todas as formas linguísticas já contêm em geral o *logos* das coisas.[6] O homem cultivado tem que poder pensar concretamente, mas de modo verdadeiramente concreto só pensa aquele que em meio à massa de representações consegue distingui-las

---
4 Ibid., p.142; cf. *Philos. Propädeutik*, §42.
5 Ibid., p.143.
6 Ibid., p.143 et seq.; cf. Prefácio da segunda edição da *Lógica*.

e abstraí-las do material empírico.[7] O estudo gramatical é uma "filosofia elementar", pois nos permite conhecer as essencialidades simples e abstrata, as "vogais do espiritual". Esses três elementos estranhos, o mundo antigo, sua linguagem e sua construção gramatical, constituem a força formativa dos estudos humanistas na medida em que separam o espírito humano de si mesmo e o liberam para que possa chegar a si mesmo. Todavia, o princípio da cultura científica é, ao mesmo tempo, o princípio de um agir digno do homem, pois este não exige menos que possa separar-se de si.

> A cultura científica exerce em geral sobre o espírito o efeito de separá-lo de si mesmo, de sua existência natural imediata, elevá-lo da esfera carente de liberdade do sentimento e do impulso para colocá-lo na esfera do pensamento. Por meio disso ele toma consciência de sua reação às impressões externas que de outro modo seriam apenas reações necessárias de tipo instintivo e com essa libertação adquire poder sobre as representações imediatas e as sensações, libertação que constitui o fundamento formal das modalidades de ação moral.[8]

Também os exercícios militares são formadores do espírito, pois são opostos à dispersão e à indolência naturais e obrigam a seguir com rigor ordens alheias e a manter a presença de espírito. A cultura não está limitada a nenhum domínio determinado, mas um "homem de resto culto" tem a capacidade de penetrar em qualquer ciência ou habilidade que lhe são alheias. Ela é uma cultura para o universal, justamente por não ser uma formação geral no sentido de uma unificação superficial de muitas particularidades.[9]

Uma vez, porém, que a eficácia das instituições civis de ensino não se estende a todo o domínio da existência humana, mas se limita ao homem enquanto aluno, a tarefa da escola é a de fazer a mediação entre a particularidade privada e a universalidade pública da vida. Ela pressupõe o fato de que, por um lado, o aluno já traz algo de casa e, por outro, de que mais tarde, fora da escola, ele terá que provar sua eficácia; ela faz a mediação entre a vida na família e a vida no mundo comum a todos.[10] O mundo para o qual o

---

7 Cf. o artigo de Hegel, "Quem pensa abstratamente", XVII, p.400 et seq.
8 Ibid., p.170.
9 Ibid., p.151.
10 Ibid., p.171.

aluno deve se formar não é um mundo privado, mas uma *res publica* ou *polis*. Nela o homem tem valor não por suas particularidades individuais, mas por sua aptidão para atuar em uma esfera objetiva. Portanto, a cultura tende a plasmar e a formar o indivíduo por meio da renúncia a suas propriedades no "elemento da coisa" que é o mundo comum, diferentemente das relações pessoais e particulares da família, das quais partia a esfera intermediária da escola. O mundo em que o homem cultivado conquista um "ser-si-mesmo universal" é caracterizado por Hegel como um "sistema da universalidade" no qual os indivíduos só valem enquanto se conformam a ele, e o que a escola possibilita é a capacidade dos indivíduos de pertencerem à vida pública.[11] Esta era a finalidade da cultura do homem, modelo que seguimos quando chamamos a nossa de cultura humanista. O que escapa de nossa visão e de nossa participação graças à constituição do tempo moderno e constitui as grandes e públicas relações sobre as quais repousava o equilíbrio da ordem moral e cívica estava presente na *polis*, pois aqui o caráter absoluto do Estado se baseava na participação espontânea dos indivíduos. Ao contrário, em nossa situação moderna, isolada por um excesso de cultura, a "vida íntima do todo" se desprendeu, como um espírito abstrato, do ânimo dos indivíduos. "Cada indivíduo tem apenas uma longínqua e fragmentária participação, restrita a uma esfera limitada, *sobre* a qual está a alma [...] que conduz à unidade [...] todos esses movimentos particulares; eles não têm nem o sentimento, nem a representação ativa do todo."[12] A classe profissional à qual nos referimos é mais excludente que a dos antigos; por isso, nos é ainda mais importante resgatar ao menos a representação e o conceito de uma "vida completa", e para isso apontam preferencialmente os estudos humanistas.

Eles oferecem a representação *familiar* do todo humano; o tipo de liberdade dos Estados antigos, a ligação íntima da vida privada e da vida pública, do sentido geral e da disposição privada, tudo isso implica que os grandes interesses da humanidade individual, os mais importantes pilares da atividade pública e privada, as forças que abatem e levantam os povos, se apresentam como pensamentos correntes, como simples considerações naturais de objetos cotidianos de um presente ao qual se está acostumado – pensamentos que na nossa cultura não entram no círculo de nossa vida e de nossos afazeres. Disso se segue que também as leis e os deveres se mostram

---

11 Ibid., p.174.
12 Ibid., p.188.

como figuras vivas, como *costumes* e *virtudes*, e não na forma de reflexões e princípios que seguimos como prescrições longínquas e impostas.[13]

Para manter presente essa representação fundamental de uma vida nobre e íntegra e para fortificar um "lugar íntimo", ao qual se pode retornar depois do isolamento de nossa vida real, para tudo isso temos que cumprir os estudos ginasiais e nos cultivar com os gregos e romanos.

Entretanto, na posição objetiva que Hegel ocupava no mundo, o reconhecimento "do que é" prevaleceu sobre a crítica do existente, realizada segundo o critério da cultura antiga. Seu sentido de realidade rechaçava os "eternamente jovens" que querem revolucionar a ordem vigente e que manifestam sua "falta de cultura" quando não exteriorizam sua ipseidade e não se inserem na realidade efetiva. Quando pertencem às classes superiores, diz Hegel, como se já estivesse prevendo seus futuros discípulos revolucionários, associam-se, esboçam programas vazios acerca de como deveria ser o mundo de acordo com suas opiniões e fazem um "buraco na ordem das coisas".

2. Os jovens hegelianos

a) A politização da cultura estética em Ruge

As consequências para a cultura que resultaram da "politização da época" foram tiradas do modo mais preciso por Ruge e isso se deu na aplicação da concepção hegeliana de cultura política diante de uma cultura autossuficiente que se subtrai da vida pública. Seu pensamento é o seguinte: a politização da cultura parece representar, em primeiro lugar, uma destruição das ciências livres e das belas-artes. Os gregos eram totalmente homens "políticos" e também, em elevado grau, poéticos, filosóficos e livres. Mas entre eles não havia aquela "gratuidade" – própria de nossa condição – das ciências e das artes, cuja aparente liberdade repousa no isolamento privado da vida pública comum.[14] O "excesso de cultura" que resulta dessa separação e que cria uma ciência "alexandrina" deve ser profundamente reformado.

---

13 Ibid.
14 Sobre a reforma da arte a partir do princípio político da comunidade pública, cf. o escrito de R. Wagner de 1849, *Die Kunst und die Revolution* [A arte e a revolução].

Apenas se excetuam as ciências naturais, pois em geral elas não têm como objeto nenhuma "existência histórico-espiritual". Por outro lado, a época progressiva deve representar a morte da filosofia, da teologia e da jurisprudência vigentes, pois a história mesma tomou delas o objeto que até então possuíam. "Com os deuses gregos morreu a teologia grega, com seu Estado, sua jurisprudência, com o Sacro Império Romano desapareceu um formidável mundo jurídico, um verdadeiro paraíso [...] dos juristas." Do mesmo modo, o "gênero" poético que tinha por tema as cenas naturais, amorosas, familiares e burguesas desapareceu tão logo o recém-surgido sentido político ofereceu temas históricos à poesia. À cultura sobrevivente pertence também o reverso da literatura pequeno-burguesa, ou seja, a romântica, e com ela também a clássica, se submete ao juízo da época. Pois também Goethe e Schiller, ao se limitarem às relações políticas e históricas alemãs, se retraíram "egoisticamente" em sua própria interioridade. Nenhum deles foi capaz de conferir realidade política a seus ideais políticos; Goethe por rechaçá-la e Schiller por fomentá-la.[15] O que, segundo Ruge e sua crítica radical da cultura "anterior", pertence à nova poesia se limita aos nomes de alguns poetas políticos como Herwegh e Hoffmann von Fallersleben.

No último ano de publicação dos *Jahrbücher*,[16] ele afirma de forma ainda mais clara que a época dos "teóricos esnobes" e da ilusão da filosofia abstrata já passou. Fé, saber e poesia, essas esferas "absolutas" no sistema hegeliano, não flutuam por cima do Estado; elas são antes uma oportunidade pública e uma parte constitutiva e necessária na organização espiritual da liberdade política. A questão verdadeiramente religiosa não consiste na reserva da "consciência moral" e da "boa vontade" – tão estimáveis quanto impotentes –, mas na mundanização da religião, da ciência e da arte realizada pelo Estado, entendido como a totalidade pública de nossa vida em comum. À cultura esnobe faltam grandes finalidades históricas, ela se satisfaz consigo mesma.

> A filosofia, que perdeu de vista sua meta radical, assim como a cultura geral e mundana própria de homens puramente privados, corre sempre o risco

---

15 Echtermeyer e Ruge: *Der Protestantismus und die Romantik, Zur Verständigung über die Zeit und ihre Gegensätzs* [O protestantismo e o romantismo. Contribuição à compreensão da época e seus contrastes], *Hallische Jahrbücher...*, ano II, 1839, p.1953; cf., sobre a crítica a Goethe, p.65 et seq., p.153 et seq., p.2313 et seq.
16 *Deutsche Jahrbücher...*, ano V, 1843, "Eine Selbstkritik des Liberalismus" [Uma autocrítica do liberalismo].

de perecer em seu autoespelhamento e no movimento fútil de sua própria subjetividade. O engenho, o humor insípido típico de grandes cidades, que sempre está à espreita onde ele pode se encaixar convenientemente e brilhar; a divinização de todo gênio e de toda celebridade, o entusiasmo vazio pelas dançarinas, gladiadores, músicos, atletas, o que tudo isso prova? Nada além de uma cultura esnobe à qual falta o trabalho real por grandes metas [...], nada além da frivolidade do mero entendimento formal e do talento formal; é necessário ter chegado ao ponto de desprezar todos esses dons e toda essa esperteza para não ser arrastado por esse mesmo torvelinho vazio, sem seiva e sem força. Jogais com vossa superinteligência e entediais se conseguis brilhar e jogar com os demais, refletis sobre essa consciência leonina de *dandy* na qual todos vocês se reúnem e creem que não poderia haver nada mais elevado que essa saciedade e indolência; mas não pensais que sois homens íntegros, mesmo se por pura indolência os deixai disparar um tiro. Os mesmos fenômenos que são produzidos pela vida de supercultura das grandes cidades surgem também da filosofia que se basta a si mesma. Sua ilusão é a mesma que a da cultura mundana, segundo a qual um teorizar formal já daria provas de espírito e seria um fim em si mesmo.

A caracterização de Ruge da consciência esnobe simplifica a análise de Hegel do mundo da "cultura alienada",[17] mas sem que a "superficialidade despojada de espírito" dessa cultura convertida em engenho espirituoso se eleve sobre si mesma até o saber absoluto. Ele não a superou, mas quis aniquilá-la politicamente. Para que perecesse, tinha que mesclar-se com os problemas práticos da agitação política que arrastam os indivíduos pelos cabelos e os arrancam da supercultura. Essa reforma da consciência não corrompe as ciências e as artes, mas as enraíza no povo. Engendra, antes, uma ciência "real e poderosa". O espírito científico teria que receber na vida pública um conteúdo verdadeiramente vivo, de modo que a autoconsciência se amplie até se tornar consciência do mundo e o liberalismo se transforme em "democratismo" que descarta a separação entre cultos e incultos.

Os problemas da época têm que estar em posse do povo e ser para o povo para que conduzam a uma vida real nesse mundo. O conceito de povo constitui a superação das castas e dos limites de classe, não apenas dos limites ilusórios entre nobres e camponeses, entre aristocratas e burgueses [...],

---

17 *Fenomenologia*, Ed. Lasson, ibid., p.316.

mas também dos limites reais entre sábios e incautos, e isso representa bem mais do que se poderia supor à primeira vista.

No lugar de um mundo espiritual apartado próprio de uma cultura morta, em vez de uma polícia que está acima da vida civil, de uma justiça secreta que flutua sobre tudo e de um militarismo separado da vida do povo, devem surgir comunidades tão espirituais quanto políticas, nas quais desapareçam todas as contradições do liberalismo sobrevivente. Os problemas práticos que daí surgem são os seguintes:

1. Transformar a igreja em escola e organizar a partir disso uma educação real que absorva toda a plebe. 2. Fundir completamente o militarismo com isso. 3. Que o povo, cultivado e organizado, se governe a si mesmo e exerça a justiça na vida pública e no tribunal público.

Quando essa reforma for feita, também a arbitrariedade corporificada na frivolidade de Heine[18] será rebaixada a um mero momento do espírito real. Pois a verdadeira liberdade não é aquela "liberdade de espírito" surgida do protestantismo e do romantismo, mas a liberdade política que inclui em si também a do espírito e da cultura. "O espírito é espírito do Estado e todos os homens [...] são seres políticos." O Estado não é algo privado, mas uma *res publica* e na verdade "*o interesse que a todos interessa*".

Ruge entendeu seu programa como a realização alemã da Revolução Francesa. Mesmo durante a reação manteve sua esperança na Prússia, cuja missão europeia era, segundo ele, a de formar uma grande potência germânica. Ele profetizou que a cultura política propagada por ele determinaria a "disposição", depois o "caráter" e, por fim, a "ação" política.

b) A redução de Stirner da cultura humanista e realista para a autorrevelação do indivíduo

Ao mesmo tempo que Ruge, em um artigo sobre humanismo e realismo, Stirner tomou como tema o falso princípio de nossa cultura.[19] Seu

---

18 *Hallische Jahrbücher...*, ano I, p.193; e ano V, p.61.
19 *Das unwahre Prinzip unserer Erziehung oder der Humanismus und Realismus* [O falso princípio de nossa educação ou humanismo e realismo]. *Kleinere Schriften*, p.237 et seq.

ponto de vista não é a liberdade política, mas a liberdade absolutamente "pessoal" do Eu individual. Pois a verdade, formula Stirner como Kierkegaard, não é nada além do que a "revelação de si mesmo", à qual pertence o "encontro consigo mesmo", mas ele, ao contrário de Kierkegaard, concebia esse chegar a ser si mesmo como uma "extrema abstração ou liberação de toda autoridade".[20] Dentro da cultura, a autoridade se manifesta no fato de que a cultura superior, mesmo no iluminismo, estava em posse exclusiva dos eruditos e dos padres. Ela se encontrava nas mãos dos humanistas e dos eclesiásticos, pois apenas os clássicos e a Bíblia valiam como propriamente formadores. Com a cultura latina e grega se dominava a massa dos laicos incultos. Desde a Revolução Francesa e a declaração dos direitos do homem, essa cultura *exclusivista* entrou em conflito com a exigência de uma cultura *geral*. Desejava-se uma cultura real, que penetrasse na vida civil e que superasse a distinção humanista entre eruditos e laicos. "Entretanto, conceber o passado, como ensina o humanismo, e apreender o presente, como aponta o realismo, ambos conduzem apenas para o poder sobre o *temporal*. Eterno é apenas o espírito que *se* apreende a si", isto é, a unidade e onipotência do eu que se forma para si mesmo e por si mesmo. Dessa liberdade nem o velho humanismo nem o moderno realismo tiveram qualquer ideia. O homem altamente cultivado se transforma, por meio da propagação da cultura geral, em um erudito unilateral, e o homem cultivado pelo realismo resulta num prático privado de ideias, ou seja, em "industriais desprovidos de gosto". O reverso desse industrialismo cultivado é o dandismo. Para superar essa antítese, a essência da cultura deve morrer e ressuscitar como "vontade". Com efeito, quem quer conservar o saber o perderá, quem quer abandoná-lo, porém, o ganhará. O fim e ao mesmo tempo a eternidade do saber consistem em que este volte a ser "simples e imediato", capaz de voltar a engendrar-se como impulso e vontade. Deixará então de ser um mero saber de possessão externa para converter-se em saber pessoal, existente e uno consigo mesmo. Em vez de formar-se um saber, a pessoa deve chegar à sua autorrevelação:

> O saber, por mais erudito e profundo ou por amplo e claro que possa ser, seguirá sendo mera possessão e propriedade enquanto não se funde no ponto invisível do eu, a partir do qual se destaca como [...] vontade. O saber experimenta essa transformação quando deixa de aderir aos objetos,

---

20 Ibid., p.249.

quando se converte em um saber de si mesmo ou, caso pareça mais claro expressá-lo, uma [...] autoconsciência do espírito. Então ele se traveste, por assim dizer, em impulso, o instinto do espírito, em um *saber inconsciente*, do qual cada um pode fazer uma imagem quando o compara com tantas e tão amplas experiências que são sublimadas por ele no simples sentimento chamado tato: todo vasto saber retirado daquelas experiências concentrado em um saber *instantâneo*, capaz de determinar suas ações em um piscar de olhos.[21]

A esse saber, que se tornou instantâneo e imediatamente vivo ou, como se diria hoje, "existencial", no qual toda cultura alienada "se fundiu", corresponde a concentração existencial de todo o mundo em cada eu.

c) A crítica de Bruno Bauer à participação em uma fraseologia do universal

Como observador perspicaz que se manteve fora do "movimento", Bauer percebeu desde o início a vacuidade tanto dessa tentativa personalista quanto daquela política de inclusão da cultura e da ciência à vida e a tomou como objeto de uma exposição histórico-crítica.[22] A maré de periódicos filosóficos,[23] escritos e preleções sobre a reforma das universidades e a necessidade de uma cultura política, que inundou as cátedras alemãs entre 1842 e 1846, encontrou nele a precisa fórmula de *"pauperismo"* e subsequentemente *"simplificação de conceitos"*.[24] Pois com essas duas expressões foi dito tudo "o que se podia dizer (segundo Gutzkow)". As fórmulas nas quais o próprio pauperismo se expressava eram estas: "organização" da cultura, do homem como "ser genérico" e político, "participação no Estado". Mas essa participação na "fraseologia do universal" não foi bem apreciada por Ruge. Pois sua exigência patética já havia sido transformada em práxis pelos burgueses alemães mediante a "força da repetição infinita". Aquilo

---

21 Ibid., p.253; cf. p.369.
22 *Vollständige Geschischte der Parteikampf in Deutschland* [História completa da luta partidária na Alemanha].
23 Sobre o *Zeitschrift für Wissenschaft und Leben* [Periódico para ciência e vida] fundado naquela época, ver ibid., v. III, p.111.
24 Ibid., v. III, p.13, 88, 123.

que Ruge "queria verter como em *uma* torrente sobre o mundo culpado", o burguês já havia deixado "cair gota a gota sobre a pedra do estado de coisas vigente", para escavá-lo de modo mais seguro.[25]

Enquanto todos proclamavam que a filosofia e a cultura teórica penetraram finalmente na práxis da vida, Bauer assinalou que a cultura científica tornada assim tão vivente já não é, em geral, cultura alguma. As universidades há muito tempo deixaram de ser cenário de lutas históricas, enquanto os radicais – que nada conheciam menos que a história da ciência – saldavam a aparição de uma compilação superficial como se fosse um acontecimento decisivo e se regojizavam com as palavras insensatas que algum professor, por motivos políticos, dirigia aos estudantes durante alguma celebração ao proclamar o triunfo da "causa do povo".[26] A redução, sobretudo da história, aos "interesses do presente" oferece por meio de grandes ofensas à tradição histórica documental a prova sobre até que ponto esses simples conceitos ajudavam os novos "filósofos populares" a obterem superioridade frente à "dura matéria" da história.[27] "Os estudantes falavam de uma 'destinação' das universidades que, se fosse *cumprida* pela 'torrente do tempo', já não fluiria pelo canal das universidades [...], de uma ciência, como se a mesma [...] estivesse dissolvida, e seu saber [...] tivesse se tornado um *gás indeterminado*."[28] Segue-se falando de um "todo" ao qual cada um deve servir e de um "saber político" que não se pode tirar de ninguém. Para tornar a ciência algo vivo se exigia uma relação espiritual entre professor e aluno, sem se dar conta de que o meio dessa relação, a ciência, já não está mais à mão.[29]

> Os escolásticos [...] eram claramente contra essa teoria da participação no Estado, todos os sistemas filosóficos eram populares em comparação com essa conferência universitária sobre a natureza do súdito...; os místicos mais hábeis tinham que reconhecer com assombro essa transcendência da teoria da abnegação como uma obra-prima que superava em muito a construção catedrática de *sua* teoria da elevação ao universal.[30]

25 Ibid., v. III, p.173.
26 Ibid., v. III, p.128.
27 Ibid., v. III, p.119.
28 Ibid., v. III, p.83.
29 Ibid., v. III, p.132.
30 Ibid., v. III, p.87.

Na realidade, de nada serviu aos "monges políticos" terem oferecido o sacrifício do Estado, da arte e da ciência, e para comprazê-los caracterizar a cultura política como a "única humana": "O Estado não se volta para suas afirmações, declarou que correspondia a ele e aos seus o dever de tomar precauções contra a intrusão da ciência e guardou-se de entregar a cultura geral como bem comum". Por isso os intelectuais radicais acossavam o Estado com exigências ainda maiores para possivelmente colocá-lo em dificuldade.

Nesse ponto, porém, em que as pretensões diante do Estado chegavam ao ápice e a heteronomia do indivíduo ao posto de puro princípio, o radicalismo foi finalmente separado do Estado real e levado a um novo domínio em que a indeterminação que suas exigências políticas condenaram à infecundidade pudesse cuidar [...] exclusivamente e sem consideração por suas consequências políticas, venerar desinteressadamente [...] a onipotência do todo e predicar o altruísmo com maior sucesso do que no domínio político.[31]

A tentativa de Bauer de esclarecer a origem e o destino das modernas aspirações liberais em uma série de estudo históricos permaneceu uma empresa isolada que não apenas em Marx, mas em toda a parte, encontrou a mais violenta aversão. Antes, assim como hoje, tal crítica seria "estéril", "abstrata" e "curiosa", pois não tem contato com a "vida real". A soberba da crítica de Bauer redundava numa atitude sofística, com a qual ele se afastava da causa do povo. Em geral, não se trata agora mais da crítica, mas de uma "reconstrução" na qual a soma de tudo aquilo que se quis na história será realizada.[32]

3. J. Burckhardt e o século da cultura e G. Flaubert sobre as contradições do saber

No mesmo ano de 1846, quando Bauer escreveu sua história crítica da situação alemã, Burckhardt, em uma carta a G. Kinkel – que desempenhou um papel não desconsiderável no movimento radical –, disse que o século XIX seria conhecido como o século "culto", pois hoje, por mais ignorante

---

31 Ibid., v. II, p.78.
32 Ibid., v. III, p.182.

que seja um homem, será porém atingido pelas centelhas da cultura universalmente propagada, de tal modo que somente um Hércules poderia cortar todas as cabeças de semelhante Hydra.

Há algum tempo, cada um era um asno por sua própria conta e deixava o mundo em paz; agora, ao contrário, todos se consideram cultos, erigem juntos uma "visão de mundo" e a predizem ao próximo. Ninguém quer aprender, muito menos se calar e ainda menos reconhecer que o outro contribui para seu desenvolvimento. É um inferno.

Essa cultura difundida por todas as partes constrói diariamente um amontoado de opiniões convencionais, ou seja, de enganos, pelos quais camadas inteiras da sociedade são movidas por um falso entusiasmo.[33] Ao sentir o caráter incurável de sua época, Burckhardt decidiu fugir para o sul, escapando de todos: "dos radicais, comunistas, industriais, dos homens de cultura elevada, repletos de ambições, reflexivos, abstratos, absolutos, sofistas, fanáticos do Estado, idealistas, 'istos' e 'istas' de toda sorte".[34] Quarenta anos mais tarde viu sua convicção de que a cultura moderna das grandes cidades só educava "mediocridades alçadas" confirmada nas condições gerais da cultura que se tornava cada vez mais vasta e comum.[35] Em resistência a esse "nivelamento obrigatório", defendeu como um mal relativamente menor a rixa existente desde a dissolução da Idade Média entre cultos e incultos.[36]

O verdadeiro compêndio sobre a problemática da cultura está na obra-prima inconclusa de Flaubert, *Bouvard et Pécuchet*.[37] Enquanto na Alemanha os epígonos da cultura clássica escreviam romances de formação segundo o modelo do *Wilhelm Meister,* Flaubert concebeu, por volta de 1850, o plano de publicar um *"dictionnaire des idées reçues"* [dicionário de ideias feitas],[38] uma coletânea de documentos sobre a estupidez humana, que deveria ser a irônica *"glorification historique de tout ce qu'on approuve"* [glorificação histórica

---

33 *Cartas a G. e J. Kinkel*, p.81.
34 Carta a Schauenburg de 28 de fevereiro de 1846; cf. *Cartas a Kinkel*, p.137.
35 Ver o livro do autor sobre Burckhardt, p.233.
36 *Ges. Aug* [Edição completa], V, p.125.
37 A primeira edição foi publicada depois da morte de Flaubert em 1881.
38 Ver, sobre isso, a carta a L. Colet de dezembro de 1852: *Correspondence*, II, 185. Cf., da mesma época (1851), "Fusées", de Baudelaire, e seu plano de poetizar sobre "o fim do mundo".

de tudo que se aprova]. Depois de ter terminado a *Tentação de Santo Antônio*, na qual esse santo se via tentado por todas as crenças e superstições que até então haviam confundido os homens, começa a ordenação e análise do caos da cultura científica do presente. Dois bondosos e inteligentes pequenos burgueses, honestamente preocupados em alcançar uma cultura superior, que antes haviam sido escrivães, perambulam pela quinta felizmente adquirida por eles, percorrendo todo o labirinto do saber compendiado – da jardinaria, química e medicina até a história, arqueologia, política, pedagogia e filosofia – para ao fim voltarem ao trabalho no escritório e fazerem resumos dos livros estudados em vão. Toda a obra fora escrita num estilo de *"haute comédie"* movendo-se pelo reino da cultura alienada para terminar no saber absoluto de que toda a nossa cultura é superficial.

> Doutrinas com séculos de duração são em dez linhas explicadas, desenvolvidas e rejeitadas em comparação com outras doutrinas que também são esclarecidas e aniquiladas com a mesma precisão e vivacidade. De página a página, de linha a linha, surge um conhecimento e logo se ergue um outro que derruba o primeiro e que, por sua vez, cai atingido por seu vizinho.[39]

No esboço de conclusão de obra, Pécuchet desenvolve uma imagem tenebrosa e Bouvard um quadro rosado sobre o futuro da humanidade. Segundo o primeiro, se aproxima o fim da espécie humana, que gradualmente vai perdendo valor, devido a uma desmoralização geral. Restam três possibilidades:

> 1. O radicalismo panteísta rompe todo vínculo com o passado, o que resulta num despotismo inumano. 2. Caso triunfe o absolutismo teísta, pereceria o liberalismo que preencheu a humanidade desde a revolução e surgiria a subversão. 3. Se perdurarem as convulsões que desde 1789 tiveram lugar sem que se encontre uma saída entre essas duas opções, seus movimentos tempestuosos arrastar-nos-ão com suas próprias forças. Então não existirão mais nem ideais nem religião nem moral. A América terá conquistado o mundo.

Já segundo a visão do outro, a Europa seria renovada pela Ásia, desenvolver-se-ia uma imprevista técnica de comunicações, com submarinos e

---
[39] Maupassant, *G. Flaubert*.

balões aerostáticos, e surgiriam novas ciências que permitiriam ao homem colocar as forças do universo a serviço da civilização e quando a Terra estivesse lotada seria possível partir para outros planetas. Ao mesmo tempo que a miséria, também o mal cessaria e a filosofia tornar-se-ia religião.

4. A crítica de Nietzsche da cultura do passado e do presente

As experiências que Burckhardt empreendeu no começo das agitações *sociais* foram herdadas por Nietzsche depois de 1870 na potência *nacional* do Estado. A uma distância de trinta anos, ambos viram diante de si a origem de uma "barbárie civilizada", que com a união dessas duas tendências do século XIX[40] alcançou seu pleno desenvolvimento. Mesmo o "filisteu da cultura", que Nietzsche atacava por meio de Strauß, de modo algum havia morrido; havia antes se transformado em um fenômeno de massas que se apresentava em homens politicamente formados segundo certa visão de mundo prescrita.[41]

Com o título de "A cultura alemã de outrora", Nietzsche descreveu o "lânguido esplendor" que iluminava os "gestos nobremente alterados" da cultura, tal como esta se havia encarnado na Alemanha, em particular através de Schiller, Humboldt e Schleiermacher, e também Schelling e Hegel. Mas logo se desfizeram do "brilho galáctico" dessa cultura.

> Quando os alemães começaram a se tornar interessantes para os outros povos da Europa [...] isso ocorreu graças a uma cultura que eles não mais possuem, e que até mesmo haviam rechaçado com um cego furor, como se se tratasse de uma doença. Mas eles não souberam permutá-la por nada melhor do que por uma loucura política e nacional. É certo que com isso eles conseguiram se tornar ainda mais interessantes para os outros povos do que com sua cultura de outrora: oxalá estejam agora satisfeitos![42]

---

40 Ver Burckhardt, VII, p.476 e 478.
41 Significativo para a origem da cultura nacional-socialista é o fato de que a obra *Grundlagen des 19. Jahrhunderts* [Fundamentos do século XIX], de H. St. Chamberlain, fosse reeditada em uma edição popular por A. Rosenberg. Para uma caracterização de Chamberlain, ver Overbeck, *Christentum und Kultur*, p.198, ele é um "raro e maravilhoso exemplar do tipo pertencente aos filisteus da cultura".
42 *Morgenröte* [Aurora], Af. 190.

O Estado de Bismarck era para ele uma "extirpação do espírito alemão a favor do reino alemão", e o próprio Bismarck um "estudante associado", assim como a "era de Bismarck" nada mais foi do que a da "estupidez alemã". Bismarck havia confinado o espírito alemão ao espírito nacional, obrigando os alemães a dedicarem-se à grande política, os entulhou com um formidável império de poder, dando a ocasião para que o povo alemão sacrificasse suas velhas virtudes, oferecendo-lhes uma "cultura do *Reichstag*" e destruindo sua fama de ser um povo de pensadores.[43] Não obstante, para Nietzsche, Bismarck era relativamente "grande" dentro do contexto alemão dado, uma vez que ele não se deteve na cultura alemã, mas era a seu modo mais espiritual que os eruditos alemães de seu tempo. A Alemanha criada por ele não possuía cultura superior nem gosto, mas "uma grande quantidade de valentia hereditária e aprendida", muita laboriosidade, perseverança e disposição à obediência, o que não impedia que o poder político deformasse os alemães.

> Os alemães – outrora se dizia se tratar do povo de pensadores: ainda hoje eles pensam? Os alemães agora se entediam com o espírito, desconfiam dele, a política extirpa toda seriedade diante de coisas realmente espirituais. "Alemanha, Alemanha sobre todas as coisas", temo que esse tenha sido o fim da filosofia [...]. Há filósofos alemães? Há poetas alemães? Há *bons* livros alemães? – me perguntam no estrangeiro. Eu enrubesço, mas com a valentia que me é própria em casos de desespero, respondo: *"Sim, Bismarck!"*.[44]

A posição de Nietzsche em relação a Bismarck tinha que ser ambígua,[45] pois ele próprio queria unir o "espírito" com a "política" e a vontade de

---

43 *Jenseits von Gut und Böse*, Af. 241; cf. XIII, 347 et seq. Da mesma época provém a observação de K. Rosenkranz, segundo a qual nós nos acostumamos erroneamente à ideia de que a filosofia se tornou para nós um elemento popular da cultura, um estudo nacional de elementos gerais, quando na verdade a época da filosofia alemã teve uma duração bem curta e até Leibniz e Wolff não se tinha noção de um povo filosófico, "mas sim de um povo guerreiro, diligente e religioso" (*Neue Studien*, II, p.567).
44 VIII, 109; cf. IV, 163; VII, 205; XVI, 297.
45 Ver, sobre isso, Fischer, *Nietzsche Apostata*, ibid., p.18 et seq., e Baeumler, *Nietzsche, der Philosoph und Politiker* [Nietzsche, o filósofo e político], p.134.

poder, e por fim, ao enlouquecer, se propôs a convidar os principais homens de Estado da Europa para uma conferência em Roma. O conceito de política deveria se esgotar em uma "guerra de espírito" e, por outro lado, o padrão para medir a seriedade de uma filosofia deveria estar no fato de que os estadistas a aceitaram.[46] Mas enquanto o espírito é apenas cultura e a política está desprovida de pensamento, os filósofos relativamente melhores são aqueles que, como Schopenhauer, pensavam prescindindo do Estado, e os estadistas relativamente melhores são aqueles que, como Bismarck, não entendiam nada da filosofia.

O que Nietzsche via diante de si em 1873 eram "sintomas de um perecimento da cultura" devido à dispersão da ciência, às lutas nacionais pelo poder e à economia que visa ao dinheiro e ao gozo também e justamente no interior das classes cultas.

> Tudo favorece a barbárie que se aproxima, tanto a arte quanto a ciência – para onde devemos olhar? [...] Já que não temos propriamente mais nada para defender e todos estamos na mesma situação – o que fazer? Tentar pôr em guarda as forças que ainda existem realmente, vinculá-las entre si e controlar a tempo o perigo da barbárie que ameaça as classes. Qualquer aliança com os "cultivados" deve ser rechaçada. Estes são os piores inimigos, porque impedem a ação dos médicos ao ocultar-lhes a doença.[47]

As classes eruditas devem ser abandonadas, se diz em outra passagem, e ainda mais os homens que sabem e também sentem quanto lhes pode ser necessária a sabedoria. Mas o perigo reside em que as classes incultas se contagiem com o fermento da cultura atual e a cultura aparente se generalize. Pois de fato ninguém conseguiu superar a degeneração da cultura que, por um lado, se tornou *saber especializado e erudito* e, por outro, *cultura jornalística geral*.[48] Ambos se complementam reciprocamente e a falta de cul-

---

46 XV, 117; vgl. I, 491.
47 X, 288.
48 Nos lineamentos fundamentais, a crítica de Nietzsche retoma a crítica da cultura de Herder e Fichte. Ver *Briefe zur Beförderun der Humanität* [Cartas para a promoção da humanidade], 8ª seleção, 7º fragmento (1796), sobre "Escrita e imprensa"; Fichte, *Die Grundzüge des gegenwärtigen Zeitalters* [As características fundamentais da época contemporânea] (1804/5), 6ª e 7ª preleções. Cf. Goethe, *Gespräche* [Conversações], III, 57 (1824), Carta a Zelter de 6 de junho de 1825 e a conversa com Eckermann de 12 de março de 1828.

tura e o rigor científico se acomodam muito bem com a falta de juízo e a barbárie do gosto no tocante a todas as outras coisas. Ambos os pontos de vista estão de certo modo justificados, já que ninguém é capaz de alcançar o lugar a partir do qual se poderia mostrar que eles estão errados. "A cultura se torna menor a cada dia, pois diariamente aumenta a pressa", este é o tema das conferências sobre o futuro das instituições alemãs de cultura (1871-72),[49] que constituem uma tentativa de indicar o lugar a partir do qual se poderia explicar o problema da cultura, para além do jornalismo e da ciência especializada. A tese com a qual Nietzsche desenvolvia seu questionamento dizia:

> Duas correntes aparentemente opostas, igualmente danosas em seus efeitos e ao final coincidentes em seus resultados dominam no presente nossas instituições de cultura, originalmente baseadas em fundamentos bem diversos: por um lado, o impulso para a máxima *ampliação possível da cultura*, por outro, o impulso de *diminuição e enfraquecimento* dela. Conforme a primeira tendência, a cultura deve estender-se a círculos cada vez mais amplos, e no sentido da outra, pelo contrário, se espera que ela abra mão de suas mais elevadas aspirações de autodomínio e se subordine servilmente a uma outra forma de vida, a saber, a do Estado. Em relação a essas tendências fatídicas de ampliação e diminuição, haveria que desesperar-se, sem ilusão alguma no caso em que não fosse possível ajudar de modo algum o triunfo das duas tendências opostas e verdadeiramente alemãs [...] a tendência ao *estreitamento* e à *concentração* da cultura como o oposto de uma possivelmente grande ampliação e o impulso pela *fortificação* e *autossuficiência* da cultura, contraposta a sua diminuição.[50]

Uma aplicação dessa tese está na segunda *Consideração extemporânea*, que trata da ampliação ilimitada e do enfraquecimento da cultura pelo saber histórico. Um eco dessa primeira crítica à cultura se encontra nos capítulos do *Zaratustra* intitulados "Do país da cultura", "Do conhecimento imaculado" e "Dos eruditos": "sem fé nem superstições, apresentam quadros co-

---

49 Uma crítica tão concreta quanto radical das *instituições* da cultura, das quais Nietzsche só fala no título, encontra-se nos dois tratados (de 1878 e 1881) de P. de Lagarde sobre a lei de ensino: *Deutsche Schriften* [Escritos alemães], p.168 e 264.
50 IX, 301.

loridos de tudo aquilo em que antes se acreditou; trabalham como moinhos para reduzir a semente que outros semearam". Entre essa cultura do presente e aquela do passado, buscava Nietzsche um caminho de volta para as verdadeiras necessidades de uma cultura original, isto é, uma que formasse ou cultivasse o homem no todo de sua humanidade corpórea.[51] Sua crítica da cultura vigente é, portanto, em primeiro e último lugar, uma crítica da humanidade vigente.

---

51 Cf., para o conceito originário de "cultura", P. de Lagarde, op. cit., p.171.

IV
O problema da humanidade

"Um animal que pudesse falar diria:
'a humanidade é um preconceito do qual nós, animais,
ao menos não padecemos'."

Nietzsche

1. Hegel: o espírito absoluto como a essência universal do homem

O princípio de Hegel é o espírito.[1] Este, enquanto "absoluto", constitui também a verdadeira e universal essência do homem. E só se podem conhecer as particularidades externas do homem a partir do pressuposto da "universalidade interna", que é o espírito.[2] O "tempo onipotente e sua cultura", isto é, a época do esclarecimento, porém, conduziu ao ponto em que se renuncie a conhecer "Deus ou o absoluto". Seu ponto de vista absoluto é antes o do "homem e da humanidade". A filosofia não poderia, contudo, ater-se

---
1 *Enc.*, §384.
2 *Enc.*, §377.

a essa humanidade empírica e à sua idealidade sem conteúdo e renunciar ao absoluto "em nome da amada humanidade". O que se costuma chamar homem é apenas uma "finitude fixada", e não "o foco espiritual do universo". Como consequência da separação entre o mundo sensível e o mundo suprassensível, o último é apenas "a fuga do primeiro" e o homem um ser sensível tingido com uma realidade suprassensível que lhe é estranha.

> Da mesma forma que a arte [...] tinha seu lado ideal ao ver nos olhos de um rosto vulgar ainda um anseio, em sua boca um sorriso humilde, mas estava terminantemente proibida de representar os deuses superiores à nostalgia e à melancolia [...], tampouco pode a filosofia apresentar a ideia do homem, mas a noção abstrata da humanidade empírica mesclada com limitações, e teria que levar, cravada em si e imóvel, a estaca do contraste absoluto, e à medida que tornava sua limitação ao sensível manifesta [...] ao mesmo tempo deveria se adornar com as cores superficiais de algo suprassensível, apontando por meio da fé para algo mais elevado.[3]

A essência empírica e a essência absoluta do homem "devem" até coincidir, mas elas não *podem* realizar isso enquanto a filosofia do entendimento esclarecido modula a ideia especulativa da razão em uma "forma humana". A "referência perene ao homem" resultou no fato de que a palavra humanidade recebeu o significado "do que é absolutamente trivial". Frente a isso, Hegel acentuou que exclusivamente o espírito é "aquilo pelo que o homem é homem".[4] Essa frase está na primeira página da filosofia da religião e já desde um ponto de vista exterior indica que o conceito hegeliano de espírito não é pensado antropologicamente, mas teologicamente, como *logos* cristão e, portanto, como "sobre-humano".[5]

A crítica de Hegel à determinação meramente humana do homem tem como pressuposto positivo o fato de que somente a religião cristã como a religião absoluta produziu também a determinação absoluta, isto é, espiritual, do homem, nomeadamente por meio de sua doutrina da encarnação de Deus.[6] E já que Cristo, como "filho de Deus" e ao mesmo tempo "filho do

---

3 I², 15; cf. 31, 48, 75; XVI, 46, 205.
4 XI, 3.
5 Ver também *Theolog. Jugendschr.*, p.57.
6 *Enc.*, §377, ad.

O problema da humanidade

homem", pertence em geral à humanidade, e "não a alguma raça específica", há desde então o conceito universal e verdadeiro, espiritual, do homem.

> Os gregos tão altamente cultivados não conheciam Deus em sua verdadeira universalidade, tampouco o homem; os deuses dos gregos eram apenas os poderes particulares do espírito e o Deus universal [...] para os atenienses ainda era o Deus oculto. Por isso, permanecia ainda para os gregos um abismo absoluto entre eles e os bárbaros, e o homem enquanto tal ainda não era reconhecido em seu valor infinito e em seu direito infinito [...] A religião cristã é a religião da liberdade absoluta e apenas para os cristãos o homem vale enquanto tal em sua infinitude e universalidade.[7]

Da determinação hegeliana do homem resulta para ele que o homem finito não é um problema, pois a instância máxima de sua filosofia absoluta era algo mais que o meramente finito e humano. Somente "em nome do infinito o espírito se abre à luz". Ele pretendeu conhecer com absoluta certeza aquilo que tornava o homem um homem, pois em seu conceito de espírito absoluto, o deus cristão, que é espírito, estava incluído de modo especulativo. Hegel concebeu as determinações propriamente *metafísicas* do homem, que ele ainda determinava de um ponto de vista incondicionado e não, como Feuerbach, *antropologicamente*, do ponto de vista determinado do homem finito. Apenas com esse homem referido *a si mesmo* surge propriamente a *problemática* do homem.

Quando o homem é espírito divino segundo sua essência universal, qual significado tem para Hegel a representação habitual, humanitária, segundo a qual ele não é nada mais que um homem? Hegel o evoca em uma passagem da *Filosofia do direito* relacionada à sua análise do espírito da sociedade civil.

> No direito, o objeto é a *pessoa*; no ponto de vista moral, o *sujeito*; na família, o *membro da família*; na sociedade burguesa em geral, o *burguês* (como *bourgeois*) – aqui, do ponto de vista das necessidades ele é o concreto da *representação*, que se chama *homem*; é portanto aqui e somente aqui propriamente que se fala no *homem* nesse sentido.[8]

---

7 *Enc.*, §163, ad., cf. §482.
8 VIII, §190.

Segunda Parte

Um homem em sentido próprio é apenas o burguês, o sujeito das necessidades, essa mera particularidade em comparação com sua universalidade interna. *Do homem no sentido da filosofia posterior – de Feuerbach, Ruge, Marx, Stirner e Kierkegaard –, Hegel só fala do ponto de vista da sociedade civil-burguesa.* É verdade que no domínio do direito e da sociedade Hegel não nega simplesmente o conceito de "homem em geral" e "como tal", mas no sentido próprio só o reconheceu em relação ao homem que possuía direitos civis e justo aí se mostra sua visão eminentemente realista. Afirmava que de fato todo homem era homem, ainda que de diferentes raças, nacionalidades, credos, posições e profissões, e essa condição de ser meramente homem não era de modo algum certa qualidade "superficial e abstrata". O conteúdo propriamente substancial dessa qualidade consiste, porém, em que "mediante os direitos civis concedidos [...] se produza o sentimento próprio de fazê-los valer como pessoa *jurídica* dentro da *sociedade civil-burguesa*" e também se realize "a exigida igualdade dos modos de pensar e de mentalidade".[9] Ele se guarda, porém, expressamente contra a absolutização dessa determinação do homem enquanto homem. Pois se cada um equivale ao outro, na medida em que vale em geral como "homem" (e não como italiano ou alemão, como católico ou protestante), essa consciência de si será "incompleta" quando se fixa – "por exemplo, como cosmopolitismo" – e se opõe à vida estatal e pública como algo autônomo e fundante. A determinação essencial e universal do homem na filosofia teológica de Hegel é e segue sendo a de que o homem é espírito entendido de modo cristão (*Logos*), e não um simples ser terreno e necessitado.[10] A essa determinação onto-"lógica" do homem em sentido cristão – que constitui seu "conceito" – subordina-se o fato de que ele enquanto sujeito de direitos civis e de necessidades terrenas seja "homem" segundo a "representação".

Devido a esse vínculo tradicional da ideia de homem com a doutrina cristã da encarnação, também se desenvolveu, por outro lado e em *contraste com a religião cristã*, a *autocertificação* do homem. Se porém os conceitos de homem e de humanidade aparecessem em uma ligação original com

---

9 VIII, §209 e §270, Anotação.
10 Na *Filosofia da religião* (XII, 217), Hegel chama o Cristo, filho do homem, um "segundo Adão" e por "primeiro homem" ele entende "o homem enquanto homem", o "conceito de homem", e não aquele que um acaso torna primeiro antes de muitos outros.

o cristianismo, então a mera humanidade seria necessariamente questionável tão logo desaparecesse dela o conteúdo cristão. Em primeiro lugar, no século XIX se acreditou poder trocar o cristianismo pela humanidade (Feuerbach, Ruge, Marx) – mas com o resultado de que no fim das contas também se passou a desconfiar da humanidade (Stirner, Kierkegaard e Nietzsche). Uma consequência ulterior da problematização da humanidade emancipada do cristianismo é agora a "desumanização" do homem.[11] A consequência interna desse desdobramento pode ser perseguida passo a passo por meio de representantes característicos do movimento histórico do século XIX. Seu autor propriamente dito é Feuerbach.

2. Feuerbach: o homem corpóreo como a essência suprema do homem

A maior aspiração de Feuerbach foi a de transformar a filosofia absoluta do espírito em uma filosofia humana do homem. Mas não se trata, no presente (1843), de "apresentar" positivamente o homem, mas de "arrancá-lo" do invólucro idealista. A tarefa consistia em "derivar da filosofia do absoluto, isto é, da *Teologia* (filosófica), a necessidade da filosofia do homem, isto é, da *antropologia*, e por meio da crítica da filosofia divina fundamentar a crítica da filosofia humana".[12] Agora se trata de fazer do homem o assunto da filosofia e da filosofia assunto da humanidade.[13]

Em contraste com a teologia filosófica cujo princípio era o *in*finito, Feuerbach exige da filosofia do futuro a "verdadeira *posição*" da finitude. O começo da verdadeira filosofia não será mais Deus ou o absoluto, mas o homem finito, mortal.

> Toda especulação sobre o direito, a vontade, a liberdade, a personalidade que prescinda do homem, que fique sem ele ou passe por cima dele, é uma especulação sem unidade, sem necessidade, sem substância, sem fundamento, sem realidade. O homem é a existência da liberdade, a exis-

---

11 Cf. Berdiajew, *Das Schicksal des Menschen in unserer Zeit* [O destino do homem em nosso tempo].
12 Prefácio aos *Princípios da filosofia do futuro*.
13 II, p.413.

tência da personalidade, a existência do direito. Somente o homem é o fundamento e o solo do Eu fichtiano, o fundamento e o solo das mônadas leibnizianas, o fundamento e o solo do absoluto.[14]

O nome "homem" significa em geral apenas o homem com suas necessidades, sensações e disposições, o homem como pessoa diferente de seu espírito, e por isso se distingue o que alguém é "como homem" do que é, por exemplo, como pensador, artista, juiz e assim por diante, ou seja, de acordo com suas qualidades públicas. Hegel, porém, por ter fixado teoricamente essa separação das qualidades do homem do ser do homem como tal, converteu qualidades abstratas em algo absoluto. Conforme a significação fundamental do ser do homem, Feuerbach criticou a determinação particular que dele forneceu Hegel. Ele retoma a definição da *Filosofia do direito* acima citada, e no lugar em que Hegel dizia que é na verdade só no interior da sociedade civil que se trata do homem "nesse sentido", prossegue polemicamente: quando se fala da "pessoa" jurídica, do "sujeito" moral e do "membro da família", trata-se sempre, na verdade, de um e do mesmo homem, mas em um sentido diferente a cada vez. Com efeito, uma qualidade essencial *do homem* consiste no fato de poder determinar-se de uma ou outra maneira. O sujeito de todos os predicados meramente possíveis é e permanece o homem, tal como de fato vive.[15]

Com essa humanização da filosofia, Feuerbach sabia que estava alinhado com o protestantismo, pois este realizou a humanização de Deus de modo religioso. Ele mesmo deu um passo além ao afirmar que a verdadeira essência da religião cristã não é o Deus homem, mas o homem enquanto tal. A partir daí resulta para Feuerbach a completa dissolução da teologia religiosa e filosófica na "ciência universal" da antropologia. No lugar do dogma cristão da trindade [*Dreieinigkeit*] e da trindade [*Trinität*] dialética de Hegel surge o princípio fundamental da igualdade essencial do eu e do tu, do homem e do próximo.[16]

Mas Feuerbach não conseguiu desenvolver, para além do fraseado sentimental, com seu princípio abstrato do homem concreto, *o que* faz desse homem um homem, o que constitui o conteúdo propriamente dito da hu-

---

14 II, p.267.
15 II, p.266.
16 *Grundsatz*, p.54 e 63.

manidade emancipada e autônoma. Em seu escrito sobre Feuerbach, Engels observou com razão:

> o mesmo Feuerbach que em cada página [...] pregava [...] a submersão no concreto [...] torna-se cada vez mais abstrato quando fala daquelas relações entre os seres humanos que ultrapassam o comércio meramente sexual entre os homens. Esse comércio só lhe oferece um lado: o moral. E aqui nos surpreende a espantosa pobreza de Feuerbach se comparado a Hegel. A ética ou doutrina da eticidade de Hegel é a *Filosofia do direito* e abarca: 1. O direito abstrato; 2. A moralidade; 3. A eticidade, que é novamente decomposta em família, sociedade civil e Estado. Por mais idealista que seja a forma, mais realista é o conteúdo. Todo o domínio do direito, da economia, da política está compreendido aí ao lado da moral. Em Feuerbach é exatamente o contrário. Segundo a forma ele é realista, ele parte do homem; mas do mundo em que esse homem vive não se fala absolutamente nada e esse homem segue sendo o homem abstrato que tinha a palavra na *Filosofia da religião*.

O que significa, porém, a tendência proclamada por Feuerbach do homem "enquanto homem", senão o fato de que esse homem elevado ao princípio da filosofia já não teria nenhuma instância acima dele a partir da qual ele poderia se determinar? O homem se torna relativo ao homem quando o absoluto só tem nele sua "base e fundamento". Os próximos passos para uma filosofia baseada no ponto de vista de Feuerbach foram dados por Ruge e Marx.

Sobre a base de Feuerbach, A. Ruge converteu o resíduo sentimental da humanidade cristã em um sistema tão popular quanto ambicioso e com isso tornou clara a necessidade da crítica destrutiva de Stirner e construtiva de Marx.[17] Em vez de reconhecer a crítica à mera humanidade contida na determinação particular do homem em Hegel, ao analisar o parágrafo 190 da *Filosofia do direito* Ruge chega à conclusão contrária de que "com certeza" somente a sociedade civil seria a "humana", pois nela cada cidadão é um "trabalhador".[18] Este é o verdadeiro e universal estado do homem. No

---

17 *Unser System, oder die Weltweisheit und Weltbewegung unserer Zeit* [Nosso sistema ou a sabedoria e o movimento do mundo de nosso tempo].
18 *Aus früherer Zeit*, IV, p.359 et seq., e *Unser System*, 3º cad., p.1.

trabalho universalizado, Ruge viu o "progresso" decisivo de nosso mundo sobre a *polis* antiga. A humanidade sentimental e privada de Feuerbach recebe agora um conteúdo social e político. "Filosofia e revolução" devem criar juntas o sistema do "humanismo". "A filosofia desenvolveu, a partir da filosofia do espírito, a liberdade mundana do homem vivo." O homem liberado e o mundo humanizado constituem a realização da filosofia hegeliana do espírito e da liberdade. A forma política da verdadeira humanidade se encontra no Estado social-democrático, pois ele tem como pressupostos a unidade e a igualdade do homem, não mais diante de Deus, mas diante da lei. A prova do sistema do humanismo seria afirmar que também os negros são homens! "Credes que os negros são homens? Crede na Alemanha, onde não há negros; mas existem muitos homens que negam isso, a saber, aqueles que têm negros."[19]

3. Marx: o proletariado como a possibilidade do homem genérico

Marx, que inicialmente era colaborador de Ruge, declarou em uma carta dirigida a este último que sua própria tarefa consistia em "fazer do homem um homem". Pois o homem tal como "de fato é" no fundo não seria nada senão um produtor de mercadorias alienado de si mesmo. Nesse plano da reconquista do "verdadeiro homem", Marx se identificava inicialmente com o "humanismo real" de Feuerbach.[20] De acordo com isso, também *O capital* contém uma polêmica contra a determinação particular do homem em Hegel, ainda que somente ocasional, dirigida no mesmo sentido que as de Feuerbach e Ruge.[21] Marx compara o homem da sociedade burguesa à mercadoria. Como esta, ele tem um "duplo caráter": uma "forma valor" e uma "forma natural". Como a mercadoria, ele é algo que adquire valor pelo dinheiro; o que ele é segundo sua constituição natural é indiferente em relação ao valor enquanto mercadoria. Qualquer mercadoria como tal pode ter um valor bem diferente e ainda assim possuir a mesma constituição natural. Também ao homem, considerado de acordo com o valor em sua forma burguesa, própria

---

19 *Unser System*, 3º cad., 85.
20 III, 151; V, 535.
21 I6, p.11.

ao mundo das mercadorias, seria possível desempenhar um grande papel, frente tanto aos demais quanto a si mesmo, "como general ou banqueiro", ou seja, enquanto homem dividido e fixado por sua atividade objetiva, mas enquanto homem como tal e "pura e simplesmente" – em sua forma natural, por assim dizer –, poderia representar um papel muito "mesquinho". A propósito disso, Marx se refere laconicamente em uma nota ao parágrafo 190 da *Filosofia do direito*, de Hegel. Essa referência deve ser interpretada da seguinte forma: quando Hegel faz do homem *enquanto tal* algo tão particular, como o é o sujeito das necessidades dotado de direitos civis, então se espelha nessa limitação teórica uma efetiva falta de espírito ou uma falta de humanidade própria das relações vigentes na humanidade atual. Pois a esse isolamento teórico corresponde uma efetiva abstração do homem enquanto tal.[22] Tais modalidades do ser humano, abstratas por prescindirem "pura e simplesmente" do homem, estão para Marx sobretudo no *homem de classe*, a dos burgueses e a do proletariado, no *trabalhador* corporal e intelectual, a divisão completa do homem da sociedade burguesa em dois modos de existência complementares e contraditórios: *o homem privado*, com sua moral privada por um lado e, por outro, o *cidadão público*, com sua moral pública. Em todas essas expressões parciais do ser humano falta o homem enquanto tal e em sua totalidade. Enquanto ele é algo essencialmente apenas por alguma particularidade, o será com relação a outras particularidades: um profissional que, como tal, diferencia-se de sua vida familiar, ou seja, um homem privado distinto de suas relações públicas. Em tal sociedade, o homem "pura e simplesmente" não desempenha nenhum papel fundamental, mas sim como algo fixado em cada caso que corresponde à sua posição social e ao seu rendimento. E já que esses últimos são condicionados pelas relações econômicas que Hegel denominava "necessidades", sua definição segundo a qual o homem *in concreto* é propriamente um burguês constitui a expressão teórica e objetiva de uma "inumanidade" efetiva, na qual as relações vigentes de existência do moderno mundo burguês e capitalista são signos da autoalienação do homem.

Portanto, Marx e Feuerbach compartilham o juízo de que a filosofia do espírito de Hegel só contém o homem como uma particularidade, e não

---

22 Cf. a carta de Ruge a Marx (I/1, p.558), em que Ruge cita como "*motto* do seu estado de alma" o *Hyperion*, de Hölderlin: "Tu vês artífices, mas não homens, pensadores, mas não homens, senhor e escravo, mas não homens", e a aquiescência de Marx na resposta.

como a totalidade humana e filosoficamente fundamental. Mas também o "homem" de Feuerbach é na realidade um burguês, um homem privado sem comunidade pública. Em oposição a Feuerbach *e* Hegel, Marx procura descobrir o pleno e íntegro significado daquela particularidade burguesa, que na filosofia hegeliana do espírito havia sido ao mesmo tempo descoberta e encoberta. Ele quer esclarecer a falsa autocompreensão do homem da sociedade burguesa, que consiste no fato de que o burguês vale como o "homem" em geral quando na realidade é apenas um "burguês". Para liberar de sua particularidade esse homem historicamente determinado e para superar [*aufheben*] a alienação do homem, Marx exige não apenas sua emancipação econômica e política, mas também "humana". Essa emancipação não se refere ao homem enquanto "ego" e "alter ego" (Feuerbach), mas ao *mundo* do homem, pois ele próprio *é* seu mundo humano, porque é essencialmente um "ser genérico social" ou *"zoon politikon"*. Por isso a crítica marxista do homem burguês resulta da crítica de sua sociedade e economia, sem que ele perca seu sentido fundamentalmente antropológico.[23] Enquanto porém o indivíduo não é um ser genérico-social ou *zoon politikon* e não participa portanto do Estado com *sua res publica*, parecerá que o verdadeiro homem privado burguês é o verdadeiro homem. Para que seja possível a superação [*Aufhebung*] da mera pessoa privada ao lado do mero cidadão, é necessário revolucionar toda a estrutura da vida privada e pública desde a base.

> Só quando o homem efetivamente individual absorver em si o cidadão burguês abstrato e, como homem individual em sua vida empírica, em seu trabalho individual, em suas relações individuais, se converter em *ser genérico*; só quando o homem reconhecer e organizar suas *forces propres* como forças *sociais* e então não mais separar de si mesmo seu poder social, segundo a forma de sua força *política*, só então se produzirá a emancipação humana.[24]

Para realizar essa liberação última do homem em relação ao Estado meramente político da sociedade burguesa e para chegar ao homem comunista que se identifica com sua comunidade, Marx se volta ao proletariado, porque este constitui uma sociedade que por meio de sua *total* oposição ao

---

23 Para o conceito de "ser genérico" [*Gattungswesen*], ver sobretudo III, 21, 116, 307; *Zur Kritik der politischen Ökonomie*, p.XIV; 10ª Tese sobre Feuerbach.
24 I/1, 599; cf. 591 e 595; III, 112.

atual estado de coisas também possui uma tarefa total. Somente o proletariado entendido como a perda total do homem pode ser também capaz de uma total reconquista de sua unidade e de sua totalidade. Diretamente dessa exceção da sociedade burguesa Marx extraiu sua ideia de um homem novo e universal, simplesmente humano.[25]

Já a *Introdução à crítica da Filosofia do direito de Hegel* continha a seguinte frase: "A dissolução da sociedade como um estado particular é o proletariado". Ele é um estado particular, porém, não como uma classe no interior da sociedade civil-burguesa, mas na medida em que é uma sociedade que está fora da existente. Só assim a dissolução pode assumir uma modalidade positiva. A filosofia de Marx encontrou suas armas naturais no proletariado entendido dessa forma, enquanto este encontrou no marxismo suas armas espirituais. "A cabeça dessa emancipação é a filosofia; seu coração, o proletariado."

Em si e para si, o proletariado e a burguesia possuidora representam uma e a mesma alienação, mas em seu interior uma classe se sente cômoda e afirmada, sem consciência de sua alienação, enquanto a outra é consciente desta e, portanto, constitui uma autoalienação que supera a si mesma. Somente o proletariado desenvolve uma consciência de classe crítica e revolucionária daquilo que é universal. Justamente por isso a classe proletária é menos desumanizada que a classe burguesa; ela se manifesta abertamente e não numa forma oculta de si mesma.[26] E já que o proletariado em suas próprias relações vitais também "reúne em seus extremos inumanos" as relações das demais esferas sociais, ele é a chave para o problema de *toda* a sociedade existente, a qual liberará a si mesma junto com ele. O significado universal do proletariado é desenvolvido mais detidamente na *Ideologia alemã*, no contexto da propagação do moderno comércio mundial.

> Somente os proletários do presente completamente excluídos de toda atividade autônoma estão em condições de realizar [...] a plena atividade independente, não mais limitada, que consiste na apropriação da totalidade de forças produtivas [...] Em todas as apropriações realizadas até hoje, uma massa de indivíduos se subordinava a um instrumento único de produ-

---

25 I/1, p.619; III, p.206.
26 Ver, sobre isso, G. Lukács, *Geschichte und Klassenbewußtsein* [História e consciência de classe], p.188 et seq.

ção; na apropriação dos proletários a massa dos instrumentos de produção subordinar-se-á a cada indivíduo em particular e à propriedade a todos. O moderno comércio mundial não pode ser subordinado aos indivíduos de outra forma senão sendo subordinado a todos.[27]

Portanto, o proletariado tem um papel histórico universal e uma significação universal para o processo de todo acontecimento, não porque os proletários seriam "deuses", mas porque eles encarnam o ser genérico do homem no extremo da alienação. Essa classe particular tem uma função universal pelo fato de que o trabalhador assalariado está totalmente alheio em virtude da "questão mundana de sua grandiosidade vital" e porque, em geral, não é um "homem", mas um vendedor de sua força de trabalho. Na "autoconsciência da mercadoria", que é o proletariado, se mostra a *economia* como destino *humano* e então ela se torna "anatomia" da sociedade burguesa. Com a autolibertação do proletariado, entendida como a de uma "classe simplesmente *universal*", que não defende nenhum interesse particular e limitado, se dissolve junto com a *humanidade privada* do *bourgeois* também a *propriedade* privada e a *economia* capitalista privada, e ainda em geral o caráter fundamental de uma privacidade separada da esfera pública. Ela deve se suprimir [*aufheben*] positivamente na universalidade do ser comum a todos, de um ser comum com posse e economia comuns. A verdadeira "democracia" na concepção de Marx é a *polis* realizada como *cosmopolis*, uma comunidade dos livres, cujo indivíduo não é um burguês, mas um *zoon politikon*.

Quando se pergunta, porém, *o que* então faz desse homem um homem, não se mostra então nenhum novo conteúdo humano, mas uma radical realização do princípio da sociedade civil-burguesa. É a produção pura como tal, ainda que de índole anticapitalista, que geralmente faz do homem um homem, quando seu ser genérico consiste somente em ser um "sujeito de necessidades".[28] Diante dessa totalidade do mundo burguês-proletário, a desesperada frivolidade de Stirner "baseou sua causa em nada" para substituir o homem, que seguia sendo apresentado como uma essência em geral, por seu eu despido.

---

27 V, p.57 et seq.
28 O "reino da liberdade" começa para Marx somente para além da produção material cujo princípio, mesmo no regime socializado, permanece sendo a carência vital e a necessidade (*Kapital*, III/2, p.315 et seq.).

4. Stirner: o eu único como proprietário do homem

Stirner se propõe mostrar fundamentalmente que a elevação do homem ao posto de ser supremo é apenas a última roupagem da fé cristã na humanidade de Deus. "O homem é para o homem o ser supremo – diz Feuerbach. O homem só foi descoberto agora – diz Bruno Bauer. Vejamos esse ser supremo e essa nova descoberta mais precisamente", esse é o *motto* da primeira seção "O homem", enquanto a segunda trata do "Eu".

É certo que o Deus cristão, que é espírito, se volatizou gradualmente em "espírito da humanidade". Mas, na realidade, com esse cristianismo plenamente humanizado se retornava ao começo originário, a saber, *ao* homem pura e simplesmente, que, enquanto Cristo, constituía o começo e o fim sobre-humano da história. Porém, quanto mais se desloca a ambição por um ser supremo para o homem enquanto tal, tanto mais o "Eu" descobre necessariamente que *para mim* esse homem absoluto permanece tão estranho quanto antes o Deus absoluto ou espírito.

Mas o que resta do Eu desde que o homem também morreu? Seu fazer nada mais é que um contínuo "desperdício" e reaproveitamento de si mesmo e do mundo que lhe é próprio. Pois "minha" tarefa não é realizar o universal-humano, mas a de bastar-me a mim mesmo. Como Eu, o homem em geral não tem nenhuma "missão", nem destino, mas *é* o que em cada caso *pode* ser, nada menos e nada mais.[29] No único, o proprietário retorna ao "nada criador" do qual havia nascido. "Se coloco sobre mim, o único, a minha causa, então ela ater-se-á a seu efêmero [...] Criador de si que se devora a si mesmo."

Feuerbach, Bauer e Marx quiseram produzir *o* homem e ignoraram o homem real – pois real é apenas o homem individual, tal como vive e age, aqui e agora, como este e aquele. Todos acreditavam ainda, como os papas da Revolução Francesa, na verdade *do* homem e agiam de acordo com o princípio, cortar a cabeça *dos* homens para servir *ao* homem enquanto tal. O espírito que obseda esses críticos do espírito pode até não ser mais o espírito absoluto e sagrado, mas o espírito da humanidade. Essa humanidade suprema e universal, porém, se diferencia tanto do Eu efetivo quanto a ideia universal se diferencia da existência individual e insignificante que é a minha própria.

---

29 *Der Einzige und sein Eigentum*, p.196, 217, 420, 423, 428; e *Kleinere Schriften*, p.366.

Este Eu niilista até teria que aparecer aos representantes do homem universal como um egoísta "não homem", mas na verdade esse egoísta singular é também *cada um de nós*, pois cada um coloca a si mesmo acima de tudo. Stirner não "sonha" mais com a liberdade e a emancipação, mas se "decide" pela peculiaridade [*Eigenheit*].[30] Como Eu singular ele não vive nem no Estado burguês nem na sociedade comunista – não está ligado nem por fortes laços de sangue nem por delgados vínculos de humanidade –, mas em união com os egoístas. Apenas eles são semelhantes e justamente por sua incomparabilidade. O Eu é o fim nulo da humanidade cristã, cujo último homem é um "não homem", assim como o primeiro era um "super-homem". O Eu "se basta" a si mesmo sem preocupar-se com "ideias fixas" como Deus e a humanidade.

5. Kierkegaard: o si mesmo singular como a humanidade absoluta

A tese de Stirner concernente ao único encontra-se na mesma época com o conceito fundamental de Kierkegaard a respeito do "singular" que "se satisfaz a si mesmo *diante de Deus*". Nenhum dos dois acredita mais no ser humano da humanidade atual e no ser cristão na moderna cristandade. Porém, enquanto o eu baseado em nada de Stirner constituía uma tentativa de romper o círculo cristão – que começava com a prédica de Cristo e terminava com o palavrório do homem, Kierkegaard procurou voltar ao princípio, como se não houvessem existido 1800 anos de cristandade, para se tornar novamente contemporâneo da "humanidade absoluta" do cristianismo primitivo que, visto da perspectiva humana, é "inumano".

Para Rüge a "consumação" do cristianismo era o humanismo; para Stirner o humanismo é a última forma e o fim do cristianismo; para Kierkegaard o verdadeiro cristianismo é o oposto daquilo que se tornou no curso do tempo, a saber, humanidade e cultura.

Outrora se objetava ao cristianismo (e justamente na época em que era mais claro o que era o cristianismo, e a objeção era feita pelos pagãos que

---

[30] *Der Einzige und sein Eigentum*, p.193.

O problema da humanidade

tinham a visão mais apurada do mundo sensível) que ele era inimigo do homem – e agora o que é o cristianismo senão humanidade! Outrora o cristianismo era um escândalo para os judeus e uma tolice para os gregos; agora ele é cultura!

Uma vez que o conceito fundamental de Kierkegaard é o do indivíduo, tanto humano quanto cristão, sua crítica do presente vale tanto para a *humanidade* emancipada e elevada a princípio por Feuerbach, Ruge e Marx quanto para a *cristandade* emancipada de Deus. Seu indivíduo é um "corretivo" contra a humanidade social-democrata e a cristandade culta e liberal. Contrariamente ao movimento do mundo que apontava para um nivelamento desprovido de diferenças, agora é preciso destacar decididamente o indivíduo, acentuar a individualidade, subtraí-la da universalidade existente, social e cristã.

O "sistema" universal – seja o do espírito (Hegel) ou o da humanidade (Marx) – esqueceu-se em sua dispersão histórico-universal do "que significa ser homem. Não homem em geral, mas o que significa que tu e eu, ele e nós somos homens, cada um para si".[31] A "humanidade pura" é, pelo contrário, uma pura "comunidade negativa", que está a serviço do aplainamento dos indivíduos existentes por si mesmos, nivelados pelas ocupações uniformes da massa.

> Não se pode dizer que a ideia do socialismo e da comunidade será a salvação da época [...] O princípio da associação [...] não é em nossa época afirmativo, mas negativo, um subterfúgio, uma dispersão, um engano dos sentidos, cuja dialética consiste em que os indivíduos se enervam quando se os fortalece; se os revigora pelo número ao reuni-los, mas isso, do ponto de vista ético, é uma debilitação.[32]

Porém, assim como Kierkegaard se opôs profunda e polemicamente contra o "sistema" de Hegel e à concepção que vincula os indivíduos à "humanidade", tampouco aceitava, por outro lado, a ideia de Stirner de um Eu nu, desligado tanto da humanidade em geral como do universal humano.

---

31 VI, p.204; cf. p.208.
32 *Kritik der Gegenwart*, op. cit., p.54 e 56 et seq.

Se o homem universal estivesse fora de mim mesmo, eu só poderia em minha vida seguir um único método: despojar-me de toda a minha concreção. Essa desenfreada paixão de fazer abstração de si mesmo não é tão rara. Certa seita dos hussitas pensava que nos tornaríamos homens normais ao andar desnudos como Adão e Eva no paraíso. Hoje em dia se encontram não poucos que ensinam o mesmo do ponto de vista espiritual: tornaríamo-nos homens normais se nos despojássemos de toda concreção até chegar, por assim dizer, a uma plena nudez. Mas não se trata disso.[33]

A tarefa que ele se coloca – sem poder cumpri-la – é antes a seguinte: realizar o *"universal"* do ser humano diretamente como *si mesmo individual*.[34]

O Eu convertido em Si mesmo não é um eu abstratamente individualizado, mas exprime concretamente em toda a sua vida o universal-humano. Aparentemente ele se converte em um homem completamente comum, que realiza o "universal" no casamento, na profissão e no trabalho. O homem verdadeiramente existente é um "homem inteiramente individual sem semelhantes e ao mesmo tempo universal".[35] Ele é *"autodidata"* e *"teodidata"* em um só.

Como homem existente antes de Deus e que realiza o universal, ele se diferencia também da maneira como *"se"* vive comumente.

> Seria uma divinização da mais trivial mediocridade se se vivesse o universal humano no fato de viver como se de fato vive. Por isso está num grau bem mais alto aquela exceção que consiste em efetivar o universal nos pontos em que se pode realizá-lo com a mais elevada intensidade [...] Mas quem se tornou, porém, um homem incomum no sentido mais nobre [...], este terá que admitir sempre que o mais elevado seria incorporar completamente o universal em sua vida.[36]

Não obstante, o que na maioria dos casos se considera um homem incomum é apenas uma módica exceção da regra dominante, um homem em cuja autoconsciência se encontra o fato de ter algo à frente dos outros.

---

33 II, p.224.
34 II, p.285 et seq.; III, p.199 et seq.; *Tagebücher* I, p.334.
35 II, p.220.
36 II, p.288 et seq.

O problema da humanidade

Que alguém atravesse o canal a nado, outro fale 24 idiomas e um terceiro possa andar de cabeça para baixo e assim sucessivamente: disso se pode, *si placet,* admirar; se, pelo contrário, aquele que é representado deve sua grandeza ao universal [...] então a admiração resulta de circunstâncias enganosas...[37]

E por isso Kierkegaard se refere a *cada um,* mas *enquanto indivíduo* – como também Nietzsche se dirige a "todos e ninguém".

De acordo com o duplo significado do "indivíduo", o problema da *igualdade* humana determina-se segundo dois lados distintos. Os homens são iguais diante do Deus extramundano e desiguais no mundo comum a todos, porquanto é o elemento da diversidade. No mundo, fulano está à frente de sicrano; diante de Deus, cada um é próximo um do outro.[38]

Então há, de maneira característica, três *exceções* que mesmo na dissolução do existente indicam o *ser universal* do homem: a massa do proletariado excluído da sociedade burguesa (Marx), o Eu eliminado de toda comunidade (Stirner) e o Si-mesmo excluído da cristandade (Kierkegaard). Essas três exceções caracterizam ainda a essência universal do homem na dissolução da humanidade cristã-burguesa.

As dificuldades que se opõem a uma reposição do *homem verdadeiro* (segundo Marx) ou do *eu desnudo* (segundo Stirner) ou do *verdadeiro cristão* (segundo Kierkegaard) são aguçadas na medida em que agora cada homem pode acreditar já ser sem mais um "homem" – ainda que seja apenas um burguês; ou um "eu" sem mais – ainda que seja apenas um possuído pelo espírito da humanidade; ou então um "cristão" sem mais – ainda que seja apenas um membro mundano da cristandade. Na Antiguidade, dizia Marx, a liberdade ainda se manifestava claramente, pois existiam escravos; no cristianismo primitivo, dizia Kierkegaard, ainda era claro se se queria ser um seguidor de Cristo, porque ainda haviam judeus e pagãos que lutavam contra o cristianismo. Para a restituição do homem, Marx postulava o homem genérico extremamente socializado; Stirner, o Eu extremamente egoísta; e Kierkegaard, um Si mesmo religiosamente isolado e que tanto frente ao princípio de associação de Marx como diante do princípio de isolamento de Stirner deveria constituir a "humanidade absoluta". Marx concluiu com um

---

37 VII, p.51.
38 *Vom Leben und Walten der Liebe* [Sobre a vida e os impérios do amor], p.19 et seq. e p.48.

homem comunista que privadamente já não teria mais nada de que se apropriar, Stirner com um *não homem* que ainda teria, entre outras qualidades, a de ser homem, e Kierkegaard novamente com *Cristo*, no qual o homem encontra para sempre sua medida sobre-humana.

Com isso foi interrompida a cadeia, iniciada por Hegel, das radicais tentativas de chegar a uma nova determinação do homem. Ao esgotamento do movimento radical do espírito correspondeu a reação política após 1850, durante a qual Schopenhauer teve influência.

Somente Nietzsche voltou a colocar, sob outros pressupostos, a questão renovada: o que é este ser "indefinido", o "homem"?

6. Nietzsche: o além do homem como a superação do homem

> Esta é nossa desconfiança, que sempre reaparece, [...] nossa questão, que ninguém [...] quer ouvir, nossa esfinge ao lado da qual se abre apenas *um* abismo: acredito que tudo aquilo que estamos acostumados a venerar atualmente na Europa como as mais valiosas coisas, como "humanidade", "humanitarismo", "simpatia", "compaixão", pode ter certo valor aparente, porque essas qualidades debilitam e mitigam alguns impulsos fundamentais, perigosos e poderosos; mas no longo prazo, contudo, não representa senão o apequenamento do tipo "homem" – sua *mediocrização*.[39]

Nietzsche desenvolveu sua crítica do homem moderno como um protesto contra essa humanidade, própria de um cristianismo mundanizado que perturbou a "medida do homem". Sua conclusão foi a exigência de "superação do homem" capaz de anular a totalidade da humanidade cristã, e lhe parecia que o homem estava superado pelo "super-homem". Ele é a resposta ao grito de desespero do "mais feio" dos homens, que é o assassino de Deus, e dos homens "superiores", cuja superioridade consiste no fato de ainda serem capazes de desprezar, enquanto o "último" homem humanitário do presente não é capaz de se desprezar, sendo, por isso mesmo, desprezível. Ele é o antípoda do super-homem, que Nietzsche criou "ao mesmo tempo" que aquele.

---

[39] XIV, p.66.

O problema da humanidade

A Terra se tornou pequena, e nela saltita o último homem, que torna tudo pequeno. Seu gênero é inextinguível, como o das pragas; o último homem viverá muito [...] Já não haverá pobres e ricos: ambos os estados são penosos. Quem quer governar? Quem quer obedecer? Ambas as coisas são fatigantes. Nenhum pastor e um só rebanho! Todos querem o mesmo, todos são iguais: quem sente de outro modo irá voluntariamente ao manicômio.

Mas por que o homem precisa em geral de uma superação do homem? A resposta surge, de modo análogo ao de Stirner, da conexão tradicional de cristianismo e humanidade, de Deus e homem. O Eu único de Stirner, que cria a si próprio a partir do nada, e o super-homem de Nietzsche, que inventa o martelo da doutrina do eterno retorno para superar a existência tornada sem finalidade do homem, são ambos as consequências mais extremas da problemática da humanidade cristã.

A conexão íntima entre cristianismo e humanidade foi expressa por Nietzsche ao mostrar que o super-homem aparece quando Deus havia morrido. Essa morte exige do homem que quer por si mesmo e ao qual nenhum Deus diz mais o que ele deve fazer, além do desligamento de Deus, a superação do homem. O homem perde com isso seu lugar tradicional como um ser posto entre o ser de Deus e o ser animal. Sustenta-se sobre si mesmo como uma corda estendida sobre o abismo do nada e suspensa no vazio. Sua existência é – como a do equilibrista do prólogo de Zaratustra – essencialmente perigosa e o perigo é sua "profissão"; apenas nele tem lugar a "destinação" tornada problemática do homem! Felicidade, razão, virtude, justiça, cultura, compaixão[40] – todo o conjunto da humanidade tradicional não é mais obrigatório para a nova destinação do homem segundo Nietzsche.

Apesar dessa crítica à humanidade entendida como uma "frouxa degeneração do instinto", Nietzsche estava bem distante de desprezar o homem a fim de cultivá-lo para finalidades políticas.

Agora quase todas as coisas na Terra estão determinadas pelas forças mais grosseiras e malvadas, pelo egoísmo dos ganhadores e pelos violentos déspotas militares. O Estado, nas mãos destes últimos, assim como o egoísmo dos ganhadores, procura organizar tudo novamente desde si mesmo e converter-se em vínculo e opressão para todas as forças que lhe são hostis:

---

40 VI, 14 et seq. (*Zaratustra*, Prefácio).

isso significa que o Estado deseja que os homens possam idolatrá-lo tal como antes sucedia com a Igreja. Com que êxito? Nós ainda vivenciaremos isso; em todo caso, nos encontramos ainda na corrente congelada da Idade Média; ele descongelou e se precipita num movimento poderoso e devastador. Blocos de gelo se amontoam sobre si, todas as costas estão inundadas e perigosas [...] Não há dúvida de que, à aproximação de tais períodos, o ser humano se encontra em maior perigo que durante a crise e o redemoinho caótico, e é indubitável que a esperança angustiosa e o ávido desfrute dos minutos despertaram todas as vilezas e os impulsos egoístas da alma [...] Ora, em meio a tais riscos característicos de nosso período, quem dedicará seus serviços de guardião e cavalheiro da *humanidade*, do tesouro intangível e sagrado que as mais diversas gerações acumularam gradualmente? Quem erigirá a *imagem do homem* enquanto todos sentem em si o ferrão do egoísmo e o temor canino e foram tão afastados dessa imagem até se rebaixar ao bestial ou à rigidez mecânica?[41]

Nietzsche procurou estabelecer tal imagem do homem ao voltar-se para a *Antiguidade*, segundo a qual a diferença entre livres e escravos, dada por nascimento, justificar-se-ia "naturalmente", e com isso radicalizou o combate contra a humanidade cristã e sua ideia da unidade e igualdade do homem. Sendo contudo impossível anular o efeito histórico do cristianismo por um salto para trás, segue aberta – e justamente por causa da crítica de Nietzsche ao humanitarismo – a questão que ele havia colocado.[42]

Possuímos ainda alguma medida em geral para a unidade e igualdade dos homens e que não se refira somente aos fatores relativos e comuns derivados das diferentes raças, países e seres humanos? Não nos falta aquele horizonte para uma adequada e universal determinação do homem e não meramente "própria de cada um" ou adequada à "própria espécie"? A medida excêntrica da humanidade cristã que destruiu o cosmo grego parece ceder ante uma nova regulação e uniformização dos homens, diante de cuja violência concreta a humanidade restante parece criar o "homem sem qualidades".[43] E, no entanto, a humanidade não é nenhum "preconceito" que se possa descartar, pertence antes à natureza do homem, ainda que o humanitário "humanitarismo" e seu componente reacionário, a intolerância

---

41 I, p.423 et seq.
42 Ver, sobre isso, Goethe, *Gespräche* I, p.456 e 409.
43 Musil, *Der Mann ohne Eigenschaften*.

que se imagina heroica, desconhece na mesma medida a verdadeira natureza do homem, sua miséria e sua grandeza, sua debilidade e sua firmeza.

Sobre a intolerância, Goethe dizia que se tratava de uma disposição de espírito que deveria passar e se transformar em "reconhecimento" e nessa residiria a "verdadeira liberalidade".[44] Ele mesmo, como quase nenhum outro alemão, havia se formado nessa maturidade do reconhecimento, que está tão longe da apropriação violenta como da recusa do estrangeiro. Seguro de si mesmo, admitia quem pensava de outro modo e tinha uma natureza diferente da sua. Uma máxima sobre a convivência com os homens diz:

> Se passa conosco o mesmo que acontece com novos conhecidos. Em um primeiro momento nos entretemos bastante quando encontramos em geral alguma concordância e nos sentimos tocados em algum aspecto essencial de nossa existência; mas, quando o conhecimento se torna mais íntimo, se manifestam as diferenças. Nesse caso, o principal de uma conduta racional consiste em não se afastar imediatamente, mas antes ater-se firmemente ao que existe de coincidente, e esclarecer as diferenças sem por isso querer estabelecer uma conciliação.[45]

Como um excelente mestre na arte de reconhecer o humano, Goethe estimou o inglês L. Sterne.

> Essa alta e benevolente ironia, a equidade de todas as opiniões, a afabilidade diante de qualquer adversidade, a constância em meio às mudanças e todas as demais virtudes afins, sejam quais forem os nomes – me ensinaram do modo mais louvável, pois ao fim e ao cabo são essas as disposições que nos protegem de todos os passos em falso da vida.[46]

Conhecer e reconhecer o humano significava para ele considerar um terceiro fator entre os erros e as verdades em meio aos quais os homens "oscilam" e que poderiam se chamar "particularidades" [*Eigenheiten*]. "São

---

44 *Maximen und Reflexionen*, n. 875; cf. n. 216-219. Ver, sobre isso, o conceito fundamental de Hegel a respeito do reconhecimento: *Jenenser Realphilosophie*, I, 226; 209; *Phänomenologie*, p.432 et seq., e sobre o ainda desigual reconhecer-se no outro na relação senhor e escravo, p.128 et seq.
45 *Maximen und Reflexionen*, n. 773 et seq.
46 Carta a Zelter de 25 de dezembro de 1829.

elas que constituem o indivíduo, por meio delas o universal é especificado e ainda no mais extravagante sempre se poderia ver algo de entendimento, razão e benevolência, qualidades que nos atraem e nos prendem."[47] Este "humano no homem" foi descoberto e desperto por Sterne do modo mais terno. Goethe edificou-se pela frequentação de suas "almas livres"[48] sabendo muito bem que na Alemanha não cabia transpor o "shandeísmo" de Sterne sem modificações.[49] Mas também sua última palavra sobre o sentido e o significado de seus escritos e de sua vida é *"o triunfo do puramente humano"*, o que naturalmente não poderia ser vislumbrado pelo entusiasmo enfermo dos exaltados poetas do povo alemão que a "asfixiaram com frases". Numa conversa com o conde russo Stroganoff, Goethe notava que no povo alemão imperava um espírito de "exaltação sensual" que lhe era estranho. Por isso seu interlocutor não estava tão incorreto ao afirmar que a Alemanha não havia entendido o que Goethe pretendia alcançar em sua vida e em seus escritos: reconhecer o humano do homem, livre dos exageros que, sobretudo na Alemanha, o deformavam.[50]

> Queremos, portanto, ater-nos à palavra humanidade, na qual os melhores escritores entre os antigos e modernos depositaram conceitos tão dignos. A humanidade constitui o *caráter de nosso gênero*; ele só nos é inato em disposição e na verdade nos deve ser ensinado. Não o trazemos pronto ao mundo [...] Humanidade é o tesouro e o fruto de todos os esforços humanos e, ao mesmo tempo, a *arte de nosso gênero*. A formação para ela é uma obra que deve continuar incessantemente, caso contrário afundaremos [...] na [...] brutalidade. Por acaso a palavra humanidade barbarizaria nossa língua? Todas as nações cultivadas a admitiram em seu modo de falar; e se nossas cartas chegassem às mãos de algum estrangeiro, parecer-lhes-iam ao menos inofensivas; pois nenhum homem honrado gostaria de ter escrito cartas para o fomento da brutalidade.[51]

---

47 Weimarer Ausg. I, 1ª seção, 41/2, p.252.
48 Cf. Nietzsche III, p.62 et seq.
49 *Maximen und Reflexionen*, n. 773 et seq.
50 *Gespräche* IV, p.410; cf. Carta a Carlyle de 20 de julho de 1827; *Maximen und Reflexionen*, n. 214; para a interpretação da noção de humanidade em Goethe, ver Hegel, X/2, 235, e G. Simmel, *Goethe*, p.263.
51 Herder, *Briefe zur Beförderung der Humanität* [Cartas para a promoção da humanidade], 3ª seleção.

V
O problema da cristandade

"Todas as possibilidades da vida cristã,
as mais sérias e as mais descuidadas, as [...]
mais inconscientes e mais reflexivas,
já foram completamente experimentadas.
Agora é hora de descobrir algo novo."

Nietzsche

  O mundo histórico que permitiu formar o "preconceito" de que todo aquele que tem um rosto humano já como tal teria a "dignidade" e a "determinação" de ser homem não foi originalmente o mundo agora declinante da mera humanidade, que teve sua origem no *"uomo universale"*, mas também *"terrible"* da Renascença, mas o mundo do *Cristianismo*, no qual o homem tem seu lugar delimitado para si e seu próximo através do homem-deus Cristo. A imagem que transformou o *homo* do mundo europeu em homem em geral foi profundamente determinada pela representação que o cristão faz de si mesmo como uma imagem prototípica de Deus. A proposição de que "todos nós" somos homens se limita, pois, àquela humanidade que o cristianismo produziu em conjunto com o estoicismo. Essa circunstância histórica em relação ao simples ser homem se torna indiretamente clara pelo fato de que apenas com o declínio do cristianismo a humanidade passa a ser problematizada. O definhamento do cristianismo no mundo europeu não é, porém, menos resultado da *crítica* que alcançou suas mais extremas consequências no último século.

A crítica filosófica da religião cristã teve no século XIX seu ponto de partida em Hegel e com Nietzsche o seu fim. Ela é um acontecimento especificamente alemão, por ser *protestante*, e isso vale tanto para o lado da crítica quanto para o lado da religião. Nossos críticos filosóficos foram todos protestantes teologicamente formados e sua crítica do cristianismo pressupõe sua forma cristã. Crítica, isto é, distinção, pode ser levada a cabo tanto em relação àquilo que liga quanto àquilo que separa. Essas duas possibilidades formais da distinção crítica caracterizam também a relação concreta da filosofia e da religião nessa última fase da crítica filosófica da religião cristã. Os dois extremos da ligação e da separação se apresentam na teologia filosófica de Hegel e na filosofia anticristã de Nietzsche. Porém, o decisivo ponto de viragem da reconciliação hegeliana para a ruptura de Nietzsche com o cristianismo é caracterizado pela crítica da religião da esquerda hegeliana. Para poder compreender historicamente essa virada, é preciso antes de tudo ter presente a ambiguidade de seu ponto de partida em Hegel.

1. A superação hegeliana da religião pela filosofia

O trabalho *filosófico* de Hegel começou com escritos *teológicos* de juventude sobre "religião popular e cristianismo", a "vida de Jesus", a "positividade da religião cristã", "o espírito do cristianismo e seu destino". Esses trabalhos especialmente elucidativos para o desenvolvimento filosófico de Hegel e que procedem da última década do século XVIII não foram publicados em sua época. Somente depois do estudo de W. Dilthey sobre a *História da juventude de Hegel* (1905), H. Nohl os editou segundo os manuscritos (1907) e Th. Häring (1929 e 1938) os comentou. Eles não foram conhecidos pelos jovens hegelianos. E é tanto mais notável ver quanto o jovem Hegel já havia antecipado a crítica dos jovens hegelianos.[1] O conteúdo desses fragmentos consiste em uma exegese do cristianismo e apenas como uma tradução do cristianismo da forma religioso-positiva para a forma filosófica é

---

1 Ver, sobre o que foi dito acima, Parte I, cap. III, 4; cf. Wahl, *Études Kierkegaardienes*, p.151 et seq.

que a *interpretação* de Hegel é já, segundo sua própria intenção, uma *crítica* da religião cristã.

O ponto de vista condutor para a interpretação crítica, diferenciadora, da religião cristã é a questão sobre a possível restituição de uma "totalidade" da vida em si mesma "cindida". Como tarefa histórico-mundial de Jesus, Hegel vê que ele teria, em contraste com a "positividade" ou legalidade da religião judaica da lei, restabelecido intimamente a totalidade por meio de uma religião do "amor" que supera a lei.[2] Na "relação viva" de amor do homem a Deus, mas também de homem a homem ou do Eu para o Tu, se supera o ser oposto legalmente regulado, o estado de separação da vida una e inteira em oposições hostis. Apenas essa vida una e intimamente de acordo consigo mesma é verdadeira, pois se trata de um ser ou uma vida total, enquanto uma vida separada de si é um ser falso. O ser verdadeiro é sempre um ser unido, e a reunião se funda na relação viva do amor na qual cada um somente é ele próprio através do outro. "Reunião e ser são sinônimos" e existem tantos modos de reunião quanto são os modos de ser. A expressão linguística do conceito especificamente hegeliano de ser se encontra na cópula "é" como palavra de ligação.[3] Por isso, o método de Hegel em *Vida de Jesus* é: pretender demonstrar, no conceito da relação viva de amor como um conceito prévio do movimento mediador do espírito, *a superabilidade de toda positividade*, isto é, de toda legalidade meramente externa e objetiva. Assim, Hegel interpretou filosoficamente as narrações de milagres contidas no Novo Testamento superando sua qualidade milagrosa, como, por exemplo na doutrina da Santa Ceia. Considerados objetivamente, ou a partir de fora, prescindindo, portanto, de uma relação viva com eles, o pão distribuído por Jesus era "mero pão" e o vinho oferecido por ele, "mero vinho", mas "ambos são ainda algo mais". Este "ser mais" não consiste em um simples acréscimo simbólico, agregado ao pão e ao vinho reais, mas antes no fato de que o corpo e o sangue de Jesus em geral não se diferenciam realmente do pão e do vinho. Ambos são não apenas metaforicamente iguais e comparáveis um com o outro,

---

[2] *Theologische Jugendschriften*, p.378 et seq. Já Espinosa opunha a disposição "carnal" do temor à disposição "espiritual" do amor, a incompatibilidade entre o temor a Deus e o amor a Deus. Cf. Strauß, *Die Religionskritik Spinozas* [A crítica da religião de Espinosa], p.199.

[3] *Theologische Jugendschriften*, 38; cf., sobre isso, o fragmento de Novalis: "O lógico parte do predicado, o matemático do sujeito, o filósofo da cópula".

mas o que à primeira vista parece ser tão diferente está vinculado "no mais íntimo". Só para o "entendimento" que considera as coisas externamente e para a "representação" sensível, o pão e o corpo, ou o vinho e o sangue, são coisas diversas e comparáveis, mas não para a sensação espiritual do pão e do vinho, para essa íntima relação. Se ambos são consumidos não apenas corporalmente, mas *espiritual e eclesiasticamente* [*geistig und geistlich*] na presença e em nome de Jesus, tais objetos não são meramente físicos segundo seu ser, mas uma comunhão espiritual objetivada. Este "amor que se fez objetivo, este subjetivo que se converteu em coisa [...] volta a ser subjetivo no ato de comer". Quando então o espírito está efetivamente vivo na fruição do pão e do vinho, então os objetos "desaparecem" em sua mera objetividade diante do sujeito. Como objetos, são objetos "místicos", ou seja, coisas sensíveis e suprassensíveis.

O desaparecimento dos objetos em sua mera "positividade" significa um retorno à "subjetividade" ou "idealidade" que lhes constituíam originalmente. Hegel desenvolveu mais tarde o movimento de regresso à origem como *"subjetividade"* da *"substancialidade"*. Esses dois conceitos fundamentais da filosofia hegeliana do espírito correspondem, nos escritos teológicos de juventude, à oposição entre "idealidade" e "positividade", à supressão [*Aufhebung*] da mera positividade em sua idealidade subjetiva. Portanto, a religião existe espiritualmente e é concebida filosoficamente não como religião "positiva", mas antes na supressão [*Aufhebung*] de sua "mera" positividade. Toda positividade rígida é, pelo contrário, "revoltante", sejam objetos e leis religiosos, sejam – como em Kant – leis morais. O que Hegel quer, em todo caso, é transformar "oposições mortas" em "relações vivas", para restabelecer uma totalidade originária. E assim, para ele, Jesus foi um "homem que quis resgatar o homem em sua completude", na medida em que ele, como Deus-Homem, quis unir o homem com Deus.

No mesmo sentido dos escritos teológicos de juventude, no tratado sobre *Fé e saber* (1802) Hegel também tentou superar contra Kant, Jacobi e Fichte a oposição "positiva" entre fé e saber em uma unidade mais elevada e ao mesmo tempo mais originária. Pois quando não sabemos nada de Deus e nada podemos senão crer nele, quando a razão não é capaz de "conhecer Deus", então não há nem fé autêntica nem saber verdadeiro, mas apenas a oposição morta e própria do esclarecimento [*Aufklärung*] entre fé e saber. Na opinião de Hegel, a "filosofia da reflexão" determinada por Kant permanece nesse ponto de vista insuficiente do esclarecimento:

A cultura elevou a última época tão acima da antiga oposição entre *razão* e *fé*, filosofia e religião positiva que essa contrariedade de saber e fé assumiu um sentido completamente diferente e agora ela foi transladada para o interior da própria filosofia. Que a razão seja uma serva da fé, como se dizia nos tempos antigos, e que a filosofia, pelo contrário, afirmara invencivelmente sua absoluta autonomia, essas representações ou expressões desapareceram. E a razão, se é razão aquilo que recebe esse nome, se tornou tão dominante na religião positiva que mesmo um conflito entre a filosofia contra o positivo, entre os milagres e que tais, se considera como assuntos superados e obscuros. E Kant não teve sorte alguma em sua tentativa de animar, por meio de significados extraídos de sua filosofia, a forma positiva da religião, e isso não porque assim se alterava o sentido peculiar daquelas formas, mas porque elas mesmas já não pareciam dignas de tal honra.[4]

Hegel critica a religião, portanto, não por meio de uma distinção delimitadora entre fé religiosa e saber filosófico, mas o que ele critica é apenas a "forma positiva" que a religião ainda tem dentro da filosofia da reflexão. O propósito dessa crítica é a supressão [*Aufhebung*] fundamental da forma positiva por meio de uma reformulação filosófica da religião cristã "positiva". O resultado dessa supressão [*Aufhebung*] da religião na filosofia é a filosofia da religião de Hegel. Religião e filosofia coincidem expressamente em suas lições. A verdadeira filosofia já é, ela mesma, "culto divino":

> Pode-se [...] ouvir frequentemente que é temerário querer adivinhar o plano da previdência. Vê-se aí o resultado da ideia, que agora quase se converteu num axioma, de que não se pode conhecer Deus. E como a própria teologia chegou a tal desespero então se tem que recorrer à filosofia caso se queira conhecer Deus [...] Se Deus não pode ser de fato conhecido, então nada mais resta que possa interessar ao espírito a não ser o não divino, limitado, finito. Certamente o homem tem que se ocupar necessariamente com o finito; mas há uma necessidade superior pela qual o homem tenha que ter um domingo em sua vida em que ele se eleva para além das ocupações diárias, em que ele se dedica ao verdadeiro e dele toma consciência.[5]

---

4 I², 3.
5 *Die Vernunft in der Geschichte*, p.18.

Hegel adverte logo no início de suas lições sobre *Filosofia da religião* que essa expressão era algo equívoca porque leva a crer em uma relação objetiva, como se a religião fosse um objeto da filosofia tal como o espaço o é da geometria. Mas "o conteúdo, a necessidade, o interesse" da filosofia são inteiramente "comuns" com os da teologia.

> O objeto da religião, assim como o da filosofia, é a verdade eterna em sua própria objetividade, Deus e nada além de Deus e a explicação de Deus. A filosofia só se explica quando explica a religião, e quando ela se explica, explica a religião. Ela é, como a religião, ocupação com esses objetos, é o espírito pensante que penetra esse objeto, a verdade. Vivacidade e gozo, verdade e purificação da autoconsciência subjetiva nessa e através dessa ocupação.[6]

As "dificuldades" e ponderações contra essa assimilação se baseiam, segundo Hegel, apenas em que religião e filosofia são, *cada uma a seu modo peculiar e distinto*, culto divino, ainda que pudessem parecer em geral diferentes. Contudo, desde sempre seu vínculo foi historicamente sancionado. Os padres da Igreja, continua Hegel, foram neoplatônicos e aristotélicos, e em parte passaram ao cristianismo por ocasião da filosofia. E de modo inverso, foi graças à adesão da filosofia que uma dogmática cristã veio a lume. Toda filosofia escolástica foi uma e a mesma que a teologia e mesmo a *theologia naturalis* foi um objeto legítimo da filosofia de Wolff. O problema da diferença se reduz não ao *conteúdo*, que em ambas é o mesmo, mas em sua diferente *forma*.

Hegel distingue três formas. O mesmo conteúdo espiritual pode se apresentar na forma do *sentimento* meramente contingente e subjetivo, depois na forma já mais objetiva e mais adequada da *representação* sensível e, por fim, na forma filosófica, propriamente adequada ao conteúdo "espiritual", que é a do pensamento "universal" por sua própria natureza. Somente nessa forma o conteúdo "Deus ou o absoluto" é verdadeiramente conceituado e alcança sua forma mais própria. "*Deus está essencialmente no pensamento.*" Pelo contrário, uma teologia como a de Schleiermacher, que considerava o sentimento como a base do saber fervoroso de Deus e "des-

---

6 XI, 5.

creve apenas sentimentos", permanecerá necessariamente presa ao caráter contingente da história empírica. Essa forma é a "pior" de todas as formas em que um conteúdo pode ser dado.

> Certamente tudo o que é espiritual, todo o conteúdo da consciência, tudo aquilo que é produto e objeto do pensamento, sobretudo a religião e a eticidade, tudo isso pode estar no homem no modo do sentimento e assim se dá inicialmente. Mas o sentimento não é a fonte da qual pode fluir ao homem esse conteúdo, mas apenas o tipo e a espécie em que tal conteúdo se encontra no homem e é a pior forma, uma forma que ele tem em comum com os animais [...] Logo que um conteúdo chega ao sentimento, cada um é reduzido ao seu ponto de vista subjetivo [...] Se um diz que tem a religião no sentimento e um outro diz não encontrar nenhum Deus em seu sentimento, então cada um deles tem razão. Quando se reduz dessa forma o conteúdo divino, o ser de Deus para o homem, ao mero sentimento, então se fica limitado ao ponto de vista da subjetividade particular, do arbítrio e do capricho. Com efeito, assim se desembaraça da verdade em si e para si.[7]

Todavia, tampouco imaginado de modo sensível e figurado estaria o conteúdo em sua forma verdadeira, mas apenas seria representado simbolicamente, ao invés de pensado e concebido completamente. Apenas na filosofia da religião a forma do mero sentimento e da representação se transforma na do conceito. A incompreensível objeção contra essa necessária transformação da religião positiva na filosofia se reduz ao fato "de que a filosofia elimina as formas que pertencem à representação. O pensamento comum não tem nenhuma consciência sobre essa diferença; pois ele, por estar preso a essas determinações da verdade, pensa que o conteúdo desapareceria com elas".[8]

Porém, essa "tradução" do conteúdo religioso em uma outra forma não significa na realidade sua destruição, mas uma alteração no sentido da melhoria. Isso leva à melhoria da própria religião, pois assim ela é retraduzida a seu conteúdo espiritual. Um ponto culminante de tal elevação da religião a uma "existência filosófica" são as últimas frases de *Fé e saber*, que transfor-

---

[7] *Die Vernunft in der Geschichte*, p.20.
[8] XI, 80.

mam a *morte de Deus* em uma *"sexta-feira santa especulativa"*. Pois o "sentimento" histórico-empírico de que Deus mesmo morreu, essa dor infinita, "na qual repousa a religião da época moderna", tem que ser concebida como um "momento", a saber, como um momento da liberdade absoluta![9]

Por meio dessa distinção e dessa elevação da religião da forma do sentimento e da representação para a do conceito se dá em Hegel a *justificação* positiva da religião cristã e também *ao mesmo tempo* sua *crítica*. À ambiguidade dessa distinção crítica se liga toda a crítica pós-hegeliana da religião e daí provém também o cisma da escola hegeliana em uma esquerda e uma direita. As questões que eram objetos de disputas nos anos 1830 ainda não diziam respeito à relação de Hegel com o Estado e com a história universal, mas à religião: se ele compreendia *Deus* como uma pessoa ou como o processo mundial e se a *imortalidade* era universal ou pessoal.[10] A ortodoxia eclesiástica considerou a tradução hegeliana como não cristã, pois ela destruiria o *conteúdo* positivo da fé; os jovens hegelianos, ao contrário, se indignavam com o fato de que Hegel se prendia ao cristianismo dogmático, ainda que sob a *forma* do conceito. A partir desse contraste, Rosenkranz[11] acreditou poder deduzir que a verdade residia na mediação de Hegel e que sua filosofia, justamente por sua relação com o cristianismo, teria "um futuro bem particular" – o que de fato ocorreu, mas de maneira diferente da que Rosenkranz havia pensado. Pois o que surgiu historicamente da "superação" [*Aufhebung*] ambígua de Hegel foi uma *decisiva destruição* da *filosofia cristã* e da *religião cristã*.

2. Strauß e a recondução do cristianismo ao mito

A *Vida de Jesus* (1853),[12] de Strauß, surge, sob a influência de Schleiermacher, da filosofia da religião de Hegel como sua aplicação à teologia, enquanto Hegel, ao contrário, chegou à filosofia partindo da teologia e de uma "vida de Jesus". No ponto central do pensamento teológico de Strauß está a

---

9 I², 153; cf. XII, 235, e *Fenomenologia*, p.483.
10 Ver, sobre isso, Michelet, *Geschichte der letzten Systeme der Philosophie*, II, p.638.
11 *Hegel als deutscher Nationalphilosoph*, p.331.
12 Ver, para o que segue, Ziegler, *D. F. Strauß*, I/II; Zeller, *Über das Wesen der Religion* [Sobre a essência da religião].

tese de Hegel: aquilo que a religião tem apenas na forma da representação, a filosofia eleva à forma do conceito. O dogma cristão até possuía a verdade, mas em uma forma que ainda lhe era inadequada; justamente por isso, não se poderia traduzi-la de sua concepção histórico-eclesiástica ao conceito sem mais. Quem, ao contrário, como a direita hegeliana, se elevava do fato histórico à ideia, para voltar desta para aquele, só teria liberdade crítica aparente. Ao mesmo tempo que essa rejeição da especulação ortodoxa, Strauß quis demonstrar, partindo de Hegel, que ele próprio não era avesso a uma crítica da história evangélica. Antes, a filosofia da religião de Hegel já conteria uma tal crítica, pois já abandonava o fato histórico à forma da representação.[13] A oposição metódica de Strauß a Hegel consiste em que, enquanto Hegel eleva a "representação" religiosa ao *conceito*, Strauß a reduz a um *mito* livremente criado. O resultado final de sua interpretação mítica[14] da doutrina cristã foi: "o Homem-Deus é a humanidade" – uma proposição que já se encontrava em Hegel, pois este também não considerava o Homem-Deus como um fato histórico isolado, mas antes como uma manifestação do absoluto que em geral é espírito. A redução da religião, junto com os relatos bíblicos dos milagres, a uma fantasia inconsciente e criadora de mitos deveria também explicar a fé, pois esta é essencialmente crença em milagres, para Strauß, assim como para Feuerbach e também para Kierkegaard.[15]

Em sua última obra, *A antiga e a nova fé* (1872), sob a influência do positivismo científico-natural, Strauß chegou às últimas consequências ao abandonar junto com a filosofia hegeliana também o cristianismo. Sua

---

13 Ver *Streitschriften zur Verteidigung meiner Schrift über das Leben Jesu* [Escritos polêmicos para a defesa de meu escrito sobre a vida de Jesus], Tübingen, 1838, III. Caderno, p.57, 76 et seq. Para sua dissolução da "certeza sensível" da "fenomenologia teológica", Strauß se apoia nas seguintes passagens da obra de Hegel: XII, 246-250, 253-6; 260; 263-66, XI, 82; XV, 249. Th. Ziegler notou de modo bastante correto que a radicalização cumprida por Strauß da concepção hegeliana da verdade histórica dos evangelhos agora poderia ser ainda mais bem fundamentada a partir dos *Theologische Jugendschriften* de Hegel (Ziegler, *Strauß*, p.249).
14 Ver Volhard, *Zwischen Hegel und Nietzsche. Der Ästhetiker F. Th. Vischer*.
15 Ver Feuerbach, VII4, 189 et seq., e I, 1; Kierkegaard, IX, 82 et seq. Pap. VIII/1, 320. Cf., para isso, a discussão sobre o conceito de milagre com o hegeliano K. Daub, de quem Feuerbach assistiu às aulas e cujo escrito *Die Form der christlichen Dogmen- und Kirchenhistorie* [A forma dos dogmas cristãos e a história da Igreja] (1836/37) Kierkegaard estudou. (E. Hirsch, *Kierkegaard-Studien*, II, 97.) Sobre o problema da crítica dos milagres, ver Strauß, *Die Religionskritik Spinozas*, p.204.

"nova" crença consistia em uma "doutrina ética" religiosamente inspirada do homem "moderno". A primeira questão colocada à antiga crença, "ainda somos cristãos?", é respondida com um não. A segunda: "ainda temos religião?", com um meio sim. A terceira e a quarta, "como concebemos o mundo?" e "como organizamos nossa vida?", são respondidas de modo "moderno" no espírito do progresso científico e com dois característicos "acréscimos" ("dos nossos grandes poetas e músicos"). A "nova" fé consiste em um "aperfeiçoamento" do cristianismo em direção ao "humanismo". Depois de ter se esforçado ao longo de toda uma vida pouco feliz para escrever uma *Vida de Jesus*, diante dessa tarefa insolúvel ele terminou com uma cética complacência com a cultura.[16] No lugar de "Deus" aparece o "Todo" ou "universo". É característico para o desenvolvimento de Strauß da teologia para a filosofia e daí para o positivismo o fato de que ele, no primeiro volume de sua obra, se apresenta como doutor em filosofia e repetidor do seminário teológico-evangélico, enquanto no segundo só se apresenta como doutor em filosofia, embora já soubesse desde o primeiro que ele na teologia só poderia realizar um "tal trabalho arriscado".

Dificilmente se pode fazer hoje uma imagem das apaixonadas opiniões pró e contra a "teologia" de Strauß, tão distante parece estar esta autodissolução da teologia protestante com a ajuda da filosofia hegeliana daquela que se pratica atualmente. Em sua época, a "antiga e nova fé", segundo o testemunho de seus contemporâneos, foi "como uma chispa no barril de pólvora" que produziu um efeito tão grande quanto libertador.

3. Feuerbach e a redução da religião cristã à essência natural do homem

O mesmo vale para a *Essência do cristianismo* (1841), de Feuerbach. F. Engels relata o seguinte em seu escrito sobre Feuerbach:

Alguém tem que ter experimentado o efeito liberador desse livro para poder fazer uma ideia dele. O entusiasmo foi universal: todos fomos mo-

---

16 Cf. Freud, *Unbehagen in der Kultur* [O mal-estar na civilização] (1930) e *Die Zukunft einer Ilusion* [O futuro de uma ilusão] (1927): o homem teria se tornado uma espécie de Deus postiço.

mentaneamente feuerbachianos. Podemos notar o entusiasmo com que Marx saldou a nova concepção e quanto ele [...] foi influenciado por ela ao ler a *Sagrada família*.[17]

Diferentemente da crítica da religião de B. Bauer e Strauß, a "essência" do cristianismo de Feuerbach não é nenhuma destruição da teologia cristã e do cristianismo, mas uma tentativa de manter o essencial desse último, na forma de uma "antropologia" religiosa. A isso corresponde a distância de Feuerbach em relação aos autores mencionados:

> No que se refere à minha vinculação com Strauß e Bruno Bauer, junto aos quais sempre me colocam, chamo [...] a atenção sobre a circunstância de que já pela diferença do objeto [...] fica assinalada a diferença de nossas obras. Bauer tomou como objeto de sua crítica a história evangélica, ou seja, o cristianismo bíblico ou antes teologia bíblica; Strauß, a doutrina cristã da fé e a vida de Jesus, o que pode ser subsumido no título dogmática cristã, ou seja, o cristianismo dogmático ou antes a teologia dogmática; já eu me ocupo do cristianismo em geral, ou seja, da religião cristã e, por consequência, só da filosofia ou teologia cristã. Por isso eu cito principalmente autores para quem o cristianismo não é só um objeto teórico ou dogmático, não apenas teologia, mas religião. Meu principal objeto é o cristianismo, a religião enquanto esta constitui [...] *a essência imediata do homem*.[18]

A diferença em relação a Bauer é, porém, maior do que em relação a Strauß, pois, enquanto crítico, Bauer continuou sendo hegeliano. Strauß e Feuerbach de hegelianos se tornaram "materialistas" humanistas, e com isso abandonaram a filosofia tal como esta era até então compreendida. Sua crítica se reduz a uma antropologia mais ou menos aconceitual.

A superação [*Aufhebung*] da "essência teológica" da religião por sua essência verdadeira e antropológica se efetuou, em Feuerbach, por meio do retorno àquela forma despojada de espírito que Hegel já ironizava como mero "sentimento". Feuerbach queria resgatar justamente isso como o es-

---

17 Cf. Strauß, *Ges. Schriften* [Obras reunidas], v. V, 181. Não apenas os jovens hegelianos, mas também J. E. Erdmann, R. Haym, K. Fischer e F. Th. Vischer seguem o ponto de vista de Feuerbach.
18 VII4, 29 e I, 248 com relação a Bauer.

sencial, pois imediatamente sensível. A transcendência da religião repousa para ele na transcendência imanente do sentimento: "O sentimento é a essência humana da religião".

O sentimento é tua força mais íntima e ao mesmo tempo diferente e independente de ti: está *em* ti e *sobre* ti: é teu ser mais próprio e contudo o apreende *enquanto* e *como um ser diferente,* em suma, é teu Deus – como poderias ainda distinguir esta essência que está em ti de outra objetiva? Como poderia ir além de teu sentimento?[19]

De acordo com isso, Feuerbach se diferencia da crítica que Hegel havia feito contra a teologia do sentimento:

Não censuro Schleiermacher por ter [...] convertido a religião em uma questão sentimental, mas apenas porque, devido à sua obsessão teológica, não chegou e nem poderia chegar a extrair as consequências necessárias de seu ponto de vista, posto que não teve a valentia de ver e admitir o fato de que, *objetivamente,* Deus não é senão a *essência do sentimento,* enquanto subjetivamente o sentimento é o fator principal da religião. Sou tão pouco contrário nesse sentido a Schleiermacher que ele antes me serviu de confirmação factual de minhas afirmações enunciadas a partir da natureza do sentimento. Hegel não penetrou na essência peculiar da religião, pois ele, como pensador abstrato, tampouco captou a essência do sentimento.[20]

O princípio mais geral da crítica de Feuerbach à religião é: *"o segredo da teologia é a antropologia",* isto é, a essência original da religião é a essência *humana.* Ela é uma "objetivação" de necessidades originais do homem, não tem, porém, nenhum conteúdo particular e próprio. Corretamente compreendido, o conhecimento de Deus é então o autoconhecimento do homem, mas de tal modo que não sabe que ele é. "A religião é a *primeira,* e na verdade, *indireta autoconsciência* do homem", um desvio no caminho para si mesmo. Pois o homem coloca sua própria essência primeiro *fora* de si, antes de encontrá-la em si.

---

19 Ibid., p.47.
20 I, 249.

O problema da cristandade

A religião, ao menos a cristã, é a *conduta do homem em relação a si*, ou melhor: *para com sua essência*, mas se comporta para com sua essência *como se fosse outra*. A essência divina nada mais é que a essência humana, ou melhor: *a essência do homem*, abstraída dos limites do homem individual, isto é, efetiva e corporal, objetivada, isto é, *contemplada* e *venerada como uma essência alheia, própria e diferente dele* – todas as determinações da essência divina são, portanto, determinações da essência humana.[21]

O espírito divino, percebido ou crido, é o mesmo que percebe, dizia Hegel.

O "desenvolvimento" da religião consiste positivamente em que o homem vá "cada vez mais *negando Deus* à medida que *afirma* a si mesmo". Nesse caminho encontra-se o protestantismo, pois ele é a modalidade religiosa da humanização de Deus:

O Deus que é homem, o Deus humano: Cristo – este o único Deus do protestantismo. O protestantismo não se preocupa mais, como o catolicismo, com o que Deus é *em si mesmo*, mas apenas com o que ele é *para o homem*; ele não tem mais, portanto, nenhuma tendência especulativa ou contemplativa, como aquele; ele não é mais *teologia* – ele é essencialmente apenas *cristologia*, isto é, antropologia religiosa.[22]

A *diferença* crítica de religião e da filosofia como antropologia se baseia exclusivamente no caráter de "imagem". Isto significa: a religião mesma considera as imagens objetivas forjadas pelos homens como se não fossem imagens, ou seja, como se fossem "coisas" autônomas. Ao contrário, do ponto de vista da filosofia hegeliana, elas são consideradas como meras representações ou imagens que, enquanto tais, carecem de verdade. Feuerbach, porém, não quis nem traduzir as imagens em "pensamentos" (e com isso justificar filosoficamente os dogmas religiosos), nem pretendeu admitir as coisas simbólicas sem traduzi-las, mas se propôs a considerar essas "imagens como imagens" da manifestação da essência humana. A teologia se transforma com isso em "patologia psíquica". Todas as representações

---

21 Feuerbach, VII4, 50; Hegel, XIII, 88. Cf., sobre isso, a *Trombeta*, de Bauer, cap. XI, e Schaller, op. cit., p.165.
22 *Grundsätze der Philosophie der Zukunft* [Princípios da filosofia do futuro], 2.

religiosas serão retraduzidas para a certeza sensível da qual provieram originariamente: o pão simbólico em pão sensível, o vinho simbólico em vinho real. "Eu coloco de fato e na verdade, no lugar da infrutífera água batismal, o benefício da água real." Essa "simplificação" das representações religiosas "aos elementos mais simples e imanentes do homem" é certamente "trivial", mas por que a verdade da religião e a verdade em geral não poderiam ser, em último caso, uma suprema trivialidade? Enquanto Hegel ainda se preocupava em mostrar a íntima concordância dos dogmas cristãos com a filosofia, Feuerbach quis provar mais e menos, a saber, que a filosofia já é em si e para si religião, já que ambas se reduzem à antropologia.

> Portanto [...] a nova filosofia já não poderia cair na tentação, como ocorria com a antiga escolástica católica e a moderna protestante, de querer demonstrar sua concordância com a religião por meio da concordância com a dogmática cristã. Ela tem antes, como produto derivado da essência da religião, a verdadeira essência da religião em si, e como filosofia é, em si e para si, religião.[23]

Pelo contrário, a dissolução *histórica* da religião cristã já era, para Feuerbach, como mais tarde para Nietzsche, algo já realizado, pois ela contradiz a totalidade dos fatos do mundo moderno. O cristianismo é negado mesmo por aqueles que ainda se atinham a ele e ao mesmo tempo se enganavam, pois nem a Bíblia, nem os livros simbólicos, nem os padres da Igreja regiam como medida para o cristão. Ele é negado na vida e na ciência, na arte e na indústria, "pois os homens se apropriaram do humano de tal modo que ao cristianismo se lhe arrebatou todas as forças de oposição".[24] Entretanto, se na prática o homem e o trabalho tomaram o lugar do cristão e da prece, também teoricamente a essência humana deveria substituir a essência do divino. O cristianismo desapareceu da vida cotidiana do homem, reduzindo-se aos domingos, pois nada mais é que "uma ideia fixa que está em gritante contradição com nossos seguros de vida e de incêndio, com nossas ferrovias e locomotivas, nossas pinacotecas e gliptotecas, com nossas escolas de guerra e institutos profissionais, com nossos teatros e gabinetes

---

23 VII4, 31.
24 *Br.*, I, 408.

científicos".²⁵ Feuerbach sentiu essa contradição de modo não diferente do de Kierkegaard, que, em oposição a ele, mas com a mesma consequência, considerou as ciências, e principalmente as ciências naturais, como inteiramente irrelevantes para as relações religiosas.²⁶ Ambos concordaram em reconhecer que a contradição do cristianismo com os interesses científicos, políticos e sociais do mundo era irreconciliável.²⁷

Contudo, a "hipocrisia" que o cristianismo apresenta no mundo moderno não tem para Feuerbach o mesmo significado provocador que teve para Nietzsche e Kierkegaard. Seu ataque ao cristianismo é muito mais inofensivo.²⁸ Não se assemelha a um golpe mortal, mas a uma bem-intencionada defesa da "humanidade" por meio daquela "redução" crítica pela qual a filosofia mesma se convertia em religião:

> longe de dar à antropologia um [...] significado subordinado – um significado que ela só receberia na medida em que uma teologia estivesse acima ou contra ela –, ao rebaixar a teologia ao plano da antropologia, elevo antes a antropologia para o plano da teologia [...] por isso não adoto a palavra antropologia [...] no sentido da filosofia hegeliana ou de qualquer outra filosofia do passado, mas em um sentido infinitamente mais elevado e universal.²⁹

---

25 VII4, 33.
26 "O conflito com as objeções das ciências naturais e a luta sobre isso teriam certa analogia com o sistema (hegeliano). Consideradas em e por si mesmas, tais objeções não significavam muito, mas uma opinião imponente, uma cultura mundana, incomodará a tal ponto os teólogos que eles não poderão deixar de passar a impressão de serem também um pouco científicos e temerão ser um pobre-diabo como outrora diante do sistema [...] O conflito entre Deus e 'o homem' culminará lá quando 'o homem' se esconder por detrás da ciência natural. Das ciências naturais difundir-se-á a triste diferença entre o simplório que simplesmente crê, e o erudito ou os semieruditos que veem através do microscópio. Não se deve mais – como nos tempos antigos, quando se falava com simplicidade de coisas supremas – dirigir-se com ânimo aberto a todos [...] os homens, independentemente de que sejam negros ou verdes, se têm grande ou pequena inteligência: deve-se ver apenas se têm cérebro suficiente para crer em Deus. Se Cristo tivesse conhecido algo do microscópio, teria ele examinado os apóstolos" (Kierkegaard, *Buch des Richters*, p.123).
27 I, 253
28 Cf. Ebbinghaus, *L. Feuerbach, Deutsche Vierteljahrschr. f. Literaturwiss. Und Geistesgesch.* Jhg. VIII, H. 2, p.283 et seq.
29 VII4, 24.

Segunda Parte

Hegel pertence ainda ao "Velho Testamento" da filosofia, pois sua filosofia é uma que assume o ponto de vista da teologia. Sua filosofia da religião constitui a última grande tentativa que foi feita para "superar" [*aufheben*] ambiguamente o contraste entre o cristianismo e o paganismo, entre a teologia cristã e a filosofia grega. Em Hegel a ambiguidade do novo tempo, que identifica a negação do cristianismo com o cristianismo, chega a seu ápice.

> A filosofia até aqui coincide com o período de declínio do cristianismo, de sua negação, mas que ao mesmo tempo queria manter sua posição. A filosofia hegeliana encobre a negação do cristianismo, por meio da contradição entre representação e pensamento, ou seja, nega ao afirmá-lo, e por detrás da contradição entre o cristianismo primitivo e o cristianismo acabado [...] Mas uma religião só se conserva quando [...] mantém seu sentido originário. No início, a religião é fogo, energia, verdade; toda religião é inicialmente [...] incondicionalmente rigorosa; mas com o tempo, ela amolece, relaxa [...] e percorre o destino do habitual. Para mediatizar a contradição entre a práxis da decadência da religião com a religião, se [...] apela ao recurso da tradição ou da modificação.[30]

Em oposição a essa meia negação, agora é hora de uma negação total e consciente. Ela funda uma nova época e a necessidade de uma filosofia decididamente não cristã, que por sua vez é religião.

À medida que Feuerbach interpreta a filosofia enquanto tal como religião, seu "ateísmo" – como Stirner lhe reprovava – ainda é "piedoso". Mas ele não se sentiu afetado por essa objeção. Pois ele queria afastar apenas o "*sujeito*" dos predicados religiosos, Deus, mas de modo algum *os próprios predicados* em sua significação propriamente humana.

> Um verdadeiro ateu, isto é, um ateu em sentido habitual, é portanto apenas aquele para quem os predicados do ser divino, como, por exemplo, o amor, a sabedoria, a justiça, nada são, mas não aquele para quem apenas o sujeito desses predicados nada é. E de modo algum a negação do sujeito implica necessariamente e ao mesmo tempo a negação dos predicados em si mesmos. Os predicados têm um *significado próprio, independente*; por seu

---

30 *Br.*, I, 408.

conteúdo obtêm o reconhecimento do homem, pois se mostram a ele imediatamente e por si mesmos como verdadeiros; eles confirmam e *atestam* a si mesmos. Bondade, justiça, sabedoria não são quimeras pelo fato de que a existência de Deus é uma quimera, nem são verdades por ser sua existência uma verdade. O conceito de Deus é independente do conceito de justiça, de bondade, de sabedoria – um Deus, que *não* fosse bom, *nem* justo, *nem* sábio, *não* seria Deus –, mas não o contrário.[31]

Portanto, Feuerbach não foi um ateu "convencional", isto é, ele foi isso, nomeadamente enquanto se entende por ateísmo convencional exatamente aquilo que ele era para Feuerbach: uma persistência dos predicados cristãos, por meio da abstração de seu sujeito!

Que sua crítica da religião tenha recebido para si a acusação de ser piedosa caracteriza todo o movimento voltado sobre si posterior a Hegel: o que a um aparece como ateísmo, o próximo descobre elementos ainda mais teológicos, religiosos e cristãos. Para Bauer, Strauß era um "cura", para Stirner, Feuerbach era um "ateu devoto", para Marx, Bauer era um crítico que só é crítico enquanto teólogo. Stirner, porém, que acreditava ter suplantado a todos, foi objeto do escárnio de Marx, junto com a "sagrada família" (Bauer), sendo chamado de "padre da Igreja" e "São Max", enquanto Feuerbach via no aparecer no "nada" de Stirner ainda um "predicado divino" e em seu eu único a "beatitude cristã individual".[32] Cada um quer ver no outro um resto de cristandade, o que vale de fato para toda crítica do cristianismo que polemicamente esteja condicionada por seu adversário. Feuerbach reconduziu historicamente a possibilidade desse intercâmbio até a diferença entre o Evangelho e a religião judaica da lei. A religião cristã, em contraste com a positividade da religião judaica, já era uma "religião da crítica e da liberdade". "Diante do israelita, o cristão é [...] um espírito livre. Assim mudam as coisas. O que ontem era religião, hoje não é mais, e o que hoje vale para o ateísmo, amanhã vale para a religião."[33]

---

31 VII4, 60.
32 I, 342 et seq. Sobre isso, a resposta de Stirner, *Kleinere Schriften*, p.343; cf. a nova edição realizada por Barnikol do *Entdeckten Christentum*, de Bauer, op. cit., p.74, nota.
33 VII4, 73 et seq. Sobre a questão da relação entre a crítica da religião em geral e a diferença entre judaísmo e cristianismo, ver Strauß, op. cit., p.199.

Que a humanização da teologia pertence à história do *protestantismo* se deve ao fato de ele ter derivado de Lutero os princípios fundamentais de sua crítica da religião. No capítulo 14 da *Essência do cristianismo*,[34] que trata da fé, ele cita a seguinte frase de Lutero: "Tu tens Deus na medida em que nele crês. Crês nele, então tu o tens; se, porém, não o crês, não o tens". "Por isso, tal como cremos, tal nos ocorre. Se nós o tomamos como nosso Deus, então obviamente ele não será nosso demônio. Se não o tomamos como nosso Deus, porém, então obviamente ele não será [...] nosso Deus." Feuerbach segue interpretando: "Se *creio*, portanto, em um Deus, então eu *tenho* um Deus, isto é: a fé em Deus é o Deus do homem". Pois "se Deus é *aquele* em que creio e *como* eu creio, então o que é a *essência de Deus* senão aquilo que é a *essência da fé?*". Na fé em Deus o homem crê em si mesmo, no poder divino de sua fé. Deus é uma essência *para* o homem, ele é essencialmente *nosso* Deus[35] e a fé nele é com isso uma expressão religiosa da "certeza de si do homem". O mundo da fé é um mundo de "ilimitada subjetividade"! Em um texto especial sobre "a essência da fé no sentido de Lutero" (1844), Feuerbach procurou demonstrar diretamente a *identidade* do conceito fundamental de Lutero com a "essência do cristianismo". Pois o fundamental do conceito luterano de Deus consistiria na negação da positividade católica e positivamente a afirmação de que Cristo só é na medida em que *é para nós*, que ele só existe para nossa fé. "Se Deus estivesse sentado no céu *apenas para si* – Feuerbach cita Lutero –, "como um tronco, então ele *não* seria Deus", e prossegue: "Deus é uma palavra, cujo *sentido* só é o homem". "Na fé, Deus é o tu do homem." Dessa maneira, Feuerbach passou da interiorização ou existencialização da fé em Lutero para a consolidação da "correlação" luterana entre aquilo "que Deus" é e "o que o homem" é e *ao* fim, que é o homem, e chega à tese de que Deus "pressupõe" o homem, pois a essência teológica da religião em geral é antropológica.[36] Em princípio, a interpretação de Feuerbach já se encontra em Hegel, pois também segundo este último, o feito libertador da reforma consistiu em que Lutero sustentou triunfalmente que

---

34 Cf., sobre isso, a vigésima lição das *Vorlesungen über das Wesen der Religion* [Preleções sobre a essência da religião], e, sobre Zinzendorf, *Br.*, II, 236 et seq.
35 Na prédica de Lutero sobre Jes. 9, 5, se diz: "Faças que as três letras de 'nós' sejam tão grandes como o céu e a terra".
36 Cf. a crítica de Barth a Feuerbach em *Zwischen den Zeiten*, e o artigo do autor publicado em *Theol. Rundschau*, p.341.

a destinação do homem deveria ocorrer *"nele mesmo"*, ainda que recebesse seu conteúdo como dado de fora, ou seja, por revelação.[37] Em seu ensaio sobre o *Protestantismo e o romantismo* (1839/1840), A. Ruge denunciou o perigo que poderia advir disso: "o princípio do romantismo [...] consiste em que o sujeito, no processo protestante de *apropriar-se* meramente do que é *próprio*, se atém ao eu que realiza a apropriação, portanto segue dependendo da negação do universal e objetivo". A crítica de Feuerbach à religião não pretendia ser conclusiva, mas provisória, cujas consequências porém não deveriam faltar. Seus pensamentos fundamentais, pensa ele, permaneceriam, mas "não do modo em que se expressaram aqui e que puderam ser expressos de acordo com as atuais condições históricas".

4. Ruge e a substituição do cristianismo pela humanidade

A crítica de A. Ruge à religião parte de Hegel e se baseia em Feuerbach. Em Hegel ainda se tinha a luta contra uma fé que lhe foi inculcada, que ele ora justificava, ora repudiava; ele acentuou, é verdade, que no cristianismo o espírito absoluto *como homem* se tornava consciente de si, mas se esqueceu de sua própria concepção ao dar à dogmática cristã e ao Deus dos judeus uma existência filosófica.[38] O único procedimento correto foi seguido por Feuerbach quando ele mostrou que a teologia "nada mais é que" antropologia. Somente a "religião humana"[39] resolve todos os enigmas do passado e realiza o desenvolvimento que vai do helenismo ao cristianismo. "O papado e a dogmática luterana corromperam a ideia do cristianismo. A religiosidade da reforma, o entusiasmo ético da revolução, a seriedade do iluminismo, a filosofia e o socialismo são, pelo contrário, progressos reais do princí-

---

[37] IX, p.437, e XV, 253 et seq. Em um escrito católico polêmico de G. Müglich contra *Die Hegelweisheit und ihre Früchte oder A. Ruge mit seinen Genossen* [A sabedoria de Hegel e seus frutos ou A. Ruge e seus companheiros] (1849), se diz: Deus alcançou consciência com Lutero e com Hegel a autoconsciência. Antes de 1517 não se tinha pressentimento algum do "espírito" – só a partir da época protestante emergiu como espírito do tempo e a partir de Hegel está já presente.

[38] *Aus früherer Zeit*, IV, 121 et seq. Como prova dessa contradição, Ruge refere-se a Hegel, XV, 114-117.

[39] *Die Akademie*, p.1, reimpresso no 2º caderno de *Unser System*.

pio cristão da humanidade."[40] Este é imanente e universal, enquanto Cristo segue sendo transcendente e único. O fim último da evolução religiosa é: substituir o cristianismo pela humanidade.

O popular "sistema da religião de nosso tempo" de Ruge, que pretende ser uma derivação da religião do humanismo a partir das religiões históricas, tanto segundo o estilo quanto segundo o conteúdo, é um precursor da "nova fé" de Strauß. Mesmo com essa atenuação humana, porém, o programa de Ruge foi uma consequência da espiritualização hegeliana das representações cristãs por meio de sua elevação ao conceito. E não apenas o jornalismo político da esquerda, mas também um velho hegeliano tão erudito como Rosenkranz defendeu a tese, depois de dez anos, de que o cristianismo espiritualizado de Hegel agora "se completava" na humanidade e na civilização modernas![41]

5. Bauer e a destruição da teologia e do cristianismo

A personalidade plena de caráter e significativa de Bruno Bauer foi o centro espiritual dos "livres" de Berlim.[42] Marx e Stirner foram a princípio influenciados por sua crítica radical. Era asceta e estoico. Suas últimas obras surgiram em um quarto que o "eremita de Rixdorf" construiu no interior de Berlim, onde antes havia um estábulo.

Seu trabalho teológico, que aqui não será julgado, foi desde o início condenado publicamente, e todavia Overbeck se viu obrigado a defendê-lo. A. Schweitzer resumiu sua impressão sobre a obra de Bauer da seguinte maneira:

---

40 *Unser System*, p.13.
41 *Neue Studien*, I, p.317 et seq. Em sua consideração do "processo religioso mundial" do presente, Rosenkranz esclarece o significado universal do cristianismo dentro do comércio mundial moderno, entendendo-o como o produto da cultura adquirido através da ciência. O cristianismo de hoje seria a religião da razão autoconsciente e da humanidade, e não poderia haver dúvida alguma de que, justamente em nossa época de civilização técnica, o processo religioso seja ativo em todas as partes e capaz de transformar o mundo desde o mais íntimo.
42 Para uma caracterização da personalidade de Bauer, ver Rosenkranz, *Aus einem Tagebuch*, p.113; Mackay, *M. Stirner*, p.221; Fontane, *Briefe*, v. II, p.392; Gast, *Briefe an Nietzsche*, II, p.162; Barnikol, *Bauers Entdecktes Christentum*, p.67.

O problema da cristandade

Grandes para nós não são aqueles que aplainam os problemas, mas aqueles que os descobrem. A crítica de Bauer da história evangélica equivale a uma dúzia de biografias de Jesus, pois ela, como podemos reconhecer somente agora após meio século, constitui o repertório mais genial e completo que já existiu sobre as dificuldades da vida de Jesus. Infelizmente, por seu modo soberano, demasiado soberano, de desenvolver os problemas, seus pensamentos se tornaram ineficazes para a teologia contemporânea. Obstruiu o passo que havia cavado na montanha, de tal maneira que toda uma geração teve que se esforçar para pôr novamente a nu os filões que ele já havia encontrado. Ela não pôde pressentir que a excentricidade de suas soluções estava fundada na intensidade com a qual ele apreendia as questões e que a história o cegava porque ele a havia observado de modo muito preciso. Para os contemporâneos, então, ele era um sonhador. Mas em suas fantasias esconde-se um profundo conhecimento. A ninguém havia ocorrido dizer com a mesma grandiosidade que o cristianismo originário e primitivo não foi resultado da prédica de Jesus, que foi mais, muito mais, que uma doutrina posta em prática, já que à experiência vital daquela personalidade se mesclou a da alma do mundo, quando seu corpo, ou seja, a humanidade do Império Romano, padecia de convulsões mortais. Desde Paulo ninguém compreendeu tão poderosamente a mística do *swma criston* suprapessoal. Bauer traduziu tal mística à história e fez do Império Romano o "corpo de Cristo".[43]

Bauer estudou inicialmente em Berlim filosofia e teologia com Marheineke (o primeiro editor da *Filosofia da religião* de Hegel),[44] Schleiermacher e Hegel. Sua carreira literária começou com uma crítica da *Vida de Jesus*, de Strauss. Como editor de um jornal sobre teologia especulativa, ele pertenceu inicialmente à ortodoxia hegeliana. Sua posição crítica frente a Hegel manifestou-se primeiro em suas obras publicadas anonimamente, *A trombeta do juízo final, sobre Hegel, o ateu e o anticristo. Um ultimato* (1841) e *A doutrina hegeliana da religião e da arte* (1842), que ele escreveu com a colaboração de Ruge. Também para a crítica de Bauer da teologia cristã é absolutamente significativo seu modo de vincular-se a Hegel. Contrapôs-se à filosofia he-

---

[43] *Geschichte der Leben-Jesu Forschung*, p.161; cf. W. Nigg, *Geschichte des religiösen Liberalismus*, p.166.
[44] A segunda edição foi preparada por Bauer; cf. *Posaune*, p.149.

geliana da religião de modo mais radical que Strauss e Feuerbach. O resultado foi ironicamente encoberto por ele, mas assim se mostrou mais eficaz. Na roupagem de um pietista ortodoxo, ele mostra, "do ponto de vista da fé" e com inúmeras citações da Bíblia e de Hegel, que não só os radicais jovens hegelianos, mas já seu pai era ateu, sob o manto de uma justificação filosófica da dogmática.

> Oh, pobres e infelizes aqueles que se deixaram enganar quando se lhes sussurrou no ouvido: o objeto da religião, assim como da filosofia é a verdade eterna em sua objetividade própria, *Deus e nada mais que Deus* e a explicação de Deus! Pobre daqueles a quem se dizia que religião e filosofia coincidem, que pensam conservar seu Deus quando escutam e aceitam que a religião é a consciência de si do espírito absoluto.

Esses pobres têm ouvidos sem ouvir e olhos sem olhar. Pois o que é mais claro do que o fato de que a *explicação* hegeliana da religião apontava para sua *destruição* ainda que a cobertura cristã de sua destruição despertasse a aparência de que Hegel falava de um Deus vivo, que já existia antes do mundo e que em Cristo revelava seu amor ao homem. O entendimento frio de Hegel conhece apenas o universal do espírito do mundo que no homem se torna consciente de si. Discípulos ingênuos como Strauss viram aí um "panteísmo"; mas é um decidido ateísmo que coloca a consciência de si no lugar de Deus. É verdade que Hegel fala da substância como sujeito, mas ele não pensa em um sujeito singular, determinado, que criou o céu e a terra; ao contrário: ele precisou de todo um reino de espíritos, ou seja, inumeráveis sujeitos, para que ao fim a substância alcançasse, no curso do tempo, consciência de si mesma em Hegel.[45] A conclusão do movimento de seu pensamento não é a substância, mas a "consciência de si" que tem em si a universalidade da substância como *sua* essência. A essa consciência de si ateia, Hegel conferiu os atributos do divino. Os bons crentes não notaram sua astúcia secreta e desconheceram o fato de que Hegel foi um revolucio-

---

[45] Justamente essa tese da "consciência de si" que se realiza na história como a "única força criadora do universo" foi defendida por Bauer em seu *Entdeckten Christentum* [Cristianismo revelado] contra o cristianismo (p.156). Marx dirige, na *Sagrada família*, sua crítica contra o princípio da "consciência de si" de Hegel e de Bauer.

nário, e certamente o maior de todos os seus discípulos juntos: ele realizou uma *radical dissolução de todas as relações de substancialidade*.⁴⁶

Sobre isso, a polêmica de Hegel contra a "teologia do sentimento" de Schleiermacher é enganosa – é o que Bauer quer mostrar aos "fiéis". Na verdade, com a crítica do sentimento, Hegel de modo algum queria atingir a subjetividade como tal, mas apenas uma forma insuficiente da mesma. Também para Hegel a religião, assim como a arte e a ciência, é um produto da consciência de si espiritual. Por isso, Bauer alerta os "bem-intencionados" sobre a palavra mágica de Hegel da "conciliação" do espírito pensante com a religião:

> quantos foram enfeitiçados por essa palavra mágica, que há alguns anos comandava a moda [...] se apartaram do Deus verdadeiro e caíram no ateísmo! Que ilusão de óptica! Esta é, segundo Hegel, a conciliação da razão com a religião, que consiste em ver que não há nenhum Deus e que na religião o eu sempre tem a ver apenas consigo mesmo [...] enquanto crê que se trata de um Deus vivo, pessoal. A consciência de si realizada é o artifício pelo qual o eu se desdobra, em primeiro lugar, como em um espelho; e finalmente, depois de ter acreditado durante milênios que sua imagem refletida no espelho era Deus, adverte que tal imagem é ele mesmo. A cólera e a justiça punitiva de Deus não são outra coisa que o próprio eu, que cerra o punho e ameaça a si mesmo no espelho; a graça e a piedade de Deus, por sua vez, não são nada além do que o eu que tem em mãos sua imagem especular. A religião considera que aquela imagem no espelho é Deus, a filosofia abole a ilusão e mostra ao homem que não há ninguém por detrás do espelho, que a imagem refletida é o eu com o qual até então [...] havia tratado.⁴⁷

Em seu escrito posterior, em parte idêntico à *Trombeta*, intitulado *A teoria hegeliana da religião e da arte*, Bauer chegou a uma ousadia consideravelmente maior. Nessa obra, provocou os crentes com todos os meios de seu estilo e da técnica tipográfica (itálico, negrito, ponteiros) e fortaleceu a

---

46 Cf., sobre isso, o comentário de Bauer a respeito da *Posaune* [Trombeta], no *Hallische Jahrbücher*, p.594.
47 *Die Posaune*, p.148.

ironia de seu ataque a Hegel, pondo em guarda os crentes contra seus próprios escritos teológicos.

Filosofia e religião não podem se unir, antes a fé deve enfrentar a altivez do conceito para não ser abatida por este. A diferença entre o ataque de Voltaire à Bíblia e a dissolução hegeliana da religião é apenas aparente, no fundo, ambos fazem e dizem o mesmo: os franceses com engenhosidade de espírito, os alemães com seriedade professoral. Hegel sobrepujou seu modelo porque expressou suas blasfêmias com calma, e por meio de determinações universais e filosóficas lhes conferiu um poder mais duradouro. Era imperturbável, pois não conhecia fé alguma.

> Voltaire todavia sentia os primeiros ardores [...] do ódio, e se enfurecia, quando [...] atacava os homens que viviam segundo o coração de Deus; Hegel, ao contrário, reduziu muito calmamente toda a questão a categorias filosóficas e seus delitos não lhe custavam mais esforço que o de beber um copo d'água.[48]

Na escola de Voltaire, Hegel também aprendeu que os judeus são um povo dilacerado e abjeto, por isso o mito dos gregos lhe parecia muito mais humano, livre e belo que a Bíblia. O mesmo que Hegel dizia sobre o Velho Testamento pensava também sobre o Novo e sobre Jeová, quem, "enquanto um quer ser todo", não alcançou segundo ele aquela universidade espiritual que sobrepassa a "limitação". Além da religião *oriental*, Hegel desprezou também a revelação *cristã*, pois esta não havia alcançado ainda a autonomia ateia do sujeito. Inclusive se atreveu a afirmar que a culpabilidade constitui a "honra" dos grandes caracteres, porque em vez de pensar nos santos cristãos, evocava os heróis da Grécia e não elogiava o martírio, mas a "tragédia ateia", cujo contraste principal se dava entre a família e o Estado – uma antítese de modo algum cristã. Segundo Hegel, os orientais não sabiam que o espírito, ou o homem como tal, era livre. Certo, e fizeram muito bem se, segundo Hegel, todos os crentes são orientais, sírios e galileus, "estes tinham razão em não querer ser livres nesse sentido ateu. Não queremos *estar conosco*, mas *com Deus*".[49] O espírito tem que ansiar, esperar, afligir-se e

---

48 *Hegels Lehre von der Religion und Kunst*, p.100.
49 Ibid., p.163.

lamentar; mas Hegel diz: *"Hic Rhodus, hic saltus"*, ou seja, ele quer dançar e na verdade aqui, neste mundo terreno! Em sua estética, Hegel manifesta da forma mais clara seu ódio contra o cristianismo – posto que em geral tratou a história sagrada a partir de uma perspectiva estética –, em que ele confessa sem rodeios que não se ajoelhava perante Cristo e Maria. Ele despreza em geral toda genuflexão, ele quer propagar constantemente a "consciência de si" e transformar todo o mundo em *sua* posse. A consciência de si e a razão eram para ele tudo, e todo o resto ele negou como algo "estranho", ainda não tornado livre pelo conceito. A liberdade de estar em si mesmo é para ele meio e fim da história. Para os cristãos, porém, há apenas *um* poder histórico – o poder de Deus e apenas *um* fim: o reino do Senhor; e então também apenas *um* meio para sua realização – Cristo, o *único* mediador entre Deus e o homem.

O que quer a mediação de Hegel perante esse único mediador verdadeiramente capaz de liberar? Para eliminá-lo, ele teve que explicar *miticamente* as sagradas escrituras. No fundo, ele é até mesmo mais radical que Strauss, pois este só admitia alguns mitos do Novo Testamento, enquanto para Hegel a totalidade do mesmo é mística, simplesmente porque é religião exposta e apresentada religiosamente.[50] E isso não bastava: ele encontrou no mito e na epopeia grega a obra da individualidade criadora, que se apropriava livremente do tradicional e nos relatos evangélicos a elaboração desprovida de liberdade, de uma tradição dada, um elemento "formador externo".

Todavia, se a mitologia é a arte que configura humanamente o divino e permite ao homem sua livre humanidade, a história sagrada, em outro aspecto, *não é mística*, porque só conhece os feitos de Deus e a servidão do homem. A historiografia sagrada também não pode, segundo Hegel, chegar à forma de uma obra de arte, porque nela se admite a nulidade e a abjeção do homem, por um lado, e por outro, a uniformidade da atividade de um ser único, faltando-lhe assim a possibilidade de todo movimento espiritual, de conflitos reais e de uma superação humanamente livre. *"Quando o ser único é tudo, os outros são servos e no fundo a possibilidade de toda história e de toda concepção histórica é suprimida."*[51] Por outro lado, a história sagrada *não* deve ser compreendida *simbolicamente*, porque o divino se atém a uma rígida individualidade e Jeová experimenta até a morte o destino humano. Tal his-

---
50 Ibid., p.180.
51 Ibid., p.206.

tória só é simbólica porque nenhum fenômeno material e humano encontra na Bíblia uma significação própria, mas unicamente em relação ao Senhor. Portanto, a história é para Hegel algo híbrido, composto de representações orientais e ideais ocidentais, *uma mistura confusa de simbologia e mitologia*. Quando se pergunta se a história sagrada deve ser entendida miticamente no sentido trivial de Strauss[52] – porque os relatos nem sempre correspondem à pretensa origem –, então o mestre só poderia rir diante da inanidade de tal questionamento. Ele, esse grande *jongleur* que joga com a "espada de dupla ponta" (Hebr. 4, 12) da palavra de Deus, finge tragá-la para que ninguém a tema.

Desse modo, em sua própria interpretação de Hegel, Bauer deixa transparecer sua própria destruição da teologia, ao mostrar que ela é a única consequência correta a se extrair da filosofia hegeliana da religião. Ele chama a atenção dos "crentes" para o fato de que *ele* é um discípulo de Hegel muito mais perigoso do que Strauss. Pois este último concedeu muito à história sagrada ao diferenciar o puro mito do mito que aparece na história e por reconhecer os fatos reais como fundamentos do último. Já Bauer, em seu "delírio", foi muito mais longe: afirmou que os próprios evangelhos eram *produto artificial dos teólogos*.[53]

> Strauss pergunta e investiga se os relatos evangélicos são *legendários* [...], Bauer busca neles pistas da *reflexão intencional* e do *pragmatismo teológico*. Em virtude da fraqueza de seu princípio e por reconhecer muitos dados históricos do Evangelho [...] Strauss se vê finalmente obrigado a perguntar se o *milagre* que se relata é *possível* [...] Bauer, ao contrário, nunca [...] propõe essa pergunta e crê não necessitar formulá-la em absoluto, porque rechaça [...] os relatos dos milagres, mostrando que são *obras da reflexão*. *É tão seguro de sua causa que chega a reconhecer ainda muito mais milagres dos que admitia Strauss*. Com preferência, trata de *milagres literários*, porque espera [...] mostrar facilmente que são meras criações de um pragmatismo incauto.[54]

---

52 Em princípio, ainda que a partir de outros pressupostos, Bauer já havia recusado a concepção mítica de Strauss antes de sua conversão à esquerda hegeliana. Ver, sobre isso, Ziegler, *Strauss*, p.356.
53 Ibid., p.190, 204.
54 Ibid., p.59.

O problema da cristandade

Para Bauer, que outrora planejou um "Jornal para o ateísmo e a mortalidade do sujeito finito",[55] mesmo Strauss era ainda "um Hengstenberg" (isto é, um ortodoxo reacionário) "dentro da crítica". Como convinha a alguém formado por Hegel, *ele* era, ao contrário, ateu e anticristão, como os crentes representavam seu mestre. Ironicamente, ele descrevia a si mesmo com a imagem do teólogo de Sirácida (14, 22-24): como este persegue como caçador a sabedoria; põe-se à espreita nos seus caminhos, inclina-se para olhar por suas janelas, escuta atrás da porta, detém-se junto à sua casa, fixa o prego nas suas paredes, coloca sua tenda junto a ela, põe seus filhos sob sua proteção – para finalmente remover o mais íntimo santuário e comprometer todo o edifício da sabedoria divina como algo profano. Ele afirma ainda que a interpretação teológica da Bíblia *teria que ser* "jesuítica", porque o intérprete deveria pressupor, por um lado, a verdade eterna das Escrituras e, por outro, encontrar na cultura de seu próprio tempo e na humanidade os pressupostos que deveriam triunfar sobre a primeira, ainda que contradissessem os escritos bíblicos. O teólogo possui, além de sua cultura moderna, interesses apologéticos, ele tem de compatibilizar a Bíblia antiga com sua cultura moderna e bárbara, o que só é possível quando ele falsifica ambas.

As ideias de Bauer permaneceram sem influência para a teologia e a filosofia de sua época e é questionável se mesmo a posição de Overbeck na teologia foi imediatamente influenciada pela análise de Bauer da "consciência teológica". Somente por um instante crítico o radicalismo de Bauer atuou sobre seus contemporâneos mais próximos. Strauss, depois da severa crítica a sua *Vida de Jesus,* se apartou definitivamente dele; Feuerbach, a quem a princípio foi atribuída a autoria da *Trombeta,* rechaçou o escrito de Bauer, pois lhe pareceu um libelo *em favor* de Hegel, e Ruge lhe havia recomendado como uma decidida ruptura com o hegelianismo.[56] Enquanto Feuerbach toma distância desde o início do "sofista berlinense", Ruge compara o esforço crítico de Bauer com Voltaire e Rousseau. Ele teria sido um "Messias do ateísmo" e o "Robespierre da teologia".[57] Mas já prontamente também para Ruge surgem ressalvas, porque Bauer só era forte na negação, desconhecendo o caráter político ou comunitário da existência humana. Nada poderia surgir do ponto de vista histórico e político com seu "sistema

---

55 Ruge, *Br.*, I, p.243; cf. p.239.
56 Feuerbach, *Br.*, I, p.330 e 364; cf. p.337.
57 Ruge, *Br.*, I, p.247; cf. p.255, 281, 290.

da frivolidade". Posteriormente, nas *Anedotas*, Ruge tratou de determinar com maior precisão a "negatividade" de Bauer. É verdade que ele logrou mostrar as inconsequências de Hegel ao levar às últimas consequências o ateísmo, mas sem fundamentar algo novo.

> Não basta demonstrar o progresso do tempo no passado, o novo tem que sustentar-se sobre os próprios pés. Com efeito, toda exegese de algo novo, realizada a partir do velho, é errônea. Este é o defeito da duplicidade e da ambiguidade de Hegel, o defeito da filosofia que se insere na concepção cristã do mundo [...] e, ao ocupar-se dela, interpreta tudo falsamente, tanto a si mesma como às etapas espirituais.[58]

A *Trombeta*, de Bauer, é propriamente uma consequência de Feuerbach, mas por causa de sua finalidade polêmica parece ter dado um passo atrás. O juízo conclusivo de Ruge do ano de 1846 é idêntico ao de Marx e Stirner: Bauer é o "último teólogo", um herético total, que perseguiu a teologia com fanatismo teológico, e, justamente por isso, não se livrou da fé que ele combate.[59]

A crítica *direta* de Bauer à religião cristã inclui o *Cristianismo revelado. Memória do século XVIII e contribuição à crise do século XIX* (1843).[60] Sua descoberta por meio da tese que estabelece a origem do cristianismo na decadência da liberdade política no mundo romano remete ao *jovem Hegel* e antecipa a *Genealogia da moral*, de Nietzsche. Ele não quer humanizar a "essência" do cristianismo, mas indicar a sua *"inumanidade"*, seu paradoxal contraste a tudo o que é natural ao homem.[61] O cristianismo, para ele, é a simples "infelicidade do mundo". Apareceu quando o mundo antigo já não podia se sustentar e elevou essa infelicidade até convertê-la na essência mesma do homem, fixando-a no sofrimento. Mas, segundo sua essência, o homem é livre, ele pode e tem que provar sua liberdade também diante da morte. Ele

---

58 *Anekdota*, v. II, p.8.
59 Ruge, *Zwei Jahre in Paris, Studien und Erinnerungen*, p.59.
60 Barnikol, *Das entdeckte Christentum im Vormärz*. Utilizaremos, na sequência, a excelente documentação reunida por Barnikol. Ver sua introdução, §78 et seq., a propósito da explicação do título do escrito de Bauer. Sobre as relações entre Bauer e Edelmann, às quais faz alusão o subtítulo, consultar sua *Geschichte der Politik, Kultur und Aufklärung*, I, 204-236.
61 *Hegels Lehre von der Religion und der Kunst*, p.215.

mesmo é seu próprio legislador, ainda que, quando se faz crente, ele tenha que se submeter a uma lei estranha. Deus é o homem alienando do homem, mas não mais no mesmo sentido que tinha para Feuerbach. Para este, a alienação significava a objetivação superável do ser humano na imagem da religião; para Bauer, uma plena perda de si mesmo, somente superável por meio de uma total descristianização. A libertação completa da religião é, portanto, mais que uma mera libertação: consiste em um chegar a ser autônomo e vazio, um ser livre de toda religião e seguro de si mesmo. Essa liberdade se manifesta principalmente na superação da crítica à religião.

> A Revolução Francesa falhou ao [...] se deixar levar pelo emprego da violência policial contra a religião e a Igreja, aplicando assim o privilégio que antes estas últimas usaram contra seus adversários [...]. Agora acontece outra coisa: a consciência de si chegou à certeza de sua liberdade e no instante decisivo permitirá aos não livres a liberdade de não serem livres. A liberdade não lhes será imposta. Superará o mundo com a liberdade. A história depois da crise não será mais religiosa, não será cristã; mas contra aqueles que permanecem à margem do mundo civilizado e querem conservar seus deuses, empregará a clemência do desprezo. Quando, depois da tomada de Tarento, os soldados perguntaram a Fabio o que deveriam fazer com as imagens dos deuses que haviam sido capturadas, ele respondeu: deixemos os deuses irritados aos tarentinos [...] Deixemos os cristãos com seus deuses irritados![62]

6. Marx e a explicação do cristianismo como um mundo invertido

A crítica da religião até aqui considerada recebe uma nova direção com Marx e uma conclusão com Stirner. Na obra escrita com Engels, *A sagrada família, ou crítica da crítica crítica, contra Bauer e consortes* (1844/45), Marx se volta contra seu antigo colaborador Bauer. Nesse escrito polêmico, ele se colocava ainda bem ao lado do "humanismo real" de Feuerbach, em cujo comunismo do "eu e tu" ele avistava o homem efetivo, ainda que não o

---
62 Barnikol, op. cit., p.164.

tenha reconhecido como ser social e genérico em sua "práxis". Por sua vez, a antítese de Bauer entre "autoconsciência" e "massa" era para ele um mau hegelianismo baseado em Feuerbach. Pois a "autoconsciência", a partir da qual Bauer critica a "massa", já não é o sujeito absoluto e total da filosofia hegeliana, mas uma subjetividade infinita, antropológica, com pretensão de ter significação absoluta. Para Marx, Bauer permanecia um "teólogo" e um "hegeliano", que já no tratado sobre a questão judaica só havia sido um crítico na medida em que essa questão constituía ainda um problema teológico; mas se tornou acrítico tão logo dita questão começou a ser política. Segundo a realidade social e política, a "autoconsciência" absoluta de Bauer, assim como o "único" de Stirner, constitui uma absolutização ideológica do princípio da sociedade civil-burguesa, cuja classe essencial é a "classe privada" e cujo princípio fático é o "egoísmo". O que Marx contesta em Bauer e ainda mais insistentemente em Stirner são, portanto, os *pressupostos* sociais e políticos e as *consequências* da "autoconsciência". Eles já apareciam nitidamente na antítese de Bauer; pois sua oposição contra a "massa" é constitutiva para sua "autoconsciência", assim como a "multidão" para o "ser si mesmo" de Kierkegaard.[63]

> A crítica absoluta fala de "verdades que se compreendem por si mesmas de *antemão*". Em sua ingenuidade crítica, ela inventa um absoluto "de antemão" e uma "massa" invariável. Diante dos olhos do crítico absoluto, a massa "de antemão" do século XVI e a massa "de antemão" do século XIX são tão pouco diferentes como essas próprias massas [...] Pois *a* verdade, assim como a história, é um sujeito etéreo separado da massa material, não se dirige ao homem empírico, mas ao *"mais íntimo da alma"*, não se volta [...] até o *grosseiro* [...] *corpo* do homem, mas "atravessa por completo" suas vísceras idealistas. De um lado está *a* massa como o elemento *material* da história, passivo, desprovido de espírito e história; por outro, estão *o* espírito, *a* crítica, o senhor Bruno & Comp., como o elemento ativo, do qual surge toda ação *histórica*. O ato de transformação da sociedade se reduz, pois, à *atividade cerebral* da crítica crítica.[64]

---

63 Cf. a alternativa da filosofia existencialista entre o ser si-mesmo e o "ser anônimo" [*Mansein*] em Heidegger, e entre o ser si-mesmo e a "existência de massas" em Jaspers.
64 III, 251 e 257; cf. V, 75.

Marx concluiu sua crítica a Bauer com uma polêmica expressa contra seu "juízo final" sobre Hegel, por meio de um "juízo final crítico" no estilo da *Trombeta* e com um epílogo histórico: "Como veremos posteriormente, não é o mundo que está em declínio, mas o jornal crítico literário". O que Bauer de fato conseguiu com sua crítica autossuficiente e meramente "crítica" foi, segundo Marx, apenas isto: tornar claro o caráter idealista da "autoconsciência" de Hegel por meio da aplicação empírica.

Para a crítica da religião, mais decisiva que a polêmica contra Bauer é a discussão sobre a redução da teologia à antropologia em Feuerbach. Para Marx, ela significa apenas o pressuposto para a *crítica ulterior* das próprias relações humanas vitais. Em vista disso, a crítica da religião de Feuerbach constitui um "resultado inquestionável". "Na Alemanha, a *crítica da religião* está no essencial concluída, e a crítica da religião é o pressuposto de toda crítica", afirma a primeira frase da *Introdução à crítica da filosofia do direito de Hegel*. Apesar disso, o passo de Marx para a crítica do mundo político não deixa simplesmente atrás de si a já realizada crítica da religião, mas nesse progresso até a crítica do mundo terreno alcançou ao mesmo tempo um novo ponto de vista também para a crítica do mundo "celestial", que é a religião. Ela se tornou uma parte constitutiva da teoria das "ideologias".[65] Porém, a religião só se pode mostrar como ideologia quando o mundo como tal já está mundanizado. Justamente então, ele precisa de uma *crítica do mundo existente como tal*, isto é, uma distinção entre o mundo tal como ele é e o que ele deve ser. "O homem que na efetividade fantástica do céu [...] encontrou apenas o *reflexo* de si mesmo, não poderá descobrir mais apenas a *aparência* de si mesmo, apenas o inumano onde ele busca e tem que buscar sua verdadeira efetividade."[66] Por outro lado, porém, só se pode entender a consistência de um mundo que ultrapassa o aquém a partir dos defeitos reais *deste* mundo efetivo.

Caso se admita com Feuerbach que o mundo religioso é apenas uma casca que rodeia o núcleo terreno do mundo humano, então deve-se perguntar: por que se rodeia esse núcleo com uma casca que lhe é estranha, como se constitui em geral a superestrutura de um mundo religioso e ideológico? Com essa questão, Marx não apenas vai *além* da crítica da religião de Feuer-

---

65 V, 531.
66 I/1, 607.

bach, mas ao mesmo tempo a *recoloca*. Toda crítica da religião que não considera essa questão é, segundo ele, acrítica. Pois "de fato é bem mais fácil encontrar por meio da análise o núcleo terreno das formações nebulosas da religião do que desenvolver, *ao contrário*, a partir das relações vitais efetivas (isto é, sócio-históricas), suas formas transpostas no céu. Este último é o único método materialista e por isso científico", diferentemente do materialismo científico natural e abstrato, que exclui o processo histórico.[67] Portanto, enquanto Feuerbach só queria descobrir o chamado núcleo terreno da religião, para Marx se trata, em sentido contrário, de desenvolver a partir de uma análise histórica das relações vitais terrenas quais misérias e contradições dentro das relações imanentes possibilitam e tornam necessária a religião. Trata-se de explicar por que o fundamento terreno se desprende de si mesmo para elevar-se e penetrar em um mundo diferente do terreno. Feuerbach não pôde esclarecer isso, pois para ele ainda era claro que era a "essência" humana, um essencial no homem, que se expressa na religião, ainda que "indiretamente". Justamente isso, que para Feuerbach estava fora de questão, Marx teria que poder responder, pois para ele, diferentemente, o aquém em todos os casos é fundamental e a religião, o inessencial. Daí resulta a seguinte crítica:

> Feuerbach parte do fato da autoalienação religiosa, da duplicação do mundo em um mundo religioso e um mundano. Seu trabalho consiste em dissolver o mundo religioso em seu fundamento mundano. Mas o fato de que o fundamento mundano se desprenda de si mesmo e se fixe nas nuvens em um reino autônomo só se pode esclarecer a partir da autodispersão e da autocontradição desse fundamento humano. Logo, isso deve tanto ser compreendido em sua contradição quanto praticamente revolucionado. Então, depois que, por exemplo, a família terrena foi descoberta como o segredo da sagrada família, agora se tem que aniquilar a primeira tanto prática quanto teoricamente.[68]

Por conseguinte, Marx não afirma como Feuerbach, "o homem faz a religião"; no entanto, ele não diz o contrário, mas sim vai além na continuação:

---

67 *Kapital* I6, 336, nota; cf. Korsch, *Marxismus und Philosophie*, p.98.
68 V, 534 (4. Tese sobre Feuerbach).

"e na verdade a religião é a autoconsciência [...] *do* homem, que ou ainda não conquistou a si mesmo ou já se perdeu" – "si mesmo", isto é, si mesmo em suas relações mundanas e sociais. A religião não significa para Marx então a mera "objetivação" da essência humana, mas uma reificação no sentido de uma "autoalienação". A *religião* é um *mundo "invertido"*,[69] e essa inversão encontra lugar na medida em que a essência humana como essência comum ainda não tem nenhuma realidade. O combate contra a religião do além é, portanto, de modo mediado, um combate contra aquele mundo do aquém de tal modo que, para seu complemento e esclarecimento em geral, ainda necessita da religião. E, ao contrário, é a "miséria religiosa" (isto é, miséria no sentido religioso) é "ao mesmo tempo a *expressão* da miséria efetiva [...] o *protesto* contra ela". A religião é "o ânimo de um mundo sem coração", o "espírito das condições desprovidas de espírito" e "o sol ilusório que gira ao redor do homem, enquanto não se move ao redor de si mesmo". A *superação* [*Aufhebung*] *de sua "beatitude" ilusória* é, pois, positivamente a exigência de sua "felicidade" terrena.[70] O socialismo marxista conduz por meio da vontade de felicidade à "morte" da religião, mas não quer adentrar a "aventura de uma guerra política contra a religião".[71]

O "positivo" da crítica marxista da religião consiste, pois, não na humanização da religião (Strauß e Feuerbach) e também não apenas em sua mera rejeição (Bauer), mas na exigência crítica de abolir uma condição em que em geral a religião ainda se produza. Essa condição é, porém, social-universal. "É tarefa da história, depois que o *além da verdade* desapareceu, estabelecer a *verdade do aquém*." Depois que a "figura sagrada da autoalienação humana" tiver sido desmascarada, se trata de desmascarar pela crítica e transformar pela revolução *a mesma* autoalienação em sua figura não sagrada e profana, isto é, econômica e social. Unicamente desse modo a crítica da *religião* e da *teologia* até agora exercida transformar-se-á em uma crítica do *direito* e da *política*, isto é, da comunidade humana ou da *polis*.

Da mesma forma, muda o sentido do *"ateísmo"*. Deixa de ser uma posição teológica para converter-se em efetivamente ateia, isto é, reduz-se à

---

69 I/1, 607; cf. *Entdecktes Christentum*, de Bauer, §13.
70 I/1, 607; cf. Feuerbach, III³, 364 et seq.
71 Cf. III, 125; cf. Lenin, *Über Religion*, p.24, e como exemplo eloquente de uma crítica marxista da religião: Lenin e Plechanow, *Tolstoi im Spiegel des Marxismus* [Tolstoi no espelho do marxismo], Wien, 1928.

configuração imanente da existência terrena. O ateu marxista já não crê em qualquer Deus, mas no homem. O que ele combate não são os *deuses*, mas os *ídolos*. Como um dos ídolos do mundo moderno capitalista, Marx apresentou o "caráter fetichista" das mercadorias, a forma mercadoria de todos os objetos modernos de uso. No fetiche da mercadoria se comprova a supremacia das "coisas" sobre os homens que as produzem, a dependência do homem criador de suas próprias criações. Agora se trata de enfraquecer *essa* supremacia, e não mais de um poder religioso sobre o homem. "Assim como na religião o homem é dominado pelo engodo de sua própria cabeça, na produção capitalista ele é dominado pelo engodo criado por sua própria mão." Seu próprio mundo de trabalho não se encontra mais à disposição, mas só existe com um peculiar poderio porque o homem perdeu a obra de suas próprias mãos, devido à modalidade da produção da economia privada. A obra de sua própria cabeça e de suas próprias mãos cresceu sobre sua própria cabeça e escapou de suas mãos. E não apenas isso, mas justamente o mundo humano moderno, inteiramente convertido em terreno, volta a produzir mitos.

> Até agora se acreditou que a formação cristã de mitos sob o império romano só foi possível porque ainda não havia sido inventada a imprensa. Justamente o contrário. A imprensa diária e o telégrafo que difundem as invenções do homem em um instante e por toda a Terra fabricam mais mitos [...] num dia do que outrora se produzia em um século.[72]

Não basta, portanto, a mera remissão teórica da teologia à "autoconsciência" ou ao "homem", mas ela precisa de uma contínua crítica das próprias relações humanas.

7. A destruição sistemática do divino e do humano em Stirner

Stirner afirma em sua resenha sobre a *Trombeta*, de Bauer, que a escola de Hegel não havia oferecido nada de novo. Ela apenas levantou – "com suficiente despudor" – o véu transparente com o qual o mestre costuma-

---

[72] Marx, Carta a Kugelmann de 27 de julho de 1871.

va cobrir suas informações.[73] Stirner elogiou o escrito de Bauer como tal desvelamento, cujo radicalismo, porém, não seria nada singular, mas uma característica fundamental e geral dos alemães:

> Primeiro o alemão e unicamente ele proclama a vocação histórico-universal do *radicalismo*; apenas ele é radical e apenas ele o é – sem equívoco. Tão impiedoso e desatencioso como o alemão; ele não abate apenas o mundo vigente para manter-se de pé, ele abate a si mesmo. Quando um alemão demole algo, tem que cair algum *Deus* e perecer um *mundo*. Entre os alemães, o ato de aniquilar – a criação e a trituração do temporal – é sua eternidade.[74]

Desse modo, Bauer destruiu o espírito universal hegeliano, o Deus cristão, a Igreja e a teologia. Ele é tão "livre e inteligente" quanto nunca pôde haver um homem temeroso a Deus.

Stirner quer superar os discípulos de Hegel ao descobrir algo "religioso" naquilo que Feuerbach, Bauer e Marx reduziam à essência da religião: o homem, a autoconsciência e a humanidade. Esse algo iria além do homem, a saber, como uma ideia fixa sobre o homem singular efetivo, que sou eu mesmo.

A parte positiva de nosso livro, que trata do "Eu" e de sua "Propriedade" [*Eigenheit*], tem como *motto*:

> Na entrada da era moderna está o homem-Deus. Em sua saída, somente Deus volatizará o homem-Deus e pode este morrer quando nele apenas Deus morre? Até agora não se pensou nessa questão e se considerou que tudo já havia sido feito quando a obra da Ilustração, a superação de Deus, chegou em nossos dias a um fim vitorioso; não se notou que o homem havia matado para ser ele mesmo o único Deus lá no alto. O *além exterior a nós* está absolutamente rechaçado e a grande empresa dos ilustrados foi levada a cabo; só que o *além em nós* se tornou um novo céu [...] Deus cedeu o seu lugar, mas não para nós, e sim ao homem. Como pudestes acreditar que

---

73 *Kleinere Schriften*, ed. cit., p.16 e 23.
74 Ibid., p.19.

o homem-Deus havia morrido se não havia morrido nele antes também o homem?

A superação de Deus realizada por Strauß, Feuerbach e Bauer por meio da crítica da religião exige também uma superação do homem, pois até então aquele havia determinado o que este deveria ser. Minha causa, porém, não é nem o divino nem o humano, não é nada universal, mas é exclusivamente minha, pois Eu sou sempre "único" com minha respectiva "propriedade". Posso ser cristão ou judeu, alemão ou russo, posso ter uma consciência de "burguês" ou de "trabalhador" – ou ainda uma meramente "humana" –, enquanto sou, sou sempre algo mais do que isso, pois apenas eu posso me apropriar de mim mesmo.[75]

Na teologia filosófica de Hegel, a encarnação divina significa a *unidade da natureza humana e divina*; Feuerbach reduziu a essência divina ao *homem enquanto ser supremo*; para Marx, o cristianismo é um *mundo invertido*, até que no fim Stirner reconhece que a humanidade elevada ao ser supremo era uma última atenuação do homem-Deus, no qual apenas Deus, mas não o homem havia morrido.

A distinção crítica entre teologia e antropologia, que era fundamental para Strauß, Feuerbach, Bauer e Marx, foi deslocada por Stirner para uma distinção mais ampla entre as determinações *essenciais* do homem (tanto teológicas quanto antropológicas) e o *poder de cada um*. Pois a principal diferença não é se isto ou aquilo vale como essencial, mas se o homem se apoia em *nada* mais que *si* mesmo.

> Quando algo é venerado como o ser supremo, seu conflito só pode ser compreensível e significativo à medida que seus adversários mais exasperados se coloquem de acordo na afirmação principal de que há um ser supremo ao qual se deve prestar culto ou serviço. Se alguém ri compassivamente de todo esse conflito em torno do ser supremo – como poderia ocorrer com um cristão que assistisse a uma disputa entre um cita e um sunita [...] então para ele a hipótese de um ser supremo não teria valor algum e tomaria o conflito baseado nisso como um jogo vão. Saber se Deus é uno ou trino, o Deus de Lutero ou o *être supreme*, ou mesmo nenhum Deus, mas

---

75 *Der Einzige und sein Eigentum*, p.147; *Kleinere Schriften*, p.343.

o homem que representa esse ser, para quem nega o próprio ser supremo, tudo isso não faz a menor diferença, pois a seus olhos todos esses servidores de um ser supremo são – gente piedosa: o ateu mais revoltado não menos que o cristão mais fiel.[76]

Com a força do desespero, Feuerbach atacou todo o conteúdo do cristianismo

não para rechaçá-lo, mas para apoderar-se dele, com o fim de arrancá-lo por um último esforço de seu céu e conservá-lo eternamente junto a si. Este não é um gesto de desespero supremo, um gesto de vida e morte e ao mesmo tempo o anseio cristão [...] pelo além? O herói não quer ingressar no mais além, mas atraí-lo e obrigá-lo a converter-se em um aquém! E desde então não grita todo o mundo [...] que o aquém é que importa, e o céu teria que chegar à terra e já ser vivido aqui?[77]

No "liberalismo" político, social e humano se completou a redução de tudo ao homem terreno, mas esse fim é para Stirner o ponto de partida para a superação da distinção do homem completo segundo aquilo que ele deve ser por essência e o que é de fato. Para o mundo antigo, ele diz, o "mundo" era ainda uma verdade, para o cristão era o "espírito" e os hegelianos de esquerda deram fim a esse mundo espiritualizado com sua fé no espírito da "humanidade". Para o mundo futuro, como disse Nietzsche, "nada é verdadeiro", mas "tudo está permitido", porque nele só será verdadeiro aquilo de que alguém possa apropriar-se sem com isso se tornar estranho a si. Desde o ponto de vista do eu, humanamente "verdadeiro" é nada mais nada menos do que aquilo que alguém possa ser faticamente. Daí resulta também a posição de Stirner sobre a religião cristã: ele não a combate nem a defende, deixando ao indivíduo a possibilidade e a medida de poder apropriar-se de algo com o fim de "aproveitá-lo" por si mesmo.

Em sua resposta ao ataque de Stirner,[78] Feuerbach procurou mostrar que seria impossível ser um "homem" e predicar algo sobre o homem sem

---

[76] *Der Einzige und sein Eigentum*, p.50; cf. a crítica de Bauer à "religião da humanidade": *Vollständige Geschichte der Parteikämpfe...*, v. II, 170.
[77] *Der Einzige und sein Eigentum*, p.43.
[78] I, 342.

antes se distinguir nele o essencial do inessencial, o necessário do contingente, o possível do efetivo. Pois o homem de modo algum é um ser completamente simples, mas um ser em si mesmo diferenciado. A diferença religiosamente estabelecida entre Deus e o homem se reduz às "diferenças em si mesmas presentes dentro do homem". Já pelo fato de nos compararmos aos outros, distinguimo-nos também em nós mesmos. O homem sempre se ultrapassa *sobre si em si* mesmo. Todo momento da vida tem sobre si algo já humano, "pois os homens sempre são mais e querem ter mais do que são e têm". E por isso há também uma diferença essencial entre o meu e o meu: "uma coisa é o meu que pode perder-se sem que eu me perca, outra o meu que não pode perder-se sem que eu me perca ao mesmo tempo".

Stirner procurou deixar claro, em sua réplica,[79] que seu "egoísta" perfeito não era um "indivíduo" determinado quanto ao *conteúdo* e tampouco um princípio absoluto, mas que considerado do ponto de vista do conteúdo é uma *"frase absoluta"*, que corretamente compreendida é o *"fim de todas as frases"*. Ele é uma caracterização formal para a *possibilidade da apropriação mais própria de cada um*, de si mesmo e do mundo. Assim compreendida, a diferença entre o que é essencial para alguém e o que é inessencial, e portanto, é apropriado de modo desigual, não é mais ela mesma essencial. Pois ela só pode aparecer como essencial enquanto o homem ainda é fixado a uma ideia geral de homem. Somente com relação a essa ideia se podem distinguir as diferenças julgadas como essenciais ou inessenciais entre o ser-meu e o ser-meu. Se Feuerbach considera *eo ipso* que o amor a uma "amada" é mais alto e humano que o amor a uma "hetaira", com o fundamento de que o homem só satisfaz o seu ser com uma amada, então ele não parte das respectivas possibilidades de apropriação do indivíduo, mas de uma ideia preconcebida e fixa: do "verdadeiro" amor, da "essência" do amor, pelo que então se distingue em geral esta mulher daquela, como hetaira ou amada. Em relação à unicidade entre este homem e esta mulher, o homem pode apropriar-se e satisfazer-se, tanto ou tão pouco, com uma assim chamada hetaira ou uma assim chamada amada. O que efetivamente a cada momento pode ser meu, isso não pode ser distinguido de antemão por uma ideia universal, mas tem que ser testemunhado por uma apropriação de fato. O que realmente pode ser apropriado pelo homem, isso não pertence a ele por

---

79 *Kleinere Schriften*, p.343; ver, do autor, *Das Individuum in der Rolle des Mitmenschen*, §45.

essência nem por acidente, mas de modo originário, porque lhe é próprio a cada vez.

Com essa negação da essencialidade de toda autodiferenciação, Stirner descartou não apenas a distinção teológica entre aquilo que é humano e o que é divino, mas também a antropológica entre aquilo que sou "propriamente" e "impropriamente". O que ele pressupôs, por sua vez, não foi nada além da "frase absoluta" do Eu.

8. O paradoxal conceito de fé em Kierkegaard e seu ataque à cristandade existente

A frase de Stirner sobre o "único" e o conceito de Kierkegaard de "indivíduo" designam ambos a mesma questão colocada do ponto de vista religioso num caso e profano no outro. O problema do radicalismo que lhes é comum é o problema do *niilismo* derivado do *individualismo* extremo – em Stirner, a frívola frase "eu baseei minha causa em nada" –, a saber, em nada além de mim mesmo – em Kierkegaard, na gravidade da ironia e do tédio, da angústia e do desespero.[80] As análises que Kierkegaard oferece desses fenômenos têm todas a mesma função: pôr o homem inteiramente *sobre si mesmo* e com isso colocá-lo *diante do nada*, e dessa forma *colocá-lo* em geral diante da *decisão*: "Ou" desesperar (ativamente no suicídio e passivamente na loucura), "ou" ousar o salto na fé. Nesse "salto mortal" o homem estará não diante do nada, mas diante de Deus como o criador do ser a partir do nada, enquanto Stirner se declarava como o nada que seria também criador.

A alguém como Stirner poderia se aplicar a passagem de "Ou...ou"[81] em que Kierkegaard diz que hoje em dia (1843) não são poucos aqueles que com desenfreada paixão pela abstração chegam à completa nudez para tornar-se um homem normal. Se Kierkegaard conheceu o livro de Stirner, porém, parece incerto. Também Bauer não é mencionado em suas obras. Não obstante, é muito improvável que Kierkegaard não soubesse nada dele e de seu círculo, ainda mais que durante sua estadia em Berlim os hege-

---

80 Ver, sobre isso, o livro do autor, *Kierkegaard und Nietzsche*, p.53.
81 II, p.224; cf. VI, 204, 208.

lianos de esquerda discutiam com Schelling, o que era então sua própria preocupação.[82] Nítida é somente sua relação com Feuerbach.

Kierkegaard tinha clareza sobre o fato de que a dissolução de Feuerbach da teologia era uma consequência direta da inclusão hegeliana do cristianismo na história do mundo. Ele cita a frase de Feuerbach da *Essência do cristianismo* de que o segredo da teologia era a antropologia, por ocasião de uma polêmica contra a transformação da "mediação existencial em uma doutrina metafísica[83] por Hegel, e se coloca do lado de Feuerbach. Como este, ele tem a convicção de que a identificação do divino e do humano constituía a contradição da nova época, que reconciliava engenhosamente a falta de fé com a fé, o cristianismo com o paganismo.

> A especulação moderna quase parece ter cumprido o artifício de *ir além do outro lado* do cristianismo ou de ter ido tão longe na compreensão do cristianismo que ele quase voltou ao paganismo. Que alguém prefira o paganismo ao cristianismo não é de modo algum algo confuso, mas descobrir o paganismo como o mais elevado que há dentro do cristianismo é uma injustiça, não apenas contra o cristianismo, que vira outra coisa do que era, como também contra o paganismo, que não chegaria a ser algo que ele já era. A especulação que compreendeu completamente o cristianismo e se declara ao mesmo tempo como o máximo desenvolvimento do cristianismo ainda fez a notável descoberta de que não existe nenhum mais além, de que "acima", "além" e semelhantes expressões se devem à limitação dialética de um entendimento finito.[84]

A relação de Kierkegaard com Feuerbach não é determinada apenas pela oposição comum a Hegel, mas também imediatamente por uma espécie de simpatia pelo ataque de Feuerbach ao cristianismo existente.

---

82 *O conceito de ironia*, de Kierkegaard, foi profundamente resenhado no 5º anuário dos *Hallischen Jahrbücher* (1842-43), p.885 et seq. É provável que Kierkegaard tenha conhecido os escritos de Bauer, pois o tratado de Daub, estudado por ele (cf. nota 15 deste capítulo), havia aparecido no *Zeitschrift für spekulative Theologie*, de Bauer (ver *Diários*, p.261 e 270). Igualmente conheceu a *História dos últimos sistemas*, de Michelet, na qual se fala repetidamente de Bauer (ver VI, p.322, nota).
83 VII, 259.
84 VII, 57.

O problema da cristandade

Em geral, escritores como Börne, Heine, Feuerbach e outros tiveram um grande interesse pelo experimento. Frequentemente sabem bastante sobre o religioso, o que significa: sabem com precisão que não querem ter nada que ver com ele. Com isso, ficam em grande vantagem diante dos sistemáticos que, sem compreensão pelo religioso, sempre se preocupam de modo infeliz com sua explicação.[85]

Inversamente, partindo de um ponto de vista decididamente anticristão, entende-se o que é o cristianismo não menos claramente do que de um ponto de vista decididamente cristão. Para esclarecimento dessa tese, Kierkegaard se refere a Pascal e Feuerbach.

Assim, aprendi o religioso dessa forma experimental. Que eu o compreendi corretamente reconheço pelo fato de que dois especialistas partindo de pontos de vista diferentes conceberam do mesmo modo a relação do religioso com o sofrimento. Feuerbach, que cultiva o princípio da saúde, diz que a existência religiosa (especialmente a cristã) é uma constante história de sofrimento; deve-se apenas considerar a vida de Pascal e já é o bastante. Pascal diz exatamente o mesmo: "O sofrimento é o estado natural do cristão" (assim como o estado natural do homem sensível é a saúde).[86]

Em princípio, se afirma nos *Diários*, escritores como Feuerbach, que formam um "último batalhão de livres pensadores", podem ser absolutamente úteis ao cristianismo; pois no fundo eles o defendem contra os cristãos de hoje, que já não sabem que ele não é humanidade nem progresso, mas um mundo invertido. *"Et ab hoste consilium"*, assim se conclui uma referência ao significado de Feuerbach para a compreensão do cristianismo em um mundo que se chama cristão e é uma negação do cristianismo.[87]

Mais essencial que a apreciação tática de Kierkegaard sobre Feuerbach é a retomada de ambos da crítica *luterana* da positividade católica, do ponto

---

[85] IV, 418; sobre Börne, cf. IV, 444. A importância que Börne teve para o movimento filosófico-político da década de 1840 se mostra pela afirmação de Engels que sustenta que a tarefa da época era a de fundir Hegel com Börne (Marx-Engels, *Ges. Ausg.*, II, 102).
[86] IV, 426.
[87] Pap. X², 129.

de vista de sua respectiva apropriação. Exatamente como Feuerbach, que realizou sua *dissolução* da fé cristã evocando Lutero, também Kierkegaard desenvolve seu *"exercício"* e "repetição" a partir dele.

> Caso se exclua a apropriação do cristão, qual é então o mérito de Lutero? Busque em seu texto e encontrará em toda linha o forte pulso da apropriação [...] O papado não tinha objetividade e determinações objetivas e o objetivo [...] em abundância? O que lhe faltava? Apropriação, interioridade.[88]

O *"pro me"* e o *"pro nobis"* de Lutero, aos quais se seguiu a tese de Feuerbach de que a essência da fé é o homem confiante em si mesmo, foram traduzidos em Kierkegaard por "apropriação" e "subjetividade". E da mesma forma que Feuerbach compreendia o protestantismo como a modalidade religiosa de humanização de Deus, Kierkegaard dizia que o perigo do protestantismo estaria em que o cristianismo se converte em um "interesse do homem" e em uma "reação do humano contra o cristão" tão logo queira subsistir por si mesmo e deixa de ser um "corretivo" para transformar-se em norma.[89] Na medida em que quer evitar esse perigo, enquanto eleva ele mesmo ao cume o princípio da apropriação, Kierkegaard foi obrigado a desenvolver a "idealidade cristã" como "paradoxo", isto é, dentro da extrema tensão de uma relação divina na qual a conduta própria de cada um de apropriação se aferra à incomensurabilidade de seu estranho objeto.[90] Mas o acento na relação paradoxal entre o divino e o humano reside, porém, na apropriação por parte da interioridade subjetiva. Deus é a verdade, mas ela existe apenas para a fé em algo existente antes dele. "Quando um existente não tem fé, então Deus não é, nem *existe*, ainda que Deus, entendido eternamente, seja eterno."[91] A frase de Hegel, *de que Deus essencialmente só é "no pensamento"*, pois o espírito entendido é o mesmo que entende, se transforma em Kierkegaard, passando pelo princípio fundamental de Feuerbach da *essência antropológica da verdade cristã* para a *tese existencial de que Deus só exis-*

---

[88] VII, 61 et seq.; ver, sobre isso, Ruttenbeck, *Kierkegaard*, I, p.236.
[89] *Tagebücher* [Diários], II, 285; 331, 336, 388, 404.
[90] A estrutura de consciência dessa relação é o tema da análise hegeliana da "consciência infeliz"; cf., para o que segue, Ruttenbeck, op. cit., p.230 et seq., e Wahl, op. cit., p.159 et seq., e 320.
[91] *Tagebücher*, I, 284.

te na subjetividade e para a subjetividade de "uma relação com Deus" própria em cada caso.

A partir desse conceito teológico-existencial fundamental, Kierkegaard destruiu a objetividade do cristianismo histórico. A crítica da cristandade mundanizada na Igreja e no Estado, na teologia e na filosofia, se tornou uma crítica do cristianismo "positivo" e por isso alienado, segundo o critério da interioridade de cada apropriação, realizada através de uma subjetividade existente. Com essa sua tese da "subjetividade da verdade" – subjetivada até a plena negação de toda existência objetiva, e ao mesmo tempo verdadeira, em um sentido absolutamente autônomo –, Kierkegaard fica no limite daquela correlação entre Deus e o homem, fixada por Feuerbach no homem.[92] Considerada historicamente, a remissão da religião cristã ao "sentimento" do homem sensível realizada por Feuerbach é apenas o prelúdio empírico do experimento existencial de Kierkegaard, com o qual pretendeu anular a distância histórica por uma "contemporaneidade" interior e no fim de seu declínio reconquistar o cristianismo original na existência particular de cada um.[93] Com sua força espiritual, ele potencializou o sentimento religioso até convertê-lo em "paixão" antirracional.[94]

> Para uma consideração objetiva, o cristianismo é uma *res in facto posita*, cuja verdade se questiona de um modo puramente objetivo, pois o sujeito moderado é demasiado objetivo para não querer sair fora de si ou para aceitar a si mesmo sem mais e em todo caso como crente. Objetivamente entendida, a verdade pode significar: 1. A verdade histórica, 2. A verdade filosófica. Considerada como verdade histórica, a verdade tem que ser en-

---

92 Ver a crítica de Haecker, *Der Begriff der Warheit bei Kierkegaard* [O conceito de verdade em Kierkegaard], e *Christentum und Kultur* [Cristianismo e cultura], p.66.

93 Cf., para a destruição de Kierkegaard da história objetiva do cristianismo (em *Philos. Brocken*), a lição 27 de Feuerbach *Sobre a essência da religião*: "o histórico não é religioso e o religioso não é histórico" (VIII, 319).

94 A partir desse conceito existencial de fé, Kierkegaard julga tanto a religião do sentimento de Schleiermacher e o conceito especulativo da fé em Hegel. "Aquilo que Schleiermacher nomeia 'religião' e os dogmáticos hegelianos nomeiam 'fé' não é fundamentalmente outra coisa que a primeira condição imediata para tudo – o *fluidum vitale* –, a atmosfera que respiramos em sentido espiritual – e que por isso não se deixa designar corretamente com essas palavras" (*Diários*, I, 54).

contrada por meio de um exame crítico das diferentes informações etc., em suma, do mesmo modo que antes a verdade histórica era encontrada. Caso se busque a verdade filosófica, então se pergunta pela relação entre a doutrina historicamente dada e reconhecida como válida e a verdade eterna. O sujeito que investiga, especula e conhece pergunta, certamente, pela verdade, mas não pela verdade subjetiva, pela verdade da apropriação. O sujeito que investiga é interessado, certamente, mas não de modo pessoal e infinito, com paixão.[95]

Apesar dessa acentuação da "paixão", a oposição decisiva entre Hegel e Kierkegaard não reside na polêmica colocação da subjetividade passional contra a razão objetiva, mas em sua concepção da relação da *história* com o *cristianismo*. Kierkegaard sentiu a relação da verdade eterna com o processo da história como um dilema que ele tentou resolver de modo paradoxal e dialético. Hegel colocou o absoluto do cristianismo na história universal do espírito de tal modo que uma ruptura entre ambos não poderia surgir. Quando Kierkegaard, pelo contrário, pensa a contradição que se encontra no fato de dever construir uma "beatitude eterna" em cima do saber histórico, ele é levado a querer a subjetividade da apropriação do cristianismo, *em contraste* com sua expansão histórica, e a propor um conceito de história que ignore o poder objetivo do acontecer e perverta o sentido histórico. Dessa história subjetivada para cumprir a finalidade da apropriação se extrai o conceito existencial-ontológico (Heidegger) e existencial-filosófico (Jaspers) de "historicidade".

A apropriação de Kierkegaard tem a tarefa de "eliminar 1800 anos como se eles não tivessem passado" para se tornar intimamente "contemporânea" do cristianismo original. Isso só seria possível, no entanto, se o cristianismo existente há séculos passasse de uma *efetividade* histórica universal para uma *possibilidade* particular e, portanto, para uma espécie de postulado.

Dessa forma, Deus certamente se tornaria um postulado, mas não no sentido ocioso que se costuma dar a essa palavra. Antes, fica claro que a única maneira pela qual um existente chega a uma relação com Deus é aquela em que a contradição dialética conduz a paixão ao desespero e ajuda a

---

95 VI, 118.

captar Deus com a categoria de desespero (com a fé). Então o postulado de forma alguma é algo arbitrário, mas uma *legítima defesa*, com o que Deus deixa de ser um postulado, mas que o existente postule Deus torna-se uma necessidade.[96]

Pelo contrário, não é possível apoderar-se da verdade "absoluta" do cristianismo, entendido em sentido literal, ou seja, como verdade objetiva e separada, uma vez que o "ponto crucial" de seu caráter absoluto reside precisamente em sua "relação absoluta" com ele. A subsistência objetiva do cristianismo por 1800 anos é, pelo contrário, "como demonstração *pro*" no instante da decisão, "igual a zero"; enquanto "intimidação *contra*", é, porém, totalmente "excelente". Pois se a verdade reside na apropriação, então a validade objetiva do cristianismo significa apenas sua indiferença diante do sujeito que eu mesmo sou.

Como se deve, porém, diferenciar dentro de tal determinação da verdade em geral entre *loucura* e *verdade*, se ambas mostram a mesma "interioridade"?[97] Um anticristão apaixonado não seria mais ou menos "verdadeiro" que um cristão apaixonado, mas além disso todo outro *pathos* da existência teria, enquanto *pathos*, sua própria verdade.[98] Kierkegaard notou bem esse dilema, mas só o expressou marginalmente. Ele assegurou sua tese com a restrição de que se deve distinguir a interioridade passional "da infinidade" da interioridade da mera "finitude". Pode-se, porém, distinguir realmente a interioridade *como tal*? A "infinidade" da interioridade cristã não se fundamenta por si mesma, graças a sua subjetividade, mas por meio de seu *objeto*: por meio da infinidade de Deus. Então a interioridade "da" infinidade, isto é, a conduta passional em relação a Deus, enquanto tal, só pode ser diferenciada de algo finito, que como conduta passional seria uma loucura, em referência a *Deus*, e, portanto, *contra* a própria paixão em todo caso finita. Se, pelo contrário, o existir na paixão efetivamente fosse o "último" e o objetivo fosse o "evanescente", então também desapareceria necessariamente a possibilidade de distinguir em geral entre a interioridade finita e a infinita e com isso também entre loucura e verdade. De fato, Kierkegaard extraiu essa consequência ao colocar a verdade na interioridade:

---

96 VI, 275, nota.
97 VI, 269.
98 VI, 272.

Caso se pergunte objetivamente pela verdade, então se refletirá objetivamente sobre a verdade como um objeto, sobre o qual o cognoscente se relaciona. Não se refletirá sobre a relação, mas sobre o fato de que é a verdade, o verdadeiro com o qual ele se relaciona. Se aquilo com o qual ele se relaciona é apenas a verdade, o verdadeiro, então o sujeito está na verdade. Se subjetivamente se pergunta pela verdade, então se refletirá subjetivamente sobre a relação do indivíduo; se apenas o como dessa relação está na verdade, então o indivíduo está na verdade, *mesmo quando ele se relaciona com a não verdade*.[99]

Se Deus existe ou não permanece necessariamente indiferente, quando o que importa "apenas" é que o indivíduo se relacione "com algo", de tal modo "que sua relação em verdade (isto é, subjetivamente) seja uma relação com Deus". O máximo de objetividade que pode ser alcançado por esse caminho da verdade, em que já o caminho é a verdade,[100] é a "incerteza objetiva". Com efeito, se a própria relação com Deus objetivamente é verdadeira, isto é, considerada do ponto de vista de Deus, disso o homem não pode por si mesmo estar seguro. Para um "existente" na fé, a verdade "suprema" será justamente a incerteza objetiva de sua apropriação em cada caso particular. Por isso, segundo Kierkegaard, alguém pode orar "em verdade" a Deus, ainda que de fato reze para algum ídolo pagão, e, por outro lado, alguém pode orar "em verdade" para um ídolo pagão ainda que reze ao verdadeiro Deus cristão em uma Igreja cristã. Pois a verdade é o *como* "interior", e não o *que* "exterior". Já que a subjetividade cristã não depende de "algo" qualquer, mas do verdadeiro cristianismo e ela dele tem que depender se a verdade não deve ser uma palavra sem sentido, então a verdade da fé não consiste *apenas* na apropriação subjetiva, mas sim no fato de que esta se "atenha" à incerteza objetiva *enquanto tal*. A objetividade da fé não está em si mesma, mas como algo que emperra e é constitutivo para a verdade da apropriação pessoal. Ambas juntas fazem da fé um "paradoxo".

Se a subjetividade da interioridade é a verdade, então esta é, determinada objetivamente, o paradoxo; e o fato de que a verdade, objetivamente considerada, seja paradoxal mostra que a verdade é a subjetividade, pois a

---

99 VI, 274. Toda a passagem é destacada por Kierkegaard e a última frase, por nós.
100 Cf., em sentido contrário, a limitação dessa tese no *Conceito de ironia*, op. cit., p.274.

objetividade repugna e sua repulsa ou sua expressão é a tensão e a medida do poder da interioridade.[101]

A subjetividade é, portanto, o verdadeiro caminho para a verdade em si mesma eterna; esta é, no entanto, em relação a um existente, necessariamente paradoxal e apenas atrai a si na modalidade da repulsa de si mesma.
Uma consequência da subjetividade da verdade cristã se encontra na forma de sua *comunicação*.

Quando eu concebi isso, em seguida me tornou claro que, quando eu quisesse comunicar algo sobre isso, minha apresentação teria que permanecer antes de tudo em forma *indireta*. Se a interioridade de fato é a verdade, então qualquer resultado é apenas um trapo com o qual não devemos nos encarregar mutuamente, e a comunicação de um resultado é apenas um comércio não natural entre um homem e outro, na medida em que cada homem é espírito e a verdade é justamente a autoatividade da apropriação, que impede um resultado.[102]

Pois aquilo que no cristianismo é verdade é um milagre existente ou um paradoxo – um homem que ao mesmo tempo é Deus –, essa verdade na verdade só pode ser comunicada outra vez paradoxalmente e não de modo direto. Ela tem que ser comunicada de tal modo que o outro seja levado a uma relação pessoal de apropriação com o que foi comunicado, mas não com aquele que comunica. A verdade da "maiêutica cristã" repousa na subjetividade existente, ela parte de uma verdade e aponta para uma verdade só indiretamente comunicável, pois é uma verdade que só pode ser apropriada por uma atividade pessoal. A comunicação se reduz a um mero ato de "prestar atenção", para que desse modo a cada um seja possível a apropriação enquanto indivíduo. "*Prestar atenção* ao religioso, ao cristão, *sem apelar à autoridade*: esta é a categoria para toda minha atividade enquanto escritor, considerada como um todo."

Kierkegaard percebeu que também no caráter indireto da comunicação havia a mesma contradição que na existencialidade de uma verdade já está

---

101 VI, 279; ver Ruttenbeck, op. cit., p.230.
102 VI, 314; ver VII, 47 et seq. e IX, p.119, *Angrif auf die Christenheit* [Ataque à cristandade], p.5 et seq. e 11.

posta de antemão.¹⁰³ No fim ele faz a comunicação indireta desembocar na direta, nomeadamente, no "*testemunho*" para a verdade.

> A comunicação do que é cristão tem que resultar ao fim em testemunho, o maiêutico não pode ser a forma última. Com efeito, cristianamente entendida, a verdade não reside no sujeito (como Sócrates compreendia), mas é uma revelação que tem que ser anunciada. Na cristandade [*Christenheit*] é completamente justo empregar a maiêutica, justo porque a maioria de fato vive na fantasia de ser cristã. Mas uma vez que o cristianismo é cristianismo, então a maiêutica tem que ser testemunho.¹⁰⁴

O próprio Kierkegaard não surge como "testemunho da verdade", apesar de que sua disposição íntima era a de se deixar "matar pela verdade" – o que só é permitido a um "apóstolo" e não a um "gênio".¹⁰⁵ Por isso, sua própria categoria cristã era a de ser um "escritor religioso" situado no "limite que separa" uma existência poética e uma existência religiosa. E assim compreendia seus discursos religiosos, segundo seu nome, isto é, não como sermões, mas "discursos" cristãos em "estilo edificante".¹⁰⁶ Por isso, também seu ataque à cristandade existente não deve ser compreendido como uma consequência de sua idiossincrasia religiosa, mas como a irrupção de sua vontade de ser testemunho. Em um ressonante escândalo, ele abjudicou aos representantes da igreja dinamarquesa o direito de se apresentar como testemunho da verdade, uma vez que lhes faltaria a autoridade apostólica para defender a verdade cristã. Kierkegaard surgiu então em nome da "probidade humana": "quero me ater a essa probidade. Pelo contrário, não digo que me atenho ao cristianismo. Suponha então que eu seja completa e

---

103 Cf. Jaspers, *Philosophie*, v. I, p.317, e, na tendência contrária, Haecker, op. cit., p.477: "A resposta a sua pergunta principal, 'como me torno cristão?', não reside apenas, como ele pensava unilateralmente, no como da fé e nem no mero mundo da fé, mas também na *constituição do mundo* que precede a fé [...] O grave erro de Kierkegaard é que, para ele, tanto o ponto de partida como tudo depende do como é, pois o começo, para o homem, é o quê, em um como frágil e por assim dizer longínquo, o firme, dogmático, quê da fé..." (Wahl, *Études Kierkegaardiennes*, p.440).
104 *Tagebücher* [Diários], I, 407.
105 *Der Begriff des Auserwählten* [O conceito do escolhido], p.273 et seq. e 313.
106 *Tagebücher* [Diários], I, 312.

literalmente sacrificado, então eu não seria um mártir do cristianismo, mas somente por ter querido a probidade".[107]

Esse ataque permanece, assim como o dirigido ao pároco Adler,[108] profundamente ambíguo. Com efeito, ele o fez desde um ponto de vista *interno* ao cristianismo, que ele apresentava "sem autoridade" tal como constantemente assegurava, mas que no ataque defendia como verdadeiro. A ideia para esse ataque ambíguo já havia sido construída por Kierkegaard em seu escrito inquisitório contra Adler, em consciente oposição a outras possibilidades mais inofensivas de polemizar, como, por exemplo, a de Feuerbach. Um crítico como esse seria de fato, "em sentido total, algo estúpido". Tais homens irritadiços atacavam o cristianismo, "mas se colocavam fora dele e por isso não lhe faziam mal algum".

> Não, o irritadiço tem que ver, exercer pressão [*auf den Leib zu rücken*] sobre o cristianismo de modo bem diferente, tem que ver que ele cresce como uma toupeira em meio ao cristianismo. Supondo que Feuerbach, ao invés de atacar o cristianismo, se pusesse a trabalhar com maior astúcia; supondo que houvesse projetado seu plano em um silêncio demoníaco para que depois tivesse se apresentado e declarado que tinha uma revelação; supondo agora que ele pudesse, assim como um criminoso, se ater a uma mentira, se aferrar de modo imperturbável à mesma, espiando com prudência todos os aspectos fracos da ortodoxia, que ele, porém, estava muito longe de atacar, enquanto acreditava com certa ingenuidade cândida iluminá-los; supondo que houvesse feito tudo isso tão habilmente que ninguém houvesse advertido sua astúcia, então teria colocado a ortodoxia diante do mais grave embaraço. A ortodoxia luta, no interesse do vigente, para manter a aparência de que todos somos cristãos, de que o país mesmo é cristão e a comunidade é constituída por cristãos. Se então alguém se pusesse fora e combatesse o cristianismo, ele teria que, se vencesse, esforçar-se para que as comunidades abandonassem seu doce torpor, [...] tem que seguir na decisão de abandonar o cristianismo.[109]

---

107 *Angrif auf die Christenheit* [Ataque à cristandade], p.149.
108 *Der Begriff des Auserwählten* [O conceito do escolhido], p.5 et seq. Adler pertenceu originalmente à direita hegeliana. Sobre a problemática do ataque de Kierkegaard, cf. *Tagebücher*, p.130.
109 *Der Begriff des Auserwählten*, p.102.; cf. *Angrif auf die Christenheit*, p.401.

E "por estranho que pareça", Kierkegaard compreendeu que poderia participar de uma apaixonada revolta *contra* o cristianismo, mas não das meias medidas oficiais.[110] Esse juízo de Feuerbach reflete todo o caráter questionável do próprio ataque de Kierkegaard, ainda que não apele para uma revelação pessoal, mas justamente por isso se torna equívoco, pois ele aparentemente ataca o cristianismo existente como que de fora, e no entanto só dessa forma poderia atacá-lo, instalando-se dentro de si, no limite que há entre o escândalo e a apologia.

A partir desse ataque ao cristianismo vigente se deve questionar a própria cristandade de Kierkegaard. Ela é tão ambígua quanto a reflexão sobre se o homem, ao sofrer, deve "tomar pílulas" ou "crer"![111] O fenômeno que levou Kierkegaard a se decidir pela interpretação cristã do sofrimento foi sua inata "melancolia", da qual ele sabia ser um "infeliz sofrimento" condicionado por um desacordo entre o "psíquico e o somático", que se tocam dialeticamente em um limite.

> Por isso consultei meu médico e lhe perguntei se ele acreditava que se poderia eliminar aquele desacordo de minha constituição entre o corporal e o psíquico, de tal modo que eu pudesse realizar o universal. Disso ele duvidou; eu lhe perguntei se ele acreditava que o espírito fosse capaz de modificar ou transformar, por meio da vontade, semelhante desacordo fundamental; ele duvidou disso; também não quis aconselhar que pusesse em movimento toda a minha força de vontade, que o médico conhecia, já que por meio dela eu poderia ter despedaçado tudo. A partir desse instante, eu escolhi. Aquele triste desacordo com todos os seus sofrimentos (que indubitavelmente teria conduzido ao suicídio a maioria daqueles que tivessem espírito suficiente para abarcar toda a dor da desventura) considerei como meu tormento na carne, meu limite, minha cruz [...] Com a ajuda desse espinho no pé, saltarei mais alto que qualquer outro que tenha os pés sãos.[112]

Mediante essa tensa relação entre alma e corpo, o espírito de Kierkegaard alcançou uma elasticidade incomum, com a qual ele superou sua natureza. Seu cristianismo foi uma saída para o desespero: "exatamente como o

---

110 *Angrif auf die Christenheit* [Ataque à cristandade], p.148.
111 *Tagebücher* [Diários], I, 300.
112 Ibid., 276 e 333.

cristianismo foi uma saída desesperada quando chegou ao mundo e permanece sendo para sempre para qualquer um que o aceite realmente".[113]

Quanto Kierkegaard sentiu sua "decisão" como um *problema* o mostra a observação:

> Se minha melancolia me conduziu de algum modo ao engano, então isso tem que consistir no fato de que eu considerava como culpa e pecado algo que talvez tenha sido apenas infeliz sofrimento e tentação. Este é o equívoco mais funesto, o sinal de uma dor quase louca; mas se eu nisso fui muito longe, isso, no entanto, me fez bem.[114]

Justamente nesse ponto problemático da escolha e da decisão, Nietzsche introduziu sua crítica do cristianismo, com a tese da "interpretação do valor" cristão-moralista do sofrimento.

9. A crítica de Nietzsche da moral e da cultura cristãs

Pecado e culpa não são para Nietzsche fenômenos que pertencem à existência humana como tal, mas *são* apenas o que *significam*. Só possuem existência na *consciência* do pecado e da culpa; seu ser é uma constituição de consciência e, como tal, um *entendimento* do ser que pode ser verdadeiro ou ilusório. Há diversas "causalidades para o sofrimento", segundo a posição de consciência que o homem pode tomar em relação a si e que lhe foi ensinada. O cristão interpreta o sofrimento humano pelo pecado, ou seja, busca um fundamento racional para seu desgosto, pois as "razões aliviam", e quando se "tem seu próprio por que da vida, então se aceita qualquer como". O cristianismo produziu, segundo o critério de tal fundamentação do sofrimento, um mundo do pecado a partir de um mundo que carece desse sentimento; fez do "doente" um "pecador" culpável.

> O surgimento do Deus cristão [...] fez [...] aparecer o máximo de sentimento de culpa sobre a Terra. Supondo que agora ingressamos em um

---

113 VI, 191.
114 *Buch des Richters*, p.94; cf. 85.

movimento exatamente *contrário*, poder-se-ia [...] deduzir, da incessante decadência da fé no Deus cristão, o fato de que agora exista um crescente declínio da consciência de culpa; inclusive, não se deve rechaçar a perspectiva de que o triunfo completo e definitivo do ateísmo poderia liberar a humanidade de todo esse sentimento de culpa em relação ao começo, a sua *causa prima*. Ateísmo e uma espécie de *segunda inocência* são inseparáveis.[115]

Ao inverter novamente a transvaloração do mundo pagão que o cristianismo efetuou, a consciência do pecado se converteu para ele no "maior acontecimento na história da alma doente" e no "mais funesto artifício da interpretação religiosa". Contra isso, ele queria reconquistar para a existência sua "inocência" e voltar a vincular para além do bem e do mal a existência tornada excêntrica ao cosmos natural da vida que retorna eternamente. Só podia desenvolver a visão "dionisíaca" da vida na forma polêmica de uma crítica do cristianismo, cuja moral ele interpretou como sendo "contranatural". Para poder fundamentar *historicamente* essa crítica, ele realizou a paradoxal tentativa de voltar aos antigos a partir do ápice da modernidade. O objetivo anticristão de sua veneração pelos gregos é uma consequência de seu início pela filologia clássica e já presente na fórmula "nós filólogos".

Caso se considere o *Anticristo* no contexto de todo o desenvolvimento de Nietzsche, então não é nenhum "escândalo" e ainda menos uma "redescoberta do cristianismo originário",[116] mas o fim de uma crítica que já havia se iniciado nas *Considerações extemporâneas*. O fato de que Nietzsche em seu último ataque estivesse animado por um espírito partidário maior que o da primeira *Consideração* consiste em que, em seu isolamento, ele desempenhava cada vez mais um papel que lhe permitia superar-se a si mesmo.

A cristandade pessoal de Nietzsche lhe foi inculcada por seu ambiente pietista. E. Podach[117] mostrou de modo convincente, em suas instrutivas

---

115 *Zur Genealogie der Moral* [Para a genealogia da moral], II, 20.
116 Benz, *Nietzsches Ideen zur Geschichte des Christentums* [As ideias de Nietzsche para a história do cristianismo], especialmente p.194 e 291. Segundo este, Nietzsche continuaria uma "linha de desenvolvimento genuinamente alemã de devoção" e junto com Strauß, B. Bauer, Lagarde e Overbeck serviria à restituição do cristianismo originário! Para uma crítica dessa interpretação de Nietzsche, ver W. Nigg, *Overbeck*, p.58.
117 Ver: *Nietzsches Zusammenbruch* [O desmoronamento de Nietzsche]; *Gestalten um Nietzsche* [Figuras em torno de Nietzsche]; *Nietzsche und Lou Salomé*. Sobre a "cristandade" de Nietzsche, cf. Bernoulli, *Overbeck und Nietzsche*, I, p.217.

contribuições para a pesquisa de Nietzsche, a influência decisiva de sua mãe sobre a postura que ele ulteriormente adotou em relação ao cristianismo, e estabeleceu o que já os artigos e poemas do jovem Nietzsche revelavam, que sua religiosidade já tinha desde o início algo artificial e forçado. O que encontrava ao princípio em sua família era fraco demais para poder despertar algo nele que não fosse antipatia e suspeita – uma desconfiança que mais tarde se expressou asperamente contra o "cristianismo de Parsifal" de Richard Wagner. Foi a *homeopatia do cristianismo*, seu "moralismo" tornado modesto, que ele originalmente colocou em questão e combateu. Pois no presente, o cristianismo para ele não era em geral mais aquela fé que supera e ainda assim domina o mundo, mas simplesmente *cultura* e *moral* cristãs. Certa vez, formulou sua crítica com cinco "nãos", sendo que o segundo deles abarcava todos os outros:

> Meu reconhecimento e esforço por extirpar o ideal tradicional, cristão, mesmo lá onde se rompeu com a forma dogmática do cristianismo. A periculosidade do ideal cristão reside em seus sentimentos de valor, naquilo que se subtrai à expressão conceitual: minha luta contra o cristianismo latente (por exemplo, na música, no socialismo).[118]

Via a religião cristã com a imagem da "água que reflui" depois de uma monstruosa inundação.

> Todas as possibilidades da vida cristã, as mais sérias e as mais superficiais, as [...] mais impensadas e as mais refletidas, foram provadas; é hora de descobrir algo novo ou então se cairá novamente no velho círculo: certamente é difícil sair do turbilhão depois de ter girado nele por séculos. Mesmo o escárnio, o cinismo, a hostilidade contra o cristianismo já passou; se assemelha a uma superfície gelada no tempo de calor; por todas as partes o gelo se despedaça; está sujo, sem brilho, com poças de água, perigoso. Parece-me então que só nos resta uma abstenção plena de consideração, completamente adequada: por meio dela eu honro a religião, embora ela já esteja morrendo [...] O cristianismo está plenamente maduro para a crítica histórica, isto é, a dissecção.[119]

---

118 *Wille zur Macht* [Vontade de potência], Af. 1021.
119 X, 289; cf. I, 341, onde Nietzsche claramente toma ideias de Overbeck.

A "morte de Deus" foi para a consciência de Nietzsche um fato, cujo significado reside menos nele e mais em suas consequências niilistas. Os momentos essenciais de sua crítica a esse cristianismo desprovido de Deus já estão contidos nas proposições introdutórias de um artigo de 1862 que, de resto, ainda se movimenta na órbita tradicional da humanização da "essência" do cristianismo.[120] Também o tipo de interesse que Nietzsche teve em Strauß é característico de sua posição diante do cristianismo. O que suscitava e excitava sua crítica não era o cristianismo da Igreja e da teologia, mas suas metamorfoses mundanas, a "astuciosa mentira" que o antigo cristianismo apresentou no mundo moderno:

> atravesso com a mais sombria cautela o manicômio do mundo por todos os séculos, chame-se cristianismo, fé cristã, Igreja cristã – me guardo de fazer a humanidade responsável por suas doenças mentais. Mas meu sentimento se transforma, explode tão logo entro na época moderna, em *nosso* tempo. Nossa época é *sapiente* [...] Aquilo que outrora era apenas doença, hoje é indecente – hoje é indecente ser cristão. *E aqui começa meu asco.* – Olho em torno de mim: não resta mais nenhuma palavra do que outrora se chamava "verdade"; não suportamos mais quando a palavra "verdade" chega à boca de um sacerdote. Mesmo com a mais modesta exigência de honestidade hoje *se tem* que saber que um teólogo, um padre, um papa em cada frase que profere não apenas erra, mas *mente* – e que já não é mais lícito mentir por "inocência", por "ignorância" [...] Todo mundo sabe disso: *e mesmo assim tudo permanece como antes*. Onde foi parar o último sentimento de decência, de respeito diante de si mesmo, se até mesmo nossos homens de Estado, de resto homens de um tipo tão desembaraçado, anticristãos da ação, se declaram ainda hoje cristãos e vão à comunhão? [...] *Quem* nega então o cristianismo? *Que* significa "mundo"? Há que ser soldado, juiz, patriota; há que defender-se, há que ater-se à própria honra; querer sua própria vantagem; ter *orgulho* [...] Toda prática em todo momento, todo instinto, toda apreciação de valor que se torna *ato*, tudo isso é anticristão: que *aborto de falsidade* teria que ser o homem moderno para, apesar disso, *não se envergonhar* de ainda se chamar cristão![121]

---

120 Edição Musarion, I, 70 et seq.
121 *Antichrist*, 38.

O problema da cristandade

A última grande justificativa dessa incompatibilidade entre nosso mundo mundanizado e a fé cristã, ou seja, a de Hegel, foi combatida por Nietzsche, assim como por Feuerbach e Kierkegaard. Pois nele culminaram duas coisas: a tendência de *crítica radical* da teologia, que procedia de Lessing, e ao mesmo tempo a vontade de uma *conservação romântica* da mesma. Hegel foi por isso *o* grande retardador do "ateísmo honesto", devido "ao grandioso intento por ele realizado de querer nos convencer de uma vez da divindade da existência, com a ajuda de nosso sexto sentido, o 'sentido histórico'".[122] Em oposição a esse retardamento do ateísmo honesto, Nietzsche viu como sua tarefa a de *"levar a cabo uma espécie de crise e extrema decisão no problema do ateísmo"*.[123] Ele acreditou ver esse ateísmo prefigurado primeiramente no "pessimismo" de Schopenhauer, para então desenvolver com crescentes profundidade e amplitude o problema de uma autossuperação do "niilismo" europeu.

A tendência de um ateísmo "incondicionalmente honesto" determina também a crítica de Nietzsche à *filosofia alemã* como uma *meia teologia*. Kant, Fichte, Schelling, Hegel, mas também Feuerbach e Strauß, todos eles são para ele ainda "teólogos", "meio sacerdotes" e "padres da Igreja".

> Entre os alemães se entende imediatamente quando digo que a filosofia está contaminada pelo sangue dos teólogos. O pastor protestante é o avô da filosofia alemã, o protestantismo mesmo é seu *peccatum originale* [...] Basta pronunciar a expressão "seminário de Tübingen" para compreender *o que* no fundo é a filosofia alemã – uma *insidiosa* teologia.[124]

O reverso da visão de Nietzsche sobre o *protestantismo da filosofia alemã* foi sua visão penetrante do *ateísmo filosófico da teologia protestante*. Ela assumiu em si o ateísmo científico da filosofia, mas apenas pela metade, pois ela é ainda em parte teologia e em parte já é filosofia. Daí o "declínio do protestantismo", "compreendido como meia medida, tanto do ponto de vista teórico quanto do ponto de vista histórico. Supremacia de fato do catolicismo [...]

---

122 *Die fröhliche Wissenschaft*, Af. 357; cf. I, 340.
123 XV, 70.
124 *Antichrist*, 10; cf. XIII, 14 – Cf. sobre isso a diferenciação de E. Dühring entre a teologia e filosofia, entendida como uma distinção entre "sacerdotes de primeira e de segunda classe", e a concepção da tarefa da filosofia pré-positivista como uma batida em retirada da teologia (*Der Wert des Lebens* [O valor da vida], cap. 3).

Bismarck compreendeu que não havia mais protestantismo".[125] Como filho de pregadores protestantes, diz Nietzsche, e com isso ele caracterizava a si mesmo, seus pais lhe fizeram ver muitos filósofos e eruditos alemães – "e *por conseguinte* não acreditavam mais em Deus", "e nessa medida a filosofia alemã poderia ser uma continuação do protestantismo".

Nietzsche sentiu seu próprio "imoralismo" como continuação da tradição cristã-protestante; também ele é ainda um último fruto da árvore da moral cristã. "Ela *mesma* obriga por probidade a negação da moral" – a autoaniquilação filosófica da moral cristã é ainda um aspecto de sua própria força. Primeiro, o cristianismo afundou na reforma enquanto *dogma* católico, agora afunda como *moral* e *nós* estamos no umbral *desse* acontecimento. Mas ao fim se levanta a questão última da veracidade: "O que significa em geral toda vontade de verdade?".[126] Por ora, a última forma em que se perguntou de verdade pela verdade é a do "ateísmo incondicionalmente honesto".

> Em toda parte em que o espírito hoje opera com rigor, potência e sem falsificações, prescinde agora em geral do ideal – a expressão popular para essa abstinência é "ateísmo" – *excetuada sua vontade de verdade*. Essa vontade, porém, esse resto de ideal, é [...] aquele mesmo ideal em sua mais rigorosa, espiritual formulação, por completo esotérico, despojado de toda fortaleza exterior, com isso não apenas resíduo, mas seu núcleo. O ateísmo incondicionalmente honesto [...] *não* está, portanto, em oposição àquele ideal [...]; ele é antes apenas uma de suas últimas fases de desenvolvimento, uma de suas formas conclusivas e íntimas consequências – ele é a *catástrofe* que exige veneração de um cultivo para a verdade de dois milênios, que ao fim se *proíbe a mentira de crer em Deus*.[127]

Ao tornar-se consciente de si a vontade de verdade, vai ao fundo – e disso não há nenhuma dúvida – também a moral: "aquele grande espetáculo em cem atos que está reservado para os próximos dois séculos na Europa, o mais terrível, problemático e talvez o mais rico de esperança de todos os espetáculos".

---

125 *Wille zur Macht*, Af. 87.
126 *Genealogie der Moral*, III, Af. 24.
127 Ibid., Af. 27.

O homem é lançado, nesse desmoronamento dos valores até então vigentes, no "não experimentado" e "não descoberto", depois do que fica sem uma pátria que lhe seja familiar. Nossa pretensa cultura não tem mais nenhuma consistência, pois ela foi construída em condições e opiniões já quase desaparecidas.

> Como podemos estar em casa nesse mundo de hoje! Somos avessos a todos os ideais mediante os quais alguém, mesmo nessa frágil [...] época de transição, ainda pudesse se sentir familiarizado; mas no que toca a suas "realidades" não acreditamos que elas tenham *duração*. O gelo que ainda sustenta já se tornou muito delgado: sopra o vento do degelo, nós mesmos, os sem-pátria, somos os que rompem o gelo e outras tênues "realidades" [...] Não "conservamos" nada, não queremos voltar para nenhum passado, em absoluto somos "liberais", não trabalhamos para o "progresso", não precisamos tapar nossos ouvidos contra as sereias do futuro que se encontram no mercado [...] Somos, por raça e ascendência, demasiado múltiplos, misturados, enquanto "homens modernos", e consequentemente, muito pouco inclinados a participar [...] daquela mentirosa autocelebração racial [...] Nós somos em uma palavra [...] *bons europeus*, os herdeiros da Europa, os [...] abarrotados mas também riquissimamente comprometidos herdeiros de milênios do espírito europeu: e como tais, escapamos do cristianismo.[128]

Quão pouco Nietzsche havia escapado do cristianismo o mostra não apenas seu *Anticristo*, mas ainda mais sua contrapartida: a doutrina do eterno retorno. Ela é expressamente um substituto da religião e, não menos que o paradoxo cristão de Kierkegaard, uma saída para o desespero: uma tentativa de chegar a "algo" a partir do "nada".[129]

10. A crítica política do cristianismo eclesiástico em Lagarde

Lagarde e Overbeck realizaram, ao mesmo tempo que Nietzsche, uma crítica do cristianismo menos chamativa, mas não menos penetrante. Lagarde com respeito à política e Overbeck, à teologia.

---

128 *Die fröhliche Wissenschaft*, Af. 377.
129 Carta a Rohde de 23 de maio de 1887.

No mesmo ano de 1873, quando Nietzsche publicou a primeira *Consideração extemporânea*, apareceu o tratado teológico-político de Lagarde *Sobre a relação do Estado alemão com a teologia, a Igreja e a religião*, cujas características fundamentais datam de 1859. Como todos os *Escritos alemães*, de Lagarde, também esse tratado se distingue pela visão aguda da íntima conexão da teologia com a política. Sua ruptura com o cristianismo vigente foi tão erudita como decisiva e ultrapassa em sua profundidade radical a de Strauß, cuja obra sobre a vida de Jesus, surgida de um "honesto impulso de saber", foi por ele reconhecida.[130]

A crítica de Lagarde rejeita em absoluto a cristandade evangélica das duas Igrejas cristãs; em primeiro lugar e sobretudo, porém, ela se dirige ao protestantismo alemão, cuja caducidade histórica já residiria na essência da mera reforma da doutrina de fé católica.

> A reforma deixou intacta a doutrina da Igreja católica em tudo aquilo que ela dizia acerca de Deus, Cristo e o Espírito Santo, em suma, em tudo aquilo que escandalizava a consciência moderna. O conflito entre os protestantes e a Igreja gira simplesmente em torno da maneira pela qual se cumpre, por meio de Jesus Cristo [...] a redenção completa do gênero humano dos pecados e seus castigos, e sobre certas instituições mediante as quais se dificultava, segundo os reformadores, o alcance de uma redenção considerada correta, e por isso os protestantes se viram obrigados a eliminá-las.[131]

Também a "consciência moral" aceita pelo protestantismo só se fundamenta em relação com as condições tornadas históricas da Igreja católica, que foram combatidas em pontos particulares por Lutero e com isso no todo foram pressupostas. Em 1648, quando da paz de Vestfália, o protestantismo foi definitivamente reconhecido, ele perdeu o último vestígio da força interior que teve durante sua oposição à Igreja dominante: "com isso, ao lhe conceder a permissão para viver lhe foi tirado o último pretexto para viver". O que hoje ainda se chama protestantismo não é nem evangélico nem reformador, mas um resíduo deteriorado.[132] A "libertação" que ele promoveu, segundo a opinião geral, não se baseia em sua excelência, mas em

---

130 Lagarde, *Deutsche Schriften*, p.60.
131 Ibid., p.39
132 Ibid., p.25.

sua íntima "solubilidade". Mas, por outro lado, o processo de destruição em que caiu ocasionou que a Alemanha, que se chama a si mesma protestante, se libertou de todos os impedimentos de sua evolução natural que estavam contidos no sistema católico e nas partes que foram conservadas pelo protestantismo. Também a nova configuração política da Alemanha não é obra da Reforma, mas deve ser atribuída à circunstância de que os Hohenzollern fundaram em Brandeburgo e na Prússia um Estado independente, cuja "existência forçada" – "a necessidade de ser de algum modo" – o obrigou a expandir-se.[133] Nossos clássicos também de modo algum são protestantes, se se entende por isso a doutrina de fé da Reforma.[134] Por fim, também não deve descartar a classe eclesiástica protestante, pois carece de todo sentido para o "espiritual" – Nietzsche dizia: para o "sagrado". Ela é uma "projeção teologicamente colorida de veleidades políticas". Pela suspensão e pela negação do sacerdócio, o protestantismo impossibilitou que os filhos de boas famílias e os espíritos mais refinados se tornassem eclesiásticos e servissem a Igreja.[135]

O dano fundamental da Igreja consiste em que ela adotou em si o princípio judaico[136] que se atém ao que aconteceu, isto é, ao passado, ao invés de fazer do que sempre volta a acontecer, isto é, do eternamente presente, a meta da vida religiosa. Mas em sua forma mais antiga, a Igreja corrigiu esse mal "com instinto admiravelmente justo", a saber, por meio do sacrifício da missa, pelo qual o fato histórico volta a se repetir continuamente.

> O sacrifício da missa constitui a força do catolicismo, pois somente pela missa o cristianismo (não digo: o evangelho) se torna religião e somente ela, não o sucedâneo da religião, pode prender o coração dos homens. O eterno espírito humano não se satisfaz com o que aconteceu uma vez. Submergir no passado não é religião, mas sentimentalidade, e a consciência da vida imanente de formas eternas no tempo se desvanece quando a

---

[133] Ibid., p.6.
[134] Ibid., p.47.
[135] Ibid., p.11 et seq.
[136] Lagarde distingue entre Israel e Judeia. O primeiro teria sido um povo ingênuo, que não suscitava nenhuma antipatia, já o último seria um "produto artificial" e um *odium generis humani*, somente comparável aos jesuítas e aos alemães do segundo *Reich*, que em todos os casos, e não sem razão, foi a nação mais odiada da Europa (ibid., p.237 et seq.).

rememoração de fatos antigos e que não se renovam, que por sua vez se debilita ano após ano, é promovida como religião. Por isso a religião é, para nós, uma opinião, uma estima, uma fé e uma representação, em vez de ser uma vida, e enquanto não abandonamos essa concepção contaminada profundamente não será de modo algum possível melhorar nossa condição. Precisamos do presente de Deus e do divino, e não seu passado, e por isso não se pode falar de protestantismo e nem do catolicismo, dada a inaceitabilidade da doutrina católica sobre o sacrifício, em suma, não se pode falar mais em cristianismo para nós.[137]

Ambas as Igrejas constituem uma deturpação do Evangelho e todas as comunidades religiosas até agora existentes estão em estado de extinção diante do Estado: "Quanto antes elas se apoiarem nele, tanto antes morrerão, pois sua vida, ainda que de diversos modos, é artificial e se conserva pelo mútuo respeito que se concedem e por seus respectivos contrastes".[138] Em um tratado posterior de 1878, Lagarde profetizava que o futuro mostraria que tudo o que aconteceu desde a reforma no âmbito protestante não constituía nenhum desenvolvimento do cristianismo, mas a tentativa de realizar novas configurações, "uma vez que isso não se baseava, por um lado, nas leis de inércia e decadência e, por outro, se fundamentava no poder nacional dos povos germânicos, livres da pressão da Igreja romana". O protestantismo não é um cristianismo primitivo, tampouco o jesuitismo. O caminho futuro para ambos os poderes está claramente traçado.

> O jesuitismo tem que transformar a Igreja que representa, que sucumbiu à nacionalidade alemã, conduzindo-a de seu estado romano-católico para a condição universal-católica [...] Os povos germânicos têm, por outro lado, de relacionar a religião com sua nacionalidade, pois o protestantismo somente alcançou o que alcançou pelas disposições naturais germânicas de seus sequazes e a posição adotada contra Roma é natural quando são os alemães, e não os cristãos, que querem o combate. Religião mundial no singular e religião nacional no plural, tais são as palavras programáticas de ambos os contendores.[139]

---

137 Ibid., p.62.
138 Ibid., p.64.
139 Ibid., p.233.

A crítica histórica das igrejas cristãs e de sua teologia foi completada por Lagarde com o esboço de uma *"religião do futuro"*. O conteúdo do movimento convocado para formar uma religião nacional deve ser duplo: ela utilizará as concepções éticas e religiosas do cristianismo e, na verdade, da Igreja católica, e reterá para si as "qualidades nacionais do povo alemão". Para tornar os dogmas eclesiásticos "religiosamente aplicáveis", tem-se que deles afastar o "veneno judaico". Pelo contrário, não se devem refutar os dogmas na forma atenuada dos sacramentos, pois nestes, na envoltura das coisas terrenas, a força divina misteriosamente provoca a salvação.[140] Mas se deve pensar em uma sede corpórea dos sacramentos de modo que possam atuar. Lagarde pensava que esse corpo se constrói por si mesmo, sempre que em tal construção não se bloqueie o espírito. Provisoriamente, tudo depende da abertura do caminho por meio do deslocamento dos obstáculos.

Negativamente, Lagarde expõe de modo mais determinado as "disposições naturais germânicas" que devem se realizar na Igreja nacional do futuro. Seriam essencialmente antijudias, mas não anticristãs, enquanto se entende por doutrina de Cristo o puro evangelho. O puro caráter alemão não se pode encontrar nos círculos cultos do presente, uma vez que a Alemanha oficialmente reconhecida é tão antialemã como a literatura clássica, cultivada pelas escolas, que por um lado é cosmopolita e, por outro, é determinada por modelos gregos e romanos. Em oposição à cultura que Hegel converteu em escolástica, o alemão é a mitologia alemã de Grimm, a independência do espírito, o amor pela solidão e a originalidade dos indivíduos. "Quem conhecer a inscrição do novo império alemão saberá, com lágrimas nos olhos, ao interpretá-la, quanto é alemão esse império."[141] Também não é alemão o conceito de "bom", mas o de "autêntico" – mas quem poderia ainda penetrar na plenitude do material cultural e abarcar o original, uma vez que a vida do indivíduo está cada vez mais determinada pelas profissões e que o despotismo se cobre com a máscara da liberdade?

A Alemanha que Lagarde deseja ver "jamais existiu", como o ideal ela é ao mesmo tempo nula e poderosa. Para aproximar-se desse ideal se deve aniquilar toda aparência e expulsar os "teoremas judaicos e celtas" dispersos sobre a Alemanha.

---

140 Ibid., p.234.
141 Ibid., p.240.

Se se quer ter religião na Alemanha, então tem-se que, uma vez que ela tem como condições prévias e incontornáveis de sua existência honestidade e veracidade, anular todos os traços estrangeiros que mascaram a Alemanha e com os quais ela se torna uma mentirosa diante de sua própria alma mais do que esta faria por meio de autoengano individual. Palestina e Bélgica, 1518, 1789 e 1848 não nos concerne em nada. Somos finalmente fortes o suficiente para fechar as portas de casa aos estrangeiros: expulsemos de uma vez o estranho que temos em nosso lar. Quando isso ocorrer, então o trabalho propriamente dito começará.[142]

Mas esse trabalho exige uma "ação heroica na época do papel-moeda, da cotação da Bolsa, da imprensa do partido, da cultura geral". A questão é saber se em 1878 pode-se realizar o que [...] em 878 deveria ter acontecido!
Lagarde designou a religião do futuro com a expressão "devoção" alemã e como "escoteiro" exigia para ela ao lado da teologia existente uma outra, que deveria ensinar história geral da religião. "Ela oferece um saber da religião na medida em que fornece uma história das religiões."[143] O que ela deve descobrir é uma religião nacional e essa não pode ser nem católica, nem protestante, mas exclusivamente alemã: "uma vida de tu a tu com o criador onipotente e o redentor; uma magnificência real e certa potência dominadora diante de tudo que não é de linhagem divina".

> Não devemos ser humanos, mas filhos de Deus; não liberais, mas livres; não conservadores, mas alemães; não fiéis, mas devotos; não cristãos, mas evangélicos; o divino vivendo corporalmente em cada um de nós e todos unidos em um círculo que se completa.[144]

Essa religião nacional-alemã corresponde à "essência da nação alemã querida por Deus".
Em sua época, a crítica de Lagarde ao cristianismo só influenciou um círculo estreito, mas posteriormente se tornou ativa entre as autoridades religiosas do terceiro *Reich*, que também quis riscar mil anos de história alemã e reduzir o cristianismo a uma "devoção" especificamente alemã.

---

142 Ibid., p.247.
143 Ibid., p.68.
144 Ibid., p.76; cf. p.97.

11. A análise histórica de Overbeck do cristianismo primitivo e do cristianismo decadente

Por causa de sua relação com a crítica histórica de F. Chr. Baur, Overbeck se considerava pertencente à "escola de Tübingen", ainda que apenas em sentido "alegórico". Com respeito ao desenvolvimento da crítica alemã da religião de Hegel a Nietzsche, é possível destacar dos seus escritos as seguintes posições: em relação a Nietzsche, pois vinculado à primeira de suas *Considerações extemporâneas*, surgiu a *Cristandade [Christlichkeit] da teologia* (1873), em relação a Lagarde e Strauß, a B. Bauer e Kierkegaard e indiretamente a Hegel.

O primeiro capítulo da *Cristandade da teologia* trata da relação da teologia com o cristianismo em geral. Ele quer provar, opondo-se a Hegel, que não apenas a teologia moderna, mas também a *ciência* teológica em geral desde o início estavam em um desacordo fundamental com o sentido originário da *fé* cristã. Uma vez que o cristianismo primitivo consistia em uma fiel espera pelo fim do mundo e pelo retorno de Cristo, sentia a "mais inequívoca repugnância" contra toda ciência e esse antagonismo entre fé e saber não deve ser conciliado hegelianamente, mas é "completamente inconciliável". "Por isso a atividade de toda teologia ocupada em conectar a fé com o saber é, em si mesma e em sua composição, *irreligiosa*, e nenhuma teologia pode jamais aparecer sem que ao lado do interesse religioso se coloquem outros estranhos a este."[145] Ainda menos, porém, poderia o destino do cristianismo nos levar a pensar que a relação da fé com o saber está reconciliada, pois uma religião que vive essencialmente à espera da *parusia*, sendo fiel a si mesma, não poderia querer construir uma ciência teológica ou alguma igreja. Que isso tenha acontecido tão rapidamente não se explica pelo próprio cristianismo, mas por sua entrada no mundo da cultura pagã que ele não pôde aniquilar e na qual buscou se apoiar, ainda que desde a Reforma o cristianismo jamais havia perdido a consciência de sua oposição ao mundo e ao Estado.

A luta entre fé e saber já havia irrompido no berço do cristianismo, quando o gnosticismo aniquilou todos os pressupostos da jovem fé, transformando-a em metafísica. Mas também a derrocada do gnosticismo foi

---

[145] *Über die Christilichkeit unserer heutigen Theologie* [Sobre a cristandade de nossa teologia atual], p.25.

apenas um novo contrato com a ciência do mundo defendida energicamente no alexandrinismo.

> Ao invés de a simples fé na salvação através de Cristo retroceder a si mesma de modo cada vez mais enérgico, se colocou como verdadeira ao lado da [...] gnose considerada falsa por uma teologia cristã, na qual, especialmente por meio do cânone cristianamente fundado, foi assegurada ao menos certa suma da tradição cristã, que a fé protegia contra os ataques do saber, mas de resto se considerava inteiramente lícito elevar-se do ponto de vista da fé ao do saber. A prova segura do contraste existente entre o saber e os interesses religiosos puros da fé está no fato de que ainda que nessa forma temperada, a ciência só pôde penetrar na Igreja por meio de uma espécie de violência e só foi possível a ela afirmar-se graças a uma vigilância muito zelosa, correndo, porém, o risco de ser acusada de heresia cada vez que avançava com algum movimento mais livre, pois de fato ela seguiu sendo o seio de incessantes conflitos com a fé da comunidade. Bem característico de toda essa evolução foi o modo como se apresentou já em seu início, na passagem do segundo ao terceiro século, com Clemente de Alexandria e depois dele com Orígenes.[146]

Mas o contraste primitivo da fé cristã com o saber teológico surgiu plenamente quando, em uma época posterior, caiu também a ilusão dominante durante a Idade Média segundo a qual a teologia só se referia à fé cristã de modo positivo e apologético. A partir do momento em que a teologia protestante tomou posse dos métodos da crítica histórico-filosófica, próprios das ciências profanas, a teologia teve que converter-se em sepultura do cristianismo, e quem não se ocupasse de teologia apenas para sua autoafirmação teria que reconhecer que ela nada mais é que "um fragmento da mundanização do cristianismo, um luxo que se lhe permite, mas de que, como todo luxo, não se pode desfrutar em vão".[147] A única tarefa real da teologia consiste em que ela faz do cristianismo como religião algo problemático – seja ela crítica, ou apologética e liberal. Pois o saber histórico-crítico pode muito bem derrubar a religião, mas não pode reconstruí-la como tal. Nada estava mais longe de Overbeck do que a "elevação" realizada por Hegel da religião

---

146 Ibid., p.28 et seq.
147 Ibid., p.34.

ao plano da existência conceitual. Por meio de sua fundamental distinção entre a história da "origem" e a história da "decadência" ele se encontra a respeito do "desenvolvimento" do cristianismo na mais extrema oposição à construção otimista e progressiva de Hegel. O protestantismo não significa para ele, como também não era para Lagarde, a plenitude do cristianismo, mas o começo de sua destruição. A produtividade da Igreja cristã cessou com a Reforma que, em geral, não teve nenhum significado religioso autônomo, por estar condicionada por seu protesto contra a Igreja católica. E "absurda" seria a consequência da depreciação do caráter extramundano do cristianismo, que conduziria a considerar os primeiros 1500 anos de fé cristã como um encobrimento de sua essência propriamente dita.[148] Justamente isso é consequência da construção hegeliana, segundo a qual o cristianismo teria que "realizar-se" progressivamente no mundo, isto é, mundanizar-se. O último cristão efetivo dentro do mundo moderno é, para Overbeck, Pascal, enquanto Lutero foi julgado de modo semelhante ao de Nietzsche e Denifle.

Tão negativa quanto a posição de Overbeck a Hegel é sua relação com aqueles que se voltam em nome do cristianismo contra o cristianismo existente, a saber, Vinet, Lagarde e Kierkegaard. Ao negar à teologia o direito de representar o cristianismo, também renunciava a representá-lo.

> Assim, minha posição com relação às coisas é, em particular, completamente diferente à de Kierkegaard, que ataca o cristianismo embora o represente, enquanto eu não o ataco, embora me mantenha dele afastado e ao mesmo tempo que falo como teólogo não gostaria de sê-lo. Kierkegaard, com um pretexto paradoxal, fala como reformador do cristianismo; eu não penso de modo algum nisso, mas também não me ocorre reformar a teologia, que é minha ocupação. Reconheço já sua *nulidade* em si e para si e contesto não apenas sua atual e completa caducidade, mas impugno seus fundamentos. O cristianismo eu o abandono por si mesmo sem qualquer reserva.[149]

Como "ponto fraco" da posição de Kierkegaard com respeito ao cristianismo considerava a "etiqueta falsa, retórica e paradoxal de seu ataque" em vista de sua mera "afetação da máscara de adversário".

---

148 Ibid., p.84; cf. Nietzsche I, 340.
149 *Christentum und Kultur* [Cristianismo e cultura], p.291.

Parece que quando Kierkegaard se coloca por si mesmo e combate o cristianismo, ele só o faz após ter fincado o pé no cristianismo. Em todo caso ele não deveria atacar o cristianismo e menos ainda que aqueles atacados por ele. Um mal representante do cristianismo está mais bem legitimado para sua crítica que alguém indiscutível, indiscutível mesmo diante de seus próprios olhos.[150]

A posição de Overbeck diante de B. Bauer surge de sua resenha sobre um escrito deste último intitulado *Cristo e os Césares*.[151] Depois de registrar em quatro longas colunas as "coisas incríveis" que depois de 35 anos Bauer voltou a apresentar ao público sem a menor diminuição, com uma constância que seria imponente se não fosse tão débil por falta de fundamentação científica, diz, ao concluir, que apesar de toda crítica à tese de Bauer, segundo a qual o cristianismo e o estoicismo procediam de uma e a mesma raiz, não deve ser contestada e que frequentemente aquilo que Bauer defende "não é de todo mau"! Tanto mais se deve lamentar o caráter totalmente defeituoso de seu trabalho. De fato, a participação do paganismo greco-romano no nascimento da Igreja tem sido muito subestimada, tal como em geral a história da Igreja antiga só poderia ser aceita "apenas por meio de uma boa quantidade de paradoxos". Não obstante, quem defende tais paradoxos terá que dar-lhes uma forma que os capacite para que possam desembocar gradualmente na corrente de convicções bem fundadas, ao invés de deixá-las dentro do âmbito do meramente extravagante. Prescindindo dessas objeções, a leitura dessa obra "não será propriamente desaconselhável" para os teólogos. Com efeito, ainda que o material tenha sido recolhido muito apressadamente e o autor o apresentasse sem nenhum plano, poderia levar a considerações fecundas. O paralelismo entre o estoicismo e o cristianismo se poderia perseguir de um modo mil vezes mais proveitoso e de maneira mais fina e profunda do que Bauer traçou, e então resultariam observações e perguntas das quais ele mesmo não teve nenhuma ideia.

Comparem-se essas afirmações críticas com o modo como o próprio Overbeck pensou a relação do cristianismo com a Antiguidade, então se fortalecerá o acento conclusivo de sua crítica, que em princípio lhe era favorá-

---

150 Ibid., p.279; cf. o juízo de Overbeck sobre Feuerbach, em Nigg, *Overbeck*, p.136.
151 *Theol. Lit. Zeitung*, 1878, col. 314.

vel, ainda que em pontos específicos tenha sido muito severa. Pois o próprio Overbeck sempre destacou o caráter "antigo" do cristianismo, contestou sua absoluta "novidade" e por isso opôs a Antiguidade *e* o cristianismo ao moderno.[152] Afirmou indiretamente o "parentesco de raiz" do cristianismo com o mundo antigo pela tese de que, com o desaparecimento da Antiguidade de nossa vida também a compreensão do cristianismo diminuiu em igual medida.[153] Já afirmava na *Cristandade da teologia* que a Antiguidade havia chegado a nossos tempos embalsamada pelo cristianismo, e já que ele ainda era um fragmento da Antiguidade, um cristianismo "moderno" seria uma contradição em si. A afinidade de Overbeck com a posição teológica de Bauer vai ainda mais longe do que ele acreditava, pois ninguém além de Bauer havia até então descoberto de modo tão radical o necessário "jesuitismo" da "consciência teológica",[154] a contradição entre os dois pontos de partida, o da Bíblia e o da cultura temporal.

A teologia crítica de Strauß foi reiteradamente defendida por Overbeck contra as ambições e ilusões da teologia liberal e apologética. Sua afirmação da incompatibilidade da cultura mundana com o cristianismo é irrefutável e não depende do aparente cosmopolitismo e da efetiva pequena-burguesia daquela cultura que Strauß, em sua velhice, defendeu como "nova fé". Strauß teve absoluta razão ao reconhecer o significado ameaçador implícito na ideia de uma "vida de Jesus". Mas errou ao pensar que uma teologia verdadeiramente crítica levava necessariamente a uma negação do cristianismo. Ela poderia antes defendê-lo, mesmo sem representá-lo, a saber,

> contra todas as teologias que pensam representá-lo se acomodando ao mundo e que, indiferentes à sua concepção de vida, ou o dissecam e o convertem a uma morta ortodoxia que o separa do mundo, ou então o rebaixam para a vida mundana, fazendo que ele desapareça nela. Tais teologias deveriam se defender da crítica de que elas, sob o nome de cristianismo,

---

152 Nigg, op. cit., p.138.
153 *Studien zur Geschichte der alten Kirche* [Estudos sobre a história da velha Igreja] I, p.159; cf., sobre isso, os paralelos em *"Wir Philologen"* ["Nós filólogos"] de Nietzsche (X, 404), e os mesmos em Nigg, op. cit., p.44, nota. O mesmo significado que teve para Overbeck a questão sobre a cristandade da teologia aparentemente teve para Nietzsche a questão do helenismo da filologia clássica.
154 *Hegels Lehre von der Religion und Kunst*, op. cit., p.41, e *Entdecktes Christentum*, §16.

arrastam pelo mundo um ser irreal do qual se retirou o que em todo caso é sua alma, a saber, a negação do mundo.[155]

Strauß desconheceu a humanidade excessiva do cristianismo e procurou elidi-lo inteiramente, o que só conseguiu ao se esquecer, para além do "sentimento de humanidade e nacionalidade", da "bagatela" de que "somos homens"![156] Se compararmos o que Strauß diz sobre o Estado e a guerra, sobre o poder político de castigar e sobre a classe operária, com os paralelos cristãos de Santo Agostinho, por exemplo, então não há dúvida de que ali tudo estava dito de um modo incomparavelmente mais profundo e ao mesmo tempo mais humano e por isso mais verdadeiro. Mas o cristianismo já havia vencido uma cultura como aquela que Strauß representava. Para ter razão contra o cristianismo, dever-se-ia partir do ponto de vista de uma cultura superior e não inferior àquela que o cristianismo dominou. Essa crítica às "confissões" de Strauß resume em poucas e sóbrias frases aquilo que Nietzsche afirmou em suas *Considerações extemporâneas* com excesso juvenil e sem uma correta avaliação do trabalho histórico de Strauß.

Strauß prestou um serviço notável à teologia como ciência por meio de sua obra de juventude. Errônea, entretanto, é a opinião segundo a qual o cristianismo consistiria em uma soma de dogmas e mitos, que se poderiam aceitar ou rechaçar em parte ou completamente, enquanto sua alma estava na fé em Cristo e em seu retorno ao término da atual forma do mundo.

> Analogamente às observações que fizemos a esse respeito sobre os teólogos apologéticos e liberais, também Strauß pensava ter abandonado o cristianismo ao aniquilar criticamente uma série de seus dogmas fundamentais e em particular a concepção eclesiástica de sua história originária e ao rechaçar com duas ou três observações desdenhosas e muito incidentais a concepção ascética da vida, própria do cristianismo.[157]

Somente quando se tem clareza sobre o caráter escatológico e por isso ascético do cristianismo poder-se-ia alcançar o ponto de vista justo para jul-

---

155 *Christlichkeit der Theologie*, p.110.
156 Ibid., p.114. Nietzsche conheceu *Der alten und neuen Glauben* [A antiga e a nova fé], de Strauß, em um exemplar que Overbeck lhe emprestou, e nele anotou que Nietzsche "o usou na execução de seu trabalho".
157 Ibid., p.111.

gar aquela "instituição vital", proposta por Strauß depois de ter descartado o cristianismo.

Overbeck confrontou o escrito de Lagarde logo depois de ele ter sido publicado. Ambos partilham da mesma fresca erudição, ainda que Lagarde esteja atravessado por uma vontade de influenciar retoricamente, enquanto Overbeck se mantém com sobriedade quase sobre-humana. Ele não podia e não queria ser um educador dos alemães, mas esclarecer para si mesmo a teologia e o cristianismo.

Overbeck discutiu a proposta de Lagarde de rebaixar as faculdades teológicas existentes em seminários confessionais e de substituí-las nas universidades por uma teologia que ensinasse história das religiões, a fim de abrir caminho para uma religião alemã. Levantou, contra isso, a objeção de que tal consideração puramente histórica da história das religiões não seria mais teologia e consequentemente recairia nas disciplinas filosóficas. Mas quando Lagarde deu uma posição especial a sua nova teologia, ele só pôde fazê-lo com respeito à sua tarefa prática, que ela compartilhava com as teologias confessionais.

> Com efeito, o que deve ser colocado em dúvida é se na teologia de Lagarde se encontra de fato uma tarefa desse tipo. Ele mesmo nos assinala, é verdade, ao nos dizer que a nova teologia deveria ser "a escoteira da religião alemã". Ora, as teologias sempre seguiram suas respectivas religiões e por certo elas serão tanto mais tardias quanto mais enérgicos e indiscutíveis forem os impulsos originários dessas religiões. Que ela preceda a uma religião é algo inaudito, e algo do tipo que se acontecesse seria pouco provável.[158]

Na realidade, a teologia de Lagarde não prepara nenhuma nova religião e, tendo em vista a falta de perspectiva de seus últimos esforços e a supremacia da direção histórica em todos os estudos eruditos do presente, logo se perdeu de vista sua meta, assim como ela mesma se perdeu no material histórico. Uma previsão que se confirmou por todas as partes, mesmo dentro da teologia estruturada confessionalmente, quando, sob o título de

---

158 Ibid., p.129; ver também o juízo de Overbeck sobre a personalidade de Lagarde: Bernoulli, *Overbeck und Nietzsche*, I, 133.

dogmática, ela de fato nada ensinou senão história comparada da religião com matizes protestantes.

Overbeck deu conta de sua relação com Nietzsche trinta anos depois de ter publicado sua *Cristandade da teologia*, na introdução da segunda edição. Assinalou ali que Nietzsche foi a mais forte influência que sofreu ao longo de sua peregrinação na vida e o próprio foi caracterizado como um "homem extraordinário, extraordinário também em suportar a infelicidade". E de fato, nada poderia provar melhor o caráter extraordinário de Nietzsche do que a amizade mantida por ele com um homem tão reflexivo e reservado como Overbeck, que dizia, referindo-se a si mesmo, não poder afirmar que, influenciado por Nietzsche já na Basileia, teria "se tornado inteligente", e tampouco que ele, sete anos mais velho que Nietzsche, o havia seguido incondicionalmente através de suas "viagens de descobrimento", abandonando seu próprio caminho. Entretanto, sua amizade com Nietzsche pesou quando ele escreveu sua renúncia à corporação da alma. A isso corresponde a dedicatória com a qual Nietzsche lhe enviou a primeira de suas *Considerações extemporâneas*. Também nos anos posteriores Overbeck seguiu até o fim, com fiel atenção, as viagens de descobrimento de Nietzsche, sem se preocupar com o que nelas havia de terrível e repugnante. Suas anotações póstumas e a correspondência com Nietzsche testemunham que mesmo sem dela participar acompanhou a seu modo a luta de Nietzsche contra o cristianismo, chegando a indicar ao amigo informações eruditas para a crítica do cristianismo. Que o projeto de Nietzsche de uma "superação de Deus e do nada" tenha falhado não foi reconhecido por Overbeck como um argumento contra ele, mas, em sua viagem, Nietzsche teria sido tomado pelo desespero de tal modo que teve que abandonar o barco muito antes que a loucura o surpreendesse.

> Penso em uma viagem cujo término ninguém alcançou e, portanto, Nietzsche não fracassou mais do que outros. O que lhe faltou foi a sorte que a outros mais ditosos, conhecidos por mim, lhes foi favorável. Certamente fracassou, mas de tal modo que a viagem empreendida por ele pôde proporcionar bons ou maus argumentos sobre a viagem feita, da mesma forma que um náufrago sobre a navegação marítima. Assim como quem alcançou um porto não deixará nunca de reconhecer como companheiro de destino o seu predecessor, que de fato havia naufragado, tampouco, com relação a Nietzsche, os navegantes mais felizes, aqueles que puderam se afirmar em

sua embarcação nessa viagem sem metas, poderiam desconhecê-lo como companheiro de rota.[159]

A questão que *o próprio Overbeck* se colocou com relação ao cristianismo não concernia à "moral" cristã, cujo caráter ascético ele entendia, em oposição a Nietzsche, como um tipo distinto de humanidade, mas à relação entre o *Cristianismo* primitivo *negador do mundo* e a *história do mundo*. Com efeito, o mais interessante do cristianismo é sua impotência, "o fato de não poder dominar o mundo", pois sua sabedoria de vida consiste em uma "sabedoria da morte".[160] Se realmente e com seriedade se considera o cristianismo historicamente, então se pode afirmar a decadência gradual de sua origem "anistórica", ainda que dita decadência se intercale no "progresso" da duração histórica. E como a duração, ao lado da transitoriedade, constitui um conceito fundamental de toda investigação histórica, vale para toda vida histórica necessariamente também o fato de ser velha ou jovem. O cristianismo de duzentos anos não pode ser riscado, apesar da vontade de Kierkegaard, pela "contemporaneidade", e muito menos por uma teologia que como ciência está integralmente atravessada pelo modo de saber pensar histórico. "O cristianismo, que viveu tanto tempo, não pode sustentar-se no mundo do mesmo modo que foi no começo, depois de todas as experiências que outrora teve *diante de si* e agora tem *atrás de si*!"[161] Originalmente o cristianismo, enquanto Evangelho, existiu mediante a negação de toda história e sob o pressuposto de um mundo "hiper-histórico" – "nem Cristo para si nem a fé, que ele encontrou, tiveram existência histórica, ao menos com o nome cristianismo"[162] –, mas esse "embrião pré-histórico" esgotou-se na história da Igreja vinculada ao mundo. O mundo não permite crer que Deus ama os homens.[163] "Junto com a fé na *parusia*, o antigo cristianismo perdeu a fé em sua juventude", e essa contradição entre a antiga escatologia cristã e o sentimento do porvir do presente é fundamental, "e talvez o fato principal da cisão do presente com o cristianismo". Pois nada se encontra tão alheio ao

---

159 *Christentum und Kultur*, ed. cit., p.136; cf. 286 et seq., e Bernoulli, *Overbeck und Nietzsche*, I, 273; II, 161.
160 *Christentum und Kultur*, p.279.
161 Ibid., p.268.
162 Ibid., p.9.
163 Ibid., p.64.

presente que avança do que a crença num fim do mundo próximo. E agora que o cristianismo envelheceu no sentido da caducidade, sua velhice não é mais um argumento para sua duração, mas seu lado mais contestável.[164] Pois a "eterna" estabilidade do cristianismo só se pode apresentar *sub specie aeterni*, ou seja, a partir do ponto de vista segundo o qual em geral nada sabe do *tempo* da história; mas o cristianismo nunca pode assegurar sua eternidade na história. Considerado de maneira puramente histórica, para o cristianismo só se poderia indicar que está gasto.[165] Sua velhice é para uma visão histórica séria um argumento "mortal". O cristianismo não pode frear o movimento da história, pelo contrário, este ultrapassa seus limites. Por isso, a história é um "precipício, no qual o cristianismo só se precipitou contra sua própria vontade".[166] Na época pré-constantina parecia que o cristianismo sobreviveria à cultura, mas hoje ocorre o inverso. "Prometeu parece ter razão, e o fogo que roubou do céu, não aquele que lhe seria presenteado."[167]

A última consequência da consideração histórica de Overbeck é sua contestação da cronologia cristã. Ao negar seu significado, ele está em oposição a Hegel, o último que a havia sustentado seriamente, mas também não ficou ao lado de Nietzsche, que, em seu *Ecce homo*, levantou a pretensão de começar novamente a partir de 30 de setembro de 1888 "do falso calendário" como o "primeiro dia do primeiro ano".[168] Para Overbeck, a cronologia cristã só estaria realmente fundamentada se o cristianismo houvesse introduzido uma "nova" época. Mas justamente isso não foi o caso,

> pois originalmente só se falava de um tempo novo mediante um suposto não cumprido, ou seja, que ao perecer o mundo existente, deveria deixar lugar a outro novo. Este foi um momento de séria esperança e como tal sempre retorna, ainda que fugazmente, nunca porém como fato de permanência histórica, a qual poderia ter dado o fundamento real para uma

---

164 Ibid., p.69.
165 Overbeck cita, a partir da *Deutscher Geschichte*, de Treitschke (3. ed., III, 401), que já desde os anos 20 do século XIX se discutia na mesa do ministro prussiano Altenstein sobre a questão de saber se o cristianismo duraria vinte ou cinquenta anos mais – uma história que lança uma interessante luz sobre Hegel e seus discípulos.
166 *Christentum und Kultur*, p.7.
167 Ibid., p.10.
168 *Kritisch-historische Gesamtausg.*, I, p.XLIX.

cronologia exitosa e correspondente aos casos reais. O mundo é aquilo que se afirmou, não a esperança cristã dele.[169]

Só se pôde levar a sério a cronologia cristã pela possibilidade de conceber-se certo momento como a encruzilhada do tempo, dado o grau de sua maturidade e partindo da existência antiga de uma esperança escatológica no fim. Na verdade, porém, nem o antigo apareceu nem o novo surgiu: por isso um dos problemas principais da história do cristianismo segue sendo o de estabelecer como ele recebeu a decepção de sua esperança originária. Overbeck procurou responder a essa questão apelando para a transformação da esperança cristã-primitiva no retorno de Cristo em uma "consideração e condução ascética da vida",

> que de fato constitui uma metamorfose da crença originariamente cristã no retorno de Cristo, enquanto esse ascetismo se apoia na contínua esperança de tal retorno e persiste em considerar o mundo suficientemente maduro para o declínio, levando os fiéis a alijar-se do mundo para que estejam preparados para o iminente advento de Cristo. A esperança do retorno de Cristo, insustentável em sua forma originária [...] se transforma, nos pensamentos da morte, no *memento mori* que, depois de Irineu, deveria acompanhar sempre o cristão, com o qual a saudação dos cartuxos resume a sabedoria fundamental do cristianismo de maneira mais profunda que a fórmula moderna, "nada de ameaçador deve haver entre o homem e sua fonte original", na qual há uma insossa [...] negação, uma vez que se esquece que esse elemento "ameaçado", segundo a visão do cristianismo, pertence em geral ao mundo.[170]

Da mesma forma, com o reconhecimento estatal do cristianismo se encontrou um substituto para a perda dos martírios no *martyrium quotidianum* do monasticismo. Tudo que aconteceu de grande e vivente na Igreja desde o século IV até a Reforma saiu do claustro. Para uma justa apreciação do significado do monasticismo, a teologia católica perdeu desde muito tempo a pureza de compreensão e a teologia protestante nunca a teve.

---

169 *Christentum und Kultur*, p.72.
170 *Christlichkeit der Theologie*, p.87.

Uma condução ascética da vida no sentido mais amplo, assim como uma sabedoria da morte, está no núcleo mais íntimo da própria existência teológica de Overbeck, cuja intenção última foi a de provar cientificamente o *finis christianismi* no cristianismo moderno.[171] Também para ele o lugar da esperança no futuro foi tomado pela sabedoria da morte, que constitui para nós o mais sensível enigma, mas que ainda não encontrou a chave de sua solução.

> Justamente porque a morte faz de nós, homens, os seres mais sensíveis para os enigmas do mundo, ela deve ser a última coisa que pode servir para dificultar reciprocamente a vida. Respeitamos antes na morte o símbolo mais claro de nossa comunidade no silêncio que ela nos impõe a todos como nossa sorte comum.[172]

Ele preferia à consideração cristã da morte aquela que se encontra em Montaigne e Espinosa, pois afeta menos e permite pensar em um *memento mori* que eleva a vida à luz do dia, diminuindo o engano e dispersando as sombras que normalmente acompanham a vida e a deformam. Mas a morte *voluntária* lhe parecia estar no limite daquilo "sobre o que se poderia falar razoavelmente entre homens". Overbeck não a rechaçou. Por anticristãs que pareçam suas reflexões, queria esclarecer a justa disposição com respeito ao pensamento da morte apelando para as palavras de resignação do Salmo 39.

Overbeck não se decidiu nem contra o cristianismo, nem a favor da cultura mundana ou "civilização"[173] e quem aprecia a alternativa e transforma o radicalismo em extremismo encontrará em sua postura em relação ao mundo e ao cristianismo somente indecisão. E no entanto, há nessa ambiguidade uma unicidade mais radical do que o decidido ataque de Nietzsche, que é tão reversível quanto Dioniso transformado no crucificado. Overbeck viveu com a clara consciência de que o problema religioso em geral deve ser colocado em bases inteiramente novas, "eventualmente à custa do que

---

171 *Christentum und Kultur*, p.289; cf. E. von Hartmann, *Die Selbstzersetzung des Christentums und die Religion der Zukunft* [A autodestruição do cristianismo e a religião do futuro], 1874, obra em que se recorre muitas vezes a Lagarde e Overbeck.
172 Ibid., p.298.
173 Cf. a reserva de Wellhausen: Boschwitz, *J. Wellhausen*, Dissertação de Marburgo, p.75.

até aqui foi chamado de religião",[174] pois "o desenvolvimento religioso dos homens apresentou o aspecto de uma confusão inevitável e que por isso deveria ser apaziguada":

> ao menos enquanto se busca a solução das incertezas religiosas de nosso tempo na base da Bíblia e das disputas teológicas sobre ela e não nos decidimos a prescindir de tudo isso na busca daquela solução! O que não acontecerá enquanto não se reconheça que nós, homens, só avançamos em geral se de tempos em tempos nos lançamos no ar e deixamos nossa vida correr em condições que não nos permitam poupar esse experimento. Mesmo para esse conhecimento a Bíblia seria educadora. Sua própria história nos oferece o mais grandioso modelo desse caminho, enquanto a transição do Antigo ao Novo Testamento não tenha sido no fundo diferente deste lançar-se-no-ar que, ainda que com êxito no final, se realizou com correspondente lentidão e esforço.[175]

Desse ponto de vista, que é um lançar-se-no-ar, Overbeck tomou sua posição entre a civilização e o cristianismo. Para sua tarefa de crítica da teologia e do cristianismo lhe faltava "aquele aguilhão de um ódio acirrado contra os cristãos ou a religião", assim como uma afirmação incondicional da mundanidade, que tornava frívolo o ateísmo de Strauß, Feuerbach e Bauer. Essa dupla ausência é a vantagem humana e científica de Overbeck, que o distingue de todos os polemistas e apologistas, tais como Nietzsche e Kierkegaard. Sua "cautela" diante do cristianismo consistia em evitar o "duplo risco" de cair em uma desoladora relação de hábito ou em uma precipitada luta de destruição. "Deve-se evitar os dois para preparar um fim honroso e menos funesto ao cristianismo."[176] Se se considerou a si mesmo um descrente, por ter abandonado a teologia à ciência e por lutar com sua cristandade, o fez com a consciência de que a coragem e a perseverança empregadas para lograr essa meta poderiam ser mais bem obtidas de uma consideração da vida como a do cristianismo, que "na verdade tanto aumentou as exigências de probidade quanto diminuiu sua existência fática entre os homens".[177] Já em seu escrito juvenil rechaçou a precipitação e

---

174 *Christentum und Kultur*, p.270.
175 Ibid., p.77.
176 Ibid., p.69.
177 Ibid., p.64.

desconsideração com que Strauß destruiu o vínculo da antiga fé, sobretudo porque a época presente não dá nenhuma ocasião para desdenhar a concepção de vida do cristianismo ou pensar que ela foi superada. Antes, é de inestimável valor notar "que sobre tal dissolução, completamente irredimível, ao menos se levanta o nome de cristão como um tipo de imperativo categórico que a condena".[178]

E assim deve-se entender o fato de que Overbeck, em seu juízo sobre o fim do cristianismo, e especialmente o alemão,[179] não sentiu satisfação nem pesar, mas assumiu esse processo do presente de modo protocolar.[180] Sua tomada de posição histórica está fundamentada na circunstância de que tanto a civilização europeia não seria o que foi sem o cristianismo assim como este sem seu vínculo com a civilização.[181] Overbeck tem, na história de suas relações e conflitos, um papel não menor, mas até maior do que aqueles que acreditaram resolver a problemática do cristianismo por meio de uma simples "decisão". O contraste realmente definitivo diante de sua mera decisão é a confrontação crítica, que nem afirma nem nega simplesmente.

> O peculiar e significativo da aclaração de Overbeck sobre a relação do cristianismo com a civilização está em que, em geral, não apresentou nenhuma solução. Toda solução teria que entrar em colisão com seu axioma fundamental. O mérito de Overbeck consiste justamente em que ele comprova a impossibilidade de uma solução, ao menos de uma que o homem de hoje poderia verificar por si mesmo.[182]

Ele tampouco se maravilhou com as teses apodíticas de Nietzsche; mas admirava "a coragem diante do problema" que ele mantinha, cuja sinceridade, porém, não é pensável sem o "ceticismo" adequado ao saber histórico.[183] Por outro lado, Nietzsche soube apreciar em Overbeck sua "suave firmeza" e seu equilíbrio.

---

178 *Christlichkeit der Theologie*, p.119.
179 *Christentum und Kultur*, p.101 et seq.
180 Nigg, op. cit., p.153.
181 Cf. *Christentum und Kultur*, p.247; cf., sobre isso, as cartas de Burckhardt a Beyschlag de 14 e 30 de janeiro de 1844, e a madura exposição da relação entre cristianismo e cultura, VII, 111.
182 Nigg, op. cit., p.165 et seq.
183 *Christentum und Kultur*, p.11, 147, 294; cf. Burckhardt, VII, 7.

O problema da cristandade

Quem não recua diante do esforço de refletir sobre as ideias de Overbeck reconhecerá, dentro do labirinto de suas proposições cheias de reservas, a linha reta e ousada de um espírito incondicionalmente honesto. Ele colocou claramente o problema que é o cristianismo para nós e mostrou nitidamente o abismo que se abre entre ele e nós mediante os caracteres representativos do século XIX.[184] O fato de que, desde Hegel e em particular por meio de Marx e Kierkegaard, o cristianismo do mundo cristão-burguês tenha já chegado a seu fim não significa, é claro, que uma fé que outrora dominou o mundo tenha se tornado caduca com as últimas de suas formas mundanas. Pois como deveria a peregrinação cristã *in hoc saeculo* ser exilada de um lugar que ela nunca habitou?

---

184 Ibid., cap. 5.

Indicações bibliográficas

Os seguintes escritos do autor foram parcialmente reutilizados:

Feuerbach und der Ausgang der klassischen deutschen Philosophie. Logos, 1928, H.3.

Max Weber und Karl Marx. Archiv für Sozialwissenschaft und Sozialpolitik, 1932, H.1/2.

Kierkegaard und Nietzsche. Deutsche Vierteljahrsschsr. F. Literaturwissenschaft und Geistesgeschichte, 1933, H.1.

Die philosophische Kritik des christlichen Religion im 19. Jahrhundert. Theolog. Rundschau, 1933, H.3/4.

L'achèvement de la philosophie classique par Hegel et sa dissolution chez Marx et Kierkegaard. Recherches philosophiques, Paris, 1934/5 e 1935/6.

Zur Problematik der Humanität in der Philosophie nach Hegel. Festschrift für F. Toennies [Reine und angewandte Soziologie], Leipzig, 1936.

Os acontecimentos da época, que obrigaram o autor a emigrar, o impossibilitaram de um completo conhecimento da bibliografia correspondente. A maior parte dos escritos dos jovens hegelianos não foi reeditada após sua publicação; por isso o autor teve que se limitar essencialmente a obras e revistas da década de 1840, que havia reunido e estudado durante seus anos de docência em Marburg. Ele agradece em particular a amistosa ajuda dos professores K. Ishiwara e S. Takahashi, da Universidade Imperial de Tohoku, em Sendai, que lhe facilitaram o acesso a obras importantes.

Citamos de acordo com as seguintes:

Edições completas

Hegel, *Original-Ausgabe*, a menos que não se indique outra edição.
Goethe, *40bändige Cotta-Ausgabe*, 1840.
Goethe, *Goethes Gespräche in 5 Bänden*, herausg. von Biedermann, 2. Aufl., Leipzig, 1909.
Goethe, *Maximen und Reflexionen*, herausg. von M. Hecker, Weimar, 1907.
Feuerbach, *Sämtliche Werke*, Band 1-10, Leipzig, 1846ss.
Marx, *Marx-Engels Gesamtausgabe*, 1 Abt. Band 1-5, 1927-1932.
Kierkegaard, *Werke*, Band 1-12, Jena, 1909ss.
Nietzsche, *Werke*.

Edições de obras em particular

Hegel, *Theologische Jugendschriften*, herausg. von H. Nohl, Tübingen, 1907.
_____, *Briefe von und an Hegel*, 2. Teile, herausg. von K. Hegel, Leipzig, 1887.
Feuerbach, *Grundsätze der Philosophie der Zukunft*, herausg. von H. Ehrenberg, Stuttgart, 1922 [Frommanns Philos. Taschenbücher].
_____, *Briefwechsel und Nachlass [=Br.]*, herausg. von K. Grün, 2. Teile, Heidelberg, 1874.
_____, *Ausgewählte Briefe von und an L. Feuerbach*, herausg. von W. Bolin, 2. Teile, Leipzig, 1904.
_____, *Briefwechsel zwischen L. Feuerbach und Ch. Kapp, 1832-1848*, herausg. von A. Kapp, Leipzig, 1876.
F. Engels, *Feuerbach und der Ausgang der klassischen deutschen Philosophie*, 5. Aufl., Stuttgart, 1910.
A. Ruge, *Briefwechsel und Tagebuchblätter [=Br]*, herausg. von P. Nerrlich, 2 Bände, Berlin, 1886.
_____, *Aus früherer Zeit*, Band IV, Berlin, 1867.
_____, *Die Akademie*, Philos. Taschenbuch, Band I, Leipzig, 1848.
_____, *Unser System*, 3 Hefte, Leipzig, 1850; neu herausg. von Clair I. Grece, Frankfurt, 1903.
M. Hess, *Sozialistische Aufsätze 1841-47*, herausg. von Th. Zlocisti, Berlin, 1921.
K. Marx, *Das Kapital*, Band I-III, 6. Aufl., Hamburg, 1909.
_____, *Zur Kritik der politischen Ökonomie*, herausg. von Rjazanov, Berlin, 1930.
_____, *Der 18 Brumaire des Louis Bonaparte*, herausg. von Rjazanov, Berlin, 1927.
M. Stirner, *Der Einzige und sein Eigentum*, Leipzig, Reclam-Ausg.
_____, *Kleinere Schriften*, herausg. von H. Mackay, Treptow bei Berlin, 1914.
B. Bauer, *Die Pousane des jüngsten Gerichts über Hegel den Atheisten und Antichristen. Ein Ultimatum [anonym]*, Leipzig, 1841.
_____ e A. Ruge, *Hegels Lehre von der Religion und Kunst, vom Standpunkt des Glaubens aus beurteilt [anonym]*, Leipzig, 1842.
_____, *Das entdeckte Christentum, eine Erinnerung an das 18. Jahrhundert und ein Beitrag zur Krisis des 19.*, Zürich, 1843; nova edição de E. Barnikol, Jena, 1927.
B. Bauer, *Vollständige Geschichte der Parteikämpfe in Deutschland während der Jahre 1842-46*, Band I-III, Charlottenburg, 1847.
_____, und E. Bauer, *Briefwechsel 1839-42*, Charlottenburg, 1844.

S. Kierkegaard, *Angriff auf die Christenheit*, herausg. von Dorner und Schrempf, Stuttgart, 1896.
_____, *Der Begriff des Auserwählten*, trad. de Th. Haecker, Hellerau, 1917.
_____, *Über den Begriff der Ironie*, trad. de H. Schaeder, München, 1929.
_____, *Kritik der Gegenwart*, trad. de Th. Haecker, Innsbruck, 1914.
_____, *Das Eine was not tut*, trad. de H. Ulrich, Zeitwende, H.1, München, 1927.
_____, *Die Tagebücher*, trad. de Th. Haecker, Band I und II, Innsbruck, 1923.
_____, *Die Tagebücher [1832-39]*, herausg. von H. Ulrich, Berlin, 1930.
_____, *Das Buch des Richters*, trad. de H. Gottsched, Jena, 1905.
D. Tschizewskij, *Hegel bei den Slaven*, Reichenberg, 1934.
W. Kühne, *Cieszkowski, ein Schüler Hegels und des deutschen Geistes*, Leipzig, 1938.

Obras gerais sobre a história do século XIX

H. Treitschke, *Deutsche Geschichte im 19. Jahrhundert*, 8. Aufl., Leipzig, 1919.
F. Schnabel, *Deutsche Geschichte im 19. Jahrhundert*, Bd. I-IV, Freiburg, 1937.
B. Croce, *Storia d'Europa nel Secolo Decimonono*, Bari, 1932 [trad. alemã, Zürich, 1935].
E. Friedell, *Kulturgeschichte der Neuzeit*, Bd. I-III, München, 1931.

Escritos especiais sobre a história do espírito alemão no século XIX

K. Hecker, *Mensch und Masse. Situation und Handeln der Epigonen*, Berlin, 1933.
H. Plessner, *Das Schicksal deutschen Geistes im Ausgang seiner bürgerlichen Epoche*, Zürich, 1935.
D. Sternberger, *Panorama oder Ansichten vom 19. Jahrhundert*, Hamburg, 1938.
U. von Balthasar, *Apokalypse der deutschen Seele*, 3 Bände, München, 1937ss.
Depois da primeira edição de nosso livro, se publicaram as seguintes obras acerca do mesmo tema:
H. Marcuse, *Reason and Revolution*, New York, 1941.
H. de Lubac, *Le drame de l'humanisme athée*, Paris, 1945.
A. Kojève, *Introduction à la lecture de Hegel*, Paris, 1947.
G. Lukács, *Der junge Hegel*, Zürich, 1948.
M. Carrouges, *La mystique du surhomme*, Paris, 1948.

Obras citadas

ADAM, A. *Les Libertins au XVIIe siècle*. Paris, 1964.
ADAM, P. *La Vie paroissiale en France au XIVe siècle*. Paris, 1964.
ALLEN, D. C. *Doubt's Boundless Sea. Skepticism and Faith in the Renaissance*. Baltimore, 1964.

ALLEN, D. C. *Mysteriously Meant. The Rediscovery of Pagan Symbolism and Allegorical Interpretation in the Renaissance.* Londres, 1970.
ANWANDER, A. Le problèmes des peuples athées. In: *L'athéisme dans la vie et la culture contemporaines.* Paris, 1968, t.I, v.2.
ARNIM, V. (Ed.). *Stoicorum veterum fragmenta.* 1974, t.III.
AUGUSTODUNENSIS, H. *Elucidarium.* [s.d.], [s.l.], t.II, 18.
AVERROES. *Le Livre du discours décisif.* Paris: Garnier-Flammarion, 1996.
BARROUGH, P. *The Method of Physick.* Londres, 1596.
BAYLE, P. *Œuvres complètes.* Roterdã, 1702.
BEAUCHAMP, L. *Biographie universelle.* Paris, 1811.
BEETKE, W. *Die Religion der Germanen in Quellenzeugnissen.* Frankfurt, 1938.
BENASSAR, B. *L'Homme espagnol.* Paris, 1975.
BENEDICTI, J. *La Somme des pechez et remèdes d'iceux.* Lyon, 1594.
BERGSON, H. *Les Deux sources de la morale et de la religion.* Paris: PUF, 1967.
BERRIOT, F. *Athéismes et athéistes au XVIème s. en France.* Paris: CERF, 1984.
BETHENCOURT, F. *L'Inquisition à l'époque moderne. Espagne, Portugal, Italie. XVe-XIXe siècle.* Paris, 1995.
BLANCONE, R. *La Vie miraculeuse de la séraphique et dévote Catherine de Sienne.* Paris, 1607.
BLOCH, E. *Atheismus im Christentum.* Frankfurt, 1968.
_____. *L'Athéisme dans le christianisme*: La religion de l'exode et du royaume. Paris, 1978.
BOLSEC, J. Histoire de la vie, mœurs, actes, doctrine, constance et mort de Jean Calvin. *Archives curieuses de l'histoire de France,* Paris, 1835, t.V.
BOULMIER, J. *Estienne Dolet, sa vie, ses œuvres, son martyre.* Paris, 1857.
BRABANT. S. de. *L'Histoire de la philosophie.* Paris: Gallimard, 1969, t.I.
BRACCIOLINI, P. *Les Facéties de Pogge.* Paris: Isidore Liseux, 1878.
BREHIER, E. *La Philosophie du Moyen Âge.* Paris: A. Michel, 1971.
BRIGHT, T. *A Teatrise of Melancholie.* Londres, 1586.
BRUNO, G. De l'Univers fini et des mondes. In: KOYRÉ, A. *Du monde clos à l'univers infini.* Paris, 1962.
BRUNSCHVICG, L. Religion et philosophie, *Revue de métaphysique et de morale,* 1935.
BUCKLEY, G. T. *Atheism in the English Renaissance.* Chicago, 1932.
BURCKHARDT, J. *La Civilisation de la Renaissance en Italie.* Paris, 1958.
BURTON, R. *The Anatomy of Melancholy.* Londres, 1948, t.I.
BUSSON, H. *La Pensée religieuse de Charron à Pascal.* Paris, 1933.
_____. *Le Rationalisme dans la littérature française de la Renaissance, 1553-1601.* Paris, 1922.
_____. Les noms des incrédules au XVIe siècle (athées, déistes, achristes, libertins). *Bibliothèque d'humanisme et Renaissance.* 1954, t.XVI, p.273-83.
CAILLOIS, R. *L'Homme et le sacré.* Paris: Folio, 1950 [1991].
CALVINO, J. *Des scandales qui empeschent aujourd'huy beaucoup de gens de venir à la pure doctrine de l'Evangile et en débauchent d'autres.* Genebra, 1550.
_____. *Institution de la religion chrétienne.* Genebra, 1559. [*Institution.* Paris, 1541, t.I.]

Indicações bibliográficas

CALVINO, J. Psychopannychie. Traité par lequel il est prouvé que les âmes veillent et vivent après qu'elles sont sorties des corps, contre l'erreur de quelques ignorants qui pensent qu'elles dorment jusques au dernier jugement, 1534. In: CALVINO, J. Œuvres françaises. Paris, 1842.

CANTIMORI, D. Eretici italiani del Cinquecento. Florença, 1939.

CANTIMPRE, T. de. Bonum universale de apibus. In: BERRIOT, F. Athéismes et athéistes au XVIe siècle en France. 1984, t.I.

CARDAN, J. De subtilitate. [s.l.], 1550.

CARDINI, F. La Culture de la guerre. Paris, 1994.

CASTELLION, S. De arte dubitandi. In: CANTIMORI, D.; FEIST, E. (Ed.). Per la storia degli eretici italiani del secolo sedicesimo in Europa. Roma, 1937.

CATALAN, A. Passevant parisien. Paris, 1556 [1875].

CATECISMO do Concílio de Trento. [s.l.], [s.d].

CATHÉCHISME de Jean Brenze. Tübingen, 1563.

CAUZONS, T. de. Histoire de l'Inquisiton en France. Paris, 1909, t.II.

CESAREIA, E. de. La Préparation évangélique. Paris, 1982.

CHARBONNEL, J. R. La Pensée italienne au XVIe siècle et le courant libertin. Paris: Champion, 1917.

CHARLES-DAUBERT, F. Libertinage, littérature clandestine et privilège de la raison. Recherches sur le XVIIIe siècle, VII, 1984, p.45-55.

CHASSAIGNE, M. Étienne Dolet. Paris, 1930.

CHAUVETON, U. Brief discours et histoire d'un voyage de quelques François en la Floride. Paris, 1579.

CHAUVIRE, R. Colloque de Jean Bodin: des secrets cachez des choses sublimes. Paris, 1914.

CHEREST, A. L'Archiprêtre. Épisodes de la guerre de Cent Ans au XVIe siècle. Paris, 1879.

CLAMANGES, N. De corrupto Ecclesiae statu. Opera, p.8 e 16.

CLEMENTE de Alexandria. Le Protreptique. Santo, 1949, t.II.

CLÉVENOT, M. (Org.). L'État religieux du monde. Paris, 1987.

CODRINGTON, R. H. The Melanesians. Oxford: Clarendon Press, 1891.

CONCHES, G. de. Philosophia mundi. [s.l.], [s.d.], t.II.

CONSEIL salutare d'un bon François aux Parisiens. Paris, 1589.

COPIE d'une lettre missive envoyée aux gouverneurs de La Rochelle par les capitaines des galères de France. La Rochelle, 1583.

CORÃO. Paris: Garnier-Flammarion, 1970, t.XLV, p.23-25.

COTON, P. Le Théologien dans les conversations avec les sages et les grands du monde. Paris, 1683.

COULTON, G. G. The Plain Man's Religion in the Middle Ages. Medieval Studies, 1916, p.13.

COX, H. La Fête des fous. Essai théologique sur les notions de fête et de fantaisie. Paris, 1971.

CRESPET, F. Instruction de la foy chrestienne contre les impostures de l'Alcoran Mahométique, tant contre mahométistes que faux chrestiens et athéistes. Paris, 1589.

CRESPET, P. Six livres de l'origine, excellence, exil, exercice, mort et immortalité de l'âme. Paris, 1588.

CROIX, A. Culture et religion en Bretagne aux XVIe et XVIIe siècles. Rennes, 1995.

CYR, T. de. *Thérapeutique des maladies helléniques*. Paris, 1958, t. III.
DAMPMARTIN, P. de. *De la connoissance et merveilles du monde et de l'homme*. Paris, 1585.
DARAKI, M. *Une Religiosité sans Dieu. Essai sur les stoïciens d'Athènes et saint Augustin*. Paris, 1889.
DE LA MOTHE LE VAYER, F. La Vertu des païens. In: *Œuvres*. Paris: Augustin Courbe, 1662, t.I, p.665.
DECHARME, P. *La Critique des traditions religieuses chez les Grecs*. Paris, 1904.
DECLOUX, S. Les athéismes et la théologie trinitaire: À propos d'un livre récent, *Nouvelle Revue théologique*, jan.-fev. 1995, t.117, n.1, p.112.
DELARUELLE, E. *La Piété populaire au Moyen Âge*. Turim, 1975.
DELUMEAU, J. *La Peur en Occident*. Paris, 1978.
_____. *Le Christianisme de Luther à Voltaire*. Paris, 1971.
DERENNE, E. *Les Procès d'impiété intentés aux philosophes à Athènes aux Ve e IVe siècles avant J.-C.* Liège-Paris, 1930.
DES PÉRIERS, B. *Cymbalum mundi*. Paris: F. Franck, 1883.
DES RUES, F. *Description contenant toutes les singularitez des plus célèbres villes*. Rouen, 1608.
DÉSIRÉ, A. *La Singerie des huguenots*. Paris, 1571.
DIELS, H. *Fragmente der Vorsokratiker*. 1951.
DISCOURS merveilleux de la vie, actions et déportements de la Reyne Catherine de Médicis. Paris, 1574.
DOBIACHE-ROJDESTVENSKY, O. *La Vie paroissiale en France au XIIIe siècle d'après les actes épiscopaux*. Paris, 1911.
_____. *Les Poésies des goliards*. Paris, 1931.
DRACHMANN, A. B. *Atheism in Pagan Antiquity*. Londres-Copenhague, 1922.
DRAGON, G. Moines et empereurs (610-1054), *L'Histoire du christianisme*. Paris, 1993, t.IV.
DU BREIL, A. *Police de l'art et science de médecine, contenant la réfutation des erreurs et insignes abus qui s'y commettent pour le jourd'huy*. Paris, 1580.
DU FAIL, N. *Propos rustiques. Baliverneries. Contes es discours d'Eutrapel*. Paris, 1842.
DUPLESSIS-MORNAY, P. *Athéomachie ou Réfutation des erreurs et detestables impietez des athéistes libertins et autres esprits profanes de ces derniers temps, escrite pour la confirmation des infirmes en la Foy de l'Église chrestienne et maintenant mise en lumière par Baruch Canephius*. 1582.
DUPONT, G. Le registre de l'officialité de Cerisy, 1314-1357. *Mémoires de la Société des antiquaires de Normandie*. 1880, t.30, p.361-492.
DUPRÉAU-PRATEOLUS, G. *Nostrorum temporum calamitas*. 1559.
DURKHEIM, E. *Les Formes élémentaires de la vie religieuse*. Paris: Quadrige, 1990.
ELIADE, M. *Traité d'histoire des religions*. Paris: Payot, 1979.
ESTIENNE, H. *Apologie pour Hérodote ou Traité de la conformité des merveilles anciennes avec les modernes*. 1566. [La Haye, 1735.]
FABRO, C. Genèse historique de l'athéisme contemporain. In: *L'Athéisme dans la philosophie contemporaine*. Paris, 1970.
FEBVRE, L. *Le problème de l'incroyance au XVIe siècle. La religion de Rabelais*. Paris: A. Michel, 1968.

FERNEL. *Physiologia*. [s.l.], 1607.
FESTUGIERE, J.-A. *Épicure et ses dieux*. Paris, 1968.
FLAVIN, M. de. *De l'estat des âmes après le trépas et comment elles vivent estant du corps séparées*. Paris, 1595.
FLEURY, C. *Histoire ecclésiastique*. Paris, 1758, t.XVII.
FOUCAULT, M. *Histoire de la folie à l'âge classique*. Paris: Gallimard, 1972.
FOX, R. L. *Pagans and Christians*. Nova York, 1986.
GARASSE, F. *Apologie*. Paris, 1624.
_____. *La Doctrine curieuse des beaux esprits de ce temps*. Paris, 1623.
_____. *Le Rabelais réformé, ou les Bouffonneries, impertinences, impiétés et ignorances de Pierre du Moulin* [...]. Paris, 1619.
_____. *Recherches des recherches d'Estienne Pasquier*. Paris, 1622.
_____. *Somme théologique*. Paris, 1625.
GARBE, R. *Die Samkhyaphilosophie*. Leipzig, 1917.
GAULTIER, J. *Table chronographique de l'estat du christianisme, depuis la naissance de Jésus-Christ jusques à l'année 1612*. Lyon, 1613.
GAUTHIER, L. *La Théorie d'Ibn Roschd Averroès sur les rapports de la religion et de la philosophie*. Paris, 1909.
GEBHART, E. *Rabelais, la Renaissance et la Reforme*. Paris, 1877.
GEERTZ, C. Religion as a Cultural System. In: BANTON, M. *Anthropological Approaches to the Study of Religion*. Londres: Tavistock, 1966.
GENTILLET, I. *Discours sur les moyens de bien gouverner et maintenir en bonne paix un royaume contre Nicolas Machiavel*. Florentin, 1576.
GEREMEK, B. *Les Marginaux parisiens aux XIVe et XVe siècles*. Paris: Champs-Flammarion, 1976.
GERSON, J. Rememoratio per praelatum quemlibet agendorum. *Opera*, [s.d.], t.II, col. 107.
GONDA, J. *Die Religionen Indiens*. Stuttgart, 1963.
GOUGET, C.-P. *Bibliothèque françoise*. Paris, 1744, t.VIII.
GOULARD, S. *Tresor d'histoires admirables et mémorables de notre temps*. Colônia, 1610-1614.
GRENIER, A. *Le Génie romain dans la religion, la pensée et l'art*. Paris, 1925.
GUSDORF, G. *Mythe et métaphysique*. Paris: Champs-Flammarion, 1984.
HARNACK, A. *Der Vorwurf des Atheismus in den drei ersten Jahrhunderten*. Leipzig, 1950.
HEDELIN, F. *Des satyres, brutes, monstres et démons, de leur nature et adoration*. Paris, 1627.
HEERS, J. *Fêtes, jeux et joutes dans les sociétés d'Occident à la fin du Moyen Âge*. Paris-Montreal, 1971.
HERMINJARD, J.-L. *Correspondance des réformateurs dans les pays de langue françaises*. Genebra, 1866-1877.
HILD, M. *Aristophanes impietatis reus*. [s.l.: s.n.], 1880.
HIORTH, F. Réflexions sur l'athéisme contemporain. *Les Cahiers rationalistes*. Paris, abril de 1996, n.504, p.21.
HISTOIRE de la France religieuse. *Du christianisme flamboyant à l'aube des Lumières*. Paris, 1988, t.II, p.199-213.

HISTOIRE du diable de Laon. *Archives curieuses de l'histoire de France*. Paris, 1836, t.VI.

HISTOIRE nouvelle et merveilleuse et espouvantable d'un jeune homme d'Aix en Provence emporté par le Diable et pendu à un amandier pour avoir impiement blasphémé le nom de Dieu et mesprisé la saincte messe [...]. *Arrivé le 11 janvier de la présente année 1614*. Paris, 1614.

HOURDIN, G. Conversions du christianisme à l'athéisme. In: *L'Athéisme dans la vie et la culture contemporaines*. Paris, 1967, t.I, 1ª parte, p. 392.

INSTITOR, H.; SPRENGER, J. *Le Marteau des sorcières*. Paris: A. Danet, 1973.

JACOBY, F. *Diagoras*. Berlim, 1959.

JACQUART, D. Le regard d'un médecin sur son temps: Jacques Despars (1380-1458). *Bibliothèque de l'École des chartes*, jan.-jun. 1980, t.138, p.5-86.

KIERKEGAARD, S. *Post-scriptum aux Miettes philosophiques*. Paris: Gallimard, 1941.

KOCHER, P. H. *Christopher Marlowe*. Chapel Hill, 1946.

KRISTELLER, P.-O. Le mythe de l'athéisme de la Renaissance et la tradition française de la libre pensée. *Bibliothèque d'humanisme et Renaissance*. Genève, jan. 1975, t.37, n.1, p.337-48.

KUNTZ, M. D. L. *Colloquium of the Seven about the Secrets of the Sublime*. Princeton, 1975.

L'ESTOILE, C. *Cymbalum mundi en francoys*. Lyon, 1538.

L'ESTOILE, P. de. *Journal*. Paris: Michaud-Poujoulat, 1837, t.II.

LA CROZE. *Entretiens sur divers sujets d'histoire*. Amsterdã, 1711.

LA MONNOIE, B. de. *De tribus impostoribus*. Paris, 1861.

_____. *Lettre à M. Bouhier*. In: MONNOYE,. *Œuvres complètes*. Haia, 1770, t.II.

LA NOUE, F. de. *Discours politiques et militaires nouvellement recueillis et mis en lumière*. Basileia, 1587.

LA PLANCHE, L. R. de. *Histoire de l'Estat de France*. 1575.

LA PRIMAUDAYE, P. de. *L'Académie françoise. De la cognoissance de l'homme et de son institution en bonnes mœurs*. 1577.

_____. *Suite de l'Académie françoise en laquelle il est traicté de l'homme et comme par une histoire naturelle du corps et de l'âme est discouru de la création*. Paris, 1580.

LA RELIGION populaire en Languedoc: du XIIIe siècle à la moitié du XIVe siècle, *Cahiers de Fanjeaux*. Toulouse, 1976, t.XI.

LACHÈVRE, M.-F. *Le Procès de Théophile de Viau devant le parlement de Paris*. Paris, 1919, v.2.

LAÉRCIO, D. *Vies, doctrines et sentences des philosophes illustres*. Paris: Garnier-Flammarion, 1965, t.II.

LANG, A. *The Making of Religion*. Londres, 1898.

LANGE, F. A. *Histoire du matérialisme et critique de son importance à notre époque*. Paris, 1877.

LANGFORS, A. *La Société française vers 1330, vue par un frère prêcheur du Soissonnais*. Helsingfors, 1918.

LANGLOIS, C. *La dépénalisation de la superstition d'après la Théologie morale de Mgr Gousset (1844)*. In: DEMENAU, J. *Homo religiosus*. Paris, 1997.

LAPLANCHE, F. *La Bible en France entre mythe et critique, XVIe-XIXe siècle*. Paris, 1994.

Indicações bibliográficas

LAVAL, A. de. *Des philtres, breuvages, charmes et autres fascinations et diaboliques en amour*. Paris, 1584.

_____. *Desseins des professions nobles et publiques*. Paris, 1605.

LAVATER, L. *Trois livres des apparitions des esprits, fantosmes, prodiges*. Genebra, 1571.

LE BRAS, G. *Lumen Vitae*. 1951.

LE FÈVRE DE LA BODERIE, G. *De la religion chrestienne de Marsile Ficin*. Paris, 1578.

LE GOFF, J. *L'Imaginaire médiéval. Essais*. Paris, 1985.

_____; SCHMITT, J.-C. *Le Charivari*. Paris-Nova York-Haia, 1981.

LE LOYER, P. *Le Discours des spectres et apparitions d'esprits*. Paris, 1608.

LE MARIE, G. *Liber Guillelmi Majoris*. Paris, 1874.

LE PICARD, F. *Les Sermons et instructions chrétiennes*. Paris, 1563.

LE ROY LADURIE, E. *Le Monde*, jan. 1972.

_____. *Montaillou, village occitan de 1294 à 1324*. Paris, 1975.

_____. *Le problème de Dieu*. Paris, 1929.

LECLER, J. Aux origines de la libre pensée française. Étienne Dolet. *Études*, maio 1931, t.207, n.10, p.403-20.

_____. Un adversaire des libertins au début du XVIIe siècle: le père François Garasse. *Études*, t.209, dez. 1931, n.23, p.553-72.

LECOUTEUX, C. *Fées, sorcières et loups-garous au Moyen Âge*. Paris, 1992.

_____. *Les Monstres dans la pensée médiévale européenne*. Paris, 1993.

LEFRANC, A. Étude sur le Pantagruel. *Œuvres de Rabelais*. Paris, 1923.

LEFRANC, P. *Sir Walter Raleigh écrivain*. Paris, 1968.

LEHMANN, F. R. *Mana*: eine begriffgeschichtiche Untersuchung auf ethnologischer Grundlage. Leipzig, 1915.

LENOBLE, R. *Esquisse d'une histoire de l'idée de nature*. Paris: A. Michel, 1969.

_____. *Histoire de l'idée de nature*. Paris, 1969.

_____. *Mersenne ou la Naissance du mécanisme*. Paris: Vrin, 1943.

LÉRY, J. de. *Histoire d'un voyage en terre de Brésil*. [s.l.], 1578.

LESCARBOT, M. *Relation dernière de ce qui s'est passé au voyage du Sieur Poutrincourt en la Nouvelle France depuis 20 mois en ça*. Paris, 1612.

LÉVI-STRAUSS, C. *La Pensée sauvage*. Paris: Plon, 1962.

LÉVY-BRUHL, C. *La Mythologie primitive*. Paris: Alcan, 1935.

LEY, H. *Studie zur Geschichte des Materialismus im Mittelalter*. Berlim, 1959.

LUBAC, H. de. *L'origine de la religion, Essai d'une somme catholique contre les sans-Dieu*. Paris, 1936.

LUCINGE, R. de. *Lettres sur la cour d'Henri III*. Paris: A. Dufour, 1996.

LUCRECE. *De Natura Rerum*. Paris: Union Latine d'Editions, 1958.

MABILLEAU, L. *Étude historique sur la philosophie de la Renaissance en Italie*. Paris, 1881.

MANDONNET, P. *Siger de Brabant et l'averroïsme latin au XIIIe siècle*. Louvain, 1911.

MANSELLI, R. *La Religion populaire au Moyen Âge, problèmes de méthode et d'histoire*. Montreal-Paris, 1975.

MARCEL, G. *Journal métaphysique*. Paris, 1935.

MARCHAND, P. *Œuvres complètes*. [s.l.], [s.d.], t.I.

MARÉCHAL, P. *Les Commandements de Dieu et du Diable*. Monza, 1831.

MARTIN, H. *Le Métier de prédicateur à la fin du Moyen Âge. 1350-1520*. Paris, 1988.

MARTIN, H. *Mentalités médiévales, XIe-XVe siècle*. Paris, 1996.

MARX, K. *Différence de la philosophie de la nature chez Démocrite et chez Épicure*. Berlim, 1841.

MATTHIEU, P. *Histoire des derniers troubles de France sous les règnes des très chrestiens roys Henry III,... Henry IV*. Lyon, 1597.

MAUTNER, F. *Der Atheismus und seine Geschichte im Abendlande*. Stuttgart-Berlim, 1920-1923, 4v.

MÉMOIRES concernant les pauvres qu'on appelle enfermez. Paris, 1617.

MENCHI, S. S. *Erasmo in Italia, 1520-1580*. Turim, 1987.

_____. *Érasme hérétique. Réforme et Inquisition dans l'Italie du XVIe siècle*. Paris: Hautes Études, Gallimard-Seuil, 1996.

MENDOZA, J. de. *Histoire du grand royaume de Chine*. Paris, 1588.

MERDRIGNAC, B. *La Vie des saint bretons durant le haut Moyen Âge*. Rennes, 1993.

MERSENNE, M. *La Vérité des sciences contre les sceptiques et les pyrrhoniens*. Paris, 1625.

_____. *Quaestiones celeberrimae in Genesim*. Paris, 1623.

MESLIER, J. *Œuvres complètes*. Paris: Anthropos, 1971, t.II.

MESLIN, M. *Le Merveilleux. L'imaginaire et la croyance en Occident*. Paris, 1984.

MICHEL, P.-H. *L'atomisme de Giordano Bruno. La Science au XVIe siècle Colloque international de Royaumont*. Paris, 1960.

MINOIS, G. *Censure et culture sous l'Ancien Régime*. Paris, 1995.

_____. *Du Guesclin*. Paris, 1993.

_____. *Histoire de l'avenir. Des prophètes à la prospective*. Paris, 1996.

_____. *Histoire du suicide*: La société occidentale face à la mort volontaire. Paris: Fayard, 1995.

_____. *L'Église et la guerre. De la Bible à l'ère atomique*. Paris: Fayard, 1994.

_____. *L'Église et la science. Histoire d'un malentendu*. Paris, 1990, t.I. [Paris: Fayard, 1991.]

MONISTROL, C. de. *Les Grands et Redoutables Jugements et punitions de Dieu advenus au monde*. Morges, 1581.

MORALITÉ très singulière et très bonne des blasphémateurs du nom de Dieu où sont sont contenus plusieurs exemples et enseignements à l'encontre des maulx qui procèdent à cause des grands jurements et blasphèmes qui se commettent de jours en jours, imprimée nouvellement à Paris par Pierre Sergent. Paris: Silvestre, 1831.

MORE, T. *Utopia*. [s.l.]: Delcourt, 1516.

MORERI, L. *Le Grand Dictionnaire historique*. Paris, 1691.

MUCHEMBLED, R. *Culture populaire et culture des élites dans la France moderne, XVe--XVIIIe siècle*. Paris: Champs-Flammarion, 1978.

NEVEUX, J.-B. *Vie spirituelle et vie sociale entre Rhin et Baltique au XVIIe siècle: de J. Arndt à P. J. Spener*. Paris, 1967.

NICERON, J.-P. *Mémoires pour servir à l'histoire des hommes illustres dans La république des lettres*. Paris, 1729-1745.

NIEUWENHUIS, A. W. *De Mensch in de werkelijkleid*. Leyde, 1920.

OCHINO, B. *Dialogi triginta in duos libros divisi*. Basileia, 1563.

OGIER, F. *Jugement et censure de la Doctrine curieuse de François Garasse*. Paris, 1623.

OSTROWIECKI, H. La Bible des libertins. *Dix-septième siècle*, jan.-mar. 1997, n.194.

OURSEL, R. (Ed.) *Le Procès des Templiers*. Paris, 1955.
PAGANINI, G. *Scepsi moderna*: Interpretazione dello scetticismo da Charron a Hume. Cosenza: Busento, 1991.
PATIN, G. *L'Esprit de Gui Patin*. Amsterdã, 1710.
PAUL, J. La religion populaire au Moyen Âge. À propos d'ouvrages récents. *Revue d'histoire de l'Église de France*, jan.-jun. 1977, n.70.
PEREYRA, B. *Commentatorium et disputationum in Genesim*. Maguncia, 1612, 4v., t.I.
PERRENS, F.-T. *Les Libertins en France au XVIIe siècle*. Paris: Calmann Lévy, 1899.
PEYREFITTE, A. Les Chinois sont-ils a-religieux? In: DELUMEAU, J. *Homo religiosus*. Paris, 1997, p.695-703.
PINTARD, R. *Le Libertinage érudit dans la première moitié du XVIIe siècle*. Paris: Boivin, 1943, t.I.
_____. Les problèmes de l'histoire du libertinage, notes et réflexions. *Dix-septième siècle*, abr.-jun. 1980, n.127, p.131-62.
_____. *Vies parallèles*. Paris: Gallimard, 2001, t.II.
POLONIA, M. da. *Chronique*. Anvers, 1574.
POMMIER, E. L'itinéraire religieux d'un moine vagabond au XVIe siécle. *Mélanges d'archéologie et d'histoire de l'École française de Rome*, 1954, t.66, p.293-322.
POPKIN, R. H. *Histoire du scepticisme d'Erasme à Spinoza*. Paris: PUF, 1995.
POSSEVIN, A. *Atheismi haereticorum hujus seculi*. Poznań, 1585.
_____. *De atheismis sectatorium nostri temporis*. Colônia, 1584.
POSTEL, G. *Absconditorum clavis*. Paris, 1899.
_____. *De orbis terrae concordia*. Paris, 1543.
_____. *Les Premières Nouvelles de l'autre monde, ou l'Admirable Histoire de la Vierge vénitienne*. Paris, 1922.
_____. *Les Très Merveilleuses Victoires des femmes du Nouveau Monde et comment elle doibvent à tout le monde par raison commander*. Paris, 1563.
RADIN, P. *Primitive Man as Philosopher*. Nova York: The Appleton Co., 1927.
RAEMOND, F. de. *Histoire de la naissance, progrez et décadence de l'héresie de ce siècle, divisée en huit livres*. Paris, 1610.
RAPP, F. *L'Église et la vie religieuse en Occident à la fin du Moyen Âge*. Paris, 1971.
RECUEIL *des actes, titres et mémoires concernant les affaires du clergé de France*. Paris, 1719, t.VII.
RECUEIL *général des questions traitées es conférences du Bureau d'Adresse*. Lyon, 1666.
REIMMANN, J. F. *Historia universalis atheismi et atheorum falso et merito suspectorum*. Hildesiae, 1718.
RÉMI, N. *Daemonolatriae libri três*. Lyon, 1595.
RENAUDOT, E. *Recueil général des questions traitées es conférences du Bureau d'Adresse*. Lyon: A. Valaniol, 1666.
REVEILLE-PARISE, J.-H. [Ed.]. *Lettres de Gui Patin*. Paris, 1846, t.II.
ROGET, A. *Le Procès de Michel Servet*. Genebra, 1877.
ROMIER, L. *Le Royaume de Catherine de Médicis. La France à la veille des guerres de religion*. Paris, 1925, t.II.
ROSTHORN, A. Die Urreligion der Chineses. In: *Die Religionen der Erde in Einzeldarstellungen*. Viena-Leipzig, 1929.
ROTONDO, A. La censura ecclesiastica e la cultura. *Storia d'Italia*. Turim, 1973.

ROTTERDAM, E. de. *Eloge de la folie*.
SAINT-CYRAN. *La Somme des fautes et faussetés capitales contenues en la Somme théologique du P. François Garasse*. Paris, 1624, t.I.
SAINTE-ALDEGONDE, P. M. de. Tableau des différences de la religion. *Œuvres*. Bruxelas, 1857.
SAULNIER, V.-L. Le sens du *Cymbalum mundi* de Bonaventure des Périers. *Blibliothèque d'humanisme et Renaissance*. Genebra, 1951, t.XIII, p.167.
SCHMIDT, W. *Ursprung der Gottesidee*: eine historisch-kritische und positive Studie. Münster, 6v., 1912-1954.
SCHMITT, J.-C. La croyance au Moyen Âge. *Raison présente*. Paris, 1995.
SEIDEL-MENCHI, S. *Erasmo in Italia, 1520-1580*. Turim, 1987.
SERVET, M. *Christianismi restitution*. [s.l.], 1553.
SÈVE, B. *La Question philosophique de l'existence de Dieu*. Paris, 1994.
SEXTO EMPÍRICO, S. *Contre l'enseignement des sciences*, IX, 17.
_____. *Hypotyposes pyrrhoniennes contre les physiciens*. Paris: Aubier, 1948.
SIGAL, P.-A. *L'Homme et le miracle en France aux XIe et XIIe siècles*. Paris, 1985.
SLEIDAN, J. *Histoire entière déduite depuis le déluge jusqu'au temps présent en XXIX livres*. Genebra, 1563.
SMAHEL, F. *Magisme et superstitions dans la Bohême hussite*. In: DEMENAU, J. *Homo religiosus*. Paris, 1997.
SOREL, G. *Histoire comique de Francion*. Paris, 1623.
SPENCER, H. *Principles of Sociology*. Londres, 1875-1896, 3v.
SPENCER, W. B.; GILLEN, F. J. *The Northern Tribes of Central Australia*. Londres: Macmillan, 1904.
SPINK, J. S. *La Libre Pensée française de Gassendi à Voltaire*. Paris: Éditions Sociales, 1966.
SPITZEL, G. *Scrutinium atheismi historico-aetiologicum*. Augustae Vindelicorum: Praetorius, 1663.
STONE, L. *English Historical Review*. Oxford, 1962.
STROWKI, F. *Pascal et son temps*. Paris, 1922, t.I.
TESSMANN, G. *Preussische Jahrbücher*. 1927.
THOMAS, K. *Religion and the Decline of Magic*. Londres: Penguin, 1971 [1991].
THOMSON, J. A. F. *The Later Lollards*. Oxford, 1965.
TITO LÍVIO, 39, 8 e seguintes.
TOCSAIN contre les massacreurs et auteurs des confusions de France. Reims, 1579.
TOLOSAIN, A. *L'Adresse du salut éternel et antidote de la corruption qui règne en ce siècle et fait perdre continuellement tant de pauvres âmes*. Lyon, 1612.
TOURS, G. de. *Histoire des Francs*. Paris, 1859.
TOUSSAERT, J. *Le Sentiment religieux en Flandre à la fin du Moyen Âge*. Paris, 1963.
TRESMONTANT, C. *Le Problème de l'athéisme*. Paris, 1972.
VACANT, A.; MANGENOT, E.; AMANN, E. *Dictionnaire de théologie catholique*. Paris, 1941.
VAUCHEZ, A. (Ed.). Faire croire – Modalités de la diffusion et de la réception des messages religieux du XIIe au XVe siècle. *École française de Rome*. Roma, 1981.
VAULTIER, R. *Le Folklore pendant la guerre de Cent Ans d'après les lettres de rémission du Trésor de Chartes*. Paris, 1965.

VÉNARD, M. *Histoire du christianisme*, t. VIII, *Le temps des confessions, 1530-1620*, Paris: Desclée, 1992.
VEYNE, P. *Les Grecs ont-ils cru à leurs mythes?* Paris, 1983.
VIGOR, S. *Sermons catholiques du Saint Sacrement de l'autel, accommodez pour tous les jours des octaves de la feste-Dieu.* Paris, 1582.
VIRET, P. *L'Interim faict par dialogues.* Lyon, 1565.
VISCARDI, G. M. *La mentalité religieuse en Basilicate à l'époque moderne.* In: DEMENAU, J. *Homo religiosus.* Paris, 1997.
VOLZ, W. *Im Dämmer des Rimba.* Leipzig, 1925.
WEBER, H. *Histoire littéraire de la France.* Paris, 1975.
WINGTEIT-CHAN. *Religiöses Leben im heutige China.* Munique, 1955.
WIRTH, J. La Naissance du concept de croyance, XIIe-XVIe siècle. *Bibliothèque d'humanisme et Renaissance: travaux et documents*, 1983, t.XLV.
XENÓFONES, *Mémorables.*
ZUBER, R. Libertinage et humanisme: une rencontre difficile. *Dix-septième siècle*, n.127, abr.-jun. 1980, p.163-80.

Cronologia

Goethe 1749-1832 Schopenhauer 1788-1860
Hegel 1770-1831 Nietzsche 1844-1900
Schelling 1775-1854

Discípulos de Hegel

L. Michelet 1801-1893 D. F. Strauß 1808-1874
K. Rosenkranz 1805-1879 B. Bauer 1809-1882
A. Ruge 1802-1880 S. Kierkegaard 1813-1855
L. Feuerbach 1804-1872 K. Marx 1818-1883
M. Stirner 1806-1856

1806 Goethe, *Fausto I*, e Hegel, *Fenomenologia*.
1831 Goethe, *Fausto II*, e Hegel, Prefácio à 2ª edição da *Lógica*.
1841 Marx, *Tese sobre Demócrito e Epicuro*.
 Kierkegaard, *Tese magistral sobre o conceito de ironia*.
1842 Feuerbach, *Essência do cristianismo*.
 Comte, *Curso de filosofia positiva*.
1843 Feuerbach, *Princípios da filosofia do futuro*.
 B. Bauer, *O cristianismo descoberto*.
 Kierkegaard, *Ou-Ou*.

1843 Marx, *Crítica da filosofia do direito de Hegel.*
Proudhon, *Da criação da ordem na humanidade.*
1844 Stirner, *O único e sua propriedade.*
Kierkegaard, *O conceito da angústia.*
1846 Marx, *A ideologia alemã.*
Kierkegaard, *Post-scriptum final não científico.*
1847 Marx, *O manifesto comunista.*
Kierkegaard, *Pode um homem matar pela verdade?*
1867 Marx, *O capital I.*
1868 Burckhardt, *Considerações de história universal.*
1880 Dostoiévski, *Os irmãos Karamazov* (XI, 4).
1881 Nietzsche, *Inspiração de Zaratustra* (IV, *O canto da embriaguês*).

SOBRE O LIVRO

Formato: 16 x 23 cm
Mancha: 27,5 x 49 paicas
Tipologia: IowanOldSt BT 10/14
Papel: Off-white 80 g/m² (miolo)
      Cartão Supremo 250 g/m² (capa)
1ª edição: 2014

EQUIPE DE REALIZAÇÃO

Capa
Estúdio Bogari

Edição de Texto
Silvio Nardo (Copidesque)
Giuliana Gramani (Revisão)

Editoração Eletrônica
Eduardo Seiji Seki (Diagramação)

Assistência Editorial
Alberto Bononi

Rua Xavier Curado, 388 • Ipiranga - SP • 04210 100
Tel.: (11) 2063 7000 • Fax: (11) 2061 8709
rettec@rettec.com.br • www.rettec.com.br